자동머신러닝

AutoML 창시자가 알려주는
자동머신러닝

프랭크 허터 · 라스 코토프 · 호아킨 반쇼렌 편저

이기홍 옮김

i!i
에이콘

소피아와 타시아에게 - F. H.
고베, 엘리아스, 아다, 비엘레에게 - J. V.
멋진 AutoML 커뮤니티에게 - F. H.& L. K.& J. V.

추천의 글

"머신러닝을 사용하고 싶지만, 많은 시간을 투자할 수는 없다." 산업계나 다른 분야의 연구원들로부터 너무나 자주 듣는 말이다. 이에 따라 머신러닝에 대한 핸드 프리 솔루션에 대한 수요로 최근 자동머신러닝^AutoML 분야가 생겨났으며, 이 책은 이 분야에 대한 최초의 종합 가이드다.

나는 지난 2014년 자동 통계학 프로젝트를 시작으로 머신러닝 자동화에 많은 관심이 있다. 머신러닝 자동화를 위해서는 전체 머신러닝과 데이터 분석 파이프라인의 모든 측면을 자동화하도록 노력해야 한다. 여기에는 데이터 수집 및 실험 설계 자동화, 데이터 정제 및 결측 데이터 대체 자동화, 특성 선택 및 변환 자동화, 모델 발견, 평가 및 설명 자동화, 계산 자원 할당 자동화 등이 포함된다. 그 외에도 하이퍼파라미터 변수 최적화 자동화, 추론 자동화, 모델 모니터링 및 이상 탐지 자동화 등이 있다. 우리는 이 모든 것을 자동화하고자 한다.

완전한 자동화는 과학 연구에 동기를 부여하고 장기적인 엔지니어링 목표를 제공할 수 있지만, 실제로는 대부분의 것을 반자동화하고 필요에 따라 루프에서 점차적으로 인간의 개입을 제거하기를 원할 것이다. 그 과정에서 목표로 한 모든 자동화를 수행하려고 하면 머신러닝을 좀 더 체계적이고 효율적으로 수행할 수 있는 강력한 툴을 개발할 수 있다. 만약 우리의 최종 목표인 자동화에 성공하지 못하더라도 이는 충분히 가치 있는 목표다. 하지만 이 책에서 보여주듯이 현재 AutoML은 여러 과제에서 인간 머신러닝 전문가보다 뛰어나다. 이러한 추세는 우리가 발전하고 연산이 점점 더 저렴해질수록 더욱 심화될 것으로 보인다. 따라서 AutoML은 앞으로 지켜봐야 할 주제 중 하나임이 분명하다. 지금은 AutoML에 참여하기에 좋은 시기이며, 이 책은 좋은 출발점이 될 것이다.

이 책에는 AutoML에 필요한 최신 기술(하이퍼파라미터 최적화, 메타러닝 및 신경망 구조 탐색)이 포함되어 있으며, 기존 AutoML 시스템에 대한 심도 있는 논의를 제공하고 2015년 이후 개최된 일련의 대회에서 AutoML의 최신 기술을 철저히 평가한다. 따라서 이 책을 현장에서 시작하고자 하는 머신러닝 연구자 및 AutoML 툴의 이면에 있는 방법을 이해하고자 하는 실무자에게 적극 추천한다.

주빈 가라마니^{Zoubin Ghahramani}

미국 샌프란시스코, 케임브리지대학교 교수, Uber 수석 과학자

2018년 10월

편저자 소개

프랭크 허터 Frank Hutter

독일 프라이부르크대학교University of Freiburg Freiburg 컴퓨터 과학과를 졸업했다.

라스 코토프 Lars Kotthoff

네덜란드 에인트호번 공과대학교Eindhoven University of Technology를 졸업했다.

호아킨 반쇼렌 Joaquin Vanschoren

미국 와이오밍 래러미에 있는 와이오밍대학교University of Wyoming를 졸업했다.

감사의 말

모든 장의 저자들에게 감사를 표하며, 그들이 없었다면 이 책의 출간이 불가능했을 것이다. 또한 Frank의 ERC Starting Grant(Grant no. 716721)를 통해 이 책의 공개 접근 요금을 부담해준 유럽연합의 Horizon 2020 연구 및 혁신 프로그램에 감사드린다.

독일 프라이부르크, 프랑크 허터^{Frank Hutter}
미국 와이오밍 라라미, 라스 코토프^{Lars Kotthoff}
네덜란드 아인트호벤, 호아킨 반쇼렌^{Joaquin Vanschoren}
2018년 10월

옮긴이 소개

이기홍(keerhee@gmail.com)
카네기멜론 대학교에서 석사학위를 받았고, 피츠버그 대학교의 Finance Ph.D, CFA, FRM이자, 금융, 투자, 경제분석전문가다. 삼성생명, HSBC, 새마을금고중앙회, 한국투자공사 등과 같은 국내 유수의 금융기관, 금융 공기업에서 자산 운용 포트폴리오 매니저로 근무했으며, 현재 딥러닝과 강화학습을 금융에 접목시켜 이를 전파하고 저변을 확대하는 것을 보람으로 삼고 있다. 저서로는 『엑셀VBA로 쉽게 배우는 금융공학 프로그래밍』(한빛미디어, 2009)이 있으며, 번역서로는 『포트폴리오 성공 운용』(미래에셋투자교육연구소, 2010), 『딥러닝 부트캠프 with 케라스』(길벗, 2017), 『프로그래머를 위한 기초해석학』(길벗, 2018)과 에이콘출판사에서 출간한 『실용 최적화 알고리즘』(2020), 『초과수익을 찾아서2/e』(2020), 『자산운용을 위한 금융 머신러닝』(2021), 『실전 알고리즘 트레이딩 배우기』(2021), 『존 헐의 비즈니스 금융 머신러닝 2/e』(2021), 『퀀트 투자를 위한 머신러닝·딥러닝 알고리듬 트레이딩 2/e』(2021), 『금융 머신러닝』(2021) 등이 있다. 누구나 자유롭게 머신러닝과 딥러닝을 자신의 연구나 업무에 적용해 활용하는 그날이 오기를 바라며 매진하고 있다.

옮긴이의 말

자동머신러닝AutoML의 창시자(적어도 초기에 가장 큰 공헌을 한 연구자)들이 AutoML의 역사와 현황, 발전 방향을 다룬 책이다. 전통적인 머신러닝 분야, 메타러닝 및 NAS 분야에서 여러 개념을 설명하고 있으며, 더 나아가 실제적으로 사용하는 소프트웨어 및 프레임워크를 소개하고 있다. 더불어 이 모든 것의 종합적 기반을 다지게 한 AutoML 챌린지(경연 대회)에 대한 기반 아이디어 및 진행 경험을 보여주고 있다(나 또한 경연 대회는 머신러닝 발전을 위한 훌륭한 수단이라고 생각한다. 비근한 예로 ImageNet까지 안 가도 Kaggle을 생각해보라).

이 책이 기본 개념 및 배경 철학을 잘 다루고 있지만, 이 책의 저술 시기가 2018년이고 이후 많은 발전이 있었기 때문에 이를 보완하기 위해 He, Zhao와 Chu(2020)의 AutoML 최신 동향 조사를 요약 발췌해 부록에 첨부했으며, 최근 관심이 많은 메타러닝 중 최신 기법에 대한 개요를 수록했다. 이 책과 같이 읽으면 AutoML의 근본적인 문제뿐만 아니라 최신 기법까지 섭렵할 수 있을 것이다. 이외에도 아주 중요한 문헌들을 참고문헌으로 첨부했으니 참고하기를 바란다.

추가로 이 책의 저자 프랭크 허터는 훌륭한 강연을 유튜브에 여러 편 남기고 있어 관심 있는 독자들은 참고하기 바란다. 유튜브나 블로그에 많은 AutoML에 관련된 많은 동영상과 글들이 있지만, 특히 카네기멜론대학교 교수인 아미트 탈왈카르Ameet Talwalker의 유튜브 강연을 보길 권한다. NAS의 탐색 공간, 구조 탐색 및 구조 평가의 관점에서 NAS를 분류하고 있는데 이는 개념을 정리하는 데 많은 도움이 될 것이다. 실무에서 AutoML의 사용을 원한다면 후속작으로 번역 중인 팩트출판사의 『Automated Machine Learning』(2021)을 읽어 보길 바란다.

머신러닝과 딥러닝의 민주화를 기치(旗幟)로 하는 AutoML은 아마도 인공지능 분야의 가장 역동적이고 흥미로운 분야 중 하나이므로 앞으로 수년 내로 더욱 획기적인 발전이 있을 것으로 전망된다. 이 책을 통해 단순히 기계적인 테크닉으로서의 AutoML이 아니라 어떤 문제를 풀어 나가는 해법으로 AutoML을 인식하고 즐기기를 바란다. 수준 높은 책을 발간토록 허락해주신 권성준 사장님과 이 책이 나오기까지 궂은 일을 도맡아 해주신 조유나 과장님께 감사드린다.

차례

1부   AutoML 방법

2부 AutoML 시스템

3부 AutoML 챌린지

들어가며

지난 10년간 머신러닝 연구와 애플리케이션은 폭발적으로 증가했다. 특히 딥러닝은 컴퓨터 비전, 음성 처리, 게임 플레이와 같은 많은 응용 분야 영역에서 주요 발전을 가능하게 했다. 그러나 많은 머신러닝 방법은 설계 결정에 매우 민감하며, 이는 입문자가 상당한 어려워할 줄 수 있다. 신경망이 해야 할 일을 하면서 충분한 성과를 내기 위해 모든 구성 요소의 올바른 신경망 구조, 훈련 절차, 규제화 방법, 하이퍼파라미터를 선택해야 하는 딥러닝 분야가 특히 그렇다.

전문가들도 특정 데이터셋에 대한 적절한 선택 항목을 파악할 때까지 많은 시행착오를 겪게 된다. 자동머신러닝AutoML 분야는 사용자가 데이터를 제공하기만 하면 AutoML 시스템이 이 특정 애플리케이션에 가장 적합한 접근법을 자동으로 결정한다. 따라서 AutoML은 머신러닝을 적용하는 데는 관심이 있지만 기술에 대해 자세히 배울 만한 리소스가 없는 도메인 과학자들이 최첨단 머신러닝 접근법을 이용할 수 있도록 한다. 이는 머신러닝을 민주화한 것으로 볼 수 있으며 AutoML을 사용하면 사용자 정의된 최첨단 머신러닝에 누구나 쉽게 접근할 수 있다.

책에서 보듯이 AutoML 접근법은 이미 충분히 성숙돼 있어 인간 머신러닝 전문가에 필적할 수 있고 때로는 더 우수한 성능을 발휘할 수도 있다. 간단히 말해 머신러닝 전문가는 찾기도 어렵고 비용도 많이 들지만, AutoML은 상당한 시간과 비용을 절약하면서 성과 향상으로 이어질 수 있다. 그 결과 최근 몇 년간 AutoML에 대한 상업적인 관심이 급격히 높아졌으며 현재 몇몇 주요 테크 회사들이 자체 AutoML 시스템을 개발하고 있다. 그러나 머신러닝을 민주화하는 목적은 전용 유료 블랙박스 서비스보다 오픈 소스 AutoML 시스템을 통해 훨씬 더 잘 이룰 수 있다.

이 책은 빠르게 변화하는 AutoML 분야의 개요를 제공한다. 현재 커뮤니티가 딥러닝에 초점을 맞추고 있기 때문에 일부 연구자들은 AutoML을 신경망 구조 검색NAS 주제와 잘못 동일시하고 있다. 이 책을 읽고 나면 NAS가 AutoML의 훌륭한 예지만, NAS보다 AutoML에 많은 것이 있다는 것을 알게 될 것이다. 이 책은 자신의 AutoML 접근법을 개발하려는 연구자들에게 몇 가지 배경과 출발점을 제공하고, 자신의 문제에 AutoML을 적용하고자 하는 실무자들에게는 사용할 수 있는 시스템을 강조하며, AutoML에서 이미 작업 중인 연구자들에게는 최신 기술의 개요를 제공하기 위한 것이다. 이 책은 이러한 상이한 AutoML의 측면에 관해 세 부분으로 구성된다.

1부에서는 AutoML 방법의 개요를 제공한다. 초보자들을 위한 탄탄한 개요를 제공하며 경험이 많은 AutoML 연구자에게 참고 자료가 될 것이다.

- 1장에서는 AutoML이 고려하는 가장 단순하고 일반적인 문제인 하이퍼파라미터 최적화 문제에 관해 설명하고, 현재 가장 효율적인 방법을 중점적으로 설명한다.
- 2장에서는 학습 방법, 즉 머신러닝 모델 평가에서 얻은 경험을 활용해 새로운 데이터로 새로운 학습 작업에 접근하는 방법을 설명한다. 이러한 기술은 머신러닝 초보자에서 전문가로 인간이 전환하는 과정을 모방하며 완전히 새로운 머신러닝 작업을 수행하는 데 필요한 시간을 크게 줄일 수 있다.
- 3장에서는 NAS^{Neural Architecture Search} 방법에 대해 포괄적으로 설명한다. 설계 공간이 매우 크고 신경망을 한 번 평가할 때 매우 오랜 시간이 걸릴 수 있기 때문에 AutoML에서는 가장 어려운 작업 중 하나다. 그럼에도 이 분야는 매우 활성화돼 있으며 NAS를 해결하기 위한 새롭고 흥미로운 접근법이 정기적으로 나타나고 있다.

2부는 초보 사용자도 사용할 수 있는 실제 AutoML 시스템에 초점을 맞춰 설명한다. 머신러닝 문제에 AutoML을 적용하려는 경우 이 부분부터 시작해야 한다. 여기서는 실제 성과에 대한 아이디어를 제공하기 위해 제시된 시스템을 평가한다.

- 4장에서는 최초의 AutoML 시스템 중 하나인 오토웨카^{Auto-WEKA}를 설명한다. 이 툴킷은 잘 알려진 WEKA 머신러닝 툴킷을 기반으로 하며 다양한 분류 및 회귀 분석 방법, 하이퍼파라미터 설정 및 데이터 전처리 방법을 탐색한다. 이 모든 기능은 코드 한 줄 없이도 버튼 클릭 한 번으로 WEKA의 그래픽 사용자 인터페이스를 통해 사용할 수 있다.
- 5장에서는 널리 사용되는 사이킷런^{scikit-learn} 프레임워크를 기반으로 하는 AutoML 프레임워크인 하이퍼옵트-사이킷런^{Hyperopt-Sklearn}을 간략히 설명

한다. 또한 시스템 사용 방법에 대한 몇 가지 실제 예도 포함돼 있다.

- 6장에서는 사이킷런을 기반으로 하는 오토사이킷런Auto-sklearn을 설명한다. 이는 오토웨카와 유사한 최적화 기술을 적용하고, 최적화 웜 스타트warm starting 및 자동 앙상블auto ensembling을 위한 메타러닝meta-learning과 같은 여러 가지 개선 사항을 추가했다. 또한 4장과 5장의 오토웨카 및 하이퍼옵트-사이킷런의 성능과 오토사이킷런의 성능과 비교한다. 두 가지 다른 버전으로 구성된 오토사이킷런은 이 책의 3부에 설명된 경연 대회에서 우승한 시스템이다.

- 7장에서는 딥신경망의 구조와 하이퍼파라미터를 모두 선택하는 자동 딥러닝을 위한 시스템인 오토넷Auto-Net을 간략히 설명한다. 오토넷의 초기 버전은 자동 튜닝된 최초의 신경망을 만들어 경연 대회에서 인간 전문가들을 이겼다.

- 8장에서는 트리 기반 머신러닝 파이프라인을 자동으로 구성하고 최적화하는 TPOT 시스템을 설명한다. 이러한 파이프라인은 사전 정의된 방식으로 연결된 고정 머신러닝 구성 요소 세트만 고려하는 접근법보다 유연하다.

- 9장에서는 데이터 분석뿐만 아니라 예측 모델 및 성과 비교가 포함된 완전 자동화된 보고서를 생성해 데이터 과학을 자동화하는 시스템인 자동 통계 전문가 시스템Automatic Statistician을 설명한다. 자동 통계 전문가의 고유한 특성은 결과에 대해 자연어 설명을 제공해서 머신러닝의 비전문가에게 도움이 될 것이다.

마지막으로 3부와 10장에서는 2015년부터 실행돼 온 AutoML 챌린지(경연 대회)에 대해 간략히 설명한다. 이러한 경연 대회는 실질적인 문제에 대해 잘 수행하는 접근법을 개발할 수 있도록 박차를 가하고 최선의 접근법을 결정하는 것이 목적이다.

- 10장에서는 경연 대회와 그 설계 배후에 있는 아이디어와 개념뿐만 아니라 과거 경연 대회에서 얻은 결과도 자세히 설명한다.

이 책은 AutoML의 배후에 있는 방법, 실제로 AutoML을 구현하는 사용 가능한 시스템, 이를 평가하는 데 있어서의 어려움 등 AutoML의 모든 측면을 포괄적으로 정리한 첫 번째 모음집이다. 실무자들이 자신의 AutoML 시스템 개발을 시작할 수 있는 배경과 방법을 제공하며, 광범위한 머신러닝 작업에 즉시 적용할 수 있는 기존의 최첨단 시스템을 자세히 설명한다. 이 분야는 빠르게 발전하고 있으며, 이 책을 통해 그간의 발전 사항을 정리하고 소화하는 데 도움이 되기를 바란다. 이 책을 즐기고 성장하는 AutoML 마니아 커뮤니티에 참여하기 바란다.

문의

한국어판의 정오표는 www.acornpub.co.kr/book/auto-ml에서 찾아볼 수 있다. 질문이 있다면 에이콘출판사 편집 팀(edit@acornpub.co.kr)이나 옮긴이의 이메일로 문의하길 바란다.

 에이콘출판의 기틀을 마련하신 故 정완재 선생님 (1935-2004)

## 1부

AutoML 방법

하이퍼파라미터 최적화

마티아스 페러Matthias Feurer, 프랭크 허터Frank Hutter

개요 자동머신러닝AutoML과 딥신경망 같은 복잡하고 전산적으로 비용이 큰 많은 하이퍼파라미터를 가진 머신러닝 모델에 관한 최근의 관심은 하이퍼파라미터 최적화HPO, Hyperparameter Optimization 연구가 부활하도록 만들었다. 1장에서는 HPO의 가장 두드러진 접근법의 개요를 제공한다. 첫째, 모델 프리 방법과 베이지안 최적화를 기반으로 하는 블랙박스 최적화 방법들을 논의한다. 많은 현대적 머신러닝 응용에서 전산 요구가 높아지면서 순수한 블랙박스 최적화에 극단적으로 큰 비용을 초래하기 때문에 다음으로 하이퍼파라미터 설정의 품질을 평가하기 위한 (훨씬) 더 저렴한 종류의 블랙박스 함수를 사용하는 현대적 다중 충실도multi-fidelity 방법을 알아볼 것이다. 마지막으로 해결되지 못한 문제와 미래 연구 방향을 살펴본다.

M. Feurer(✉)

Department of Computer Science, University of Freiburg, Freibürg, Baden-Württemberg, Germany
e-mail: feurerm@informatik.uni-freiburg.de

F. Hutter

Department of Computer Science, University of Freiburg, Freiburg, Germany

1.1 서론

모든 머신러닝 시스템에는 하이퍼파라미터가 있으며 자동머신러닝AutoML의 가장
기본적인 작업은 이러한 하이퍼파라미터를 자동으로 설정해 성과를 최적화하는
것이다. 특히 최근의 심층 신경망은 신경망의 구조, 규제화, 최적화에 관한 광범
위한 하이퍼파라미터에 결정적으로 의존한다. 자동화된 하이퍼파라미터 최적화
HPO에는 몇 가지 중요한 사용 사례가 있으며 이를 통해,

- 머신러닝을 적용하는 데 필요한 인적 노력을 줄인다. 이것은 특히 AutoML
  의 맥락에서 중요하다.
- 머신러닝 알고리듬의 성과를 향상시킨다(즉, 당면한 문제에 맞춰 조정함으로
  써). 이는 여러 연구에서 중요한 머신러닝 벤치마크에 대한 새로운 첨단
  성과를 산출했다(예: [105, 140]).
- 과학 연구의 재현성과 공정성을 개선한다. 자동화된 HPO는 분명히 수동
  탐색보다 재현 가능하다. 그것은 서로 다른 방법들이 모두 당면한 문제에
  대해 동일한 수준의 조정을 받는 경우에만 공정하게 비교될 수 있기 때문
  에 공정한 비교를 용이하게 한다[14, 133].

HPO 문제는 1990년대로 거슬러 올라가는 긴 역사를 갖고 있으며(예: [77, 82,
107, 126]), 서로 다른 하이퍼파라미터 설정이 데이터셋에 따라 가장 잘 작동하는
경향이 있다는 것도 일찍이 확립됐다[82]. 대조적으로 HPO를 특정 응용 도메인
에 범용 파이프라인을 적응시키는 데 사용할 수 있다는 것은 다소 새로운 통찰이
다[30]. 또한 오늘날에는 조정된 하이퍼파라미터가 일반적인 머신러닝 라이브러
리에 의해 제공되는 기본 설정보다 성과가 좋다는 것이 널리 인정되고 있다[100,
116, 130, 149].

기업에서 머신러닝의 사용이 증가함에 따라 HPO는 또한 상당한 상업적 관
심 대상이 됐으며 기업 내부 도구[45], 머신러닝 클라우드 서비스의 일부로서[6,
89], 또는 그 자체로 서비스를 제공하건 어느 때보다도 더 큰 역할을 하고 있다
[137].

HPO는 실제로 문제를 어렵게 하는 몇 가지 과제에 직면해 있다.

- 함수 평가는 대형 모델(예: 딥러닝), 복잡한 머신러닝 파이프라인 또는 대형
  데이터셋에서 매우 비용이 클 수 있다.

- 설정 공간은 종종 복잡하고(연속, 범주형 및 조건부 하이퍼파라미터의 혼합) 고차원적이다. 또한 알고리듬의 하이퍼파라미터 중 어떤 것을 최적화해야 하는지, 어떤 범위에서 최적화해야 하는지는 항상 명확한 것은 아니다.
- 일반적으로 하이퍼파라미터와 관련해 손실함수의 그래디언트를 이용할 수 없다. 더욱이 고전적 최적화에 흔히 사용되는 목적함수의 다른 특성 (예: 볼록성^{convexity} 및 평활성^{smoothness})은 일반적으로 적용되지 않는다.
- 훈련 데이터셋의 크기가 제한적이기 때문에 일반화 성과를 위해 직접 최적화할 수 없다.

이 주제에 대한 추가 논의를 위해 관심 있는 독자는 HPO의 다른 리뷰를 참조하라[64, 94].

1장에서는 먼저 HPO 문제를 공식적으로 정의하고 그 변형을 논의한다(1.2절). 그런 다음 HPO를 해결하기 위한 블랙박스 최적화 알고리듬을 논의한다(1.3절). 다음으로, 모델 전체 평가보다 저렴한 근사적 성과 측정 방법을 활용해 매우 비싼 모델에도 HPO를 사용할 수 있는 현대적인 다중-충실도 방법에 초점을 맞춘다(1.4절). 이후 AutoML에 가장 중요한 하이퍼파라미터 최적화 시스템과 응용 프로그램의 개요를 제공하고(1.5절), 앞으로 해결해야 할 문제들에 대한 논의로 장을 종료한다(1.6절).

1.2 문제 기술

$\mathcal{A}$는 N개의 하이퍼파라미터를 가진 머신러닝 알고리듬을 나타낸다. n번째 하이퍼파라미터의 도메인을 Λ_n으로 표기하고, 전체 하이퍼파라미터 설정 공간은 $\Lambda = \Lambda_1 \times \Lambda_2 \times \ldots \Lambda_N$으로 나타낸다. 하이퍼파라미터의 벡터는 $\lambda \in \Lambda$으로 표시되며, λ으로 인스턴스화된 하이퍼파라미터들을 가진 $\mathcal{A}$는 $\mathcal{A}_\lambda$으로 표시된다.

하이퍼파라미터의 도메인(정의역)은 실수 값(예: 학습률), 정수 값(예: 계층수), 이진수(예: 조기 종료 사용 여부) 또는 범주형(예: 최적화 도구 선택)이 될 수 있다. 정수 및 실수 값 하이퍼파라미터의 경우, 도메인은 몇 가지 예외만 제외하고 대부분 실무적 이유로 제한된 값을 갖는다[12, 113, 136].

또한 설정 공간은 조건성을 포함할 수 있다. 즉, 하이퍼파라미터는 다른 하이퍼파라미터(또는 하이퍼파라미터의 일부 조합)가 특정 값을 갖는 경우에만 관련될 수 있다. 조건부 공간은 방향성 비순환 그래프DAG, Directed Acyclic Graph의 형태를 취한다. 이러한 조건부 공간은 머신러닝 파이프라인의 자동 튜닝에서 나타나는데, 여기서 상이한 전처리와 머신러닝 알고리듬 간의 선택이 범주형 하이퍼파라미터로 모델링된다. 이는 완전 모델 선택FMS, Full Model Selection 또는 알고리듬 선택과 하이퍼파라미터 최적화의 결합 문제의 줄임말로 CASHCombined Algorithm Selection and Hyperparameter Optimization로 알려진 문제[30, 34, 83, 149]이다.[1] 이들은 또한 신경망의 구조를 최적화할 때도 발생하는데, 예를 들어 계층의 수는 정수 하이퍼파라미터가 될 수 있고, 이때 계층 i의 계층별 하이퍼파라미터가 네트워크 깊이가 적어도 i인 경우에만 활성화된다[12, 14, 33].

주어진 데이터셋 $\mathcal{D}$에 대해서 목적함수는 다음을 발견하는 것이다.

$$\boldsymbol{\lambda}^* = \underset{\boldsymbol{\lambda} \in \boldsymbol{\Lambda}}{\arg\min} \, \mathbb{E}_{(D_{train}, D_{valid}) \sim \mathcal{D}} \mathbf{V}(\mathcal{L}, \mathcal{A}_{\boldsymbol{\lambda}}, D_{train}, D_{valid}) \qquad (1.1)$$

여기서 $\mathbf{V}(\mathcal{L}, \mathcal{A}_{\boldsymbol{\lambda}}, \mathcal{D}_{train}, \mathcal{D}_{valid})$는 훈련 데이터 $\mathcal{D}_{train}$에 대해서 하이퍼파라미터 $\boldsymbol{\lambda}$의 알고리듬 $\mathcal{A}$에 의해 생성되고, 검증 데이터 $\mathcal{D}_{valid}$에 대해서 평가된 모델의 손실함수를 측정한다. 실무에서 유한 데이터 $D \sim \mathcal{D}$에만 접근 가능하므로, 식 (1.1)의 기댓값을 근사할 필요가 있다.

검증 프로토콜 $\mathbf{V}(\cdot, \cdot, \cdot, \cdot)$에 대한 일반적인 선택은 사용자가 부여한 손실함수의 홀드아웃 및 교차 검증 오차(예: 오분류 비율)이다. 검증 프로토콜 개요를 위해서는 Bischl 등[16]을 참조하라. 평가 시간 단축을 위해 제안된 몇 가지 전략이 있다. 폴드fold의 부분집합에서만 머신러닝 알고리듬을 테스트[149] 또는 데이터의 부분집합에서만 테스트하거나[78, 102, 147], 작은 수의 반복 시행에 대해서만 테스트한다. 이러한 전략의 일부를 1.4절에서 자세히 설명하겠다. 멀티태스킹[147]과 멀티소스[121] 최적화에 관한 최근 연구는 식 (1.1) 대신 비용이 덜 들게 탐색할 수 있는 보조 작업을 도입했다. 이것들은 HPO에 도움이 되는 저렴한 정보를 제공할 수 있지만, 반드시 관심 대상의 데이터셋에서 머신러닝 모델을 훈련시키는 것은 아니므로, 부산물로 사용 가능한 모델을 산출하지 못할 수 있다.

---

1 알고리듬의 선택 조건부로 그에 맞는 하이퍼파라미터가 선택된다고 생각하자. 예를 들어 랜덤 포레스트가 선택되면 트리의 깊이와 같은 하이퍼파라미터가 선택되며, SVM의 C와 같은 하이퍼파라미터는 더 이상 고려 안 해도 된다. 따라서 이 경우 알고리듬 선택과 하이퍼파라미터를 분리해 각각 최적화하는 것보다는 둘을 결합해 최적화하는 것이 훨씬 효율적이다. - 옮긴이

1.2.1 최적화에 대한 대안: 앙상블과 한계화

1장의 나머지 부분에 설명된 기법 중 하나로 식 (1.1)을 풀려면 일반적으로 머신러닝 알고리듬 A를 다중 하이퍼파라미터 벡터 λ_i로 적합화해야 한다. 이에 대해 argmin-연산자를 사용하는 대신에 (주어진 검증 프로토콜에 대한 손실을 최소화하기 위한 것을 목적으로 하는) 앙상블ensemble을 설정하거나 (고려 중인 모델이 확률적 모델인 경우) 모든 하이퍼파라미터를 적분하는 것이 가능하다. 빈도주의자frequentist와 베이지안Bayesian 모델 선택의 비교를 위해 Guyon 등 [50]과 그 안의 참고문헌을 참조하라.

HPO에 의해 많은 좋은 설정이 식별됐을 때 단지 단일 하이퍼파라미터 설정을 선택하는 것은 낭비일 수 있으며, 그것들을 앙상블에 결합시킴으로써 성과를 향상시킬 수 있다[109]. 이는 설정 공간이 큰 AutoML 시스템(예: FMS 또는 CASH)에서 특히 유용하며, 좋은 설정이 매우 다양해 앙상블로부터의 잠재적 이득을 증가시킬 수 있다[4, 19, 31, 34]. 성과를 더욱 향상시키기 위해 자동 프랑켄슈타인Automatic Frankensteining[155]은 HPO를 사용해 HPO로 발견한 모델의 출력에 대한 적층 모델stacking model[156]을 훈련한다. 그다음 전통적인 앙상블 전략을 사용해 두 번째 레벨의 모델들을 결합한다.

지금까지 논의된 방법들은 HPO 절차 후에 앙상블을 적용했다. 이 방법들은 실제로 성과를 향상시키지만, 기본 모델은 앙상블에 최적화돼 있지 않다. 그러나 기존 앙상블을 최대한 개선할 수 있도록 모델을 직접 최적화하는 것도 가능하다 [97]. 마지막으로 베이지안 모델을 다룰 때 예를 들어 증거 최대화evidence maximization[98], 베이지안 모델 평균화Byesian model averaging[56], 슬라이스 샘플링slice sampling[111] 또는 경험적 베이즈empirical Bayes[103]를 사용해 머신러닝 알고리듬의 하이퍼파라미터들을 적분할 수 있는 경우도 많이 존재한다.

1.2.2 다중 목적에 대한 최적화

실제 적용에서는 모델 성과 및 자원 소비[65](3장 참조) 또는 다중 손실함수[57]와 같은 두 개 이상의 목적을 트레이드 오프해야 하는 경우가 많다. 잠재적 해결책은 두 가지 방법으로 구할 수 있다.

첫째, 보조 성과 척도에 대한 한도(최대 메모리 소비와 같은)가 알려진 경우, 이 문제는 제한된 최적화 문제로 공식화될 수 있다. 1.3.2.4절에서 베이지안 최적화에서의 제약 조건 처리에 대해 논의할 것이다.

둘째, 좀 더 일반적으로 파레토 경계Pareto front를 찾기 위해 다중 목적 최적화를 적용할 수 있다. 파레토 경계의 각 설정에 대해 적어도 하나에 대해서 성과가 더 좋고 다른 모든 목적에 대해서는 적어도 동일한 성과를 갖는 설정은 존재하지 않는다. 따라서 사용자는 파레토 경계로부터 하나의 설정을 선택할 수 있다. 관심 있는 독자는 이 주제에 관한 추가 문헌을 참조하라[53, 57, 65, 134].

1.3 블랙박스 하이퍼파라미터 최적화

일반적으로 모든 블랙박스 최적화 방법을 HPO에 적용할 수 있다. 글로벌 최적화 알고리듬이 보통 선호되지만, 문제의 비볼록성 때문에 최적화 프로세스의 국지성이 흔히 유용하게 사용된다. 먼저 모델 프리한 블랙박스 HPO 방법에 대해 논의한 후 블랙박스 베이지안 최적화 방법을 설명한다.

1.3.1 모델 프리 블랙박스 최적화 방법

그리드 탐색Grid search은 완전 팩토리얼 설계full factorial design라고도 하는 가장 기본적인 HPO 방법이다[110]. 사용자는 각 하이퍼파라미터에 대해 제한된 값의 집합을 지정하고 그리드 탐색은 이러한 집합의 카티션 곱을 평가한다. 이는 필요한 함수 평가 횟수가 설정configurations 공간의 차원성에 따라 기하급수적으로 증가하기 때문에 차원의 저주에 시달린다. 그리드 탐색의 또 다른 문제는 이산화의 밀도를 증가시키면 함수 평가의 필요 횟수가 굉장히 증가한다는 것이다.

그리드 탐색의 간단한 대안은 랜덤 탐색random search이다[13]. 이름에서 알 수 있듯이 랜덤 탐색은 탐색에 대한 특정 예산이 소진될 때까지 랜덤하게 설정을 추출한다. 이는 일부 하이퍼파라미터가 다른 파라미터보다 훨씬 더 중요한 경우 그리드 탐색보다 더 효과적이다(많은 경우 성립하는 속성 [13, 61]). 직관적으로 B개의 함수 평가가 가능한 고정된 예산으로 실행할 때, 그리드 탐색이 N개의 하이퍼파라미터 각각에 대해 평가할 수 있는 상이한 값의 수는 단지 $B^{1/N}$에 불과하지만, 랜덤 탐색은 각각의 하이퍼파라미터에 대해 B개의 다른 값을 탐색한다. 예시로 그림 1.1을 참조하라.

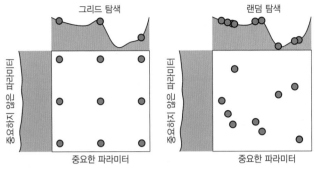

그림 1.1 하나의 중요한 파라미터와 하나의 중요하지 않은 파라미터를 가진 함수를 최소화하기 위한 그리드 탐색과 랜덤 탐색의 비교. 이 그림은 Bergstra와 Bengio(13)의 그림 1의 예시에 기반한다.

그리드 탐색에 대한 랜덤 탐색의 추가적인 이점으로는 좀 더 쉬운 병렬화(작업자들이 서로 통신할 필요가 없고 실패한 작업자가 설계에 영향을 주지 않기 때문에 즉 독립적이므로)와 유연한 자원 할당을 포함한다(랜덤 탐색 설계에 임의의 수의 랜덤 포인트를 추가해 여전히 랜덤 탐색 설계를 산출할 수 있기 때문이다. 하지만 그리드 탐색에는 동일한 것이 적용되지 않는다).

랜덤 탐색은 최적화되는 머신러닝 알고리듬에 대한 가정을 하지 않고, 충분한 자원이 주어진다면 최적의 성과에 임의로 근접한 성과를 달성할 수 있기 때문에 유용한 기준이다. 따라서 더욱 복잡한 최적화 전략과 함께 랜덤 탐색을 결합하는 것은 최소한의 수렴 속도를 보장할 수 있으며 모델 기반 탐색을 개선할 수 있는 탐험을 추가한다[3, 59]. 랜덤 탐색은 전체 설정 공간을 탐색해 합리적인 성과의 설정을 찾는 경우가 많기 때문에 탐색 프로세스를 초기화하는 데 유용한 방법이기도 하다. 하지만 가장 잘 수행되는 하이퍼파라미터 설정 중 하나를 식별하는 것이 만능이 아니며, 유도 탐색guided search 방법보다 훨씬 더 오래 걸리는 경우가 많다. 예를 들어 상호작용 효과 없이 좋은 설정과 나쁜 설정 각각으로 N 불리언 하이퍼파라미터를 가진 설정 공간으로부터 비복원 샘플링할 경우 최적점을 찾기 위해 2^{N-1} 함수가 필요한 반면, 유도 탐색은 다음과 같이 $N+1$개의 함수 평가에서 최적점을 찾을 수 있다. 임의 설정에서 시작해 하이퍼파라미터에 대해 루프를 돌리는데, 한 번에 하나씩 변경해 성과가 향상되면 결과되는 설정을 유지하고 성과가 향상되지 않으면 변경된 설정을 기각한다. 따라서 다음 절에서 논의한 유도 탐색 방법은 대개 랜덤 탐색을 능가한다[12, 14, 33, 90, 153].

유전 알고리듬genetic algorithm, 진화 알고리듬evolutionary algorithm, 진화 전략evolutionary strategies, 입자 군집 최적화particle swarm optimization 등과 같은 모집단 기반 방법populationbased methods은 모집단, 즉 설정 집합을 유지하는 최적화 알고리듬이며, 새로운 세대의 더 나은 설정을 얻기 위해 국지적 교란mutation(소위 돌연변이)과 다른 구성원과의 조합crossover(소위 교차)을 적용해 이 모집단을 개선한다. 이러한 방법은 개념적으로 간단하고 다양한 데이터 유형을 처리할 수 있으며 N 구성원의 모집단이 N개의 머신에서 병렬로 평가될 수 있다는 점에서 놀랍게도 병렬적이다[91].

가장 잘 알려진 모집단 기반 방법 중 하나는 공분산 행렬 적응 진화 전략CMA-ES, Covariance Matrix Adaptation Evolutionary strategy([51])이다. 이 간단한 진화 전략은 모집단의 개체들의 성공을 기반으로 각 세대에서 평균과 공분산이 업데이트되는 다변량 가우시안으로부터 설정을 샘플링한다. CMA-ES는 가장 경쟁력 있는 블랙박스 최적화 알고리듬 중 하나로, 정기적으로 열리는 블랙박스 최적화 벤치마킹 BBOB, Black-Box Optimization Benchmarking의 챌린지에서 줄곧 최상위 성적을 내고 있다 [11].

모집단 기반 방법에 대한 자세한 내용은 [28, 138]을 참조하라. 1.5절에서 하이퍼파라미터 최적화에 대한 응용, 3장에서 신경 구조 탐색에 대한 응용, 8장에서 AutoML 파이프라인에 대한 유전 프로그래밍에 관해 논의한다.

1.3.2 베이지안 최적화

베이지안 최적화는 큰 비용의 블랙박스 함수의 글로벌 최적화를 위한 최첨단 최적화 프레임워크로, 최근에는 영상 분류[140,141], 음성 인식[22] 및 신경 언어 모델링[105]의 심층신경망 튜닝에 대한 새로운 최첨단 결과를 얻고, 다양한 문제 설정에 대한 광범위한 적용 가능성을 시현함으로 HPO에서 견인력을 얻고 있다. 베이지안 최적화에 대한 심도 있는 소개는 Shahriari 등[135]과 Brochu 등 [18]의 훌륭한 튜토리얼을 참조한다.

이 절에서는 먼저 베이지안 최적화에 대해 간략히 소개하고, 여기에 사용된 여러 대리 모델을 제시하며, 조건부 및 제약된 설정 공간에의 확장을 설명한 다음, 하이퍼파라미터 최적화에 관한 몇 가지 중요한 응용에 관해 논의한다.

베이지안 최적화의 최근의 많은 발전은 더 이상 HPO를 블랙박스로 취급하지 않는다. 예로서 다중 충실도multi-fidelity HPO(1.4절 참조), 메타러닝을 통한 베이지안 최적화(2장 참조), 파이프라인 구조를 고려한 베이지안 최적화[159, 160]를 들 수 있다. 더욱이 베이지안 최적화의 최근의 많은 발전은 HPO를 직접 목표로 하는 것이 아니라, 새로운 획득함수$^{acquisition\ function}$, 새로운 모델과 커널, 새로운 병렬화 체계와 같이 베이지안 최적화를 HPO에 쉽게 적용될 수 있도록 하는 방향으로 일어나고 있다.

1.3.2.1 베이지안 최적화 요약

베이지안 최적화는 확률적 대리 모델$^{probabilistic\ surrogate\ model}$과 다음에 어떤 포인트를 평가할지를 결정하는 획득함수라는 두 가지 핵심 성분을 가진 반복 알고리듬이다. 각 반복 시행에서 대리 모델은 지금까지 만들어진 타깃함수의 모든 관측치에 적합화된다. 그런 다음 확률론적 모델의 예측 분포를 사용하는 획득함수는 탐험^{exploration}과 활용^{exploitation}을 절충하면서 상이한 후보 포인트의 효용을 결정한다. 비용이 큰 블랙박스 함수를 평가하는 것에 비해 획득함수는 계산 비용이 저렴해 용이하게 최적화할 수 있다.

많은 획득함수가 존재하지만 다음의 기대 개선$^{EI,\ Expectation\ Improvement}$[72]이 일반적으로 사용된다.

$$\mathbb{E}[\mathbb{I}(\lambda)] = \mathbb{E}[\max(f_{min} - y, 0)] \tag{1.2}$$

이유는 만약 설정 λ의 모델 예측 y가 다음의 정규분포를 따른다면, 닫힌 해로 계산될 수 있기 때문이다.

$$\mathbb{E}[\mathbb{I}(\lambda)] = (f_{min} - \mu(\lambda))\,\Phi\left(\frac{f_{min} - \mu(\lambda)}{\sigma}\right) + \sigma\phi\left(\frac{f_{min} - \mu(\lambda)}{\sigma}\right) \tag{1.3}$$

여기서 $\phi(\cdot)$와 $\Phi(\cdot)$는 각각 표준정규밀도와 표준정규분포 함수이며, f_{min}은 이제까지 관찰된 최상의 값이다.

그림 1.2는 토이 함수를 최적화하는 베이지안 최적화를 예시한다.

1.3.2.2 대리 모델

전통적으로 베이지안 최적화는 가우시안 프로세스[124]를 사용해 목표함수를 모델링하는데, 그 이유는 표현성, 부드럽고 잘 보정된 불확실성 추정치 및 예측 분포의 닫힌 해 계산 가능성 때문이다. 보통 평균 함수는 베이지안 최적화에서 일정하다고 가정되지만, 가우시안 프로세스 $\mathcal{G}(m(\lambda), k(\lambda, \lambda'))$는 평균 $m(\lambda)$과 공분산함수 $k(\lambda, \lambda')$로에 의해 완전히 설정된다. 무잡음 경우에 대한 평균 및 분산 예측 $\mu(\cdot)$와 $\sigma^2(\cdot)$는 각각 다음과 같이 구할 수 있다.

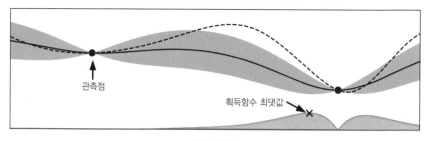

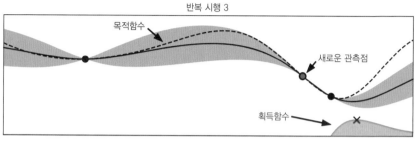

반복 시행 3

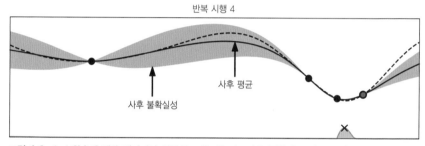

반복 시행 4

그림 1.2 1-d 함수에 대한 베이지안 최적화 그림. 목표는 낮은 주황색 곡선으로 대표되는 획득함수를 극대화해 가우시안 프로세스 대리 모델을 이용한 점선(불확실성을 나타내는 파란색 튜브와 함께 검은색 선으로 나타낸 예측)을 최소화하는 것이다. (상단) 획득 값은 관측치를 중심으로 낮으며, 최고 획득 값은 예측함수 값이 낮고 예측 불확실성도 비교적 높은 곳에서 높다(중간). 새로운 관측치의 왼쪽에는 여전히 많은 분산이 있지만, 오른쪽의 예측 평균은 훨씬 낮고 다음 관측은 그곳에서 이루어진다(하단). 실제 최댓값 위치 주변에는 불확실성이 거의 남아 있지 않지만, 그다음 평가는 지금까지 최상인 점에 비해 개선될 것으로 예상돼 그곳에서 수행된다.

$$\mu(\lambda) = \mathbf{k}_*^T \mathbf{K}^{-1} \mathbf{y}, \, \sigma^2(\lambda) = k(\lambda, \lambda) - \mathbf{k}_*^T \mathbf{K}^{-1} \mathbf{k}_* \qquad (1.4)$$

여기서 $\mathbf{k}_*$는 λ와 모든 이전의 관측 $\mathbf{K}$간의 공분산 벡터를 표기하고, $\mathbf{y}$는 관측된 함수 값이다. 가우시안 프로세스의 품질은 단지 공분산함수에 달려 있다. 일반적 선택은 마르코프 체인 몬테카를로^{Markov Chain Monte Carlo}에 의해 적분화되는 하이퍼 파라미터의 메이턴^{Matern} 5/2 커널[2]이다[140].

---

2 예측변수당 개별적인 길이 스케일을 갖는 커널로, 파라미터가 5/2이므로 이러한 이름이 붙여졌다. - 옮긴이

표준 가우시안 프로세스의 한 가지 단점은 데이터포인트 수가 입방적으로 증가해 함수 평가를 많이 해야 할 때(예: 병렬 작업자가 많거나 낮은 충실도의 사용으로 함수 평가가 많아질 때) 적용 가능성을 제한한다는 것이다. 이 입방 스케일링은 희소 가우시안 프로세스와 같이 확장 가능한 가우시안 프로세스 근사치를 통해 피할 수 있다. 이러한 것들은 커널 매트릭스 **K**를 구축하기 위한 유도점으로 원본 데이터셋의 부분 집합만을 사용함으로써 전체 가우시안 프로세스를 근사한다. GP를 사용한 베이지안 최적화는 랜덤 SAT 솔버[62]의 파라미터를 최적화하는 데 있어 수만 개의 데이터포인트로 확장할 수 있지만, 불확실성 추정치의 보정에 대한 부정적 지적이 있으며, 표준 HPO에 대한 이들의 적용 가능성이 테스트되지 않았다[104, 154].

표준 커널을 가진 가우시안 프로세스의 또 다른 단점은 높은 차원으로의 확장성이 떨어진다는 것이다. 그 결과 랜덤 임베딩의 사용[153], 설정 공간의 분할에의 가우시안 프로세스 사용[154], 실린더형 커널[114], 가법적 커널[40, 75] 등, 다수의 하이퍼파라미터가 있는 설정 공간의 내재적 특성을 효율적으로 처리하기 위한 많은 확장이 제안됐다.

일부 다른 머신러닝 모델은 가우스 프로세스보다 확장성과 유연성이 뛰어나기 때문에 이들 모델을 베이지안 최적화에 적응시키기 위한 연구도 많다. 첫째, (심층) 신경망은 매우 유연하고 확장 가능한 모델이다. 이들을 베이지안 최적화에 적용하는 가장 간단한 방법은 입력을 전처리한 다음 베이지안 선형 회귀의 기본 함수로 최종 은닉층의 출력을 사용하는 것이다[141]. 네트워크 가중치에 대한 더욱 복잡하고 완전한 베이지안 처리는 확률적 그래디언트 해밀턴 몬테카를로[144]로 훈련된 베이지안 신경망을 사용함으로써도 가능하다. 신경망은 250개 이상의 함수 평가에서는 베이지안 최적화를 위한 가우시안 프로세스보다 빠른 경향이 있으며, 대규모 병렬도 가능하다. 딥러닝의 유연성은 베이지안 최적화를 더욱 복잡한 작업에 가능하게 할 수 있다. 예를 들어 변이형 오토인코더Variational Autoencoder는 (자동 통계 전문가의 구조화된 설정과 같은) 복잡한 입력을 실수 값 벡터로 임베딩시켜 일반 가우시안 프로세스가 처리할 수 있도록 사용될 수 있다[92]. 다중 소스 베이지안 최적화의 경우, 팩토화 머신factorization machine에 구축된 신경망 구조neural network architecture[125]는 이전 작업에 대한 정보를 포함할 수 있으며[131] CASH 문제를 다루도록 확장됐다[132].

베이지안 최적화를 위한 또 다른 대안 모델은 랜덤 포레스트다[59]. GP가 작은 수치적 설정 공간[29]에서 랜덤 포레트스보다 우수한 성과를 발휘하는 반면,

랜덤 포레스트는 본질적으로 표준 GP가 잘 작동하지 않는 더 큰 범주형 및 조건부 설정 공간을 더 잘 처리한다[29, 70, 90]. 또한 랜덤 포레스트의 계산 복잡도는 많은 데이터포인트에까지 훨씬 더 잘 확장된다. n개의 데이터포인트에 대해 GP를 적합화하고 분산을 예측하는 계산 복잡도는 각각 $O(n^3)$와 $O(n^2)$로 커지는 반면, 랜덤 포레스트의 경우는 n의 배율은 각각 $O(n \log n)$와 $O(\log n)$다. 이러한 장점 때문에 랜덤 포레스트를 사용해 베이지안 최적화를 하는 SMAC 프레임워크[59]는 뛰어난 AutoML 프레임워크인 Auto-WEKA[149]와 Auto-sklearn[34](4장과 6장에 설명된)을 가능하게 했다.

설정 λ가 주어질 때, 관측치 $\mathbf{y}$의 확률 $p(\mathbf{y}|\lambda)$를 모델링하는 대신, 트리 파젠 추정기TPE, Tree Parzen Estimator[12, 14]는 밀도함수 $p(\lambda|\mathbf{y} < a)$와 $p(\lambda|\mathbf{y} \geq a)$를 모델링한다. 백분위수 a(보통 15%로 설정됨)가 주어진 경우 관측치는 양호한 관측치와 나쁜 관측치로 나눠지며, 단순 1-d 파젠 윈도우를 사용해 두 분포를 모델링한다. 비율 $\frac{p(\lambda|\mathbf{y} < a)}{p(\lambda|\mathbf{y} \geq a)}$는 기대 개선 획득함수와 관련되며 새로운 하이퍼파라미터 설정을 제안하는 데 사용된다. TPE는 조건부 하이퍼파라미터에 대해 파젠 추정기의 트리를 사용하며 이러한 구조화된 HPO 작업에서 양호한 성과를 보였으며[12, 14, 29, 33, 143, 143, 149, 160] 개념적으로 단순하고 자연스럽게 병렬화된다[91]. 또한 AutoML 프레임워크 하이퍼옵트-사이킷런Hyperopt-sklearn[83](5장에서 설명된)의 배후의 원동력이다.

마지막으로, 베이지안 최적화 패러다임을 따르지 않는 대리 모델 기반 접근법도 있다는 점을 주목한다. Hord[67]는 결정적 RBF 대리 모델을 사용하고, Harmonica[52]는 압축 감지 기법compressed sensing technique을 사용하는데, 둘 다 심층 신경망의 하이퍼파라미터를 조정한다.

1.3.2.3 설정 공간 묘사

베이지안 최적화는 원래 박스-제약이 있고 실수 값 함수를 최적화하기 위해 설계됐다. 그러나 신경망의 학습률이나 서포트 벡터 머신의 규제화와 같은 많은 머신러닝 하이퍼파라미터에 대해서, 지수 항의 지수를 최적화하는 것이 일반적이다. 이는 예를 들어 0.001에서 0.01로 지수를 변경하는 것이 0.1에서 1로 변경하는 것과 유사한 (높은) 영향을 미칠 것으로 예상한다는 것을 나타낸다. 입력 뒤틀림input warping[142]이라고 알려진 기법은 각 입력 차원을 베타 분포의 두 파라미터로 교체하고 이를 최적화함으로써 최적화 프로세스 중에 그러한 변환을 자동으로 학습할 수 있다.

박스-제약의 분명한 한 가지 제한은 사용자가 이러한 것들을 미리 정의해야 한다는 것이다. 이를 피하기 위해 동적으로 설정 공간을 확장할 수 있다[113, 136]. 또는 분포 유형 알고리듬의 추정기인 TPE[12]는 (일반적으로 가우시안) 사전분포가 적용된 무한 공간을 다룰 수 있다.

정수와 범주형 하이퍼파라미터는 특별한 처리가 필요하지만 커널과 최적화 절차를 조금 조정하면, 정규 베이지안 최적화에 상당히 쉽게 통합될 수 있다([58]의 제12.1.2절 및 [42] 참조). 팩토화 머신과 랜덤 포레스트와 같은 다른 모델도 이러한 데이터 유형을 자연스럽게 처리할 수 있다.

조건부 하이퍼파라미터는 여전히 연구가 활발한 영역이다(최근 AutoML 시스템의 조건부 설정 공간에 대한 설명은 5장 및 6장 참조). 이들은 랜덤 포레스트[59]와 트리 파젠 추정기^{TPE}[12]와 같은 트리 기반 방법에 의해 기본적으로 다뤄질 수 있지만, 다른 모델들을 능가하는 가우시안 프로세스의 수많은 장점 때문에 구조화된 설정 공간에 대한 다중 커널도 제안됐다[4, 12, 63, 70, 92, 96, 146].

1.3.2.4 제약된 베이지안 최적화

현실적인 시나리오에서는 종종 메모리 소비[139, 149], 훈련 시간[149], 예측 시간[41, 43], 압축 모델의 정확도[41], 에너지 사용[43]과 같은 제약 조건을 만족거나, 또는 단순히 훈련 절차 중에 실패하지 않는 것[43]이 필요하다.

어떤 제약 조건은 결과의 관측 (예를 들어, 성공 또는 실패의 이진 관측) 후에만 가능하다는 점에서 숨겨질 수 있다[88]. AutoML의 대표적인 예로는 메모리 및 시간 제약인데, 이는 알고리듬의 훈련을 공유 컴퓨팅 시스템에서 가능하도록 하고, 하나의 느린 알고리듬 설정이 HPO에 사용 가능한 모든 시간을 사용하지 않도록 한다[34, 149](4장, 6장 참조).

어떤 제약 조건들은 전혀 알려져 있지 않아서, 보조 제약 함수를 관찰하고 모델링할 수는 있지만, 목표함수를 평가한 후에서만 제약 조건 위반에 대해서 알 수 있다[46]. 그 예가 서포트 벡터 머신의 예측 시점인데, 이는 훈련 중 선택한 서포트 벡터 수에 의존하기 때문에 서포트 벡터 머신을 훈련해야만 얻을 수 있다.

제약 조건의 위반을 모델링하는 가장 간단한 접근법은 패널티 값(최소한 관측 가능한 최악의 손실 값만큼 나쁜 값)을 정의하고 실패한 런에 대한 관찰로 사용하는 것이다[34, 45, 59, 149]. 더욱 진보된 접근법은 하나 이상의 제약 조건을 위반할 확률을 모델링하고 주어진 제약 조건을 위반할 가능성이 낮은 손실값이 낮은 설정을 적극적으로 탐색한다[41, 43, 46, 88].

정보 이론적 획득함수를 사용하는 베이지안 최적화 프레임워크는 목표함수와 제약 조건의 평가를 분리해 다음 평가 대상 함수를 동적으로 선택할 수 있도록 한다[43, 55]. 이는 관심 대상 함수를 평가할 때 유리하며, 심층 신경망의 성과와 메모리 소비를 평가하는 것과 같이 제약 조건은 상당히 다른 시간을 요구한다[43].

1.4 다중 충실도 최적화[3]

데이터셋 크기 증가와 더 복잡한 모델들은 블랙박스 성과 평가를 더 비싸게 만들기 때문에 HPO의 주요 장애물이다. 대규모 데이터셋에서 단일 하이퍼파라미터 설정을 훈련하는 것은 오늘날 대여섯 시간을 쉽게 초과할 수 있으며 최대 며칠이 소요될 수 있다[85].

따라서 수동 튜닝 속도를 높이는 일반적인 기법은 단지 몇 번의 반복 시행으로 훈련하거나, 특성의 부분집합에서 이를 실행하거나, 또는 교차 검증 폴드의 하나 또는 몇 개만 사용하거나, 컴퓨터 비전의 다운 샘플링을 사용하는 것에 의해 데이터의 작은 부분집합에서 알고리듬/하이퍼파라미터 설정을 탐색하는 것이다. 다중 충실도 방법은 그러한 수작업 휴리스틱스를 정식 알고리듬에 넣어 실제 손실함수의 소위 저충실도 근사치를 사용해 최소화한다. 이러한 근사치들은 최적화 성과와 런타임 사이에 절충을 도입하지만, 실제로는 획득한 속도 상승이 근사오차를 초과하는 경우가 많다.

첫째, 훈련 중에 알고리듬의 학습 곡선을 모델링하는 방법을 검토하고 만약 추가 자원을 추가하는 것이 도움이 되지 않을 것으로 예상되면 훈련 절차를 중단할 수 있다. 둘째, 주어진 알고리듬/하이퍼파라미터 설정의 유한 집합 중 하나만 선택하는 간단한 선택 방법에 관해 논의한다. 셋째, 최적 하이퍼파라미터를 찾기 위한 대부분의 정보를 제공하는 충실도를 능동적으로 결정할 수 있는 다중 충실도 방법에 관해 논의한다. 또한 2장(데이터셋 전체에 걸쳐 다중 충실도 방법을 어떻게 사용할

---

3 다중 충실도를 직관적으로 설명하면 충실하지 않은 데이터셋이나 훈련 방법을 사용해 머신러닝 자동화의 속도를 가속화하는 것을 의미한다. 가장 간단한 예로 더 작은 수의 특성이나 더 작은 훈련셋을 사용해 모델을 평가하는 것들을 포함한다. 따라서 부록의 He, Zhao와 Chu(2020)의 저충실도 또는 낮은 충실도라는 용어가 더 적합하다고 생각한다. – 옮긴이

수 있는지 설명한다)와 3장(신경망 구조 탐색을 위한 낮은 충실도 근사치를 묘사한다)을 참조한다.

1.4.1 조기 종료를 위한 학습 곡선 기반의 예측

HPO의 다중 충실도를 다루는 1.4절에서는 HPO[82, 123]의 학습 곡선을 평가하고 모델링한 후, 주어진 하이퍼파라미터 설정에 대해 추가 자원을 추가할지 또는 훈련 절차를 종료할지를 결정하는 방법부터 시작한다. 학습 곡선의 예로서 훈련된 동일한 설정의 데이터 부분집합의 증가에 따른 성과 또는 각 반복 시행에 대해 측정한 반복 알고리듬의 성과(또는 성과 계산 비용이 크다면, 매 i번째 반복 시행에 대해 측정한 성과)를 들 수 있다.

학습 곡선 외삽법learning curve extrapolation은 예측 종료predictive termination의 맥락에서 사용된다[26]. 이 논문에서 학습 곡선 모델을 사용해 설정을 위해 부분적으로 관찰된 학습 곡선을 추론하고, 설정이 최적화 과정에서 지금까지 훈련된 최상의 모델의 성과에 도달하지 못할 것으로 예측되면 훈련 과정을 중단한다. 각 학습 곡선은 다양한 과학 영역에서 11개의 파라미터 함수의 가중 조합으로 모델링된다. 이러한 함수의 파라미터와 가중치는 부분적으로 관측된 학습 곡선에 맞는 손실을 최소화하기 위해 마르코프 체인 몬테카를로를 통해 샘플링된다. 이것은 예측 분포를 산출하는데, 이는 가장 잘 알려진 모델을 이기지 못할 확률을 기반으로 훈련을 종료할 수 있도록 한다. 베이지안 최적화와 결합했을 때 예측 종료 기준은 신경망 최적화를 위한 기존의 블랙박스 베이지안 최적화보다 낮은 오차율을 가능하게 했다. 평균적으로, 이 방법은 최적화를 2배로 가속시켰고 (데이터 확장 없이) CIFAR-10에 대한 (당시) 최첨단 신경망을 찾을 수 있었다[26].

위의 방법은 상이한 하이퍼파라미터 설정에 걸쳐 정보를 공유하지 않음으로써 제한되지만, 이러한 정보 공유는 베이지안 신경망의 출력층으로 기저함수를 사용함으로 달성될 수 있다[80]. 기저함수의 파라미터와 가중치, 따라서 완전한 학습 곡선은 임의의 하이퍼파라미터 설정에 대해 예측할 수 있다. 또는 이전 학습 곡선을 기저함수의 외삽함수로 사용할 수 있다[21]. 실험 결과는 제안된 방법이 사전 지정된 파라미터의 함수보다 우수한지에 관해서는 결론을 내리지 못하지만, 수작업으로 정의할 필요가 없다는 것은 명백한 장점이다.

동결-해동Freeze-Thaw 베이지안 최적화[148]는 베이지안 최적화의 모델링 및 선택 프로세스에 학습 곡선을 완전히 통합한 것이다. 설정을 종료하는 대신 머신러닝 모델은 몇 번 반복적으로 훈련을 받은 후 동결된다. 베이지안 최적화는 동결된 모델 중 하나를 해동하기로 결정할 수 있는데, 이것은 그것을 계속 훈련시키는 것을 의미한다. 또는 이 방법은 새 설정을 시작하기로 결정할 수도 있다. 동결-해동은 정규 가우시안 프로세스에 수렴하는 알고리듬의 성과를 모델링하고 지수 감쇠 함수에 상응하는 특수한 공분산 함수를 도입해 학습 곡선을 가우시안 프로세스로 모델링한다.

1.4.2 밴딧 기반 알고리듬 선택 방법

1.4.2절에서는 성과의 낮은 충실도 근사치를 기반으로 주어진 유한한 알고리듬 집합 중에서 최상의 알고리듬을 결정하고자 하는 방법을 설명한다. 그 목적을 위해 적응형 설정 전략과의 잠재적 결합에 대해서도 논의한다. 특히 딥러닝 알고리듬을 최적화하기 위해 강력한 성과를 보여왔기 때문에 밴딧 기반 전략의 변형인 연속적 반감$^{\text{successive halving}}$과 하이퍼밴드^{Hyperband}에 초점을 맞춘다. 엄밀히 말하면 1.4.1절에서 논의할 방법 중 일부는 학습 곡선을 모델링하지만, 이들 모델을 기반으로 새로운 설정을 선택하는 방법은 제공하지 않는다.

어쨌든 우선 다중 충실도 알고리듬 선택 방법의 역사적 진화를 간략하게 설명한다. 2000년에 Petrak[120]은 데이터의 작은 부분집합에 대해 다양한 알고리듬을 단순히 시험하는 것이 알고리듬을 선택하는 강력하고 값싼 메커니즘이라고 언급했다. 이후 접근법에서는 데이터의 부분집합에서 성과가 나쁜 경우[17], 최고 성과의 설정 그룹보다 성과가 현저히 나쁜 경우[86], 사용자가 지정한 요인에 의한 최상의 설정보다 성과가 떨어지는 경우[143] 또는 알고리듬에 대한 낙관적인 최고의 성과가 알려진 최상의 알고리듬보다 나쁜 경우[128] 반복 알고리듬 제거 방법을 사용해 하이퍼파라미터 설정을 제거했다. 마찬가지로 한 개 또는 몇 개의 교차 검증 폴드에서 성과가 나쁜 경우 하이퍼파라미터 설정을 제거할 수 있다[149]. 마지막으로 Jamieson과 Talwalkar[69]는 원래 Karnin 등[76]이 도입한 연속적 반감 알고리듬을 사용할 것을 제안했다.

연속적 반감$^{\text{Successive halving}}$ 알고리듬은 매우 간단하지만 강력하며, 따라서 다중 충실도 알고리듬 선택을 위한 인기 있는 전략이다. 주어진 초기 예산에 대해 해당 예산에 대한 모든 알고리듬을 조회한 다음, 최악의 성과를 거둔 절반은 제거하고 예산을 두 배로 늘리는 식으로 하나의 알고리듬만 남게 될 때까지 연속적으로 반복한다. 이 프로세스는 그림.1.3에 설명돼 있다. Jamieson과 Talwalkar[69]는 몇 가지 일반적인 밴딧 방법을 벤치마킹했으며, 연속적 반감 알고리듬이 요구되는 반복 횟수와 필요한 계산 시간의 관점 모두에서 잘 수행되며, 만약 알고리듬이 잘 수렴한다면 알고리듬이 균등 예산 할당 전략^{uniform budget allocation strategy}을 이론적으로 능가하고, UCB와 EXP3와 같은 문헌으로부터 잘 알려진 많은 밴딧 전략보다 더 선호된다는 것을 발견했다.

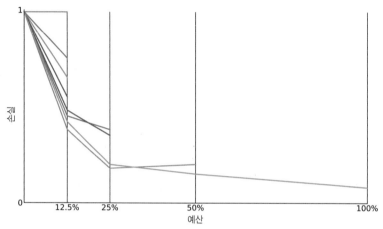

그림 1.3 8개의 알고리듬/설정에서 연속적 반감 예시. 전체 예산에 대한 모든 알고리듬을 평가한 후 절반은 탈락하고 나머지 알고리듬에 주어진 예산은 2배로 늘어난다.

연속적 반감 알고리듬이 효율적 접근법이지만 예산과 수많은 설정의 절충으로 어려움을 겪는다. 총 예산이 주어지면 사용자는 미리 많은 설정을 시도하고 각 설정마다 적은 예산만 배정할지, 아니면 몇 개만 시도해보고 더 큰 예산을 배정할지 결정해야 한다. 예산을 너무 적게 할당하면 좋은 설정이 조기 종료할 수 있는 반면, 예산을 너무 많이 할당하면 잘못된 설정을 너무 오래 실행해 자원이 낭비될 수 있다.

하이퍼밴드^{HyperBand}는 랜덤 샘플링된 설정 중에서 선택할 때 발생하는 이러한 문제를 해결하기 위해 고안된 위험 회피^{hedging} 전략이다[90]. 이는 총 예산을 각 설정의 수 대 예산의 여러 조합으로 나눠 각 랜덤 설정 집합에 대한 서브루틴으로서 연속적 반감 알고리듬을 호출한다. 최대 예산에 대해서만 일부 설정을 실행하는 것을 포함하는 위험 회피 전략이기 때문에 최악의 경우 하이퍼밴드는 최대 예산에 대한 바닐라 랜덤 탐색보다 최대 시간이 더 많이 소요된다. 값싼 저충실도 평가의 사용으로 인해 실제로 하이퍼밴드는 심층 신경망의 확률적 그래디언트 하강과 같은 바닐라 랜덤 탐색과 데이터 부분집합, 특성 부분집합, 반복 알고리듬에 대해 블랙박스 베이지안 최적화에 비해 개선되는 것으로 보여줬다.

하이퍼밴드의 심층 신경망 성공에도 불구하고, 설정 제안 전략을 함수 평가에 적용하지 않는 것은 매우 제한적이다. 이러한 한계를 극복하기 위해 최근 접근법 BOHB[33]는 베이지안 최적화와 하이퍼밴드를 결합해 강력한 상시 성과^{anytime} ^{performance}(하이퍼밴드에서 낮은 충실도를 사용함으로써 초기에는 빠른 개선)와 강력한 최종 성과$^{\text{final performance}}$(하이퍼밴드의 랜덤 탐색을 베이지안 최적화로 대체함으로써 장기적으로 좋은 성과)를 모두 달성한다. BOHB는 또한 병렬 자원을 효과적으로 사용하며 몇십 개의 하이퍼파라미터에 이르는 문제 영역을 다룬다. BOHB의 베이지안 최적화 구성 요소는 TPE[12]와 유사하지만, 적어도 $|\Lambda| + 1$번(하이퍼파라미터 수 더하기 1)의 평가가 수행되는 최고 충실도에 대한 모델에만 적합한 다차원 커널 밀도 추정기를 사용한다는 점에서 다르다. 따라서 BOHB의 첫 번째 모델은 가장 낮은 충실도에 적합화되지만, 시간이 지남에 따라 더 높은 충실도에 대해 훈련된 모델이 이어받는 반면, 연속적 반감에서는 여전히 낮은 충실도를 사용한다. 실증적으로 BOHB는 이 절에 제시된 대부분의 방법을 포함해 서포트 벡터 머신, 신경망 및 강화학습 알고리듬을 튜닝하기 위해 최첨단 HPO 방법을 능가하는 것으로 입증됐다[33]. 하이퍼밴드와 베이지안 최적화를 결합하기 위한 추가 접근법도 제안됐다[15, 151].

다중 충실도 평가도 다른 방법으로 HPO와 결합될 수 있다. 더 낮은 충실도에서 더 높은 충실도로 전환하는 대신 원본 데이터의 부분집합에 대해 HPO를 수행하고, 최고 성과의 설정을 추출해 전체 데이터셋에서 HPO를 위한 초기 설계로 사용할 수 있다[152]. CASH 문제에 대한 해법의 속도를 높이기 위해, 소규모 데이터셋의 부분집합에 대한 저조한 성과를 기반으로 설정 공간으로부터 전체 알고리듬(및 해당 하이퍼파라미터)을 반복적으로 제거할 수도 있다[159].

1.4.3 충실도의 적응적 선택

이전 절의 모든 방법은 충실도에 대한 미리 정의된 스케줄을 따른다. 또는 어떤 충실도를 평가할 것인지에 대해 적극적으로 선택함으로써 스케줄의 잘못된 설정을 방지할 수 있다.

멀티태스킹 베이지안 최적화[147]는 멀티태스킹 가우시안 프로세스를 사용해 관련 작업의 성과를 모델링하고 최적화 프로세스 중에 작업의 상관관계를 자동으로 학습한다. 이 방법은 비용 인지 정보-이론적 획득함수를 기반으로 더 값싸고 낮은 충실도의 작업과 비싼 높은 충실도 목표 작업 간의 전환을 동적으로 수행할 수 있다. 실제로 제안된 방법은 초기에 좀 더 저렴한 작업에 대한 설정 공간을 탐험하고, 최적화의 후반부에서 좀 더 값비싼 설정 공간으로 전환해 HPO에 필요한 시간을 대략적으로 절약한다. 멀티태스킹 베이지안 최적화는 이전의 최적화 작업으로부터 정보를 전달하는데도 사용될 수 있다. 이에 대한 자세한 내용은 2장을 참조한다.

정보-이론적 획득함수를 사용하는 대신, UCB^{Upper Confidence Bound}(신뢰 상한) 획득함수를 사용한 베이지안 최적화도 다중 충실도로 확장될 수 있다[73, 74]. 최초의 그러한 접근 방법인 MFGP-UCB[73]는 사전적인 충실도 정의를 요구하지만, 이후의 BOCA 알고리듬[74]은 그러한 요구 사항을 삭제했다. BOCA는 또한 두 가지 이상의 연속 충실도를 가진 최적화에 적용돼왔으며, 두 가지 이상의 연속 충실도에 대한 HPO가 미래에 더 많은 관심을 가질 것으로 기대한다.

일반적으로 말해서, 그들의 충실도를 적응적으로 선택할 수 있는 방법은 1.4.2절에서 논의된, 개념적으로 단순한 밴딧^{bandit} 기반 방법보다 매우 호소력 있고 더 강력하지만 실제로는 충실도에 대한 성공적인 선택을 위해 강력한 모델이 요구된다고 경고한다. 모델이 강하지 않은 경우(아직 충분한 훈련 데이터가 없거나 모델 불일치로 인해), 이러한 방법은 더 높은 충실도를 평가하는 데 너무 많은 시간을 소비할 수 있으며, 1.4.2절에서 논의된 더욱 강건한 고정 예산 스케줄은 고정 시간 제약을 감안할 때 더 나은 성과를 산출할 수 있다.

1.5 AutoML에의 응용

1.5절에서는 자동화된 머신러닝에 가장 중요한 하이퍼파라미터 최적화 시스템과 응용프로그램에 대한 역사적 개요를 제공한다.

그리드 탐색은 1990년대 이후 하이퍼파라미터 최적화에 사용돼 왔으며, 2002년에 이미 초기 머신러닝 도구에 의해 지원됐다[35]. HPO에 적용된 최초의 적응형 최적화 방법은 탐욕적인^{greedy} 깊이 우선 탐색[82]과 패턴 탐색[109]으로, 둘 다 기본 하이퍼파라미터 설정에 비해 개선됐으며, 그리드 탐색에 대해서도 패턴 탐색이 개선됐다. 유전 알고리듬은 2004년 RBFSVM의 두 하이퍼파라미터 C 와 γ를 튜닝하는 데 처음 적용됐고, 그리드 탐색보다 짧은 시간에 분류 성과가 향상됐다. 같은 해에 진화 알고리듬은 SVM을 위한 세 개의 다른 커널, 즉 커널 하이퍼파라미터의 설정을 학습하고 특성 부분집합을 공동으로 선택하기 위해 사용됐다. 학습된 커널의 조합은 최적화된 커널을 모두 능가할 수 있었다. 유사한 정신으로 2004년에는 SVM이나 신경망의 하이퍼파라미터에 의해 사용되는 특성과 하이퍼파라미터 모두를 선택하기 위해 유전 알고리듬을 사용했다[129].

CMA-ES는 2005년 하이퍼파라미터 최적화에 처음 사용됐으며[38], 이 경우 SVM의 하이퍼파라미터 C와 γ, 입력 데이터의 각 차원에 대한 커널 길이 스케일 l_i, 완전한 회전 및 스케일링 행렬을 최적화하기 위해 사용됐다. 훨씬 최근에 CMA-ES는 30개의 GPU에서 19개의 깊은 신경망의 하이퍼파라미터의 병렬 최적화를 통해 최첨단 베이지안 최적화 도구를 능가하는 병렬 HPO에 탁월한 선택이라는 것이 입증됐다[91].

2009년 Escalante 등[30]이 HPO 문제를 완전 모델 선택Full Model Selection 문제로 확장했다. 여기에는 전처리 알고리듬, 특성선택 알고리듬, 분류기 및 모든 하이퍼파라미터 선택이 포함된다. HPO를 사용해 여러 기성의 머신러닝 알고리듬으로부터 머신러닝 파이프라인을 구축할 수 있게 됨으로, 저자들은 도메인 지식이 필요하지 않기 때문에 어떤 데이터셋에도 자신의 방법을 적용할 수 있다는 것을 경험적으로 발견했고, 다양한 도메인에 대한 접근법의 적용 가능성을 입증했다[32, 49]. 그들이 제안한 방법인 입자 군집 모델 선택PSMS, Particle Swarm Model Selection은 조건부 설정 공간을 처리하기 위해 수정된 입자 군집 최적화 도구를 사용한다. 과적합을 방지하기 위해, PSMS는 여러 세대의 최고의 솔루션을 결합한 맞춤형 앙상블 전략으로 확장됐다[31]. 입자 군집 최적화는 원래 연속적 설정 공간에서 작동하도록 설계됐기 때문에 PSMS도 유전자 알고리듬을 사용해 파이프라인 구조를 최적화하고 각 파이프라인의 하이퍼파라미터 최적화를 위해 입자 군집 최적화만 사용하도록 나중에 확장됐다[145].

베이지안 최적화를 HPO에 최초로 적용한 것은 2005년으로 거슬러 올라가는데, Frohlich and Zell[39]은 온라인 가우시안 프로세스를 EI와 함께 사용해 SVM의 하이퍼파라미터를 최적화함으로써 그리드 탐색을 통해 10배(분류, 2개의 하이퍼파라미터)와 100배(회귀, 3개의 하이퍼파라미터)의 속도를 달성했다. 튜닝된 데이터 마이닝[84]은 베이지안 최적화를 사용해 전체 머신러닝 파이프라인의 하이퍼파라미터를 튜닝할 것을 제안했다. 특히 단일 고정 파이프라인을 사용해 클래스별 분류 임곗값 및 클래스 가중치뿐만 아니라 분류기의 하이퍼파라미터도 튜닝할 것을 제안했다.

2011년, Bergstra 등[12]은 베이지안 최적화를 최초로 적용해 심층신경망의 하이퍼파라미터를 조정해 수작업 및 랜덤 탐색을 모두 능가했다. 더욱이 그들은 TPE가 가우시안 프로세스 기반 접근법보다 더 나은 성과를 거두었다는 것을 입증했다. TPE는 랜덤 포레스트를 사용한 베이지안 최적화뿐만 아니라 신경망 구조 탐색과 하이퍼파라미터 최적화의 결합에도 성공적이었다[14, 106].

베이지안 최적화를 HPO에 적용하기 위한 또 다른 중요한 단계는 Snoek 등이 2012년 논문 「Practical Bayesian Optimization of MachineLearning Algorithm」[140]에서 일어났다. Snoek는 스피어민트Spearmint 시스템에서 구현된 가우시안 프로세스 기반 HPO을 개선할 몇 가지 트릭을 설명하고 심층신경망의 하이퍼파라미터 최적화에 대한 새로운 첨단 결과를 얻었다.

완전 모델 선택Full Model Selection 패러다임과는 별개로 Auto-WEKA[149](4장 참조)에서는 분류 알고리듬의 선택이 범주형 변수로 모델링되고 알고리듬 하이퍼파라미터는 조건부 하이퍼파라미터로 모델링되는 알고리듬 선택과 하이퍼파라미터 최적화의 결합CASH, Combined Algorithm Selection and Algorithm Optimization 문제를 도입했다. 랜덤 포레스트 기반 베이지안 최적화 시스템 SMAC[59]은 결과로 도출된 786차원 설정 공간에서 공동 최적화를 위해 사용된다.

최근 몇 년 동안 특히 딥러닝에서 다중 충실도 방법이 큰 인기를 끌고 있다. 첫째, 데이터 부분집합, 특성 부분집합 및 반복 알고리듬의 단기 실행에 기초한 낮은 충실도의 근사치를 사용해 하이퍼밴드[90]는 이러한 낮은 충실도를 고려하지 않은 블랙박스 베이지안 최적화 방법을 능가하는 것으로 나타났다. 마지막으로 가장 최근 2018년 논문 「BOHB: Robust and Efficient Hyperparameter Optimization at Scale」 Falkner 등 [33]에서는 서포트 벡터 머신, 다양한 유형의 신경망, 강화학습 알고리듬을 포함해 광범위한 문제에서 하이퍼밴드와 블랙박스 베이지안 최적화를 실질적으로 능가하는 베이지안 최적화와 하이퍼밴드의 강력하고 유연하며 병렬 가능한 조합을 도입했다.

이 책을 쓸 당시 HPO의 실제 적용에 사용할 도구를 다음과 같이 권장한다.

- 다중 충실도가 적용 가능하다면 (즉, 관심 대상 목적함수 성과가 관심 대상 완전 목적함수에 대한 성과와 대략적으로 상관되도록 훨씬 더 싼 버전의 관심 대상 목적함수를 정의할 수 있다면) BOHB[33]를 강건하고 효율적이고 다기능적이고, 병렬

처리가 가능한 기본 설정의 하이퍼파라미터 최적화 방법으로 권장한다.

- 다중 충실도가 적용되지 않는 경우:
  - 모든 하이퍼파라미터가 실제 평가되고 몇 십 개의 함수 평가만 할 수 있는 경우, 스피어민트Spearmint와 같은 가우시안 프로세스 기반 베이지안 최적화 도구를 사용할 것을 권장한다[140].
  - 대규모 및 조건부 설정 공간의 경우, 랜덤 포레스트 기반 SMAC[59] 또는 TPE[14] 중 하나를 권장한다. 이러한 작업에 대한 이들의 성과가 입증됐기 때문이다[29].
  - 수백 개 이상의 평가를 할 수 있는 순수한 실수 값 공간과 상대적으로 저렴한 목적함수에 대해서는 CMA-ES[51]을 권장한다.

1.6 미해결 문제와 미래 연구 방향

1장을 개방적인 문제, 현재 연구 질문 및 향후 HPO에 영향을 미칠 것으로 예상하는 추가 개발 가능성에 대한 논의로 마무리한다. 특히 이들과의 관련성에도 불구하고, 하이퍼파라미터의 중요성과 설정 공간 정의에 대한 논의는 생략한다. 이는 메타러닝에서 다룰 수 있으며, 2장에서 확인할 수 있기 때문이다.

1.6.1 벤치마크와 비교 가능성

기존 HPO 방식의 폭을 감안할 때 각각의 장단점이 무엇인지에 대한 자연스러운 의문이 제기된다. 서로 다른 HPO 접근법을 공정하게 비교하기 위해서는 다중 충실도와 같은 새로운 HPO 변형이 등장함에 따라 커뮤니티가 시간이 지남에 따라 확장되는 공통 벤치마크 세트를 설계하고 합의할 필요가 있다. 이를 예시하기 위한 특별한 예로, 지속적인 최적화를 위한 벤치마크 및 분석 도구를 제공하고 연간 BBOBBlack-Box Optimization Benchmarking 챌린지(경연 대회)를 위한 작업대로 사용되는 COCOComparing Continuous Optimizers(연속 최적화 도구 비교의 줄임말) 플랫폼을 언급하고자 한다[11]. HPO에서 유사한 방향의 노력은 이미 하이퍼파라미터 최적화 라이브러리HPOlib[29]와 베이지안 최적화 방법을 위한 벤치마크 컬렉션을 산출했다[25]. 그러나 이들 중 어느 것도 COCO 플랫폼과 유사한 관심을 얻지 못했다.

그 외에도 커뮤니티는 명확하게 정의된 지표를 필요로 하지만 현재 각기 다른 연구들이 각기 다른 지표를 사용한다. 평가가 달라지는 한 가지 중요한 차원은 최적화에 사용된 검증셋에 대한 성과를 보고하는지 또는 별도의 테스트셋에 대한 성과를 보고하는지 여부다. 검증셋에 대한 평가는 검증셋에서 테스트셋으로 이동할 때 평가에 추가되는 잡음 없이 최적화 모델의 강도를 별도로 연구하도록 돕는다. 반면 일부 최적화 모델은 다른 모델보다 과적합이 되기 쉬워 테스트셋을 사용해야 진단할 수 있다. 평가가 달라지는 또 다른 중요한 차원은 함수 평가의 지정된 횟수 또는 주어진 시간 후에 성과를 보고하는지 여부다. 후자는 서로 다른 하이퍼파라미터 설정의 평가 시간 차이를 설명하고 최적화 오버헤드를 포함하므로, 실무에서 요구되는 사항을 반영한다. 그러나 전자는 사용하는 하드웨어와 관계없이 동일한 결과를 산출해 더 편리하며 재현성을 돕는다. 따라서 재현성을 제공하기 위해 특히 시간을 사용하는 연구는 구현을 공개해야 한다.

새로운 벤치마크를 사용할 때 강한 베이스라인과 비교하는 것이 중요하다는 점에 주목한다. 이것이 수반하는 구현과 함께 HPO 방법을 공개해야 하는 또 다른 이유다. 아쉽게도 모든 기본 빌딩 블록을 구현하는 딥러닝 연구에서 이용 가능한 공통 소프트웨어 라이브러리는 없다[2, 117]. Jamieson과 Recht[68]는 실증적 연구에 자명하게 포함시킬 수 있는 단순하지만 효과적인 베이스라인으로, 랜덤 탐색의 여러 병렬화 수준에 대한 비교를 제안하는데, 이는 표준 랜덤 탐색을 능가하는 속도 상승을 보이기 위한 것이다. 다른 최적화 기법과 비교할 때 견고한 구현과 비교하는 것이 중요하다. 예를 들어 단순한 버전의 베이지안 최적화는 나쁜 성과를 산출하는 것으로 알려져 있다[79, 140, 142].

1.6.2 그래디언트 기반 최적화

어떤 경우(예: 최소 제곱 서포트 벡터 머신 및 신경망)에서는 일부 모델 하이퍼파라미터에 대한 모델 선택 기준의 그래디언트를 얻을 수 있다. 블랙박스 HPO와 달리, 이 경우 목적함수의 각 평가는 단일 실수 값이 아닌 전체 하이퍼그래디언트 벡터를 생성해 HPO를 더 빠르게 수행할 수 있다.

Maclaurin 등[99]에서는 모멘텀을 이용한 확률적 그래디언트 하강 훈련 전 과정을 통해 (기억 효율이 높은 새로운 알고리듬을 사용해) 역전파함으로써 신경망의 모든 연속적인 하이퍼파라미터에 대한 검증 성과의 정확한 그래디언트를 계산하는 절차를 기술했다. 그래디언트 기반 방법을 통해 많은 하이퍼파라미터를 효율적으로 처리할 수 있게 되면 모델 클래스, 규제화 및 훈련 방법에 비해 유연성을 확보할 수 있는 새로운 하이퍼파라메터링 패러다임이 가능해진다. Maclaurin 등은 각 반복 시행과 계층에 대한 신경망 학습률의 개별적 최적화, 신경망의 각 계층에 대해 가중치 초기화 스케일 하이퍼파라미터 최적화, 각 로지스틱 회귀의 각 파라미터에 대한 $l2$ 페널티 최적화와 완전히 새로운 훈련 데이터셋의 학습과 같은 많은 고차원 HPO 문제에의 그래디언트 기반 HPO의 적용성을 입증했다. 작은 단점으로서 전체 훈련 절차를 통한 역전파는 교육 절차의 시간 복잡도를 배가시키는 대가로 이루어진다. 기술된 방법은 다른 파라미터 업데이트 알고리듬과 함께 작동하도록 일반화할 수도 있다[36]. 전체 훈련 절차를 통한 역전파의 필요성을 극복하기 위해, 이후의 연구는 훈련 프로세스와 상호 연결된 별도의 검증셋에 대해 하이퍼파라미터 업데이트를 허용한다[5, 10, 36, 37, 93].

단순 모델의 하이퍼파라미터[118]와 신경망 구조의 그래디언트 기반 최적화에 대한 최근의 사례들(3장 참조)은 베이지안 최적화 모델을 능가하는 유망한 결과를 보여준다. 높은 모델 특이성에도, 그래디언트 기반 하이퍼파라미터 최적화를 통해 수백 개의 하이퍼파라미터를 조정할 수 있다는 사실은 HPO에서 상당한 개선을 가능하게 할 수 있다.

1.6.3 확장성

최근 다중 충실도 최적화의 성공에도, 스케일의 크기 때문에 HPO에 의해 직접적으로 다룰 수 없었고 따라서 새로운 접근법을 요구하는 머신러닝 문제가 여전히 존재한다. 여기서 스케일은 설정 공간의 크기와 개별 모델 평가 비용을 모두 의미할 수 있다. 예를 들어 이미지넷ImageNet 챌린지 데이터셋[127]에 대한 심층 신경망을 위한 HPO에 대한 작업은 아직 없었으며, 이는 주로 데이터셋의 단순한 신경망조차도 훈련 비용이 많이 들기 때문이다. 1.4절에 기술된 다중 충실도 방법, 그래디언트 기반 방법 또는 메타러닝 방법(2장에 기술돼 있음)과 같이 1.3절의 블랙박스 관점을 넘어서는 방법들이 그러한 문제에 대처하는 것을 허용하는지를 보는 것은 흥미로울 것이다. 3장에서는 작은 데이터셋에서 신경망 빌딩 블록을 학습해 이미지넷에 적용했을 때의 첫 번째 성공을 설명하지만 훈련 절차의 하이퍼파라미터는 여전히 수작업으로 설정된다.

병렬 컴퓨팅의 필요성을 감안해 대규모 컴퓨팅 클러스터를 완전히 활용하는 새로운 방법을 기대하고 있다. 병렬 베이지안 최적화[12, 24, 33, 44, 54, 60, 135, 140]에 대한 연구가 많이 존재하지만, 1.3.2.2절[141]에서 설명한 신경망을 제외하고는 지금까지 어떤 방법도 수백 명의 작업자로의 확장성을 입증하지 못했다. 이들의 인기에도 그리고 딥신경망에 HPO를 한 번 적용한 예를 제외하고 [91],[4] 모집단 기반 접근법이 수천 개의 데이터포인트를 넘어서는 큰 데이터셋에 대한 하이퍼파라미터 최적화에 적용될 수 있는지는 입증된 바 없다.

블랙박스 관점을 논외로 할 때, 전반적으로 좀 더 정교하고 전문화된 방법들이 흥미로운 문제에 대한 하이퍼파라미터의 확장을 더욱 심화하는 데에 필요할 것으로 기대된다.

1.6.4 과적합과 일반화

HPO의 미결 문제는 과적합이다. 문제 기술(1.2절 참조)에서 언급된 바와 같이, 일반적으로 최적화할 검증 손실 계산에 사용할 수 있는 데이터포인트의 수가 한정돼 있으므로 미지의 테스트 데이터포인트에 대한 일반화를 위한 최적화를 달성하지 못할 수 있다. 머신러닝 알고리듬을 훈련 데이터에 과적합하는 것과 유사하게, 이 문제는 하이퍼파라미터를 유한 검증셋에 과적합하는 것에 관한 것이다. 이것은 또한 실험에서 발생하는 것으로 입증됐다[20, 81].

과적합 양을 줄이기 위한 간단한 전략은 매번 함수 평가를 할 때 훈련과 검증 분할셋의 상이한 셔플링을 사용하는 것이다. 이는 홀드아웃[hold out] 및 교차 검증 전략을 통해 SVM 파라미터 튜닝에 대한 일반화 성과를 향상시키는 것으로 입증됐다[95]. 최종 설정의 선택은 최저 관측값이 아니라, 베이지안 최적화에 사용된 가우시안 프로세스 모델의 최저 예측 평균을 따름으로써 더욱 강건해질 수 있다[95].

또 다른 가능성은 HPO가 발견한 설정을 평가하기 위해 별도의 홀드아웃셋을 사용해 표준 검증셋에 대한 편향을 피할 수 있다[108, 159]. 일반화 성과의 상이한 근사치들은 상이한 테스트 성과[108]로 이어질 수 있으며, 여러 리샘플링 전략이 서포트 벡터 머신의 HPO에 대해 성과 차이를 측정 가능할 정도로 가져올 수 있다는 보고가 있었다[150].

---

4 모집단 기반 방법이 신경망 구조 탐색 문제에 적용되는 3장도 참조하라.

과적합을 극복하기 위한 다른 접근법은 목적함수의 날카로운 최적점sharp optima 대신 안정적인 최적점stable optima을 찾는 것일 수 있다[112]. 안정적인 최적화의 경우 최적점 주변의 함수 값은 하이퍼파라미터의 약간의 교란에 대해 변경되지 않으나 날카로운 최적화의 경우는 변경된다. 안정적 최적화는 발견된 하이퍼파라미터들을 새로운 데이터포인트 집합(즉, 테스트셋)에 적용할 때 더 나은 일반화로 이어진다. 이 주위에 구축된 획득함수acquisition function는 서포트 벡터 머신 HPO에 대해 약간 과적합된 것으로 나타났으나, 표준 베이지안 최적화는 강한 과적합을 보였다[112].

과적합과 싸우기 위한 추가적인 접근법은 1.2.1절에 제시된 앙상블 방법과 베이지안 방법이다. 그러나 이러한 모든 다른 기법을 고려할 때, 어떻게 하면 과적합을 가장 잘 피할 수 있는지에 대해 공통적으로 합의된 기법은 없으며, 어떤 전략이 특정 HPO 문제에 대해 가장 잘 수행되는지 알아내는 것은 사용자에게 달려 있다. 최상의 전략이 실제로 HPO 문제에 따라 달라질 수 있다는 점에 주목한다.

1.6.5 임의 크기의 파이프라인 구축

지금까지 논의한 모든 HPO 기법은 머신러닝 파이프라인을 위한 유한한 설정 요소 집합 또는 신경망의 유한한 최대 계층 수를 가정한다. 머신러닝 파이프라인(이 책의 2부에서 다룬 AutoML 시스템 참조)의 경우, 둘 이상의 특성 전처리 알고리듬을 사용하는데, 필요에 따라 문제를 위해 동적으로 이들을 추가해 하이퍼파라미터에 의한 탐색 공간을 확장해 적절한 전처리 알고리듬과 자체 하이퍼파라미터를 선택하는 것은 유용할 수 있다. 표준 블랙박스 최적화 도구를 위한 탐색 공간에는 조건부 하이퍼파라미터로서 몇 개의 추가적인 전처리 도구(및 그 하이퍼파라미터)가 쉽게 포함될 수 있지만, 이들이 무한정 늘어나면 지원하기가 어려울 것이다.

임의 크기의 파이프라인을 더욱 기본적으로 처리하는 한 가지 접근 방식은 트리 구조 파이프라인 최적화 도구 모음(TPOT[115], 8장 참조)으로 이는 유전자 프로그래밍을 사용하고 가능한 파이프라인을 문법에 따라 설명한다. TPOT는 다목적 최적화를 사용해 불필요하게 복잡한 파이프라인이 생성되는 것을 방지하기 위해 파이프라인 복잡도를 성과와 절충한다.

다른 파이프라인 생성 패러다임은 계층적 계획의 사용이다. 최근의 ML-Plan [101, 108]은 계층적 작업 네트워크를 사용하며 Auto-WEKA[149]와 Auto-sklearn[34]에 비해 경쟁력 있는 성과를 보여준다.

지금까지 이러한 접근 방식은 일정한 파이프라인 길이를 가진 AutoML 시스템의 성과를 일관성 있게 능가하지는 못하지만, 더 큰 파이프라인은 더 큰 개선을 제공할 것이다. 마찬가지로 신경망 구조 탐색은 복잡한 설정 공간을 산출한다. 이는 3장을 참조하라.

감사의 말   루카 프란체스키[Luca Franceschi], 라구람 라잔[Raghu Rajan], 스테판 팔크네르[Stefan Falkner], 알린드 카드라[Arlind Kadra]의 귀중한 피드백에 감사한다.

참고문헌

1. Proceedings of the International Conference on Learning Representations (ICLR' 18) (2018), published online: iclr.cc

2. Abadi, M., Agarwal, A., Barham, P., Brevdo, E., Chen, Z., Citro, C., Corrado, G., Davis, A., Dean, J., Devin, M., Ghemawat, S., Goodfellow, I., Harp, A., Irving, G., Isard, M., Jia, Y., Jozefowicz, R., Kaiser, L., Kudlur, M., Levenberg, J., Mané, D., Monga, R., Moore, S., Murray, D., Olah, C., Schuster, M., Shlens, J., Steiner, B., Sutskever, I., Talwar, K., Tucker, P., Vanhoucke, V., Vasudevan, V., Viégas, F., Vinyals, O., Warden, P., Wattenberg, M., Wicke, M., Yu, Y., Zheng, X.: TensorFlow: Large-scale machine learning on heterogeneous systems (2015), https://www.tensorflow.org/

3. Ahmed, M., Shahriari, B., Schmidt, M.: Do we need "harmless" Bayesian optimization and "first-order" Bayesian optimization. In: NeurIPS Workshop on Bayesian Optimization (BayesOpt' 16) (2016)

4. Alaa, A., van der Schaar, M.: Auto Prognosis: Automated Clinical Prognostic Modeling via Bayesian Optimization with Structured Kernel Learning. In: Dy and Krause [27], pp. 139–148

5. Almeida, L.B., Langlois, T., Amaral, J.D., Plakhov, A.: Parameter Adaptation in Stochastic Optimization, p. 111–134. Cambridge University Press (1999)

6. Amazon: Automatic model tuning (2018), https://docs.aws.amazon.com/sagemaker/latest/dg/automatic-model-tuning.html

7. Bach, F., Blei, D. (eds.): Proceedings of the 32nd International Conference on Machine Learning (ICML' 15), vol. 37. Omnipress (2015)

8. Balcan, M., Weinberger, K. (eds.): Proceedings of the 33rd International

Conference on Machine Learning (ICML'17), vol. 48. Proceedings of Machine Learning Research (2016)

9. Bartlett, P., Pereira, F., Burges, C., Bottou, L., Weinberger, K. (eds.): Proceedings of the 26th International Conference on Advances in Neural Information Processing Systems (NeurIPS'12) (2012)

10. Baydin, A.G., Cornish, R., Rubio, D.M., Schmidt, M., Wood, F.: Online Learning RateAdaption with Hypergradient Descent. In: Proceedings of the International Conference on Learning Representations (ICLR'18) [1], published online: iclr.cc

11. BBOBies: Black-box Optimization Benchmarking (BBOB) workshop series (2018), http://numbbo.github.io/workshops/index.html

12. Bergstra, J., Bardenet, R., Bengio, Y., Kégl, B.: Algorithms for hyper-parameter optimization.In: Shawe-Taylor, J., Zemel, R., Bartlett, P., Pereira, F., Weinberger, K. (eds.) Proceedings of the 25th International Conference on Advances in Neural Information Processing Systems (NeurIPS'11). pp. 2546–2554 (2011)

13. Bergstra, J., Bengio, Y.: Random search for hyper-parameter optimization. Journal of Machine Learning Research 13, 281–305 (2012)

14. Bergstra, J., Yamins, D., Cox, D.: Making a science of model search: Hyperparameter optimization in hundreds of dimensions for vision architectures. In: Dasgupta and McAllester [23], pp. 115–123

15. Bertrand, H., Ardon, R., Perrot, M., Bloch, I.: Hyperparameter optimization of deepneural networks: Combining hyperband with Bayesian model selection. In: Conférence sur l'Apprentissage Automatique (2017)

16. Bischl, B., Mersmann, O., Trautmann, H., Weihs, C.: Resampling methods for meta-model validation with recommendations for evolutionary computation. Evolutionary Computation 20(2), 249–275 (2012)

17. Van den Bosch, A.: Wrapped progressive sampling search for optimizing learning algorithm parameters. In: Proceedings of the sixteenth Belgian-Dutch Conference on Artificial Intelligence. pp. 219–226 (2004)

18. Brochu, E., Cora, V., de Freitas, N.: A tutorial on Bayesian optimization of expensive costfunctions, with application to active user modeling and hierarchical reinforcement learning. arXiv:1012.2599v1 [cs.LG] (2010)

19. Bürger, F., Pauli, J.: A Holistic Classification Optimization Framework with Feature Selection, Preprocessing, Manifold Learning and Classifiers., pp. 52–68. Springer (2015)

20. Cawley, G., Talbot, N.: On Overfitting in Model Selection and Subsequent Selection Bias in Performance Evaluation. Journal of Machine Learning Research

11 (2010)

21. Chandrashekaran, A., Lane, I.: Speeding up Hyper-parameter Optimization by Extrapolation of Learning Curves using Previous Builds. In: Ceci, M., Hollmen, J., Todorovski, L., Vens, C., Džeroski, S. (eds.) Machine Learning and Knowledge Discovery in Databases (ECML/PKDD'17). Lecture Notes in Computer Science, vol. 10534. Springer (2017)

22. Dahl, G., Sainath, T., Hinton, G.: Improving deep neural networks for LVCSR using rectified linear units and dropout. In: Adams, M., Zhao, V. (eds.) International Conference on Acoustics, Speech and Signal Processing (ICASSP'13). pp. 8609–8613. IEEE Computer Society Press (2013)

23. Dasgupta, S., McAllester, D. (eds.): Proceedings of the 30th International Conference on Machine Learning (ICML'13). Omnipress (2014)

24. Desautels, T., Krause, A., Burdick, J.: Parallelizing exploration-exploitation tradeoffs in Gaussian process bandit optimization. Journal of Machine Learning Research 15, 4053–4103 (2014)

25. Dewancker, I., McCourt, M., Clark, S., Hayes, P., Johnson, A., Ke, G.: A stratified analysis of Bayesian optimization methods. arXiv:1603.09441v1 [cs. LG] (2016)

26. Domhan, T., Springenberg, J.T., Hutter, F.: Speeding up automatic hyperparameter optimization of deep neural networks by extrapolation of learning curves. In: Yang, Q., Wooldridge, M. (eds.) Proceedings of the 25th International Joint Conference on Artificial Intelligence (IJCAI'15). pp. 3460–3468 (2015)

27. Dy, J., Krause, A. (eds.): Proceedings of the 35th International Conference on Machine Learning (ICML'18), vol. 80. Proceedings of Machine Learning Research (2018)

28. Eberhart, R., Shi, Y.: Comparison between genetic algorithms and particle swarm optimization. In: Porto, V., Saravanan, N., Waagen, D., Eiben, A. (eds.) 7th International conference on evolutionary programming. pp. 611–616. Springer (1998)

29. Eggensperger, K., Feurer, M., Hutter, F., Bergstra, J., Snoek, J., Hoos, H., Leyton-Brown, K.: Towards an empirical foundation for assessing Bayesian optimization of hyperparameters. In NeurIPS Workshop on Bayesian Optimization in Theory and Practice (BayesOpt'13) (2013)

30. Escalante, H., Montes, M., Sucar, E.: Particle Swarm Model Selection. Journal of Machine Learning Research 10, 405–440 (2009)

31. Escalante, H., Montes, M., Sucar, E.: Ensemble particle swarm model selection. In: Proceedings of the 2010 IEEE International Joint Conference on Neural

Networks (IJCNN). pp. 1–8. IEEE Computer Society Press (2010)

32. Escalante, H., Montes, M., Villaseñor, L.: Particle swarm model selection for authorship verification. In: Bayro-Corrochano, E., Eklundh, J.O. (eds.) Progress in Pattern Recognition, Image Analysis, Computer Vision, and Applications. pp. 563–570 (2009)

33. Falkner, S., Klein, A., Hutter, F.: BOHB: Robust and Efficient Hyperparameter Optimizationat Scale. In: Dy and Krause [27], pp. 1437–1446

34. Feurer, M., Klein, A., Eggensperger, K., Springenberg, J.T., Blum, M., Hutter, F.: Efficient and robust automated machine learning. In: Cortes, C., Lawrence, N., Lee, D., Sugiyama, M., Garnett, R. (eds.) Proceedings of the 29th International Conference on Advances in Neural Information Processing Systems (NeurIPS'15). pp. 2962–2970 (2015)

35. Fischer, S., Klinkenberg, R., Mierswa, I., Ritthoff, O.: Yale: Yet another learning environment–tutorial. Tech. rep., University of Dortmund (2002)

36. Franceschi, L., Donini, M., Frasconi, P., Pontil, M.: Forward and Reverse Gradient-Based Hyperparameter Optimization. In: Precup and Teh [122], pp. 1165–1173

37. Franceschi, L., Frasconi, P., Salzo, S., Grazzi, R., Pontil, M.: Bilevel Programming for Hyperparameter Optimization and Meta-Learning. In: Dy and Krause [27], pp. 1568–1577

38. Friedrichs, F., Igel, C.: Evolutionary tuning of multiple SVM parameters. Neurocomputing 64, 107–117 (2005)

39. Frohlich, H., Zell, A.: Efficient parameter selection for support vector machines in classification and regression via model-based global optimization. In: Prokhorov, D., Levine, D., Ham, F., Howell, W. (eds.) Proceedings of the 2005 IEEE International Joint Conference on Neural Networks (IJCNN). pp. 1431–1436. IEEE Computer Society Press (2005)

40. Gardner, J., Guo, C., Weinberger, K., Garnett, R., Grosse, R.: Discovering and Exploiting Additive Structure for Bayesian Optimization. In: Singh, A., Zhu, J. (eds.) Proceedings of the Seventeenth International Conference on Artificial Intelligence and Statistics (AISTATS). vol. 54, pp. 1311–1319. Proceedings of Machine Learning Research (2017)

41. Gardner, J., Kusner, M., Xu, Z., Weinberger, K., Cunningham, J.: Bayesian Optimization with Inequality Constraints. In: Xing and Jebara [157], pp. 937–945

42. Garrido-Merchán, E., Hernández-Lobato, D.: Dealing with integer-valued variables in Bayesian optimization with Gaussian processes. arXiv:1706.03673v2 [stats.ML] (2017) 43. Gelbart, M., Snoek, J., Adams, R.: Bayesian optimization

with unknown constraints. In: Zhang, N., Tian, J. (eds.) Proceedings of the 30th conference on Uncertainty in Artificial Intelligence (UAI'14). AUAI Press (2014)

44. Ginsbourger, D., Le Riche, R., Carraro, L.: Kriging Is Well-Suited to Parallelize Optimization.In: Computational Intelligence in Expensive Optimization Problems, pp. 131–162. Springer (2010)

45. Golovin, D., Solnik, B., Moitra, S., Kochanski, G., Karro, J., Sculley, D.: Google Vizier: Aservice for black-box optimization. In: Matwin, S., Yu, S., Farooq, F. (eds.) Proceedings of the 23rd ACM SIGKDD International Conference on Knowledge Discovery and Data Mining (KDD). pp. 1487–1495. ACM Press (2017)

46. Gramacy, R., Lee, H.: Optimization under unknown constraints. Bayesian Statistics 9(9), 229–246 (2011)

47. Gretton, A., Robert, C. (eds.): Proceedings of the Seventeenth International Conference on Artificial Intelligence and Statistics (AISTATS), vol. 51. Proceedings of Machine Learning Research (2016)

48. Guyon, I., von Luxburg, U., Bengio, S., Wallach, H., Fergus, R., Vishwanathan, S., Garnett, R. (eds.): Proceedings of the 31st International Conference on Advances in Neural Information Processing Systems (NeurIPS'17) (2017)

49. Guyon, I., Saffari, A., Dror, G., Cawley, G.: Analysis of the IJCNN 2007 agnostic learning vs. prior knowledge challenge. Neural Networks 21(2), 544–550 (2008)

50. Guyon, I., Saffari, A., Dror, G., Cawley, G.: Model Selection: Beyond the Bayesian/Frequentist Divide. Journal of Machine Learning Research 11, 61–87 (2010)

51. Hansen, N.: The CMA evolution strategy: A tutorial. arXiv:1604.00772v1 [cs. LG] (2016) 52. Hazan, E., Klivans, A., Yuan, Y.: Hyperparameter optimization: A spectral approach. In: Proceedings of the International Conference on Learning Representations (ICLR'18) [1], published online: iclr.cc

53. Hernandez-Lobato, D., Hernandez-Lobato, J., Shah, A., Adams, R.: Predictive Entropy Search for Multi-objective Bayesian Optimization. In: Balcan and Weinberger [8], pp. 1492– 1501

54. Hernández-Lobato, J., Requeima, J., Pyzer-Knapp, E., Aspuru-Guzik, A.: Parallel and distributed Thompson sampling for large-scale accelerated exploration of chemical space. In: Precup and Teh [122], pp. 1470–1479

55. Hernández-Lobato, J., Gelbart, M., Adams, R., Hoffman, M., Ghahramani, Z.: A general framework for constrained Bayesian optimization using information-based search. The Journal of Machine Learning Research 17(1), 5549–5601 (2016)

56. Hoeting, J., Madigan, D., Raftery, A., Volinsky, C.: Bayesian model averaging: a tutorial.Statistical science pp. 382–401 (1999)

57. Horn, D., Bischl, B.: Multi-objective parameter configuration of machine learning algorithms using model-based optimization. In: Likas, A. (ed.) 2016 IEEE Symposium Series on Computational Intelligence (SSCI). pp. 1–8. IEEE Computer Society Press (2016)

58. Hutter, F.: Automated Configuration of Algorithms for Solving Hard Computational Problems. Ph.D. thesis, University of British Columbia, Department of Computer Science, Vancouver, Canada (2009)

59. Hutter, F., Hoos, H., Leyton-Brown, K.: Sequential model-based optimization for general algorithm configuration. In: Coello, C. (ed.) Proceedings of the Fifth International Conference on Learning and Intelligent Optimization (LION'11). Lecture Notes in Computer Science, vol. 6683, pp. 507–523. Springer (2011)

60. Hutter, F., Hoos, H., Leyton-Brown, K.: Parallel algorithm configuration. In: Hamadi, Y.,Schoenauer, M. (eds.) Proceedings of the Sixth International Conference on Learning and Intelligent Optimization (LION'12). Lecture Notes in Computer Science, vol. 7219, pp. 55–70. Springer (2012)

61. Hutter, F., Hoos, H., Leyton-Brown, K.: An efficient approach for assessing hyperparameter importance. In: Xing and Jebara [157], pp. 754–762

62. Hutter, F., Hoos, H., Leyton-Brown, K., Murphy, K.: Time-bounded sequential parameter optimization. In: Blum, C. (ed.) Proceedings of the Fourth International Conference on Learning and Intelligent Optimization (LION'10). Lecture Notes in Computer Science, vol. 6073, pp. 281–298. Springer (2010)

63. Hutter, F., Osborne, M.: A kernel for hierarchical parameter spaces. arXiv:1310. 5738v1 [stats.ML] (2013)

64. Hutter, F., Lücke, J., Schmidt-Thieme, L.: Beyond Manual Tuning of Hyperparameters. KI Künstliche Intelligenz 29(4), 329–337 (2015)

65. Igel, C.: Multi-objective Model Selection for Support Vector Machines. In: Coello, C.,Aguirre, A., Zitzler, E. (eds.) Evolutionary Multi-Criterion Optimization. pp. 534–546. Springer (2005)

66. Ihler, A., Janzing, D. (eds.): Proceedings of the 32nd conference on Uncertainty in Artificial Intelligence (UAI'16). AUAI Press (2016)

67. Ilievski, I., Akhtar, T., Feng, J., Shoemaker, C.: Efficient Hyperparameter Optimizationfor Deep Learning Algorithms Using Deterministic RBF Surrogates. In: Sierra, C. (ed.) Proceedings of the 27th International Joint Conference on Artificial Intelligence (IJCAI'17) (2017)

68. Jamieson, K., Recht, B.: The news on auto-tuning (2016), http://www.argmin.

net/2016/06/20/hypertuning/

69. Jamieson, K., Talwalkar, A.: Non-stochastic best arm identification and hyperparameter optimization. In: Gretton and Robert [47], pp. 240–248

70. Jenatton, R., Archambeau, C., González, J., Seeger, M.: Bayesian Optimization with Tree structured Dependencies. In: Precup and Teh [122], pp. 1655–1664

71. John, G.: Cross-Validated C4.5: Using Error Estimation for Automatic Parameter Selection.Tech. Rep. STAN-CS-TN-94-12, Stanford University, Stanford University (1994)

72. Jones, D., Schonlau, M., Welch, W.: Efficient global optimization of expensive black box functions. Journal of Global Optimization 13, 455–492 (1998)

73. Kandasamy, K., Dasarathy, G., Oliva, J., Schneider, J., Póczos, B.: Gaussian Process Bandit Optimisation with Multi-fidelity Evaluations. In: Lee et al. [87], pp. 992–1000

74. Kandasamy, K., Dasarathy, G., Schneider, J., Póczos, B.: Multi-fidelity Bayesian Optimisation with Continuous Approximations. In: Precup and Teh [122], pp. 1799–1808

75. Kandasamy, K., Schneider, J., Póczos, B.: High Dimensional Bayesian Optimisation andBandits via Additive Models. In: Bach and Blei [7], pp. 295–304

76. Karnin, Z., Koren, T., Somekh, O.: Almost optimal exploration in multi-armed bandits. In: Dasgupta and McAllester [23], pp. 1238–1246

77. King, R., Feng, C., Sutherland, A.: Statlog: comparison of classification algorithms on largereal-world problems. Applied Artificial Intelligence an International Journal 9(3), 289–333 (1995)

78. Klein, A., Falkner, S., Bartels, S., Hennig, P., Hutter, F.: Fast bayesian hyperparameter optimization on large datasets. In: Electronic Journal of Statistics. vol. 11 (2017)

79. Klein, A., Falkner, S., Mansur, N., Hutter, F.: RoBO: A flexible and robust Bayesian optimization framework in Python. In: NeurIPS workshop on Bayesian Optimization (BayesOpt'17) (2017)

80. Klein, A., Falkner, S., Springenberg, J.T., Hutter, F.: Learning curve prediction with Bayesian neural networks. In: Proceedings of the International Conference on Learning Representations (ICLR'17) (2017), published online: iclr.cc

81. Koch, P., Konen, W., Flasch, O., Bartz-Beielstein, T.: Optimizing support vector machines for storm water prediction. Tech. Rep. TR10-2-007, Technische Universität Dortmund (2010)

82. Kohavi, R., John, G.: Automatic Parameter Selection by Minimizing Estimated

Error. In: Prieditis, A., Russell, S. (eds.) Proceedings of the Twelfth International Conference on Machine Learning, pp. 304–312. Morgan Kaufmann Publishers (1995)

83. Komer, B., Bergstra, J., Eliasmith, C.: Hyperopt-sklearn: Automatic hyperparameter configuration for scikit-learn. In: Hutter, F., Caruana, R., Bardenet, R., Bilenko, M., Guyon, I., Kégl, B., Larochelle, H. (eds.) ICML workshop on Automated Machine Learning (AutoML workshop 2014) (2014)

84. Konen, W., Koch, P., Flasch, O., Bartz-Beielstein, T., Friese, M., Naujoks, B.: Tuned datamining: a benchmark study on different tuners. In: Krasnogor, N. (ed.) Proceedings of the 13th Annual Conference on Genetic and Evolutionary Computation (GECCO'11). pp. 1995– 2002. ACM (2011)

85. Krizhevsky, A., Sutskever, I., Hinton, G.: Imagenet classification with deep convolutional neural networks. In: Bartlett et al. [9], pp. 1097–1105

86. Krueger, T., Panknin, D., Braun, M.: Fast cross-validation via sequential testing. Journal of Machine Learning Research (2015)

87. Lee, D., Sugiyama, M., von Luxburg, U., Guyon, I., Garnett, R. (eds.): Proceedings of the 30th International Conference on Advances in Neural Information Processing Systems (NeurIPS'16) (2016)

88. Lee, H., Gramacy, R.: Optimization Subject to Hidden Constraints via Statistical Emulation.Pacific Journal of Optimization 7(3), 467–478 (2011)

89. Li, F.F., Li, J.: Cloud AutoML: Making AI accessible to every business (2018), https://www.blog.google/products/google-cloud/cloud-automl-making-ai-accessible-every-business/

90. Li, L., Jamieson, K., DeSalvo, G., Rostamizadeh, A., Talwalkar, A.: Hyperband: Anovel bandit-based approach to hyperparameter optimization. Journal of Machine Learning Research 18(185), 1–52 (2018)

91. Loshchilov, I., Hutter, F.: CMA-ES for hyperparameter optimization of deep neural networks.In: International Conference on Learning Representations Workshop track (2016), published online: iclr.cc

92. Lu, X., Gonzalez, J., Dai, Z., Lawrence, N.: Structured Variationally Auto-encoded Optimization. In: Dy and Krause [27], pp. 3273–3281

93. Luketina, J., Berglund, M., Greff, K., Raiko, T.: Scalable Gradient-Based Tuning of Continuous Regularization Hyperparameters. In: Balcan and Weinberger [8], pp. 2952–2960

94. Luo, G.: A review of automatic selection methods for machine learning algorithms and hyperparameter values. Network Modeling Analysis in Health Informatics and Bioinformatics 5(1) (2016)

95. Lévesque, J.C.: Bayesian Hyperparameter Optimization: Overfitting, Ensembles and Conditional Spaces. Ph.D. thesis, Université Laval (2018)

96. Lévesque, J.C., Durand, A., Gagné, C., Sabourin, R.: Bayesian optimization for conditional hyperparameter spaces. In: Howell, B. (ed.) 2017 International Joint Conference on Neural Networks (IJCNN). pp. 286–293. IEEE (2017)

97. Lévesque, J.C., Gagné, C., Sabourin, R.: Bayesian Hyperparameter Optimization for Ensemble Learning. In: Ihler and Janzing [66], pp. 437–446

98. MacKay, D.: Hyperparameters: Optimize, or Integrate Out?, pp. 43–59. Springer (1996)

99. Maclaurin, D., Duvenaud, D., Adams, R.: Gradient-based Hyperparameter Optimization through Reversible Learning. In: Bach and Blei [7], pp. 2113–2122

100. Mantovani, R., Horvath, T., Cerri, R., Vanschoren, J., Carvalho, A.: Hyper-Parameter Tuningof a Decision Tree Induction Algorithm. In: 2016 5th Brazilian Conference on Intelligent Systems (BRACIS). pp. 37–42. IEEE Computer Society Press (2016)

101. Marcel Wever, F.M., Hüllermeier, E.: ML-Plan for unlimited-length machine learning pipelines. In: Garnett, R., Vanschoren, F.H.J., Brazdil, P., Caruana, R., Giraud-Carrier, C., Guyon, I., Kégl, B. (eds.) ICML workshop on Automated Machine Learning (AutoML workshop 2018) (2018)

102. Maron, O., Moore, A.: The racing algorithm: Model selection for lazy learners. Artificial Intelligence Review 11(1–5), 193–225 (1997)

103. McInerney, J.: An Empirical Bayes Approach to Optimizing Machine Learning Algorithms.In: Guyon et al. [48], pp. 2712–2721

104. McIntire, M., Ratner, D., Ermon, S.: Sparse Gaussian Processes for Bayesian Optimization.In: Ihler and Janzing [66]

105. Melis, G., Dyer, C., Blunsom, P.: On the state of the art of evaluation in neural language models. In: Proceedings of the International Conference on Learning Representations (ICLR'18) [1], published online: iclr.cc

106. Mendoza, H., Klein, A., Feurer, M., Springenberg, J., Hutter, F.: Towards automatically-tuned neural networks. In: ICML 2016 AutoML Workshop (2016)

107. Michie, D., Spiegelhalter, D., Taylor, C., Campbell, J. (eds.): Machine Learning, Neural and Statistical Classification. Ellis Horwood (1994)

108. Mohr, F., Wever, M., Höllermeier, E.: ML-Plan: Automated machine learning via hierarchical planning. Machine Learning 107(8–10), 1495–1515 (2018)

109. Momma, M., Bennett, K.: A Pattern Search Method for Model Selection of Support Vector Regression. In: Proceedings of the 2002 SIAM International Conference on Data Mining, pp. 261–274 (2002)

110. Montgomery, D.: Design and analysis of experiments. John Wiley & Sons, Inc, eighth edn.(2013)

111. Murray, I., Adams, R.: Slice sampling covariance hyperparameters of latent Gaussian models.In: Lafferty, J., Williams, C., Shawe-Taylor, J., Zemel, R., Culotta, A. (eds.) Proceedings of the 24th International Conference on Advances in Neural Information Processing Systems (NeurIPS'10). pp. 1732–1740 (2010)

112. Nguyen, T., Gupta, S., Rana, S., Venkatesh, S.: Stable Bayesian Optimization. In: Kim, J.,Shim, K., Cao, L., Lee, J.G., Lin, X., Moon, Y.S. (eds.) Advances in Knowledge Discovery and Data Mining (PAKDD'17). Lecture Notes in Artificial Intelligence, vol. 10235, pp. 578– 591 (2017)

113. Nguyen, V., Gupta, S., Rana, S., Li, C., Venkatesh, S.: Filtering Bayesian optimization approach in weakly specified search space. Knowledge and Information Systems (2018)

114. Oh, C., Gavves, E., Welling, M.: BOCK: Bayesian Optimization with Cylindrical Kernels. In: Dy and Krause [27], pp. 3865–3874

115. Olson, R., Bartley, N., Urbanowicz, R., Moore, J.: Evaluation of a Tree-based Pipeline Optimization Tool for Automating Data Science. In: Friedrich, T. (ed.) Proceedings of the Genetic and Evolutionary Computation Conference (GECCO'16). pp. 485–492. ACM (2016)

116. Olson, R., La Cava, W., Mustahsan, Z., Varik, A., Moore, J.: Data-driven advice for applying machine learning to bioinformatics problems. In: Proceedings of the Pacific Symposium in Biocomputing 2018. pp. 192–203 (2018)

117. Paszke, A., Gross, S., Chintala, S., Chanan, G., Yang, E., DeVito, Z., Lin, Z., Desmaison, A.,Antiga, L., Lerer, A.: Automatic differentiation in PyTorch. In: NeurIPS Autodiff Workshop (2017)

118. Pedregosa, F.: Hyperparameter optimization with approximate gradient. In: Balcan and Weinberger [8], pp. 737–746

119. Peng-Wei Chen, Jung-Ying Wang, Hahn-Ming Lee: Model selection of SVMs using GA approach. In: Proceedings of the 2004 IEEE International Joint Conference on Neural Networks (IJCNN). vol. 3, pp. 2035–2040. IEEE Computer Society Press (2004)

120. Petrak, J.: Fast subsampling performance estimates for classification algorithm selection.Technical Report TR-2000-07, Austrian Research Institute for Artificial Intelligence (2000) 121. Poloczek, M., Wang, J., Frazier, P.: Multi-Information Source Optimization. In: Guyon et al. [48], pp. 4288–4298

122. Precup, D., Teh, Y. (eds.): Proceedings of the 34th International Conference on Machine Learning (ICML'17), vol. 70. Proceedings of Machine Learning

Research (2017)

123. Provost, F., Jensen, D., Oates, T.: Efficient progressive sampling. In: Fayyad, U., Chaudhuri,S., Madigan, D. (eds.) The 5th ACM SIGKDD International Conference on Knowledge Discovery and Data Mining (KDD'99). pp. 23–32. ACM Press (1999)

124. Rasmussen, C., Williams, C.: Gaussian Processes for Machine Learning. The MIT Press(2006)

125. Rendle, S.: Factorization machines. In: Webb, G., Liu, B., Zhang, C., Gunopulos, D., Wu, X.(eds.) Proceedings of the 10th IEEE International Conference on Data Mining (ICDM'06). pp. 995–1000. IEEE Computer Society Press (2010)

126. Ripley, B.D.: Statistical aspects of neural networks. Networks and chaos— statistical and probabilistic aspects 50, 40–123 (1993)

127. Russakovsky, O., Deng, J., Su, H., Krause, J., Satheesh, S., Ma, S., Huang, Z., Karpathy,A., Khosla, A., Bernstein, M., Berg, A., Fei-Fei, L.: Imagenet large scale visual recognition challenge. International Journal of Computer Vision 115(3), 211–252 (2015)

128. Sabharwal, A., Samulowitz, H., Tesauro, G.: Selecting Near-Optimal Learners via Incremental Data Allocation. In: Schuurmans, D., Wellman, M. (eds.) Proceedings of the Thirtieth National Conference on Artificial Intelligence (AAAI'16). AAAI Press (2016)

129. Samanta, B.: Gear fault detection using artificial neural networks and support vector machines with genetic algorithms. Mechanical Systems and Signal Processing 18(3), 625–644 (2004)

130. Sanders, S., Giraud-Carrier, C.: Informing the Use of Hyperparameter Optimization Through Metalearning. In: Gottumukkala, R., Ning, X., Dong, G., Raghavan, V., Aluru, S., Karypis, G., Miele, L., Wu, X. (eds.) 2017 IEEE International Conference on Big Data (Big Data). IEEE Computer Society Press (2017)

131. Schilling, N., Wistuba, M., Drumond, L., Schmidt-Thieme, L.: Hyperparameter optimization with factorized multilayer perceptrons. In: Appice, A., Rodrigues, P., Costa, V., Gama, J., Jorge, A., Soares, C. (eds.) Machine Learning and Knowledge Discovery in Databases (ECML/PKDD'15). Lecture Notes in Computer Science, vol. 9285, pp. 87–103. Springer (2015)

132. Schilling, N., Wistuba, M., Drumond, L., Schmidt-Thieme, L.: Joint Model Choice and Hyperparameter Optimization with Factorized Multilayer Perceptrons. In: 2015 IEEE 27th International Conference on Tools with Artificial Intelligence (ICTAI). pp. 72–79. IEEE Computer Society Press (2015)

133. Sculley, D., Snoek, J., Wiltschko, A., Rahimi, A.: Winner's curse? on pace, progress, and empirical rigor. In: International Conference on Learning Representations Workshop track (2018), published online: iclr.cc

134. Shah, A., Ghahramani, Z.: Pareto Frontier Learning with Expensive Correlated Objectives.In: Balcan and Weinberger [8], pp. 1919–1927

135. Shahriari, B., Swersky, K., Wang, Z., Adams, R., de Freitas, N.: Taking the human out of theloop: A review of Bayesian optimization. Proceedings of the IEEE 104(1), 148–175 (2016)

136. Shahriari, B., Bouchard-Cote, A., de Freitas, N.: Unbounded Bayesian optimization via regularization. In: Gretton and Robert [47], pp. 1168–1176

137. SIGOPT: Improve ML models 100x faster (2018), https://sigopt.com/

138. Simon, D.: Evolutionary optimization algorithms. John Wiley & Sons (2013)

139. Snoek, J.: Bayesian optimization and semiparametric models with applications to assistive technology. PhD Thesis, University of Toronto (2013)

140. Snoek, J., Larochelle, H., Adams, R.: Practical Bayesian optimization of machine learning algorithms. In: Bartlett et al. [9], pp. 2960–2968

141. Snoek, J., Rippel, O., Swersky, K., Kiros, R., Satish, N., Sundaram, N., Patwary, M., Prabhat,Adams, R.: Scalable Bayesian optimization using deep neural networks. In: Bach and Blei [7], pp. 2171–2180

142. Snoek, J., Swersky, K., Zemel, R., Adams, R.: Input warping for Bayesian optimization of non-stationary functions. In: Xing and Jebara [157], pp. 1674–1682

143. Sparks, E., Talwalkar, A., Haas, D., Franklin, M., Jordan, M., Kraska, T.: Automating model search for large scale machine learning. In: Balazinska, M. (ed.) Proceedings of the Sixth ACM Symposium on Cloud Computing - SoCC '15. pp. 368–380. ACM Press (2015)

144. Springenberg, J., Klein, A., Falkner, S., Hutter, F.: Bayesian optimization with robust Bayesian neural networks. In: Lee et al. [87]

145. Sun, Q., Pfahringer, B., Mayo, M.: Towards a Framework for Designing Full Model Selection and Optimization Systems. In: Multiple Classifier Systems, vol. 7872, pp. 259–270. Springer (2013)

146. Swersky, K., Duvenaud, D., Snoek, J., Hutter, F., Osborne, M.: Raiders of the lost architecture: Kernels for Bayesian optimization in conditional parameter spaces. In: NeurIPS Workshop on Bayesian Optimization in Theory and Practice (BayesOpt'14) (2014)

147. Swersky, K., Snoek, J., Adams, R.: Multi-task Bayesian optimization. In: Burges, C., Bottou, L., Welling, M., Ghahramani, Z., Weinberger, K. (eds.) Proceedings

of the 27th International Conference on Advances in Neural Information Processing Systems (NeurIPS'13). pp. 2004– 2012 (2013)

148. Swersky, K., Snoek, J., Adams, R.: Freeze-thaw Bayesian optimization arXiv: 1406.3896v1 [stats.ML] (2014)

149. Thornton, C., Hutter, F., Hoos, H., Leyton-Brown, K.: Auto-WEKA: combined selection and hyperparameter optimization of classification algorithms. In: Dhillon, I., Koren, Y., Ghani, R., Senator, T., Bradley, P., Parekh, R., He, J., Grossman, R., Uthurusamy, R. (eds.) The 19th ACM SIGKDD International Conference on Knowledge Discovery and Data Mining (KDD'13). pp. 847–855. ACM Press (2013)

150. Wainer, J., Cawley, G.: Empirical Evaluation of Resampling Procedures for Optimising SVM Hyperparameters. Journal of Machine Learning Research 18, 1–35 (2017)

151. Wang, J., Xu, J., Wang, X.: Combination of hyperband and Bayesian optimization for hyperparameter optimization in deep learning. arXiv:1801.01596v1 [cs.CV] (2018)

152. Wang, L., Feng, M., Zhou, B., Xiang, B., Mahadevan, S.: Efficient Hyper-parameter Optimization for NLP Applications. In: Proceedings of the 2015 Conference on Empirical Methods in Natural Language Processing. pp. 2112–2117. Association for Computational Linguistics (2015)

153. Wang, Z., Hutter, F., Zoghi, M., Matheson, D., de Feitas, N.: Bayesian optimization in a billion dimensions via random embeddings. Journal of Artificial Intelligence Research 55, 361–387 (2016)

154. Wang, Z., Gehring, C., Kohli, P., Jegelka, S.: Batched Large-scale Bayesian Optimizationin High-dimensional Spaces. In: Storkey, A., Perez-Cruz, F. (eds.) Proceedings of the 21st International Conference on Artificial Intelligence and Statistics (AISTATS). vol. 84. Proceedings of Machine Learning Research (2018)

155. Wistuba, M., Schilling, N., Schmidt-Thieme, L.: Automatic Frankensteining: Creating Complex Ensembles Autonomously. In: Proceedings of the 2017 SIAM International Conference on Data Mining (2017)

156. Wolpert, D.: Stacked generalization. Neural Networks 5(2), 241–259 (1992)

157. Xing, E., Jebara, T. (eds.): Proceedings of the 31th International Conference on Machine Learning, (ICML'14). Omnipress (2014)

158. Zabinsky, Z.: Pure Random Search and Pure Adaptive Search. In: Stochastic Adaptive Search for Global Optimization, pp. 25–54. Springer (2003)

159. Zeng, X., Luo, G.: Progressive sampling-based Bayesian optimization for efficient and automatic machine learning model selection. Health Information

Science and Systems 5(1) (2017)

160. Zhang, Y., Bahadori, M.T., Su, H., Sun, J.: FLASH: Fast Bayesian Optimization for Data Analytic Pipelines. In: Krishnapuram, B., Shah, M., Smola, A., Aggarwal, C., Shen, D., Rastogi, R. (eds.) Proceedings of the 22nd ACM SIGKDD International Conference on Knowledge Discovery and Data Mining (KDD). pp. 2065–2074. ACM Press (2016)

2
메타러닝

호아킨 반쇼렌Joaquin Vanschoren

개요 메타러닝[1] 또는 학습을 위한 학습은 다양한 머신러닝 접근 방식이 광범위한 학습 작업에서 어떻게 수행되는지 체계적으로 관찰한 다음, 이 경험 또는 메타데이터로부터 학습해 매우 빠르게 새로운 작업을 학습하는 과학이다. 이는 머신러닝 파이프라인이나 신경망 구조의 설계를 획기적으로 가속하고 개선할 뿐만 아니라, 수작업으로 설계한 알고리듬을 데이터 중심 방식으로 학습된 새로운 접근법으로 대체할 수 있게 해준다. 2장에서는 이 매혹적이고 지속적으로 진화하는 분야의 최첨단 개요를 제공한다.

---

1 2장의 내용을 보완하기 위해 부록 II를 참조하라. - 옮긴이

J. Vanschoren(✉)
Department of Mathematics and Computer Science, TU Eindhoven, Eindhoven, North Brabant, The Netherlands
e-mail: j.vanschoren@tue.nl

2.1 서론

새로운 기술을 배울 때, 처음부터 시작하는 경우는 거의 없다. 관련 업무에서 앞서 배운 기술부터 시작해 이전에 잘 작동했던 접근법을 다시 사용하고, 경험에 기초해 노력할 가치가 있는 것에 초점을 맞춘다[82]. 습득한 모든 스킬에 따라 새로운 스킬을 배우는 것이 더 쉬워지고, 예시 횟수도 적고 시행착오도 적다. 간단히 말해서 업무 전반에 걸쳐 학습하는 법을 배운다. 마찬가지로 특정 작업에 대한 머신러닝 모델을 구축할 때 종종 관련 작업에 대한 경험을 쌓거나, 머신러닝 기법의 행태에 대한 이해를 이용해 올바른 선택을 할 수 있도록 도움을 받는다.

메타 학습의 과제는 체계적이고 데이터 중심적인 방식으로 이전 경험을 통해 배우는 것이다. 첫째, 선행 학습 과제와 기존에 학습한 모델을 기술한 메타데이터를 수집해야 한다. 이들은 모델을 훈련시키는 데 사용한 정확한 알고리듬 구성을 포함하는데 이는 하이퍼파라미터 설정, 파이프라인 구성 또는 신경망 구조, 정확도 및 훈련 시간과 같은 결과 모델 평가, 신경망의 훈련된 가중치와 같은 학습된 모델 파라미터 및 메타 특성으로도 알려진 작업 그 자체의 측정 가능한 속성들로 구성된다. 둘째, 이전의 메타데이터로부터 학습해 새로운 작업에 대한 최적의 모델 탐색으로 이끄는 지식을 추출하고 전달해야 한다. 2장에서는 이를 효과적으로 수행하기 위한 다양한 메타러닝 접근법에 대한 간략한 개요를 제시한다.

메타러닝이란 용어는 다른 작업에 대한 이전 경험에 근거한 모든 유형의 학습을 포함한다. 이러한 이전의 작업들이 비슷할수록 더 많은 유형의 메타데이터를 사용할 수 있고, 작업 유사도를 정의하는 것은 중요한 과제가 될 것이다. 두말할 필요도 없이, 공짜 점심은 없다[57, 188]. 새로운 작업이 완전히 관련이 없는 현상 또는 랜덤 잡음을 나타내는 경우, 이전 경험을 활용하는 것은 효과적이지 않을 것이다. 다행히도 실제 작업에서는 이전의 경험으로부터 배울 수 있는 기회가 많이 있다.

2장의 나머지 부분에서는 메타러닝 기법이 가장 일반적인 것부터 가장 작업 특화적인 것에 이르기까지 그들이 활용하는 메타데이터의 유형을 기반으로 메타러닝 기법을 분류한다. 먼저 2.2절에서는 순수히 모델 평가로부터만 배우는 방법을 논의한다. 이러한 기법은 경험적으로 유사한 작업에서 지식을 전달하고, 일반적으로 유용한 설정 및 설정 탐색 공간을 권장하는 데 사용될 수 있다. 2.3절에서는 작업 유사도를 더욱 분명하게 표현하고 데이터 특성과 학습 성과 사이의 관계를 학습하는 메타모델을 구축하기 위해 작업을 특징지을 수 있는 방법에 관해 논의한다. 마지막으로 2.4절에서는 특히 훈련받은 모델 파라미터를 본질적으로 유사한 작업들 간에 전이하는 법(예: 동일한 입력 특성의 공유), 전이학습[111]과 소수예제^{few shot} 학습[126]을 다룬다.

다작업 학습[25](여러 관련 작업을 동시에 학습)과 앙상블 학습[35](동일한 작업에 대한 여러 모델 구축)은 메타러닝 시스템과 의미 있게 결합될 수 있지만, 그 자체로는 다른 작업에 대한 이전 경험으로부터의 학습을 수반하지 않는다는 점에 유의해야 한다.

2장은 매우 최근의 조사 논문[176]을 기반으로 한다.

2.2 모델 평가로부터 학습

사전 작업 $t_j \in T$에 대한 접근은 물론, 그들의 설정 $\theta_i \in \Theta$에 의해 완전히 정의된 학습 알고리듬 집합에 대한 접근도 할 수 있다고 간주하자. 여기서 Θ는 하이퍼파라미터 설정, 파이프라인 구성 요소 또는 신경망 구조 구성 요소를 다룰 수 있는 이산형, 연속형 또는 혼합형 설정 공간을 나타낸다. $\mathbf{P}$는 사전 정의된 평가 척도 (예: 정확도) 및 모델 평가 기법(예: 교차 검증)에 따라 작업 t_j에 대한 설정 θ_i의 모든 사전 스칼라 평가 $P_{i,j} = P(\theta_i, t_j)$의 집합이다. $\mathbf{P}_{new}$는 새로운 작업 t_{new}에 대한 알려진 평가 $P_{i,new}$ 집합이다. 이제 새로운 작업 t_{new}에 대한 권장 설정 Θ^*_{new}을 예측하는 메타러너^{meta-learner} L을 훈련시키고 싶다. 메타러너는 메타데이터 $\mathbf{P} \cup \mathbf{P}_{new}$에 대해 훈련된다. $\mathbf{P}$는 대개 사전에 수집되거나 메타데이터 저장소에서 추출된다 [174, 177]. $\mathbf{P}_{new}$는 메타러닝 기술 자체에 의해 반복적인 방식으로 학습되며, 때로는 다른 방법에 의해 생성된 초기 $\mathbf{P}'_{new}$로 웜스타트^{warm-start}하기도 한다.

2.2.1 작업 독립 권장

첫째, t_{new}에 대한 어떤 평가도 접근할 수 없다고 상상하라. 따라서 $\mathbf{P}_{new} = \varnothing$이다. 그래도 여전히 t_{new}에 관계없이 일련의 설정을 권장하는 함수 $f : \Theta \times T \rightarrow \{\theta^*_k\}$, $k = 1..K$를 배울 수 있다. 그런 다음 이러한 θ^*_k는 t_{new}에서 평가해 가장 좋은 설정을 선택하거나 2.2.3절에서 논한 것과 같은 추가 최적화 접근법을 웜스타트할 수 있다.

그러한 접근 방식은 종종 순위ranking 즉, 순서 집합인 θ_k^*를 산출한다. 이것은 일반적으로 다수의 작업 t_j에 대해 평가된 포트폴리오portfolio라고도 부르는 후보 설정 집합으로 이산화함으로써 이루어진다. 그런 다음 성공률, AUC 또는 유의한 승리significant wins를 사용해 작업당 순위를 작성할 수 있다[21, 34, 85]. 그러나 종종 동등하게 우수하지만 빠른 알고리듬이 더 높은 순위에 랭크되는 것이 바람직하며, 정확도와 훈련 시간을 절충하기 위한 여러 방법이 제안됐다[21, 134]. 다음으로 이러한 단일 작업 순위를 글로벌 순위로 통합할 수 있다. 예를 들어 모든 작업에 걸쳐 평균 순위[1, 91]를 계산한다. 글로벌 순위를 구축하기에 충분한 데이터가 없는 경우, 사전 작업별로 가장 잘 알려진 설정을 기반으로 한 부분집합의 설정을 권장하거나[70, 173], 또는 준선형 순위quasi-linear ranking를 반환할 수 있다[30].

작업 t_{new}에 가장 적합한 θ^*을 찾으려면, 언제나 간단한 방법은 상위 K 설정을 선택하고[21] 리스트를 따라 아래로 내려가 t_{new}에서 각 설정을 차례로 평가하는 것이다. 이 평가는 K에 대한 사전 정의된 값, 시간 예산 또는 충분히 정확한 모델이 발견된 후에 종료할 수 있다. 시간 제약적인 설정에서, 다목적 순위(훈련 시간 포함)가 최적에 가까운 모델에 훨씬 더 빨리 수렴되고[1, 134] 알고리듬 비교에 대한 강력한 베이스라인을 제공하는 것으로 나타났다[1, 85].

위의 접근 방법과 매우 다른 접근 방법은 우선 다른 함수 $f_j(\theta_i) = P_{i,j}$를 특정 작업 t_j의 모든 사전 평가에 대해 적합화시킨 다음 그래디언트 하강을 사용해 사전 작업마다 최적화된 설정 θ_j^*을 찾는 것이다[186]. 일부 작업 t_j가 t_{new}와 유사하다고 가정할 때, 그러한 θ_j^*는 베이지안 최적화 접근법을 웜스타트하는 데 유용할 것이다.

2.2.2 설정 공간 설계

또한 사전 평가를 사용해 더 나은 설정 공간 Θ^*을 배울 수 있다. t_{new}와는 다시 독립적이긴 하지만 이것은 설정 공간의 더 관련성이 높은 영역만 탐색하기 때문에 최적의 모델을 찾는 속도를 획기적으로 높일 수 있다. 이는 계산 자원이 제한돼 있을 때 결정적으로 중요하고, AutoML 시스템의 실제 비교에 있어서 중요한 요소가 된다는 것이 입증됐다[33].

첫째, 함수의 분산 분석ANOVA[67] 접근법에서 하이퍼파라미터는 주어진 작업에 대한 알고리듬 성능의 대부분의 분산을 설명한다면, 중요한 것으로 간주된다. [136]에서는 100개의 데이터셋에 걸쳐 3개의 알고리듬으로 250,000개의 OpenML 실험을 사용해 이를 탐구했다.

대안적 접근 방법은 우선 최적의 하이퍼파라미터 기본 설정을 학습한 다음 하이퍼파라미터의 중요성을 하이퍼파라미터의 기본값을 그대로 두는 대신 하이퍼파라미터의 조정으로 달성할 수 있는 성능 이득으로 정의하는 것이다. 실제로 하이퍼파라미터는 많은 분산을 야기할 수 있지만, 항상 좋은 성과를 내는 하나의 특정한 설정을 가질 수도 있다. [120]에서는 이 실험을 6개의 알고리듬과 38개의 데이터셋에 대해 약 50만 개의 OpenML 실험을 사용해 수행했다. 기본값은 알고리듬의 모든 하이퍼파라미터에 대해 다수의 작업에 관해 해당 알고리듬에 대한 대리 모델을 먼저 훈련함으로써 공동으로 학습된다. 다음으로 많은 설정이 샘플링되고, 모든 작업에서 평균 리스크를 최소화하는 설정이 권장되는 기본 설정이다. 마지막으로 각 하이퍼파라미터의 중요성(또는 튜닝 가능성)은 튜닝으로 여전히 얼마나 많은 개선을 얻을 수 있는지를 관찰해 추정한다.

2.2.3 설정 전이

특정 작업 t_{new}에 대한 권장 사항을 제공하려면 t_{new}가 이전 태스크 t_j와 얼마나 유사한지 추가 정보가 필요하다. 이를 위한 한 가지 방법은 새로운 증거 $\mathbf{P}_{new}$를 제시하면서 t_{new}에 대해 다수의 권장(또는 잠재적으로 랜덤) 설정을 평가하는 것이다. 그런 다음 평가 $P_{i,new}$가 $P_{i,j}$와 유사하다는 것을 관찰한다면, t_j와 t_{new}는 경험적 증거에 근거해 본질적으로 유사한 것으로 간주될 수 있다. 이러한 지식을 포함해 권장 설정 집합을 예측하는 메타 학습기를 훈련시킬 수 있다. 더욱이 선택된 모든 θ^*_{new}은 평가돼 $\mathbf{P}_{new}$에 포함될 수 있으며, 그 주기를 반복하고 어떤 작업이 서로 유사한지 알기 위해 더 많은 경험적 증거를 수집한다.

2.2.3.1 상대적 랜드마크

작업 유사도에 대한 첫 번째 척도는 상대적 랜드마크 ($RL_{a,b,j} = P_{a,j} - P_{b,j}$)라고도 부르는 특정 작업 t_j에 대한 두 설정 θ_a와 θ_b 사이의 상대적(쌍의) 성능 차이를 고려한다. 활성 테스트[85]는 이들을 다음과 같이 활용한다. 즉, 전역적으로 가장 우수한 설정으로 웜스타트(2.2.1절 참조)하고, 이를 θ_{best}라고 하며 토너먼트 방식으로 진행한다. 각 라운드에서 비슷한 작업에서 θ_{best}의 성과를 가장 설득력 있게 능가하는 '경쟁자' θ_c를 선정한다. 평가된 모든 설정의 상대적 랜드마크가 유사한 경우, 즉 설정이 t_j와 t_{new} 모두에서 유사하게 수행되는 경우 작업은 유사하다고 간주한다. 다음으로 경쟁자 θ_c를 평가하고, $P_{c,new}$를 산출하고, 작업 유사도를 업데이트하고, 이를 반복한다. 이 방법의 한계는 많은 사전 작업에서 평가된 설정 θ_i만을 고려할 수 있다는 것이다.

2.2.3.2 대리 모델

정보를 좀 더 유연하게 전달하는 방법은 사용 가능한 모든 **P**를 사용해 훈련된 모든 사전 작업 t_j에 대한 대리 모델 $s_j(\theta_i) = P_{i,j}$를 구축하는 것이다. 그러면, $s_j(\theta_i)$와 $P_{i,new}$ 간의 오차의 관점에서 작업 유사도를 정의할 수 있다. 만약 t_j에 대한 대리 모델이 t_{new}에 대한 정확한 예측을 생성할 수 있다면, 그 작업들은 본질적으로 유사하다. 이는 보통 베이지안 최적화(1장 참조)와 조합해 다음 θ_i를 결정한다.

Wistuba 등[187]은 모든 사전 작업에 대해 가우시안 프로세스^{GP}에 기반한 대리 모델을 훈련하고, t_{new}에 대해 하나의 대리 모델을 더 훈련한 후 이들을 정규화된 가중합으로 결합하고, (새로운) 예측 평균 μ_j는 (사전 작업 t_j로부터 구한) 개별 μ_j의 가중 합으로 정의된다. μ_j의 가중치는 나다라야-왓슨 커널 가중 평균 Nadaraya-Watson Kernel-Weighted Average을 사용해 계산하며, 여기서 각 작업은 상대적인 랜드마크의 벡터로 표현된다. 그리고 에판치니코프 2차 커널 Epanechnikov Quadratic Kernel[104]은 t_j와 t_{new}의 상대 랜드마크 벡터 사이의 유사도를 측정하는 데 사용된다. t_j가 t_{new}와 더 유사할수록 가중치 s_j가 커져서 t_j에 대한 대리 모델의 영향력이 커진다.

또한 메타데이터는 대리 모델이 아닌 획득함수에서 전이될 수 있다[187]. 대리 모델은 $P_{i,new}$에서만 훈련되지만, 다음 평가할 θ_i는 $P_{i,new}$에 대한 기대 개선과 모든 사전 $p_{i,j}$에 대한 예측 개선[69]의 가중 평균인 획득함수에 의해 제공된다. 사전 작업의 가중치는 대리 모델의 정확도 또는 상대적 랜드마크를 통해 다시 정의될 수 있다. 더 많은 증거 $P_{i,new}$가 수집됨에 따라 기대 개선 구성 요소의 가중치는 매 반복 시행마다 점차 증가한다.

2.2.3.3 다작업 학습의 웜스타트

사전 작업 t_j와 관련된 또 다른 접근 방법은 **P**개의 사전 평가를 사용해 결합 작업 표현join task representation을 학습하는 것이다. [114]에서 작업에 특화된 베이지안 선형 회귀[20] 대리 모델 $s_j(\theta_i^z)$는 새로운 설정 θ^z로 훈련되는데, θ^z는 선형 대리 모델이 $P_{i,new}$를 정확하게 예측할 수 있는 원래 설정 θ의 적절한 기저 확장을 학습하는 순전파 신경망 $NN(\theta_i)$에 의해 학습된다. 대리 모델은 OpenML 메타데이터에서 사전 학습이 돼 다작업 학습 환경에서 $NN(\theta_i)$ 최적화를 위한 웜스타트를 제공한다. 다작업 학습에 대한 초기 연구[166]에서는 이미 '비슷한' 소스 작업 t_j의 집합을 가지고 있다고 가정했다. 작업 간의 정확한 관계를 학습하고 활용하는 베이지안 최적화를 위한 공동 GP 모델을 구축해 이들 t_j와 t_{new} 간의 정보를 전이한다. 그러나 공동 GP를 학습하는 것은 작업마다 하나의 GP를 구축하는 것보다 확장성이 떨어지는 경향이 있다. Springenberg 등[161] 또한 작업이 관련되고 유사하다고 가정하지만, 베이지안 신경망을 이용해 최적화 과정 중에 작업 간의 관계를 학습한다. 이와 같이, 그들의 방법은 이전의 두 가지 접근법을 다소 혼합한 것이다. Golovin 등[58]은 작업 전체의 시퀀스 순서(예: 시간)를 가정한다. 작업당 1개씩 GP 회귀모델의 스택을 구축하는데, 하나 아래의 각 GP를 회귀모델를 상대적인 잔차에 대해 훈련시킨다. 따라서 각 작업은 스택을 쌓기 이전에 사전분포를 정의하기 위해 이전 작업들을 사용한다.

2.2.3.4 기타 기법

멀티 암 밴딧[139]은 t_{new}와 가장 관련성이 높은 t_j를 찾기 위한 또 다른 접근법을 제공한다[125]. 이 비유에서 각 t_j는 하나의 레버이며, t_j의 사전 평가를 잡음 측정으로 모델링해 이를 t_{new}에 대한 기존 평가와 결합하는 GP 기반 베이지안 최적화 예측에서의 오차 관점에서 특정 사전 작업(레버)을 선택하는(당기는) 것에 대한 (확률적) 보상이 정의된다. 그러나 GP의 입방적 확장은 이 접근 방법의 확장성이 떨어지게 한다.

작업 유사도를 정의하는 또 다른 방법은 기존 평가 $P_{i,j}$를 취하고, 톰슨 샘플링 Tompson Sampling[167]을 사용해 최적 분포 ρ_{max}^j를 구한 다음, ρ_{max}^j와 ρ_{max}^{new}[124] 사이의 KL 발산[80]을 측정하는 것이다[124]. 이러한 분포는 유사도를 기반으로 혼합 분포에 병합되며, 다음 평가에 가장 유망한 설정을 예측하는 획득함수를 구축하는 데 사용된다. 5개의 작업을 사용해 2개의 SVM 하이퍼파라미터만 튜닝하는 평가만이 이제까지 시도됐다.

마지막으로, **P**를 활용하는 보완적인 방법은 어떤 설정을 사용하지 말아야 하는지 권장하는 것이다. 작업별 대리 모델을 훈련한 후 어떤 t_j가 t_{new}와 가장 유사한지를 찾아보고 $s_j(\theta_i)$를 사용해 성과가 저조할 것으로 예측되는 영역 Θ을 찾아낼 수 있다. 이들 영역을 제외하면 더 나은 성과를 가지는 것을 찾는 데 속도가 빨라질 수 있다. Wistuba 등[185]은 각각 $P_{i,j}$와 $P_{i,new}$를 사용해 설정 θ_i의 순위를 매김으로써 구한 순위 간의 켄달 타우^{Kendall Tau} 순위 상관계수^{rank correlation coefficient}[73]에 기초한 작업 유사도 척도를 사용해 이 작업을 수행한다.

2.2.4 학습 곡선

또한 더 많은 훈련 데이터가 추가될수록 모델 성능이 얼마나 빨리 향상되는지 등 훈련 과정 자체에 대한 메타데이터를 추출할 수 있다. 스텝 s_t로 훈련을 나누고, 보통 매 스텝마다 정해진 수의 훈련 예시를 추가하면, 타임스텝 s_t에 걸쳐 학습 곡선을 산출하면서 스텝 s_t 후의 과제 t_j에 대한 설정 θ_i의 성능 $P(\theta_i, t_j, s_t) = P_{i,j,t}$를 측정할 수 있다. 1장에서 논의한 바와 같이 학습 곡선은 주어진 과제에 대한 하이퍼파라미터를 가속화하는데도 사용된다. 메타러닝에서는 학습 곡선 정보가 작업에 걸쳐 전이된다.

새로운 작업 t_{new}에 대한 설정을 평가하는 동안 일정 횟수의 반복 시행 $r < t$ 후에 훈련을 종료하고, 부분적으로 관측된 학습 곡선을 사용해 다른 작업에 대한 이전 경험을 바탕으로 설정이 전체 데이터 집합에서 얼마나 잘 수행될 것인지 예측하고, 훈련을 계속할지 여부를 결정할 수 있다. 이것은 좋은 설정에 대한 탐색 속도를 상당히 높일 수 있다.

한 가지 접근 방식은 유사한 과제가 유사한 학습 곡선을 산출한다고 가정하는 것이다. 먼저 부분 학습 곡선이 얼마나 유사한지를 기준으로 작업 간 거리를 정의한다. $dist(t_a, t_b) = f(P_{i,a,t}, P_{i,b,t})$, $t = 1,..., r$. 그다음 가장 유사한 k개의 작업 $t_{1..k}$를 찾고, 전체 학습 곡선을 사용해 설정이 새로운 전체 데이터 집합에서 얼마나 잘 수행될 것인지 예측한다. 작업 유사도는 시도된 모든 설정에서 부분 곡선의 모양을 비교해 측정할 수 있으며, '가장 근접한' 완료 곡선을 새로운 부분 곡선에 적용해 예측을 수행한다[83, 84]. 또한 이 접근 방법은 활성 테스트[86]와 결합해 성공했으며, 훈련 시간을 포함하는 다목적 평가 방법을 사용함으로써 더욱 속도를 높일 수 있다[134].

흥미롭게도 몇몇 방법들이 신경망 구조 탐색 중 학습 곡선을 예측하는 것을 목표로 하고 있지만(3장 참조), 아직 이 작업들 중 이전에 다른 작업에서 관찰됐던 학습 곡선을 활용하는 것은 없다.

2.3 작업 속성으로부터 학습

메타데이터의 또 다른 풍부한 출처는 당면한 작업의 특성화(메타-특성)이다. 각 작업 $t_j \in T$는 알려진 모든 메타-특성의 집합인 M의 원소 $m_{j,k} \in M$ 중 K개의 메타-특성 벡터 $m(t_j) = (m_j, 1,..., m_{j,K})$로 묘사된다. 이것은 예를 들어 $m(t_i)$과 $m(t_j)$ 사이의 유클리드 거리에 기초한 작업 유사도 척도를 정의해 가장 유사한 작업에서 새로운 작업으로 정보를 전이할 수 있도록 하는 데 사용할 수 있다. 게다가 사전 평가 $\mathbf{P}$와 함께, 새로운 작업 t_{new}에 대한 새로운 설정인 θ_i의 성과 $P_{i,new}$를 예측하는 메타 학습기 L을 훈련시킬 수 있다.

2.3.1 메타-특성

표 2.1에는 메타-특성들이 모델 성능을 표시하는 이유에 대한 짧은 근거와 함께 가장 일반적으로 사용되는 메타-특성에 대한 간략한 개요가 수록돼 있다. 가능한 경우 그것들을 계산하기 위한 공식도 보여준다. 더 완전한 조사는 문헌에서 확인할 수 있다[26, 98, 130, 138, 175].

메타 특성 벡터 $m(t_j)$를 구축하려면 이러한 메타 특성을 선택하고 추가로 처리해야 한다. OpenML 메타데이터에 대한 연구는 최적의 메타 특성 집합이 응용에 따라 달라진다는 것을 보여줬다[17]. 많은 메타 특성은 단일 특성 또는 특성의 조합으로 계산되며, 요약 통계량(최소, 최대, μ, σ, 사분위수, $q_{1...4}$) 또는 히스토그램으로 집계돼야 한다[72]. 체계적으로 추출해 집계할 필요가 있다[117]. 작업 유사도를 계산할 때 모든 메타 특성[9]을 정규화하거나, 특성 선택[172]을 수행하거나, 차원 감소 기법(예: PCA)을 채택하는 것도 중요하다[17]. 메타모델을 배울 때 관계형 메타러너relational meta-learners[173]나 사례 기반 추론 방법case-based reasoning methods[63, 71, 92]도 사용할 수 있다.

이러한 범용 메타 특성 외에도 더 많은 구체적인 메타 특성이 공식화됐다. 스트리밍 데이터의 경우 스트리밍 랜드마크[135, 137], 시계열 데이터의 경우 자기 상관계수 또는 회귀 모델의 기울기를 계산할 수 있으며[7, 121, 147], 비지도학습 문제의 경우 데이터를 다양한 방식으로 군집화해 이들 군집들의 속성을 추출할 수 있다[159]. 또한 많은 응용에서 도메인별 정보도 활용할 수 있다[109, 156].

2.3.2 메타-특성 학습

메타 특성을 수동으로 정의하는 대신 작업 그룹에 대한 공동 표현도 배울 수 있다. 한 가지 접근 방식은 다른 작업 메타 특성 M이 주어졌을 때 랜드마크와 유사한 메타 특성 표현 M'를 생성하는 모델을 구축하고, 성과 메타데이터 $\mathbf{P}$에 대해 훈련을 한다. 즉 $f: M \mapsto M'$. Sun과 Pahringer[165]는 사전 정의된 구성 집합인 θ_i를 모든 사전 작업 t_j에 대해 평가하고, θ_a와 θ_b의 모든 쌍별 설정 조합에 대해 이진 메타 특성 $m_{j,a,b} \in M$을 생성해 θ_a가 θ_b를 능가하는지 여부를 나타낸다. 따라서 $m'(t_j) = (m_{j,a,b}, m_{j,a,c}, m_{j,b,c}, ...)$이다. $m_{new,a,b}$를 계산하기 위해 메타-규칙은 모든 쌍의 조합(a, b)에 대해 학습되며, 각각은 다른 메타-특성들 $m(t_j)$이 주어질 때 작업 t_j에서 θ_a가 θ_b를 능가할지를 예측한다.

또한 가용한 $\mathbf{P}$ 메타데이터에 전적으로 기반으로 결합 표현법을 배울 수 있다. 즉, $f: \mathbf{p} \times \Theta \mapsto M'$. 앞서 2.2.3절의 순전파 신경망[114]으로 이를 어떻게 하는지를 논의했다. 작업들이 동일한 입력 공간을 공유하는 경우, 예를 들어 동일한 해상도의 이미지인 경우, 딥 척도 러닝을 사용해 예를 들어 쌍둥이 샴^{Siamese} 신경망을 사용해 메타 특성 표현을 학습할 수도 있다[75].

표 2.1 일반적으로 사용되는 메타 특성의 개요. 위에서 아래로 그룹. 단순, 통계적, 정보 이론적, 복잡도, 모델 기반 및 랜드마크. 연속 특성 X와 타깃 Y는 평균 μ_X, 표준편차 σ_X, 분산 σ_X^2를 가지고 있다. 범주형 특성 X와 클래스 c는 범주형 값 π_i, 조건 확률 $\pi_{i|j}$, 결합 확률 $\pi_{i,j}$, 한계 확률 $\pi_{i+} = \sum_j \pi_{ij}$, 엔트로피 $H(X) = -\sum_i \pi_{i+} log_2(\pi_{i+})$를 갖는다.

메타 특성명	공식	논리	변형
인스턴스 수	n	속도, 확장 가능성[99]	p/n, $log(n)$, $log(n/p)$
특성 수	p	차원의 저주[99]	$log(p)$, 범주형 변수의 비율(%)
클래스 수	c	복잡도, 불균형[99]	최소/최대 클래스 비율
결측치 수	m	대체 효과[70]	결측치 비율(%)
이상치	o	데이터 잡음[141]	o/n
왜도(Skewness)	$\dfrac{E(X-\mu_X)^3}{\sigma_X^3}$	특성의 정규분포 성격[99]	$min, max, \mu, \sigma, q_1, q_3$

메타 특성명	공식	논리	변형
첨도(Kurtosis)	$\dfrac{E(X-\mu_X)^4}{\sigma_X^4}$	특성의 정규분포 성격[99]	$\min,\max,\mu,\sigma,q_1,q_3$
상관관계	$\rho X_1 X_2$	특성 상호 관련성[99]	$\min,\max,\mu,\sigma,\rho_{XY}$ [158]
공분산	$cov X_1 X_2$	특성 상호 관련성[99]	$\min,\max,\mu,\sigma,cov_{XY}$
집중도	$\tau X_1 X_2$	특성 상호 관련성[72]	$\min,\max,\mu,\sigma,\tau_{XY}$
희소도	sparsity(X)	이산성 정도[143]	$\min,\max,\mu,\sigma$
중력	gravity(X)	클래스 간 분산 정도[5]	
ANOVA p-값	$pval_{X_1 X_2}$	특성 중복성[70]	p_{valXY} [158]
변동계수	$\dfrac{\sigma_Y}{\mu_Y}$	타깃 변수의 분산 정도[158]	
PCA ρ_{λ_1}	$\sqrt{\dfrac{\lambda_1}{1+\lambda_1}}$	1차 주성분(PC)의 분산[99]	$\dfrac{\lambda_1}{\sum_i \lambda_i}$[99]
PCA 왜도		1차 주성분(PC)의 왜도[48]	PCA kurtosis[48]
PCA 95%	$\dfrac{dim_{95\%var}}{p}$	내재적 차원성(intrinsic dimensionality)[9]	
클래스 확률	$P(c)$	클래스 분포[99]	$\min,\max,\mu,\sigma$
클래스 엔트로피	$H(c)$	클래스 불균형[99]	
엔트로피 노름 (Entropy Norm)	$\dfrac{H(X)}{\log_2 n}$	특성 정보성[26]	$\min,\max,\mu,\sigma$
상호 정보	$MI(c, X)$	특성 중요도[99]	$\min,\max,\mu,\sigma$
불확실성 계수	$\dfrac{MI(c, X)}{H(c)}$	특성 중요도[3]	$\min,\max,\mu,\sigma$
동등 특성수	$\dfrac{H(C)}{MI(C, X)}$	내재적 차원성[99]	
잡음-신호 비율	$\dfrac{\overline{H(X)}-\overline{MI(C, X)}}{\overline{MI(C, X)}}$	데이터의 잡음성[99]	
피셔 판별함수	$\dfrac{(\mu_{c_1}-\mu_{c_2})^2}{\sigma_{c_1}^2-\sigma_{c_2}^2}$	분리성 클래스 c_1, c_2[64]	참조[64]
중복 볼륨		클래스 분포 중복[64]	참조[64]
개념 변이도		작업 복잡도[180]	참조[179, 180]
데이터 일관성		데이터 품질[76]	참조[76]
노드 수, 리프 수	$|\eta|, |\psi|$	개념 복잡도[113]	트리 깊이

메타 특성명	공식	논리	변형
가지 길이		개념 복잡도[113]	$\min, \max, \mu, \sigma$
특성당 노드수	$|\eta_X|$	특성 중요도[113]	$\min, \max, \mu, \sigma$
클래스당 리프수	$\dfrac{|\psi_c|}{|\psi|}$	클래스 복잡도[49]	$\min, \max, \mu, \sigma$
리프 일치성	$\dfrac{n_{\psi_i}}{n}$	클래스 분리성[16]	$\min, \max, \mu, \sigma$
정보 이득		특성 중요도[16]	$\min, \max, \mu, \sigma$, 지니계수
랜드마커(1NN)	$P(\theta_{1NN}, t_j)$	데이터 희소성[115]	엘리트 1NN[115]
랜드마커(트리)	$P(\theta_{Tree}, t_j)$	데이터 분리성[115]	스텀프, 랜덤 트리
랜드마커(선형)	$P(\theta_{Lin}, t_j)$	선형 분리성[115]	선형 판별
랜드마커 (나이브베이즈)	$P(\theta_{NB}, t_j)$	특성 독립성[115]	더 많은 모델들[14, 88]
상대적 랜드마크	$P_{a,j} - P_{b,j}$	성과 탐지[53]	
부분 샘플 랜드마크	$P(\theta_i, t_j, s_t)$	성과 탐지[160]	

이들은 두 개의 서로 다른 작업 데이터를 두 개의 쌍둥이 샴 신경망에 공급하고 예측과 관측된 성능 Pi의 차이를 오차 신호로 사용해 훈련한다. 두 네트워크 사이의 모델 파라미터가 샴망에서 결합되기 때문에, 두 개의 매우 유사한 작업이 잠재된 메타 특성 공간의 동일한 영역에 매핑된다. 그것들은 베이지안 하이퍼파라미터 최적화[75]를 웜스타트하고 신경망 구조를 탐색[2]하는 데 사용할 수 있다.

2.3.3 유사 작업으로부터 웜스타트 최적화

메타 특성은 유사한 작업에 대한 유망한 설정을 기반으로 작업 유사도를 추정하고 최적화 절차를 초기화하는 매우 자연스러운 방법이다. 이는 인간 전문가들이 관련 업무에 대한 경험을 바탕으로 좋은 모델을 수작업으로 탐색하는 방식과 비슷하다.

첫째, 유망한 해로 탐색 공간 영역에서 유전자 탐색 알고리듬을 시작하면 좋은 해로의 수렴 속도를 크게 높일 수 있다. Gomes 등[59]은 벡터 $m(t_j)$와 $m(t_{new})$ 사이의 L1 거리에 기초해 k 가장 유사한 선행 작업 t_j를 찾아 초기 설정을 권고한다. 여기서 각 $m(t_j)$는 17개의 단순하고 통계적인 메타 특성을 포함한다. 가장 유사한 각 k 작업에 대해 t_{new}에 대한 최적의 설정을 평가하고, 타부 탐색Tabu Search뿐만 아니라 입자 군집 알고리듬Particle Swarm Optimization을 초기화하는 데 사용한다. Reif 등[129]은 매우 유사한 접근법을 따라 15개의 단순하고 통계적이며 랜드마크적인 메타데이터를 사용한다. 이들은 전진 선택forward selection 기법을 사용해 가장 유용한 메타 특성을 찾아내고, 수정된 가우시안 돌연변이 연산을 통해 표준 유전자 알고리듬(GAliB)을 웜스타트한다. 메타 특성을 사용하는 적극적 테스트(2.2.3절 참조)의 변형도 시도했지만, 상대적 랜드마크를 기반으로 한 접근법보다 더 나은 성능을 발휘하지는 못했다.

또한 모델 기반 최적화 접근 방식은 유망한 초기 설정 집합에서 큰 이익을 얻을 수 있다. SCoT[9]은 단일 대리 순위 모델single surrogate ranking model $f: M \times \Theta \rightarrow R$을 훈련해 작업 t_j에서 θ_i의 순위를 예측한다. M은 4개의 메타 특성(3개의 단순한 것과 PCA 기반으로 하는 1개)을 포함하고 있다. 대리 모델은 t_{new}를 포함한 모든 순위에 대해 훈련된다. 평가값의 척도가 작업마다 크게 다를 수 있기 때문에 순위가 사용된다. GP 회귀는 베이지안 최적화를 수행하기 위해 순위를 확률로 변환하고, 각각의 새로운 $P_{i,new}$는 매 단계 후에 대리 모델을 재교육하는 데 사용된다.

Schilling 등[148]은 $s_j(\theta_i, m(t_j), b(t_j)) = P_{i,j}$ 형태의 대리 모델로 수정된 다층 퍼셉트론modified multilayer perceptron을 사용한다. 여기서 $m(t_j)$은 메타 특성이고 $b(t_j)$는 t_j로부터의 메타 인스턴스인 경우 1이고 아니면 0인 이진 표시 벡터다. 다층퍼셉트론은 작업 유사도를 모델링하기 위해 각 작업에 대한 잠재 표현을 학습하기 위한 목적으로 첫 번째 계층의 팩터화 머신[132]을 기반으로 하는 수정된 활성 함수를 사용한다. 이 모델은 불확실성을 나타낼 수 없기 때문에 100개의 다층 퍼셉트론의 앙상블이 예측 평균을 얻고 분산을 시뮬레이션하기 위해 훈련된다.

모든 이전 메타데이터에 대해 단일 대리 모델을 학습하는 것은 확장성이 떨어지는 경우가 많다. Yogatama와 Mann[190]도 단일 베이지안 대리 모델을 구축하지만, t_{new}와 유사한 작업만 포함하고, 여기서 작업 유사도는 3개의 단순한 메타 특성으로 구성된 메타 특성 벡터 사이의 유클리디안 거리로 정의된다. $P_{i,j}$ 값은 tj마다 다른 척도의 문제를 극복하기 위해 표준화된다. 대리 모델은 모든 인스턴스에서 특정 커널 조합으로 가우시안 프로세스를 학습한다.

Feurer 등[48]은 $H(C)$뿐만 아니라 단순하고 통계적이며 랜드마크적인 46개의 메타 특성을 포함해 [59]와 유사한 모든 선행 작업 t_j를 정렬해 베이지안 최적화를 웜스타트하는 것보다 더 간단하고 더 확장 가능한 방법을 제공한다. 가장 유사한 작업의 t 최적 설정은 대리 모델을 웜스타트하는 데 사용된다. 그들은 이전의 연구보다 훨씬 더 많은 하이퍼파라미터들을 탐색하며 전처리 단계를 포함한다. 이러한 웜스타트 접근법은 이후의 연구[46]에서도 사용됐다. 6장에서 자세히 설명한다.

마지막으로, 협업 필터링을 사용해 유망한 설정을 권장할 수도 있다[162]. 유사하게 작업 t_j(사용자)는 설정 θ_i(항목)에 대한 평점 $(P_{i,j})$를 제공하고, 행렬 팩터화 matrix factorization 기법을 사용해 미지의 $P_{i,j}$ 값을 예측하고 어떤 작업에 대해 최적의 설정을 추천한다. 여기서 중요한 문제는 콜드 스타트 cold start[2]다. 행렬 팩터화에는 t_{new}에 대한 최소한의 평가가 필요하기 때문이다. Yang 등[189] D-최적 실험 설계를 사용해 초기 평가 $P_{i,new}$를 샘플링한다. 이들은 예측 성능과 런타임을 모두 예측해 정확하고 빠른 웜스타트 설정을 권장한다. Misir와 Sebag[102, 103]는 메타 특성을 활용해 콜드 스타트 문제를 해결한다. Fusi 등[54]은 또한 [46]과 동일한 절차에 따라 메타 특성을 사용하며, 파이프라인 설정 θ_i를 더욱 최적화하기 위해 베이지안 최적화를 수행할 수 있는 확률론적 행렬 팩터화 접근법을 사용한다. 이 접근 방식은 베이지안 최적화가 더욱 효율적으로 수행될 수 있는 작업과 설정 모두에 유용한 잠재 임베딩 latent embedding을 산출한다.

2.3.4 메타모델

새로운 작업 t_{new}의 메타 특성 M이 주어졌을 때, 가장 유용한 설정 Θ^*_{new}을 권장하는 메타모델 L을 구축함으로써 작업의 메타 특성과 특정 설정의 효용 간의 복잡한 관계를 학습할 수 있다. 알고리듬 선택[5, 19, 70, 115]과 하이퍼파라미터 추천[4, 79, 108, 158]을 위한 메타모델 구축에 관한 풍부한 초기 연구들[22, 56, 87, 94]이 있다. 정확히 어떤 메타 특성이 사용됐는가에 달려 있기는 하지만, 실험들은 부스트와 배깅 트리가 종종 최상의 예측을 산출한다는 것을 보여줬다[72,76].

2.3.4.1 순위

메타모델은 또한 가장 유망한 상위 K 구성의 순위 ranking를 생성할 수 있다. 한 가지 접근 방식은 kNN k-nearly neighborhood 메타모델을 구축해 어떤 작업이 유사

---

2 경험하지 못한 새로운 시작 – 옮긴이

한지 예측한 다음, 이와 유사한 작업에 대한 최상의 구성 순위를 정하는 것이다 [23, 147]. 이는 2.3.3절에서 논의한 작업과 유사하지만 후속 최적화 접근 방식과 관련이 없다. 예측적 군집화 트리predictive clustering tree[171]와 레이블 순위 트리 label ranking tree[29]와 같이 순위를 구체적으로 의미하는 메타모델도 잘 작동하는 것으로 나타났다. 빠른 순위 나무의 앙상블인 근사 순위 트리 포레스트ART Forest, Approximate Ranking Tree Forest[165]는 특히 효과가 있는 것으로 판명되는데, 메타 특성 선택이 내장돼 있고, 사전 작업이 거의 없을지라도 잘 작동하며, 앙상블이 방법을 더욱 탄탄하게 만든다. 오토배깅[116]은 140개의 OpenML 데이터셋 및 146개의 메타 특성에 대해 교육받은 XGBoost 기반 순위기를 사용해 4개의 다른 배깅 하이퍼파라미터가 포함된 배깅 워크플로우의 순위를 매긴다. Lorena 등 [93]에서는 회귀 문제에 대해 SVM 구성을 권장하는데, 데이터 복잡도를 기반으로 하는 kNN 메타모델 및 새로운 메타 특성 집합을 사용한다.

2.3.4.2 성과 예측

또한 메타모델은 주어진 작업에 대한 설정의 성능(예: 정확도 또는 훈련 시간)을 직접 예측할 수 있다. 이것은 설정을 어떤 최적화 절차에서도 추정할 수 있다는 점에서 흥미롭다. 초기 작업에서는 선형 회귀 또는 규칙 기반 회귀 분석기를 사용해 개별 설정 집합의 성능을 예측한 다음 그에 따라 순위를 매겼다[14, 77]. Guerra 등[61]은 SVM 메타 회귀기를 분류 알고리듬별로 훈련시켜, 기본 설정하에 해당 메타 특성이 주어졌을 때, 새로운 작업 t_{new}에 대한 정확도를 예측한다. Reif 등 [130]은 유사한 메타 회귀기를 더 많은 메타데이터에 훈련시켜 최적화된 성능을 예측한다. Davis 등[32]은 특정 알고리듬 설정의 성능을 예측하는 대신 다층 퍼셉트론MLP 기반 메타 학습기를 사용한다.

예측 성능을 예측하는 대신에, 메타 회귀기는 알고리듬 훈련/예측 시간을 예측하도록 훈련될 수 있다. 예를 들어 메타-특성에 대해 훈련된 SVM 회귀기를 사용하며[128], 유전 알고리듬을 통해 자체 조정한다[119]. Yang 등[189]은 인스턴스 및 특성 수만을 기준으로 다항식 회귀 분석을 사용해 설정 런타임을 예측한다. Hutter 등[68]은 다양한 도메인에서 알고리듬 런타임 예측에 관한 일반적인 논제를 제공한다.

대부분의 메타모델은 유망한 설정을 생성하지만, 실제로 이러한 설정을 t_{new}에 조정하지는 말아야 한다. 대신, 예측은 메타모델과 최적화 기법의 모든 종류의 조합을 허용하는 다른 최적화 기법을 웜스타트하거나 안내하는 데 사용될 수 있다. 실제로 2.3.3절에서 논의된 연구의 일부는 거리 기반 메타모델을 사용해 베이지안 최적화[48, 54] 또는 진화 알고리즘[59, 129]을 사용하는 것으로 볼 수 있다. 원칙적으로 다른 메타모델도 여기서 사용할 수 있다.

작업의 메타 특성과 설정 성과 사이의 관계를 배우는 대신에, 특정 작업에 대한 서양의 성과를 예측하는 대리 모델을 구축할 수도 있다[40]. 그런 다음 이러한 작업별 예측을 결합하는 법을 학습해 2.2.3절에서 설명한 대로 새로운 작업 t_{new}에 대한 최적화 기법을 웜스타트 또는 안내할 수 있다[45, 114, 161, 187]. 메타 특성은 작업 유사도에 기초한 작업별 예측을 결합하는 데도 사용될 수 있지만, 궁극적으로 새로운 관측치 $P_{i,new}$를 수집하는 것이 더 효과적이다. 이러한 관측치들로 각각의 새로운 관측치들과의 작업 유사도 추정치를 세분화할 수 있기 때문이다[47, 85, 187].

2.3.5 파이프라인 합성

전체적인 머신러닝 파이프라인[153]을 만들 때 설정 옵션의 수가 급격히 증가하기 때문에 사전 경험을 활용하는 것이 더욱 중요해진다. 하이퍼파라미터 집합에 의해 충분히 기술된 파이프라인에 고정된 구조를 부과함으로써 탐색 공간을 제어할 수 있다. 그런 다음 유사한 작업에 가장 유망한 파이프라인을 사용해 베이지안 최적화를 웜스타트시킬 수 있다[46, 54].

다른 접근 방식은 특정 파이프라인 단계[118, 163]에 관한 권장 사항을 제공하며, 계획[55, 74, 105, 184] 또는 진화 기법[110, 164]과 같은 대규모 파이프라인 구축 접근법에서 활용할 수 있다. Nguyen 등[105]은 메타데이터 수집자가 권장하는 구성 요소에 초점을 맞춘 빔 탐색beam search을 사용해 새로운 파이프라인을 구축하는데, 그 자체도 성공적인 이전 파이프라인의 예에 따라 훈련된다. Bilalli 등[18]은 주어진 분류 알고리즘에 권장되는 전처리 기법을 예측한다. 그들은 새로운 메타 특성을 감안해 어떤 사전 처리 기법이 파이프라인에 포함돼야 하는지를 예측하는 대상 분류 알고리듬당 메타모델을 구축한다. 마찬가지로 Schoenfeld 등[152]은 전처리 알고리듬이 특정 분류기의 정확도 또는 런타임을 개선할 시점을 예측하는 메타데이터를 구축한다.

알파D3M[38]은 자기 플레이 강화학습self-play reinforcement learning 방식을 사용하는데, 현재 상태state는 현재의 파이프라인으로 나타내고, 행동action은 파이프라인 구성 요소의 추가, 삭제 또는 교체가 포함된다. 몬테카를로 트리 탐색MCTS은 파이프라인 성능을 예측할 수 있는 장단기 메모리 신경망LSTM을 훈련하기 위해 파이프라인을 생성하고, 다음 라운드에서 MCTS를 위한 행동 확률을 산출한다. 상태 묘사에는 현재 작업의 메타 특성도 포함돼 있어 신경망이 과제에 걸쳐 학습할 수 있도록 한다. Mosaic[123] 또한 MCTS를 사용해 파이프라인을 생성하지만, 대신 밴딧 기반의 접근법을 사용해 유망한 파이프라인을 선택한다.

2.3.6 조정할 것인가, 조정하지 않을 것인가

최적화해야 할 설정의 파라미터 수를 줄이고, 시간 제약 설정에서 가치 있는 최적화 시간을 절약하기 위해, 당면한 작업의 메타 특성이 주어졌을 때 주어진 알고리듬을 조정할 가치가 있는지 여부를 예측하고[133], 특정 알고리듬을 조정함으로써 기대할 수 있는 추가 시간 투자 대비 개선 정도를 예측하는 메타모델[144]도 제안됐다[133]. 특정 학습 알고리듬에 대한 더욱 집중적인 연구는 언제 SVM을 튜닝해야 하는지[96], 주어진 작업(해석 가능한 메타모델 포함)에 대해 어떤 하이퍼 파라미터 기본값이 좋은지[97] 및 어떻게 의사결정 트리를 튜닝하는가[95]를 예측하는 메타모델들을 산출했다.

2.4 사전 모델로부터 학습

배울 수 있는 마지막 유형의 메타데이터는 사전 머신러닝 모델 자체, 즉 그들의 구조와 학습된 모델 파라미터들이다. 요컨대, 유사한 작업 $t_j \in T$와 그에 상응하는 최적화된 모델 $l_j \in \mathcal{L}$가 주어졌을 때(여기서 L은 가능한 모든 모델의 공간이다) 새로운 작업 t_{new}에 대해 (베이스) 학습기 l_{new}를 훈련하는 방법을 배우는 메타 학습기 $\mathcal{L}$을 훈련하고자 한다. 학습기 l_j는 일반적으로 모델 파라미터 $W = \{wk\}, k = 1...K$ 또는 그 설정으로 정의된다.

2.4.1 전이학습

전이학습[170]에서는 하나 이상의 소스 작업 t_j에 대해 훈련된 모델을 취하고, 이들을 유사한 타깃 작업 t_{new}에 모델을 생성하기 위한 출발점으로 사용한다. 이는 타깃 모델이 구조적으로 또는 다른 방식으로 소스 모델과 유사하도록 강제함으로써 수행될 수 있다. 이는 일반적으로 적용할 수 있는 아이디어로, 사전 학습 접근법이 커널 방법[41, 42], 모수적 베이지안 모델[8, 122, 140], 베이지안 네트워크[107], 군집화[168] 및 강화학습[36, 62]에 대해 제안됐다. 그러나 신경망은 전이학습에 특히 적합하다. 소스 모델의 구조와 모델 파라미터 모두를 타깃 모델에 대한 좋은 초기화로 사용할 수 있기 때문이다. 이는 t_{new}에서 이용 가능한 훈련 데이터를 사용해 더욱 미세 조정할 수 있는 사전 훈련된 모델을 산출할 수 있기 때문이다[11, 13, 24, 169]. 경우에 따라서는 소스 네트워크를 전이하기 전에 수정해야 할 수도 있다[155]. 이 절의 나머지 부분에서는 신경망에 초점을 맞출 것이다.

특히 ImageNet[78]과 같은 대규모 이미지 데이터셋은 다른 작업으로 특히 잘 전이되는 사전학습 모델을 산출하는 것으로 입증됐다[37,154]. 그러나 또한 대상 작업이 그리 유사하지 않은 경우에는 이 접근법이 잘 작동하지 않는다는 것을 보여줬다[191]. 사전 학습 모델이 '우발적으로'가 새로운 문제로 잘 전이되기를 바라기보다는 다음에서 논의할 것처럼 새로운 작업을 훨씬 더 빨리 학습할 수 있도록 하는 귀납적 편향(많은 유사한 작업에서 학습)을 의도적으로 주입할 수 있다.

2.4.2 신경망으로 메타러닝

초기 메타학습 접근법은 자체 가중치를 수정할 수 있는 순환신경망^{RNN}을 만드는 것이다[149, 150]. 훈련 중에 그들 자신의 가중치를 추가 입력 데이터로 사용하고, 그들 자신의 오차를 관찰해 당면한 새로운 과제에 대응해 이러한 가중치를 수정하는 법을 학습한다. 가중치의 업데이트는 처음부터 끝까지$^{end-to-end}$ 미분 가능한 파라미터 형태이므로, 그래디언트 하강을 사용해 네트워크와 훈련 알고리듬을 공동으로 최적화할 수 있지만, 훈련하는 것이 매우 어렵다. 이후 연구들은 작업에 걸쳐 강화학습을 사용해 탐색 전략[151] 또는 그래디언트 하강 학습률[31]을 당면한 과제에 적응시켰다.

역전파는 자신의 두뇌를 위해 있을 것 같지 않은 학습 메커니즘이라는 느낌에 영감을 받아, Bengio 등[12]은 역전파를 단순한 생물학적으로 영감을 받은 파라미터화된 규칙(또는 진화된 규칙[27])으로 대체해 시냅스 가중치를 업데이트한다. 파라미터는 입력 작업 집합에 걸쳐 그래디언트 하강 또는 진화를 사용해 최적화된다. Runarsson과 Jonsson[142]은 이러한 파라미터화된 규칙을 단층 신경망으로 대체했다. Santoro 등[146]은 대신 메모리 증강 신경망memory-augmented neural network을 사용해 사전 분류 작업의 '메모리'를 저장하고 탐색하는 방법을 학습한다. Hochreiter 등[65]은 다층 퍼셉트론을 훈련하기 위해 메타 학습기로 LSTM[66]을 사용한다.

Andrychowicz 등[6]은 최적기(예: 확률적 경사 강하)를 복수의 사전 작업에 대해 훈련된 LSTM으로 대체한다. 메타 학습기(최적화기)의 손실은 기본 학습기(최적화기)의 손실의 합계로서 정의되며, 그래디언트 하강의 사용을 최적화한다. 메타 학습기는 매 단계마다 이전 단계의 학습된 모델 가중치 $\{w_k\}$ 및 현재 성능 그래디언트를 기준으로 최적화의 손실을 가장 많이 줄일 것으로 추정되는 가중치 업데이트를 선택한다. 이후 작업은 그래디언트 하강을 사용해[28] 합성함수에 대한 최적화기를 훈련함으로써 이 접근법을 일반화한다. 이를 통해 메타 학습기들이 그래디언트를 갖지 못하더라도 이를 통해 최적화기를 최적화할 수 있다.

이와 병행해 Li와 Malik[89]은 강화학습 관점에서 최적화 알고리듬을 학습하기 위한 프레임워크를 제안했다. 이것은 정책으로서 어떤 특정한 최적화 알고리듬을 나타내며, 유도 정책 탐색Guided Policy Search을 통해 이 정책을 학습한다. 후속 연구[90]는 (얕은) 신경망의 최적화 알고리듬을 학습하기 위해 이 접근법을 활용하는 방법을 보여준다.

신경 구조 탐색 분야는 특정 작업을 위한 신경망 성능 모델을 구축하는 예를 들어 베이지안 최적화 또는 강화학습을 사용하는 다른 많은 방법을 포함한다. 심화된 내용은 3장을 참조하라. 그러나 이러한 방법의 대부분은 작업 전반에 걸쳐 일반화되지 않으므로 여기에서 논의하지 않는다.

2.4.3 소수 사례 학습

특히 어려운 메타 학습 문제는 이용할 수 있는 대규모 훈련셋을 가지고 있는 매우 유사한 과제에 대한 사전 경험이 주어졌을 때, 단지 소수의 훈련 사례만을 사용해 정확한 딥러닝 모델을 훈련하는 것이다. 이것을 소수 사례 학습$^{few-shot learning}$이라고 한다. 인간은 이런 일을 할 수 있는 선천적인 능력을 갖고 있으며, 동일한 일을 할 수 있는 머신러닝 에이전트를 만들고 싶어 한다[82]. 이것의 특별한 예는 'K-shot N-way' 분류인데, 여기에는 특정 클래스(예: 객체)의 많은 예(예: 이미지)가 주어지며, 각각의 K 예만 사용해 N의 새로운 클래스를 분류할 수 있는 분류기 l_{new}를 학습시키고자 한다.

예를 들어 사전 경험을 사용해 모든 작업의 공통 특성 표현을 학습하고, 더 나은 모델 파라미터 초기화 W_{init}으로 l_{new}의 학습을 시작하고, 모델 파라미터의 최적화를 안내하는 귀납적 편향$^{inductive bias}$을 획득해 l_{new}가 다른 것보다 훨씬 빠르게 훈련될 수 있도록 할 수 있다.

단일 사례 학습$^{One shot learning}$에 대한 초기 연구는 주로 수작업으로 직접 설계한 특성을 기반으로 한다[10, 43, 44, 50]. 그러나 메타 학습을 통해 모든 작업에 대한 공통 특성 표현을 엔드-투-엔드 방식으로 배우기를 바란다.

Vinyals 등[181]은 아주 적은 데이터로부터 학습하기 위해서는 많은 모델 파라미터를 학습하기보다는 메모리 구성 요소를 사용하는 비모수적 모델(예를 들어 k-최근접이웃 등)을 살펴봐야 한다고 기술하고 있다. 그들의 메타 학습기는 신경망의 메모리 구성 요소의 아이디어를 적용하는 매칭 네트워크다. 레이블로 표시된 예에 대한 공통 표현을 학습하고, 코사인 유사도를 사용해 각각의 새로운 테스트 인스턴스를 암기된 사례와 일치시킨다. 네트워크는 각각 특정 작업의 몇 가지 사례만 가지고 미니배치로 훈련된다.

Snell 등[157]은 프로토타입 네트워크를 제안하는데 이는 주어진 출력 클래스의 예제가 서로 근접하도록 p 차원 벡터 공간에 예제를 매핑한다. 그런 다음 모든 클래스에 대한 프로토타입(평균 벡터)을 계산한다. 새로운 테스트 인스턴스는 동일한 벡터 공간에 매핑되며 거리 척도를 사용해 가능한 모든 클래스에 걸쳐 소프트맥스를 산출한다. Ren 등[131]은 이러한 접근법을 준지도 학습으로 확장한다.

Ravi와 Larochelle[126]은 LSTM 기반 메타 학습기를 사용해 신경망 학습기를 훈련하기 위한 업데이트 규칙을 학습한다. 모든 새로운 예제를 통해 학습기는 현재 그래디언트 및 손실을 LSTM 메타 학습기에게 반환하고, 그다음 학습기의 모델 파라미터 $\{w_k\}$를 업데이트한다. 메타 학습기는 모든 사전 작업에 걸쳐 학습된다.

반면 MAML[Model-Agnistic Meta-Learning][51][3]은 업데이트 규칙을 배우려고 하지 않고, 대신 유사한 작업에 더 잘 일반화하는 모델 파라미터 초기화 W_{init}를 학습한다. 랜덤 $\{w_k\}$에서 시작해, 반복적으로 사전 작업 배치를 선택하고, 각 작업에 대해 학습기를 K 예제로 훈련시켜 (테스트셋에서) 그래디언트와 손실을 계산한다. 그런 다음 메타 그래디언트를 역전파해 $\{w_k\}$ 가중치들이 업데이트되기 쉬웠을 방향으로 가중치를 업데이트하도록 제안한다. 즉, 각 반복 후에 가중치 $\{w_k\}$는 더 나은 W_{init}이 돼 모든 작업을 미세 조정한다. Finn and Levine[52]은 또한 MAML이 충분히 심층 완전 연결된 ReLU 네트워크와 특정 손실을 사용할 때 모든 학습 알고리듬에 근사치를 할 수 있다고 주장한다. 그들은 또한 MAML 초기화가 작은 표본에서 과적합에 대해 더욱 탄력적이며, LSTM을 기반으로 하는 메타 학습 접근법보다 더 광범위하게 일반화한다고 결론을 낸다.

REPTILE[106][4]은 MAML의 근사치로 주어진 작업에 대해 확률적 그래디언트 하강을 K 반복 시행하고, 그다음 K 반복 시행 후에 얻은 가중치 방향으로 초기화 가중치를 점진적으로 이동시킨다. 직관은 모든 작업은 둘 이상의 최적 가중치를 가지고 있을 가능성이 높으며, 목적은 모든 작업에 대해 적어도 하나 이상의 가중치에 가까운 W_{init}를 찾는 것이다.

마지막으로 블랙박스 신경망에서도 메타 학습기를 도출할 수 있다. Santor 등[145]은 증강 메모리 능력을 가진 신경망인 신경 튜링 머신[NTM][60]을 메타 학습기로 훈련하는 메모리 증강 신경망[MANN, Memory-Augmented Neural Network]을 제안한다. 이 메타 학습기는 이전 작업에 대한 정보를 암기할 수 있고 그것을 활용해 새로운 학습기 l_{new}를 학습할 수 있다. SNAIL[101]은 상호 얽혀 있는 시간적 합성곱과 인과적 어텐션층으로 구성된 일반적인 메타 학습기 구조다. 인과적 어텐션층은 훈련 인스턴스(이미지)에 대한 공통 특성 벡터를 학습해 과거 경험에서 얻은 정보를 취합한다. 인과적 어텐션층은 수집된 경험에서 어떤 정보를 골라 새로운 작업에 일반화해야 하는지 학습한다.

전반적으로 딥러닝과 메타러닝의 교차점은 획기적인 새로운 아이디어를 위한 특히 풍요로운 토대가 된다는 것을 입증하고 있으며, 시간이 지날수록 이 분야가 더욱 중요해질 것으로 기대한다.

---

3 부록 II 참조 – 옮긴이
4 부록 II 참조 – 옮긴이

2.4.4 지도학습을 넘어서

메타러닝은 확실히 (준)지도 작업에 국한되지 않으며 강화학습, 능동학습, 밀도 추정, 항목 추천 등 다양한 과제를 해결하기 위해 성공적으로 적용됐다. 메타 학습기가 지도되는 동안 기본 학습기는 비지도될 수 있지만, 다른 조합도 확실히 가능하다.

Duan 등[39] 범용 슬로우 메타-RL 알고리듬에 의해 유도되는 작업 특화의 고속 RL 알고리듬으로 구성된 엔드-투-엔드 강화학습^{RL} 접근법을 제안한다. 그 작업들은 상호 연관된 마르코프 의사 결정 과정이다. 메타-RL 알고리듬은 관측, 행동, 보상 및 종료 플래그를 입력으로 받는 RNN으로 모델링된다. RNN의 활성화는 고속 RL 학습기의 상태를 저장하며, RNN의 가중치는 작업 전반에 걸친 고속 학습기의 성과를 관찰함으로써 학습된다.

이와 병행해 Wang 등[182]은 또한 특정 작업에 대한 기초 수준 RL 알고리듬을 학습하기 위해 이전 구간의 행동과 보상을 입력으로 RNN을 훈련하기 위해 심층 RL 알고리듬을 사용할 것을 제안했다. 랜덤 MDP와 같은 상대적으로 비정형화된 작업을 사용하기보다는 메타-RL 알고리듬이 내재된 작업 구조를 활용할 수 있는 구조화된 작업 분포(예: 종속적 밴딧)에 초점을 맞춘다.

Pang 등[112]은 능동 학습$^{AL, Active Learning}$에 대한 메타 학습 접근법을 제공한다. 기본 학습기는 어떤 이진 분류기도 될 수 있으며, 메타 학습기는 작업 전반에 걸쳐 AL 문제의 표현을 학습하는 심층 신경망과 네트워크의 가중치로 파라미터화되는 최적의 정책을 학습하는 정책 네트워크로 구성된 심층 RL 네트워크다. 메타 학습기는 현재 상태(레이블이 없는 점 집합과 기본 분류기 상태)와 보상(기본 분류기의 성능)을 입력으로 받고, 레이블이 없는 집합 중 어떤 점을 다음에 검색할지의 검색 확률을 방출한다.

Reed 등[127]은 밀도 추정$^{DE, Density Estimation}$을 위한 소수 사례 접근법을 제안한다. 목표는 특정 개념의 이미지를 생성하는 데 사용할 수 있는 소수의 이미지 (예: 손글씨 글자)에 대한 확률 분포를 학습하거나 어떤 이미지가 그 개념을 보여주는 확률을 계산하는 것이다. 이 접근법은 결합 분포를 픽셀당 팩터로 팩터화하는 자기 회귀 이미지 모델을 사용한다. 일반적으로 이들은 타깃 개념의 (많은) 예제에 따라 조건화된다. 대신 MAML 기반의 소수 사례 학습기를 사용해 많은 (비슷한) 개념의 예제에 대해 훈련한다.

마지막으로 Vartak 등[178]은 행렬 팩터화^{matrix factorization}에서 콜드 스타트 문제를 다룬다. 그들은 작업 정보를 기반으로 편향이 조정되는 (기본) 신경망을 학습하는 딥신경망 구조를 제안한다. 신경망 추천기의 구조와 가중치는 고정돼 있는 반면, 메타 학습기는 각 사용자의 항목 이력을 바탕으로 편향을 조정하는 방법을 배운다.

이러한 최근의 모든 새로운 개발은 메타 학습 렌즈를 통해 문제를 보고 수작업으로 설계한 기본 학습기를 대체하는 새로운 데이터 기반 접근법을 찾는 것이 종종 유익하다는 것을 보여준다.

2.5 결론

메타러닝의 기회는 여러 가지 방식으로 나타나며, 광범위한 학습 기법을 사용해 수용될 수 있다. 성공하든 실패하든 어떤 작업을 학습할 때마다 새로운 것을 학습하기 위해 활용할 수 있는 유용한 경험을 쌓는다. 체계적으로 '학습 경험'을 수집하고 그것으로부터 학습해 시간이 지남에 따라 지속적으로 개선되는 AutoML 시스템을 구축해 새로운 학습 문제를 더욱 효과적으로 해결할 수 있도록 도와야 한다. 더 많은 새로운 작업에 직면하고, 더 많은 새로운 작업에 직면할수록 대부분의 필수 학습이 이미 사전에 이뤄졌다는 것을 알 수 있을 정도로 사전 경험을 더많이 이용할 수 있다. (메타데이터의 형태로) 사실상 무한한 양의 사전 학습 경험을 저장하는 컴퓨터 시스템의 능력은 그 경험을 완전히 새로운 방식으로 사용할 수 있는 광범위한 기회를 열어주고 있으며, 단지 사전 경험으로부터 효과적으로 배우는 방법을 배우기 시작하고 있다. 하지만 이것은 가치 있는 목표다. 어떤 특정작업을 학습하는 법을 학습하는 것은 특정 작업을 배우는 법을 아는 것보다 훨씬 더 많은 힘을 준다.

감사의 말 파벨 브라즈딜^{Pavel Brazdil}, 마티아스 페러, 프랭크 허터, 라구람 라잔^{Raghu Rajan}, 에린 그랜트^{Erin Grant}, 휴고 라로셸^{Hugo Larochelle}, 얀 반 레인^{Jan van Rijn}, 제인 완^{Jane Wan}의 귀중한 토론과 피드백에 감사한다.

참고문헌

1. Abdulrahman, S., Brazdil, P., van Rijn, J., Vanschoren, J.: Speeding up Algorithm Selection using Average Ranking and Active Testing by Introducing Runtime. Machine Learning 107, 79–108 (2018)

2. Afif, I.N.: Warm-Starting Deep Learning Model Construction using Meta-Learning. Master's thesis, TU Eindhoven (2018)

3. Agresti, A.: Categorical Data Analysis. Wiley Interscience (2002)

4. Ali, S., Smith-Miles, K.A.: Meta learning approach to automatic kernel selection for support vector machines. Neurocomputing 70(1), 173–186 (2006)

5. Ali, S., Smith-Miles, K.A.: On learning algorithm selection for classification. Applied Soft Computing 6(2), 119–138 (2006)

6. Andrychowicz, M., Denil, M., Gomez, S., Hoffman, M.W., Pfau, D., Schaul, T., Shilling ford,B., De Freitas, N.: Learning to learn by gradient descent by gradient descent. In: Advances in Neural Information Processing Systems. pp. 3981–3989 (2016)

7. Arinze, B.: Selecting appropriate forecasting models using rule induction. Omega 22(6), 647–658 (1994)

8. Bakker, B., Heskes, T.: Task Clustering and Gating for Bayesian Multitask Learning. Journal of Machine Learning Research 4, 83–999 (2003)

9. Bardenet, R., Brendel, M., Kégl, B., Sebag, M.: Collaborative hyperparameter tuning. In: Proceedings of ICML 2013. pp. 199–207 (2013)

10. Bart, E., Ullman, S.: Cross-generalization: Learning novel classes from a single example by feature replacement. In: Proceedings of CVPR 2005. pp. 672–679 (2005)

11. Baxter, J.: Learning Internal Representations. In: Advances in Neural Information Processing Systems, NeurIPS (1996)

12. Bengio, S., Bengio, Y., Cloutier, J.: On the search for new learning rules for anns. Neural Processing Letters 2(4), 26–30 (1995)

13. Bengio, Y.: Deep learning of representations for unsupervised and transfer learning. In: ICML Workshop on Unsupervised and Transfer Learning. pp. 17–36 (2012)

14. Bensusan, H., Kalousis, A.: Estimating the predictive accuracy of a classifier. Lecture Notes in Computer Science 2167, 25–36 (2001)

15. Bensusan, H., Giraud-Carrier, C.: Discovering task neighbourhoods through landmark learning performances. In: Proceedings of PKDD 2000. pp. 325–330 (2000)

16. Bensusan, H., Giraud-Carrier, C., Kennedy, C.: A higher-order approach to meta-learning. In: Proceedings of ILP 2000. pp. 33–42 (2000)

17. Bilalli, B., Abelló, A., Aluja-Banet, T.: On the predictive power of meta-features in OpenML. International Journal of Applied Mathematics and Computer Science 27(4), 697–712 (2017)

18. Bilalli, B., Abelló, A., Aluja-Banet, T., Wrembel, R.: Intelligent assistance for data preprocessing. Computer Standards and Interfaces 57, 101–109 (2018)

19. Bischl, B., Kerschke, P., Kotthoff, L., Lindauer, M., Malitsky, Y., Fréchette, A., Hoos, H.,Hutter, F., Leyton-Brown, K., Tierney, K., Vanschoren, J.: ASLib: A benchmark library for algorithm selection. Artificial Intelligence 237, 41–58 (2016)

20. Bishop, C.M.: Pattern recognition and machine learning. Springer (2006)

21. Brazdil, P., Soares, C., da Costa, J.P.: Ranking learning algorithms: Using IBL and meta learning on accuracy and time results. Machine Learning 50(3), 251–277 (2003)

22. Brazdil, P., Giraud-Carrier, C., Soares, C., Vilalta, R.: Meta learning: Applications to Data Mining. Springer-Verlag Berlin Heidelberg (2009)

23. Brazdil, P.B., Soares, C., Da Coasta, J.P.: Ranking learning algorithms: Using IBL and meta learning on accuracy and time results. Machine Learning 50(3), 251–277 (2003)

24. Caruana, R.: Learning many related tasks at the same time with backpropagation. Neural Information Processing Systems pp. 657–664 (1995)

25. Caruana, R.: Multitask Learning. Machine Learning 28(1), 41–75 (1997)

26. Castiello, C., Castellano, G., Fanelli, A.M.: Meta-data: Characterization of input features for meta-learning. In: 2nd International Conference on Modeling Decisions for Artificial Intelligence (MDAI). pp. 457–468 (2005)

27. Chalmers, D.J.: The evolution of learning: An experiment in genetic connectionism. In: Connectionist Models, pp. 81–90. Elsevier (1991)

28. Chen, Y., Hoffman, M.W., Colmenarejo, S.G., Denil, M., Lillicrap, T.P., Botvinick, M., deFreitas, N.: Learning to learn without gradient descent by gradient descent. In: Proceedings of ICML 2017, PMLR 70, pp. 748–756 (2017)

29. Cheng, W., Hühn, J., Hüllermeier, E.: Decision tree and instance-based learning for label ranking. In: Proceedings of ICML 2009. pp. 161–168 (2009)

30. Cook, W.D., Kress, M., Seiford, L.W.: A general framework for distance-based consensus in ordinal ranking models. European Journal of Operational Research 96(2), 392–397 (1996)

31. Daniel, C., Taylor, J., Nowozin, S.: Learning step size controllers for robust

neural network training. In: Proceedings of AAAI 2016. pp. 1519–1525 (2016)

32. Davis, C., Giraud-Carrier, C.: Annotative experts for hyperparameter selection. In: AutoML Workshop at ICML 2018 (2018)

33. De Sa, A., Pinto, W., Oliveira, L.O., Pappa, G.: RECIPE: A grammar-based framework for automatically evolving classification pipelines. In: European Conference on Genetic Programming. pp. 246–261 (2017)

34. Demšar, J.: Statistical Comparisons of Classifiers over Multiple Data Sets. Journal of Machine Learning Research 7, 1–30 (2006)

35. Dietterich, T.: Ensemble methods in machine learning. In: International workshop on multiple classifier systems. pp. 1–15 (2000)

36. Dietterich, T., Busquets, D., Lopez de Mantaras, R., Sierra, C.: Action Refinement in Reinforcement Learning by Probability Smoothing. In: 19th International Conference on Machine Learning. pp. 107–114 (2002)

37. Donahue, J., Jia, Y., Vinyals, O., Hoffman, J., Zhang, N., Tzeng, E., Darrell, T.: DeCAF: A deep convolutional activation feature for generic visual recognition. In: Proceedings of ICML 2014. pp. 647–655 (2014)

38. Drori, I., Krishnamurthy, Y., Rampin, R., de Paula Lourenco, R., Ono, J.P., Cho, K., Silva, C.,Freire, J.: AlphaD3M: Machine learning pipeline synthesis. In: AutoML Workshop at ICML (2018)

39. Duan, Y., Schulman, J., Chen, X., Bartlett, P.L., Sutskever, I., Abbeel, P.: RL2: Fast reinforcement learning via slow reinforcement learning. arXiv preprint arXiv:1611.02779 (2016)

40. Eggensperger, K., Lindauer, M., Hoos, H., Hutter, F., Leyton-Brown, K.: Efficient Benchmarking of Algorithm Configuration Procedures via Model-Based Surrogates . Machine Learning 107, 15–41 (2018)

41. Evgeniou, T., Micchelli, C., Pontil, M.: Learning Multiple Tasks with Kernel Methods. Journal of Machine Learning Research 6, 615–637 (2005)

42. Evgeniou, T., Pontil, M.: Regularized multi-task learning. In: Tenth Conference on Knowledge Discovery and Data Mining (2004)

43. Fei-Fei, L.: Knowledge transfer in learning to recognize visual objects classes. In: International Conference on Development and Learning. Art. 51 (2006)

44. Fei-Fei, L., Fergus, R., Perona, P.: One-shot learning of object categories. Pattern analysis and machine intelligence 28(4), 594–611 (2006)

45. Feurer, M., Letham, B., Bakshy, E.: Scalable meta-learning for Bayesian optimization. arXiv1802.02219 (2018)

46. Feurer, M., Klein, A., Eggensperger, K., Springenberg, J., Blum, M., Hutter, F.: Efficient and robust automated machine learning. In: Advances in Neural

Information Processing Systems 28. pp. 2944–2952 (2015)

47. Feurer, M., Letham, B., Bakshy, E.: Scalable meta-learning for Bayesian optimization using ranking-weighted gaussian process ensembles. In: AutoML Workshop at ICML 2018 (2018)

48. Feurer, M., Springenberg, J.T., Hutter, F.: Using meta-learning to initialize Bayesian optimization of hyperparameters. In: International Conference on Meta learning and Algorithm Selection. pp. 3–10 (2014)

49. Filchenkov, A., Pendryak, A.: Dataset meta feature description for recommending feature selection. In: Proceedings of AINL-ISMW FRUCT 2015. pp. 11–18 (2015)

50. Fink, M.: Object classification from a single example utilizing class relevance metrics. In: Advances in Neural information processing systems, NeurIPS 2005. pp. 449–456 (2005)

51. Finn, C., Abbeel, P., Levine, S.: Model-agnostic meta-learning for fast adaptation of deep networks. In: Proceedings of ICML 2017. pp. 1126–1135 (2017)

52. Finn, C., Levine, S.: Meta-learning and universality: Deep representations and Gradient Descent can Approximate any Learning Algorithm. In: Proceedings of ICLR 2018 (2018)

53. Fürnkranz, J., Petrak, J.: An evaluation of landmarking variants. ECML/PKDD 2001 Workshop on Integrating Aspects of Data Mining, Decision Support and Meta-Learning pp. 57–68 (2001)

54. Fusi, N., Sheth, R., Elibol, H.M.: Probabilistic matrix factorization for automated machine learning. In: Advances in Neural information processing systems, NeurIPS 2018, pp. 3352– 3361 (2018)

55. Gil, Y., Yao, K.T., Ratnakar, V., Garijo, D., Ver Steeg, G., Szekely, P., Brekelmans, R.,Kejriwal, M., Luo, F., Huang, I.H.: P4ML: A phased performance-based pipeline planner for automated machine learning. In: AutoML Workshop at ICML 2018 (2018)

56. Giraud-Carrier, C.: Metalearning-a tutorial. In: Tutorial at the International Conference on Machine Learning and Applications. pp. 1–45 (2008)

57. Giraud-Carrier, C., Provost, F.: Toward a justification of meta-learning: Is the no free lunch theorem a show-stopper. In: Proceedings of the ICML-2005 Workshop on Meta-learning. pp. 12–19 (2005)

58. Golovin, D., Solnik, B., Moitra, S., Kochanski, G., Karro, J., Sculley, D.: Google vizier: Aservice for black-box optimization. In: Proceedings of ICDM 2017. pp. 1487–1495 (2017)

59. Gomes, T.A., Prudêncio, R.B., Soares, C., Rossi, A.L., Carvalho, A.: Combining

meta learning and search techniques to select parameters for support vector machines. Neurocomputing 75(1), 3–13 (2012)

60. Graves, A., Wayne, G., Danihelka, I.: Neural turing machines. arXiv preprint arXiv:1410.5401 (2014)

61. Guerra, S.B., Prudêncio, R.B., Ludermir, T.B.: Predicting the performance of learning algorithms using support vector machines as meta- regressors. In: Proceedings of ICANN. pp. 523–532 (2008)

62. Hengst, B.: Discovering Hierarchy in Reinforcement Learning with HEXQ. In: International Conference on Machine Learning. pp. 243–250 (2002)

63. Hilario, M., Kalousis, A.: Fusion of meta-knowledge and meta-data for case-based model selection. Lecture Notes in Computer Science 2168, 180–191 (2001)

64. Ho, T.K., Basu, M.: Complexity measures of supervised classification problems. Pattern Analysis and Machine Intelligence. 24(3), 289–300 (2002)

65. Hochreiter, S., Younger, A., Conwell, P.: Learning to learn using gradient descent. In: Lecture Notes on Computer Science, 2130. pp. 87–94 (2001)

66. Hochreiter, S., Schmidhuber, J.: Long short-term memory. Neural computation 9(8), 1735–1780 (1997)

67. Hutter, F., Hoos, H., Leyton-Brown, K.: An Efficient Approach for Assessing Hyperparameter Importance. In: Proceedings of ICML (2014)

68. Hutter, F., Xu, L., Hoos, H., Leyton-Brown, K.: Algorithm runtime prediction: Methods & evaluation. Artificial Intelligence 206, 79–111 (2014)

69. Jones, D.R., Schonlau, M., Welch, W.J.: Efficient global optimization of expensive black-box functions. Journal of Global Optimization 13(4), 455–492 (1998)

70. Kalousis, A.: Algorithm Selection via Meta-Learning. Ph.D. thesis, University of Geneva, Department of Computer Science (2002)

71. Kalousis, A., Hilario, M.: Representational issues in meta-learning. Proceedings of ICML2003 pp. 313–320 (2003)

72. Kalousis, A., Hilario, M.: Model selection via meta-learning: a comparative study. International Journal on Artificial Intelligence Tools 10(4), 525–554 (2001)

73. Kendall, M.G.: A new measure of rank correlation. Biometrika 30(1/2), 81–93 (1938)

74. Kietz, J.U., Serban, F., Bernstein, A., Fischer, S.: Designing KDD-workflows via HTN planning for intelligent discovery assistance. In: 5th Planning to Learn Workshop at ECAI 2012 (2012)

75. Kim, J., Kim, S., Choi, S.: Learning to warm-start Bayesian hyperparameter optimization. arXiv preprint arXiv:1710.06219 (2017)

76. Köpf, C., Iglezakis, I.: Combination of task description strategies and case base properties for meta-learning. ECML/PKDD Workshop on Integration and Collaboration Aspects of Data Mining pp. 65–76 (2002)

77. Köpf, C., Taylor, C., Keller, J.: Meta-analysis: From data characterization for meta-learning to meta-regression. In: PKDD Workshop on Data Mining, Decision Support, Meta-Learning and ILP. pp. 15–26 (2000)

78. Krizhevsky, A., Sutskever, I., Hinton, G.E.: Imagenet classification with deep convolutional neural networks. In: Advances in neural information processing systems. pp. 1097–1105 (2012)

79. Kuba, P., Brazdil, P., Soares, C., Woznica, A.: Exploiting sampling and meta-learning for parameter setting support vector machines. In: Proceedings of IBERAMIA 2002. pp. 217– 225 (2002)

80. Kullback, S., Leibler, R.A.: On information and sufficiency. The annals of mathematical statistics 22(1), 79–86 (1951)

81. Lacoste, A., Marchand, M., Laviolette, F., Larochelle, H.: Agnostic Bayesian learning of ensembles. In: Proceedings of ICML. pp. 611–619 (2014)

82. Lake, B.M., Ullman, T.D., Tenenbaum, J.B., Gershman, S.J.: Building machines that learn and think like people. Behavior and Brain Science 40 (2017)

83. Leite, R., Brazdil, P.: Predicting relative performance of classifiers from samples. Proceedings of ICML pp. 497–504 (2005)

84. Leite, R., Brazdil, P.: An iterative process for building learning curves and predicting relative performance of classifiers. Lecture Notes in Computer Science 4874, 87–98 (2007)

85. Leite, R., Brazdil, P., Vanschoren, J.: Selecting Classification Algorithms with Active Testing. Lecture Notes in Artificial Intelligence 10934, 117–131 (2012)

86. Leite, R., Brazdil, P.: Active testing strategy to predict the best classification algorithm via sampling and metalearning. In: Proceedings of ECAI 2010. pp. 309–314 (2010)

87. Lemke, C., Budka, M., Gabrys, B.: Meta learning: a survey of trends and technologies. Artificial intelligence review 44(1), 117–130 (2015)

88. Ler, D., Koprinska, I., Chawla, S.: Utilizing regression-based landmarkers within a meta learning framework for algorithm selection. Technical Report 569. University of Sydney pp. 44–51 (2005)

89. Li, K., Malik, J.: Learning to optimize. In: Proceedings of ICLR 2017 (2017)

90. Li, K., Malik, J.: Learning to optimize neural nets. arXiv preprint arXiv: 1703.00441 (2017)

91. Lin, S.: Rank aggregation methods. WIREs Computational Statistics 2, 555–570

(2010)

92. Lindner, G., Studer, R.: AST: Support for algorithm selection with a CBR approach. In: ICML Workshop on Recent Advances in Meta-Learning and Future Work. pp. 38–47. J. Stefan Institute (1999)

93. Lorena, A.C., Maciel, A.I., de Miranda, P.B.C., Costa, I.G., Prudêncio, R.B.C.: Data complexity meta-features for regression problems. Machine Learning 107(1), 209–246 (2018)

94. Luo, G.: A review of automatic selection methods for machine learning algorithms and hyperparameter values. Network Modeling Analysis in Health Informatics and Bioinformatics 5(1), 18 (2016)

95. Mantovani, R.G., Horváth, T., Cerri, R., Vanschoren, J., de Carvalho, A.C.: Hyper-parameter tuning of a decision tree induction algorithm. In: Brazilian Conference on Intelligent Systems. pp. 37–42 (2016)

96. Mantovani, R.G., Rossi, A.L., Vanschoren, J., Bischl, B., Carvalho, A.C.: To tune or not to tune: recommending when to adjust SVM hyper-parameters via meta-learning. In: Proceedings of IJCNN. pp. 1–8 (2015)

97. Mantovani, R.G., Rossi, A.L., Vanschoren, J., Carvalho, A.C.: Meta-learning recommendation of default hyper-parameter values for SVMs in classifications tasks. In: ECML PKDD Workshop on Meta-Learning and Algorithm Selection (2015)

98. Mantovani, R.: Use of meta-learning for hyperparameter tuning of classification problems. Ph.D. thesis, University of Sao Carlos, Brazil (2018)

99. Michie, D., Spiegelhalter, D.J., Taylor, C.C., Campbell, J.: Machine Learning, Neural and Statistical Classification. Ellis Horwood (1994)

100. Miranda, P., Prudêncio, R.: Active testing for SVM parameter selection. In: Proceedings of IJCNN. pp. 1–8 (2013)

101. Mishra, N., Rohaninejad, M., Chen, X., Abbeel, P.: A simple neural attentive meta-learner. In: Proceedings of ICLR (2018)

102. Misir, M., Sebag, M.: Algorithm Selection as a Collaborative Filtering Problem. Research report, INRIA (2013)

103. Mısır, M., Sebag, M.: Alors: An algorithm recommender system. Artificial Intelligence 244,291–314 (2017)

104. Nadaraya, E.A.: On estimating regression. Theory of Probability & Its Applications 9(1),141–142 (1964)

105. Nguyen, P., Hilario, M., Kalousis, A.: Using meta-mining to support data mining workflow planning and optimization. Journal of Artificial Intelligence Research 51, 605–644 (2014)

106. Nichol, A., Achiam, J., Schulman, J.: On first-order meta-learning algorithms. arXiv1803.02999v2 (2018)

107. Niculescu-Mizil, A., Caruana, R.: Learning the Structure of Related Tasks. In: Proceedings of NIPS Workshop on Inductive Transfer (2005)

108. Nisioti, E., Chatzidimitriou, K., Symeonidis, A.: Predicting hyperparameters from meta features in binary classification problems. In: AutoML Workshop at ICML (2018)

109. Olier, I., Sadawi, N., Bickerton, G., Vanschoren, J., Grosan, C., Soldatova, L., King, R.: Meta QSAR: learning how to learn QSARs. Machine Learning 107, 285–311 (2018)

110. Olson, R.S., Bartley, N., Urbanowicz, R.J., Moore, J.H.: Evaluation of a tree-based pipeline optimization tool for automating data science. In: Proceedings of GECCO. pp. 485–492 (2016)

111. Pan, S.J., Yang, Q.: A survey on transfer learning. IEEE Transactions on knowledge and data engineering 22(10), 1345–1359 (2010)

112. Pang, K., Dong, M., Wu, Y., Hospedales, T.: Meta-learning transferable active learning policies by deep reinforcement learning. In: AutoML Workshop at ICML (2018)

113. Peng, Y., Flach, P., Soares, C., Brazdil, P.: Improved dataset characterisation for meta learning. Lecture Notes in Computer Science 2534, 141–152 (2002)

114. Perrone, V., Jenatton, R., Seeger, M., Archambeau, C.: Multiple adaptive Bayesian linear regression for scalable Bayesian optimization with warm start. In: Advances in Neural information processing systems, NeurIPS 2018 (2018)

115. Pfahringer, B., Bensusan, H., Giraud-Carrier, C.G.: Meta-learning by landmarking various learning algorithms. In: 17th International Conference on Machine Learning (ICML). pp. 743–750 (2000)

116. Pinto, F., Cerqueira, V., Soares, C., Mendes-Moreira, J.: auto Bagging: Learning to rank bagging workflows with meta learning. arXiv 1706.09367 (2017)

117. Pinto, F., Soares, C., Mendes-Moreira, J.: Towards automatic generation of meta features. In: Proceedings of PAKDD. pp. 215–226 (2016)

118. Post, M.J., van der Putten, P., van Rijn, J.N.: Does Feature Selection Improve Classification? A Large Scale Experiment in OpenML. In: Advances in Intelligent Data Analysis XV. pp. 158–170 (2016)

119. Priya, R., De Souza, B.F., Rossi, A., Carvalho, A.: Using genetic algorithms to improve prediction of execution times of ML tasks. In: Lecture Notes in Computer Science. vol. 7208, pp. 196–207 (2012)

120. Probst, P., Bischl, B., Boulesteix, A.L.: Tunability: Importance of hyperparameters

of machine learning algorithms. ArXiv 1802.09596 (2018)

121. Prudêncio, R., Ludermir, T.: Meta-learning approaches to selecting time series models. Neurocomputing 61, 121–137 (2004)

122. Raina, R., Ng, A.Y., Koller, D.: Transfer Learning by Constructing Informative Priors. In: Proceedings of ICML (2006)

123. Rakotoarison, H., Sebag, M.: AutoML with Monte Carlo Tree Search. In: ICML Workshop on AutoML 2018 (2018)

124. Ramachandran, A., Gupta, S., Rana, S., Venkatesh, S.: Information-theoretic transfer learning framework for Bayesian optimisation. In: Proceedings of ECMLPKDD (2018)

125. Ramachandran, A., Gupta, S., Rana, S., Venkatesh, S.: Selecting optimal source for transfer learning in Bayesian optimisation. In: Proceedings of PRICAI. pp. 42–56 (2018)

126. Ravi, S., Larochelle, H.: Optimization as a model for few-shot learning. In: Proceedings of ICLR (2017)

127. Reed, S., Chen, Y., Paine, T., Oord, A.v.d., Eslami, S., Rezende, D., Vinyals, O., de Freitas,N.: Few-shot auto regressive density estimation: Towards learning to learn distributions. In: Proceedings of ICLR 2018 (2018)

128. Reif, M., Shafait, F., Dengel, A.: Prediction of classifier training time including parameter optimization. In: Proceedings of GfKI 2011. pp. 260–271 (2011)

129. Reif, M., Shafait, F., Dengel, A.: Meta-learning for evolutionary parameter optimization of classifiers. Machine learning 87(3), 357–380 (2012)

130. Reif, M., Shafait, F., Goldstein, M., Breuel, T., Dengel, A.: Automatic classifier selection for non-experts. Pattern Analysis and Applications 17(1), 83–96 (2014)

131. Ren, M., Triantafillou, E., Ravi, S., Snell, J., Swersky, K., Tenenbaum, J.B., Larochelle, H.,Zemel, R.S.: Meta-learning for semi-supervised few- shot classification. In: Proceedings of ICLR 2018 (2018)

132. Rendle, S.: Factorization machines. In: Proceedings of ICDM 2015. pp. 995–1000 (2010)

133. Ridd, P., Giraud-Carrier, C.: Using metalearning to predict when parameter optimizationis likely to improve classification accuracy. In: ECAI Workshop on Meta-learning and Algorithm Selection. pp. 18–23 (2014)

134. van Rijn, J., Abdulrahman, S., Brazdil, P., Vanschoren, J.: Fast Algorithm Selection Using Learning Curves. In: Proceedings of IDA (2015)

135. van Rijn, J., Holmes, G., Pfahringer, B., Vanschoren, J.: The Online Performance Estimation Framework. Heterogeneous Ensemble Learning for Data Streams. Machine Learning 107, 149–176 (2018)

136. van Rijn, J.N., Hutter, F.: Hyperparameter importance across datasets. In: Proceedings of KDD. pp. 2367–2376 (2018)

137. van Rijn, J.N., Holmes, G., Pfahringer, B., Vanschoren, J.: Algorithm selection on datastreams. In: Discovery Science. pp. 325–336 (2014)

138. Rivolli, A., Garcia, L., Soares, C., Vanschoren, J., de Carvalho, A.: Towards reproducible empirical research in meta-learning. arXiv preprint 1808.10406 (2018)

139. Robbins, H.: Some aspects of the sequential design of experiments. In: Herbert Robbins Selected Papers, pp. 169–177. Springer (1985)

140. Rosenstein, M.T., Marx, Z., Kaelbling, L.P.: To Transfer or Not To Transfer. In: NIPS Workshop on transfer learning (2005)

141. Rousseeuw, P.J., Hubert, M.: Robust statistics for outlier detection. Wiley Interdisciplinary Reviews: Data Mining and Knowledge Discovery 1(1), 73–79 (2011)

142. Runarsson, T.P., Jonsson, M.T.: Evolution and design of distributed learning rules. In: IEEE Symposium on Combinations of Evolutionary Computation and Neural Networks. pp. 59–63 (2000)

143. Salama, M.A., Hassanien, A.E., Revett, K.: Employment of neural network and rough set in meta-learning. Memetic Computing 5(3), 165–177 (2013)

144. Sanders, S., Giraud-Carrier, C.: Informing the use of hyperparameter optimization through meta learning. In: Proceedings of ICDM 2017. pp. 1051–1056 (2017)

145. Santoro, A., Bartunov, S., Botvinick, M., Wierstra, D., Lillicrap, T.: Meta-learning with memory-augmented neural networks. In: International conference on machine learning. pp. 1842–1850 (2016)

146. Santoro, A., Bartunov, S., Botvinick, M., Wierstra, D., Lillicrap, T.: One-shot learning with memory-augmented neural networks. arXiv preprint arXiv:1605.06065 (2016)

147. dos Santos, P., Ludermir, T., Prudêncio, R.: Selection of time series forecasting models based on performance information. 4th International Conference on Hybrid Intelligent Systems pp. 366–371 (2004)

148. Schilling, N., Wistuba, M., Drumond, L., Schmidt-Thieme, L.: Hyperparameter optimization with factorized multilayer perceptrons. In: Proceedings of ECML PKDD. pp. 87–103 (2015)

149. Schmidhuber, J.: Learning to control fast-weight memories: An alternative to dynamic recurrent networks. Neural Computing 4(1), 131–139 (1992)

150. Schmidhuber, J.: A neural network that embeds its own meta-levels. In: Proceedings of ICNN.pp. 407–412 (1993)

151. Schmidhuber, J., Zhao, J., Wiering, M.: Shifting inductive bias with success-story algorithm, adaptive levin search, and incremental self-improvement. Machine Learning 28(1), 105–130 (1997)

152. Schoenfeld, B., Giraud-Carrier, C., Poggeman, M., Christensen, J., Seppi, K.: Feature selection for high-dimensional data: A fast correlation-based filter solution. In: AutoML Workshop at ICML (2018)

153. Serban, F., Vanschoren, J., Kietz, J., Bernstein, A.: A survey of intelligent assistants for data analysis. ACM Computing Surveys 45(3), Art.31 (2013)

154. Sharif Razavian, A., Azizpour, H., Sullivan, J., Carlsson, S.: Cnn features off-the-shelf: an astounding baseline for recognition. In: Proceedings of CVPR 2014. pp. 806–813 (2014)

155. Sharkey, N.E., Sharkey, A.J.C.: Adaptive Generalization. Artificial Intelligence Review 7,313–328 (1993)

156. Smith-Miles, K.A.: Cross-disciplinary perspectives on meta-learning for algorithm selection. ACM Computing Surveys 41(1), 1–25 (2009)

157. Snell, J., Swersky, K., Zemel, R.: Prototypical networks for few-shot learning. In: Neural Information Processing Systems. pp. 4077–4087 (2017)

158. Soares, C., Brazdil, P., Kuba, P.: A meta-learning method to select the kernel width in support vector regression. Machine Learning 54, 195–209 (2004)

159. Soares, C., Ludermir, T., Carvalho, F.D.: An analysis of meta-learning techniques for ranking clustering algorithms applied to artificial data. Lecture Notes in Computer Science 5768, 131– 140 (2009)

160. Soares, C., Petrak, J., Brazdil, P.: Sampling based relative landmarks: Systematically test driving algorithms before choosing. Lecture Notes in Computer Science 3201, 250–261 (2001)

161. Springenberg, J., Klein, A., Falkner, S., Hutter, F.: Bayesian optimization with robust Bayesian neural networks. In: Advances in Neural Information Processing Systems (2016)

162. Stern, D.H., Samulowitz, H., Herbrich, R., Graepel, T., Pulina, L., Tacchella, A.: Collaborative expert portfolio management. In: Proceedings of AAAI. pp. 179–184 (2010)

163. Strang, B., van der Putten, P., van Rijn, J.N., Hutter, F.: Don't Rule Out Simple Models Prematurely. In: Advances in Intelligent Data Analysis (2018)

164. Sun, Q., Pfahringer, B., Mayo, M.: Towards a Framework for Designing Full Model Selection and Optimization Systems. In: International Workshop on Multiple Classifier Systems. pp. 259–270 (2013)

165. Sun, Q., Pfahringer, B.: Pairwise meta-rules for better meta-learning-based

algorithm ranking. Machine Learning 93(1), 141–161 (2013)

166. Swersky, K., Snoek, J., Adams, R.P.: Multi-task Bayesian optimization. In: Advances in neural information processing systems. pp. 2004–2012 (2013)

167. Thompson, W.R.: On the likelihood that one unknown probability exceeds another in view of the evidence of two samples. Biometrika 25(3/4), 285–294 (1933)

168. Thrun, S.: Lifelong Learning Algorithms. In: Learning to Learn, chap. 8, pp. 181–209. Kluwer Academic Publishers, MA (1998)

169. Thrun, S., Mitchell, T.: Learning One More Thing. In: Proceedings of IJCAI. pp. 1217–1223 (1995)

170. Thrun, S., Pratt, L.: Learning to Learn: Introduction and Overview. In: Learning to Learn, pp. 3–17. Kluwer (1998)

171. Todorovski, L., Blockeel, H., Džeroski, S.: Ranking with predictive clustering trees. Lecture Notes in Artificial Intelligence 2430, 444–455 (2002)

172. Todorovski, L., Brazdil, P., Soares, C.: Report on the experiments with feature selection in meta-level learning. PKDD 2000 Workshop on Data mining, Decision support, Meta-learning and ILP pp. 27–39 (2000)

173. Todorovski, L., Dzeroski, S.: Experiments in meta-level learning with ILP. Lecture Notes in Computer Science 1704, 98–106 (1999)

174. Vanschoren, J., van Rijn, J.N., Bischl, B., Torgo, L.: OpenML: networked science in machine learning. ACM SIGKDD Explorations Newsletter 15(2), 49–60 (2014)

175. Vanschoren, J.: Understanding Machine Learning Performance with Experiment Databases.Ph.D. thesis, Leuven Univeristy (2010)

176. Vanschoren, J.: Meta-learning: A survey. arXiv:1810.03548 (2018)

177. Vanschoren, J., Blockeel, H., Pfahringer, B., Holmes, G.: Experiment databases. Machine Learning 87(2), 127–158 (2012)

178. Vartak, M., Thiagarajan, A., Miranda, C., Bratman, J., Larochelle, H.: A meta-learning perspective on cold-start recommendations for items. In: Advances in Neural Information Processing Systems. pp. 6904–6914 (2017)

179. Vilalta, R.: Understanding accuracy performance through concept characterization and algorithm analysis. ICML Workshop on Recent Advances in Meta-Learning and Future Work (1999)

180. Vilalta, R., Drissi, Y.: A characterization of difficult problems in classification. Proceeding sof ICMLA (2002)

181. Vinyals, O., Blundell, C., Lillicrap, T., Wierstra, D., et al.: Matching networks for one shot learning. In: Advances in Neural Information Processing Systems.

pp. 3630–3638 (2016)

182. Weerts, H., Meuller, M., Vanschoren, J.: Importance of tuning hyperparameters of machine learning algorithms. Technical report, TU Eindhoven (2018)

183. Weerts, H., Meuller, M., Vanschoren, J.: Importance of tuning hyperparameters of machine learning algorithms. Tech. rep., TU Eindhoven (2018)

184. Wever, M., Mohr, F., Hüllermeier, E.: Ml-plan for unlimited-length machine learning pipelines. In: AutoML Workshop at ICML 2018 (2018)

185. Wistuba, M., Schilling, N., Schmidt-Thieme, L.: Hyperparameter search space pruning, a new component for sequential model-based hyperparameter optimization. In: ECML PKDD 2015. pp. 104–119 (2015)

186. Wistuba, M., Schilling, N., Schmidt-Thieme, L.: Learning hyperparameter optimization initializations. In: 2015 IEEE International Conference on Data Science and Advanced Analytics (DSAA). pp. 1–10 (2015)

187. Wolpert, D., Macready, W.: No free lunch theorems for search. Technical Report SFI-TR-9502-010, The Santa Fe Institute (1996)

188. Yang, C., Akimoto, Y., Kim, D., Udell, M.: OBOE: Collaborative filtering for automl initialization. In: NeurIPS 2018 Workshop on Metalearning (2018)

189. Yang, C., Akimoto, Y., Kim, D., Udell, M.: Oboe: Collaborative filtering for automl initialization. arXiv preprint arXiv:1808.03233 (2018)

190. Yogatama, D., Mann, G.: Efficient transfer learning method for automatic hyperparameter tuning. In: AI and Statistics. pp. 1077–1085 (2014)

191. Yosinski, J., Clune, J., Bengio, Y., Lipson, H.: How transferable are features in deep neural networks? In: Advances in neural information processing systems. pp. 3320–3328 (2014)

3
신경망 구조 탐색

토마스 엘스켄[Thomas Elsken],
얀 헨드릭 멧젠[Jan Hendrik Metzen], 프랭크 허터[Frank Hutter]

개요 지난 몇 년 동안, 딥러닝은 이미지 인식, 음성 인식, 기계 번역과 같은 다양한 작업에서 괄목할 만한 발전을 이루게 했다. 이 발전 중 한 가지 중요한 것은 새로운 신경망 구조다. 현재 사용되는 구조는 대부분 인간 전문가에 의해 수동으로 개발돼 왔으며, 이는 시간이 많이 걸리고 오류가 발생하기 쉬운 프로세스다. 이로 인해 자동화된 신경망 구조 탐색 방법에 대한 관심이 늘고 있다. 3장에서는 이 연구 분야의 기존 작업에 대한 개요를 제공하고 이를 탐색 공간, 탐색 전략, 성과 추정 전략 등 3개 차원에 따라 분류한다.

T. Elsken(✉)
Institut für Informatik, University of Freiburg, Freiburg, Baden-Württemberg, Germany
e-mail: elsken@informatik.uni-freiburg.de; thomas.elsken@de.bosch.com

J. H. Metzen
Bosch Center for Artificial Intelligence, Robert Bosch GmbH, Renningen, Baden-Württemberg, Germany

F. Hutter
Department of Computer Science, University of Freiburg, Freiburg, Germany

3.1 서론

지각적 과제에서 딥러닝의 성공은 특성 공학 프로세스의 자동화에 크게 기인한다. 계층적 특성 추출기는 수동으로 설계하지 않고 데이터에서 엔드-투-엔드 방식으로 학습된다. 그러나 이러한 성공은 점점 더 복잡한 신경 구조를 수동으로 설계하는 구조 공학에 대한 수요 증가로 동반됐다. 따라서 구조 공학 자동화 프로세스인 신경망 구조 탐색NAS, Neural Architecture Search은 머신러닝을 자동화하기 위한 논리적인 다음 단계다. NAS는 AutoML의 하위 분야로 볼 수 있으며, 하이퍼파라미터 최적화 및 메타 학습과 상당히 겹친다(각각 이 책의 1장과 2장에 설명돼 있다).

탐색 공간, 탐색 전략 및 성과 평가 전략의 3가지 차원에 따라 NAS의 방법을 분류한다.

- **탐색 공간**Search Space 탐색 공간은 원칙적으로 나타낼 수 있는 구조를 정의한다. 작업에 적합한 속성에 대한 사전 지식을 통합하면 탐색 공간의 크기를 줄이고 탐색을 단순화할 수 있다. 그러나 이것은 인간의 편향을 도입해, 현재의 인간의 지식을 뛰어넘는 새로운 빌딩 블록을 발견하는 것을 막을 수 있다.

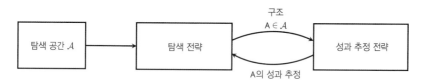

그림 3.1 신경망 구조 탐색 방법의 요약. 탐색 전략은 사전 정의된 탐색 공간 $\mathcal{A}$에서 아키텍처 A를 선택한다. 구조는 성과 평가 전략으로 전달되며, 이는 $\mathcal{A}$의 예상 성과를 탐색 전략으로 반환한다.

- **탐색 전략**Search Strategy 탐색 전략은 탐색 공간을 탐색하는 방법을 자세히 설명한다. 그것은 한편으로는 성과가 우수한 구조를 신속하게 찾는 것이 바람직하지만, 다른 한편으로는 최적이 아닌 구조의 영역으로의 조기 수렴은 피해야 하기 때문에 고전적인 탐험-활용exploration-exploitation 트레이드 오프를 포함한다.
- **성과 평가 전략**Performance Estimation Strategy NAS의 목적은 일반적으로 보지 못한 데이터에서 높은 예측 성과를 달성하는 구조를 찾는 것이다. 성과 추정은 이 성과를 추정하는 과정을 가리킨다. 가장 간단한 옵션은 데이터에

대한 구조의 표준 훈련과 검증을 수행하는 것이지만, 이는 아쉽게도 계산 비용이 많이 들고 탐색할 수 있는 구조의 수를 제한한다. 따라서 최근의 연구는 이러한 성과 추정의 비용을 줄이는 방법을 개발하는 데 초점을 맞추고 있다.

3장은 이 세 가지 차원에 따라 구성된다. 우리는 3.2절의 탐색 공간 논의에서 부터 시작해 3.3절의 탐색 전략을 다루고 3.4절의 성과 추정에 대한 접근 방식을 개략적으로 설명한다. 또한 3.5절의 향후 방향에 대한 전망으로 결론을 내린다.

3장은 매우 최근의 설문 조사 기사[23]에 기초한다.

3.2 탐색 공간

탐색 공간은 NAS 접근 방식이 원칙적으로 발견할 수 있는 신경망 구조를 정의한다. 이제 최근 연구의 공통 탐색 공간에 관해 논의한다.

비교적 단순한 탐색 공간은 그림 3.2(왼쪽)에 나타낸 것과 같이 체인 구조 신경망chain-structured neural network의 공간이다. 체인 구조 신경망 구조 A는 n개 층의 시퀀스로 쓸 수 있는데, 여기서 i번째 계층 L_i는 계층 $i - 1$로부터 입력을 받고, 그 출력은 layer $i + 1$, 즉, $A = L_n \circ ... L_1 \circ L_0$의 입력으로 역할을 한다. 그런 다음 탐색 공간은 (i) (아마도 제한되지 않은) 최대 계층 수 n개, (ii) 모든 계층이 실행할 수 있는 연산 유형(예: 풀링, 합성곱 또는 깊이별 분리 가능한 합성곱depthwise separable convolution)[13] 또는 팽창 합성곱dilated convolution[68]) 및 (iii) 연산과 관련된 하이퍼파라미터(예: 합성곱 계층을 위한 필터 수, 커널 크기 및 스트라이드[4, 10, 59] 또는 완전 연결 네트워크를 위한 단순한 유닛 수[41])로 파라미터화된다) (iii)의 파라미터는 (ii)에 조건부이므로, 탐색 공간의 파라미터화는 고정 길이가 아니라 조건부라는 점을 유의하라.

NAS에 대한 최근 연구[9, 11, 21, 22, 49, 75]에는 그림 3.2(오른쪽)와 같이 복잡한 다중 분기multi-branch 네트워크를 구축할 수 있는 스킵 연결skip connection과 같은 수작업으로 제작된 구조에서 알려진 현대적인 설계 요소가 통합된다. 이 경우에는 이전 계층 i의 입력은 이전 계층 출력을 조합한 함수 $g_i(L_{i-1}^{out}, ..., L_0^{out})$로서 공식적으로 설명할 수 있다. 이와 같은 함수를 사용하는 것은 유의도가 높은 더 큰 자유도를 초래한다. 이들 다중 분기 구조$^{\text{multi-branch architecture}}$의 특수한 경우는 (i) 체인 구조 네트워크($g_i(L_{i-1}^{out}, ..., L_0^{out}) = L_{i-1}^{out}$로 설정함으로써) (ii) 이전 계층 출력이($g_i(L_{i-1}^{out}, ..., L_0^{out}) = L_{i-1}^{out} = L_i^{out}, j < i$)로 요약되는 잔차 네트워크$^{\text{Residual Networks}}$[28] 그리고 (iii) 이전 계층 출력이 결합^{concatenate}되는 ($g_i(L_{i-1}^{out}, ..., L_0^{out}) = concat(L_{i-1}^{out}, ..., L_0^{out})$)의 덴스넷^{DenseNet}[29]이다.

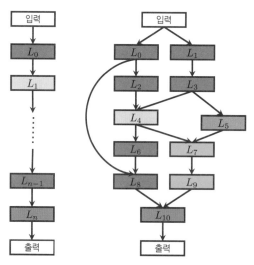

그림 3.2 다른 구조 공간의 예시. 그래프의 각 노드는 신경망의 계층(예: 합성곱 또는 풀링 계층)에 해당한다. 다른 계층 유형은 다른 색상으로 시각화된다. L_j 계층에서 L_j 계층까지의 엣지는 L_j가 L_i의 입력을 수신한다는 것을 나타낸다. 왼쪽: 연쇄 구조 공간의 한 요소. 오른쪽: 추가 계층 유형, 다중 분기 및 스킵 연결이 있는 더욱 복잡한 탐색 공간의 요소

반복되는 모티브^{motif}로 구성된 수작업으로 제작된 구조에 의해 영감을 얻어 [62], Zoph 등[75]과 Zhong 등[71]은 전체 구조가 아닌 각각 셀 또는 블록으로 부르는 이러한 모티브를 탐색할 것을 제안한다. Zoph 등[75]은 두 가지 다른 종류의 셀을 최적화한다. 두가지 셀은 입력의 차원을 보존하는 정규 셀$^{\text{normal cell}}$과 공간 차원을 줄이는 축소 셀$^{\text{reduction cell}}$이다. 그런 다음 최종 구조는 그림 3.3에 설명한 것처럼 이러한 셀을 사전 정의된 방식으로 쌓음으로써 구축된다. 이 탐색 공간은 위에서 설명한 탐색 공간과 비교해 두 가지 주요 이점을 제공한다.

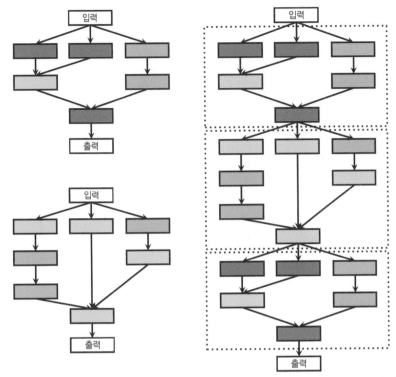

그림 3.3 셀 탐색 공간의 그림 왼쪽: 두 개의 서로 다른 셀, 예를 들어 정규 셀(위)과 축소 셀(아래)
[75]. 오른쪽: 순차적으로 셀을 쌓아서 만든 구조다. 셀은 또한 단순히 계층을 셀로 교체함으로써 다중
분기 공간에서와 같이 더 복잡한 방식으로 결합될 수 있다.

1. 셀이 비교적 작을 수 있기 때문에 탐색 공간의 크기가 크게 줄어든다. 예를
   들어 Zoph 등[75]은 더 나은 성과를 달성하면서 이전 연구[74]에 비해 7배
   더 빠른 속도를 추정한다.
2. 모델 내에서 사용되는 셀 수를 조정해 셀을 다른 데이터셋으로 더 쉽게 전송
   할 수 있다. 실제로 Zoph 등[75]은 CIFAR-10에 최적화된 셀을 ImageNet
   으로 전송해 최신 성과를 달성한다.

결과적으로 이 셀 기반 탐색 공간도 많은 후속 작업에 성공적으로 채택됐다
[11, 22, 37, 39, 46, 49, 72]. 그러나 셀 기반 탐색 공간을 사용할 때 새로운 설
계-선택 방법을 고려해야 한다. 이는 메타 구조meta-architecture 선택 방법을 의미
하며, 실제 모델을 구축하기 위해 얼마나 많은 셀이 사용돼야 하고 어떻게 연결
돼야 하는가를 나타낸다. 이를테면 Zoph 등[75]은 각 셀이 앞의 두 셀의 출력
을 입력으로 수신하는 셀 구조를 기반으로 순차적 모델을 작성했다. Cai 등 [11]

은 DenseNet[29]과 같이 잘 알려진 수동 설계 구조의 높은 수준의 구조를 채택하고 이러한 모델 내에서 해당 셀을 사용한다. 원칙적으로 셀은 계층을 셀로 교체함으로써 위에서 설명한 다중 분기 공간 내에서 임의로 결합할 수 있다. 이상적으로, 메타 구조는 NAS의 일부로 자동으로 최적화돼야 한다. 그렇지 않으면 메타 구조 공학(메타 구조의 선택과 조작)을 별도로 실행해야 하는데, 이 경우 셀 탐색의 복잡성이 대부분 메타 구조에 의해 이미 설명되므로 셀 탐색은 지나치게 단순해진다.

메타 구조를 최적화하는 방향의 한 단계는 Liu 등[38]이 도입한 계층적 탐색 공간이다. 이것은 몇 가지 수준의 모티브로 구성된다. 첫 번째 수준은 원시 연산 집합으로 구성돼 있고, 두 번째 수준은 원시 연산을 방향성 비주기 그래프^{DAG}를 통해 연결하는 상이한 모티브들로 구성되고, 세 번째 수준은 두 번째 수준 모티브를 연결하는 방법을 인코딩하는 식으로 구성된다. 셀 기반 탐색 공간은 수준 수가 3개이고, 두 번째 수준 모티브가 셀에 해당하며, 세 번째 수준은 하드 코딩 메타 구조에 해당하는 계층적 탐색 공간의 특별한 사례로 볼 수 있다.

탐색 공간의 선택은 주로 최적화 문제의 난이도를 결정한다. 고정된 메타 구조를 가진 단일 셀을 기반으로 하는 탐색 공간의 경우에도 최적화 문제는 (i) 비연속적이고 (ii) 상대적으로 고차원적인 상태로 남는다(더 복잡한 모델이 더 성과가 좋아 더 많은 설계 선택을 초래하기 때문이다). 많은 탐색 공간의 구조는 고정 길이 벡터로 작성될 수 있다. Zoph 등[75]에서처럼 두 셀 각각에 대한 탐색 공간은 범주적 차원을 가진 40차원 탐색 공간으로 표현할 수 있으며, 각 탐색 공간은 적은 수의 상이한 빌딩 블록과 입력 사이에서 선택할 수 있다. 마찬가지로, 제한되지 않은 탐색 공간은 최대 깊이를 갖도록 제한될 수 있으므로 (잠재적으로 많은) 조건부 차원을 가진 고정 크기의 탐색 공간이 생길 수 있다.

다음 절에서는 이러한 유형의 탐색 공간에 적합한 탐색 전략에 관해 설명한다.

3.3 탐색 전략

무작위 탐색, 베이지안 최적화, 진화 방법, 강화학습^{RL} 및 그래디언트 기반 방법을 포함해 신경망 구조의 공간을 탐색하는 데 많은 다양한 탐색 전략을 사용할 수 있다. 역사적으로 진화 알고리듬은 수십 년 전에 이미 많은 연구자들에 의해 신경망 구조(그리고 종종 그것들의 가중치)를 진화시키기 위해 사용됐다[예: 2,25,55,56]. Yao[67]는 2000년 이전의 연구에 대한 문헌 검토를 제공한다.

베이지안 최적화는 2013년 이후 NAS에서 몇 가지 초기 성공을 거둬, 최첨단 비전 구조[7], 데이터 증강 없는 CIFAR-10의 최첨단 성과[19] 그리고 인간 전문가에 대한 경연 대회에서 승리를 한 최초의 자동 조정 신경망 등을 이끌었다[41]. NAS는 Zoph와 Le[74]가 강화학습을 기반으로 한 탐색 전략을 통해 CIFAR-10 및 Penn Treebank 벤치마크에서 경쟁적인 성과를 얻은 이후 머신 러닝 커뮤니티의 주요 연구 주제가 됐다. Zoph와 Le[74]는 이 결과를 달성하기 위해 방대한 컴퓨팅 자원(3~4주 동안 800개의 GPU)를 사용하지만, 이들의 연구 후에는 컴퓨팅 비용을 절감하고 성과를 더욱 향상시키는 다양한 방법을 연속적으로 발표했다.

NAS를 강화학습^{RL} 문제[4, 71, 74, 75]로 프레임하기 위해, 신경망 구조의 생성은 탐색 공간과 동일한 행동 공간을 가진 에이전트의 작업으로 간주할 수 있다. 에이전트의 보상은 미지의 데이터에 대해 훈련된 구조의 성과 추정에 기초한다(3.4절 참조). 다른 RL 접근법은 에이전트의 정책을 표현하는 방법과 이를 최적화하는 방법에 따라 다르다. Zoph와 Le[74]는 순환신경망^{RNN} 정책을 사용해 차례로 신경망 구조를 인코딩하는 문자열을 순차적으로 샘플링한다. 그들은 처음에 REINFORCE 정책 그래디언트 알고리듬을 사용해 이 네트워크를 훈련시켰지만, 후속 작업에서는 대신 PPO$^{Proximal \, Policy \, Reiburge}$를 사용한다[75]. 베이커 외[4]는 Q-learning을 사용해 계층 유형과 해당 하이퍼파라미터를 순차적으로 선택하는 정책을 교육한다. 이러한 접근법의 대안으로는 순차적 결정 과정으로서 정책이 구조를 순차적으로 생성하기 위한 행동을 샘플링하고 환경의 "상태"에는 지금까지 샘플링된 행동의 요약이 포함되며 (할인되지 않은) 보상은 최종 행동 이후에만 얻어진다. 그러나 이 순차적 프로세스 동안 환경과의 상호작용이 발생하지 않으므로(외부 상태는 관찰되지 않으며 중간 보상은 없다) 구조 샘플링 프로세스를 단일 동작의 순차적 생성으로 해석하는 것이 더 직관적이다. 이렇게 하면 RL 문제를 상태를 사용하지 않는 멀티 암 밴딧 문제로 단순화할 수 있다.

관련 접근법은 Cai 등[10]이 제안했으며, 이들은 NAS를 순차적 의사 결정 프로세스로 프레임으로 한다. NAS 접근 방식에서 상태는 (부분적으로 훈련된) 현재 구조이고, 보상은 구조의 성과를 추정한 것이며, 행동은 네트워크의 훈련 단계가 뒤를 따르는 네트워크 모피즘$^{Network \, morphism}$[12, 63]이라고 부르는 함수 보존 돌연변이의 적용에 해당된다(3.4절을 참조하라). 가변 길이 네트워크 구조를 다루기 위해, 그들은 양방향 LSTM을 사용해 구조를 고정 길이 표현으로 인코딩한다. 이 인코딩된 표현에 기초해 액터 네트워크actor network는 샘플링된 행동을 결정한다. 이 두 요소의 결합은 정책을 구성하며, 이 정책은 REINFORCE 정책 그래디언트 알고리듬으로 엔드-투-엔드로 훈련된다. 이 접근법이 동일한 상태(구조)를 두 번 방문하지 않으므로 구조 공간에 대한 강력한 일반화가 정책으로부터 요구된다는 점을 주의한다.

RL을 사용하는 대안으로는 신경 구조를 최적화하기 위해 진화 알고리듬을 사용하는 신경망 진화 접근법이 있다. 우리가 알고 있는 신경망을 설계하기 위한 첫 번째 접근법은 거의 30년 전으로 거슬러 올라간다. Miller 등[44]은 유전 알고리듬을 사용해 구조를 제안하고 역전파를 사용해 가중치를 최적화했다. 그 이후 많은 신경망 진화 접근법[2, 55, 56]은 신경망 구조와 그 가중치를 최적화하기 위해 유전 알고리듬을 사용하지만, 지도학습 작업을 위해 수백만 개의 가중치를 가진 현대적 신경망 구조로 확장할 때, SGD 기반 가중치 최적화 방법은 현재 진화 접근법들보다 성과가 뛰어나다.[1] 따라서 최근의 신경망 진화 접근법[22, 38, 43, 49, 50, 59, 66]은 가중치를 최적화하기 위해 그래디언트 기반 방법을 사용하고 신경 구조 자체를 최적화하기 위해서만 진화 알고리듬을 사용한다. 진화 알고리듬은 모델 모집단을 진화시킨다. 즉, (아마도 훈련된) 네트워크 집합이 진화한다. 모든 진화 단계에서 모집단에서 적어도 하나의 모델을 표본으로 추출하고 모델에 돌연변이를 적용해 자손을 생성하는 부모 역할을 한다. NAS의 맥락에서, 돌연변이는 계층의 추가 또는 제거, 계층의 하이퍼파라미터 변경, 스킵 연결 추가, 훈련용 하이퍼파라미터 변경과 같은 국지적 연산이다. 자손을 훈련시킨 후, 그 적합도(예: 검증셋에 대한 성과)를 평가하고 모집단에 추가한다.

신경망 진화 방법은 부모 표본 추출, 모집단 업데이트 및 자손 발생 방법에 따라 다르다. 예를 들어 Real 등[50]과 Real 등[49]과 Liu 등[38]은 토너먼트 선택tournament selection[27]을 사용해 부모를 샘플링하는 반면, Elsken 등[22]은 역밀도inverse density를 사용해 다중 목표 파레토 경계multi-objective Pareto frontier의 부모 표본을 추출한다. Real 등[50]은 모집단에서 최악의 개별 구조를 제거하는 반면, Real 등[49]은 가장 오래된 개별 구조(근시적 최적을 감소시키는)를 제거하는 것이 유리하다는 것을 발견했고, Liu 등[38]은 개별 구조를 전혀 제거하지 않는다. 자

---

1 최근의 연구는 예를 들어 강화학습 작업에 대해 단지 그래디언트의 고분산 추정치만 가능할 때[15, 51, 57], 심지어 수백만 개의 가중치를 진화시키는 것이 그래디언트 기반 최적화에 대해 경쟁적이라는 것을 보인다. 그럼에도 지도학습 작업에 대해서 그래디언트-기반 최적화는 압도적으로 가장 흔한 접근법이다.

손을 생성하기 위해 대부분의 접근 방식은 무작위로 자손 네트워크를 초기화하는 반면 Elsken 등[22]은 라마르크 상속^{Lamarckian inheritance}을 채택했다. 즉 지식(학습된 가중치의 형태)은 네트워크 형태를 사용해 부모 네트워크에서 자녀에게 전달된다. Real 등[50]은 또한 자손들로 하여금 적용된 돌연변이의 영향을 받지 않는 부모의 모든 파라미터를 상속하도록 한다. 이 상속은 엄격하게 함수 보존은 아니지만, 무작위 초기화에 비해 학습 속도를 높일 수 있다. 또한 학습률의 돌연변이를 허용하는데 이는 NAS 동안 학습률 스케줄을 최적화하는 방법으로 볼 수 있다.

Real 등[49]은 RL, 진화 및 무작위 검색^{RS}을 비교하는 사례 연구를 실시해 RL과 진화가 최종 테스트 정확도 측면에서 동등하게 잘 수행되며, 진화는 더 나은 성과를 가지고 더 작은 모델을 발견한다고 결론짓는다. 두 접근법 모두 실험에서 RS보다 성과가 우수하지만 다소 적은 차이를 가지고 있다. RS가 CIFAR-10에서 약 4%의 테스트 오류를 달성한 반면, RL과 진화는 약 3.5%를 달성했다(필터의 깊이와 개수가 증가된 "모델 증강" 이후이며, 실제 비증강형 탐색 공간에서의 차이는 약 2%였다). 그 차이는 Liu 등[38]에서 훨씬 더 작았다. 이들은 RS의 경우 CIFAR-10에서 3.9%의 테스트 오류와 ImageNet에서 21.0%의 최상위 검증 오차를 보고한 반면 진화 기반 방법의 경우 각각 3.75%와 20.3%를 보고했다.

베이지안 최적화(BO, 참조, [53])는 하이퍼파라미터 최적화를 위한 가장 인기 있는 방법 중 하나이지만(1장 참조) 일반적인 BO 툴박스가 가우시안 프로세스를 기반으로 하고 저차원 연속 최적화 문제에 초점을 맞추고 있기 때문에 많은 경우 NAS에 적용되지 않았다. Swersky 등[60] 및 Kandasamy 등[31]은 고전적인 GP 기반 BO 방법을 사용하기 위해 구조 탐색 공간에 대한 커널 함수를 도출하지만, 지금까지 새로운 최첨단 성과를 달성하지 못했다. 이와 대조적으로, 몇몇 연구에서는 트리 기반 모델(특히 트리 파젠 추정기[8] 또는 랜덤 포레스트[30])을 사용해 매우 고차원 조건부 공간을 효과적으로 탐색하고 광범위한 문제에서 최첨단 성과를 달성해 신경망 구조와 그 하이퍼파라미터를 공동으로 최적화한다. 완전한 비교는 부족하지만, 이러한 접근법이 진화 알고리듬을 능가할 수 있다는 예비 증거가 존재한다[33].

구조 탐색 공간도 계층적 방식으로 탐구됐다. 예를 들어 진화와의 결합[38] 또는 순차적 모델 기반 최적화^{SMBO, Sequential Model-Based Optimization}[37]가 그것이다. Negrinho와 Gordon[45]과 Wistuba[65]는 탐색 공간의 트리 구조를 이용하는 몬테카를로 트리 탐색을 사용한다. Elsken 등[21] 더 정교한 탐험 메커니즘 없이 더 나은 성과의 구조 방향으로 탐욕스럽게(근시적 최적화) 이동해 고품질 구조를 발견하는 단순하지만 성과가 우수한 힐 클라이밍Hill chlimbing 알고리듬을 제안한다.

위의 그래디언트를 사용하지 않는 최적화 방법과는 대조적으로, Liu 등[39]은 그래디언트 기반 최적화를 가능하게 하는 탐색 공간의 연속적인 제약 완화를 제안한다. 즉, 단일 연산 o_i(예: 합성곱 또는 풀링)를 특정 계층에서 실행하는 대신 저자들은 연산 집합 $\{o_1,...,o_m\}$으로부터 볼록 조합을 계산한다. 더욱 구체적으로 표현하면, 주어진 계층 입력 x에 대해서 계층 출력 y가 $y = \sum_{i=1}^{m} \lambda_i o_i(x)$, $\lambda_i \geq 0$, $\sum_{i=1}^{m} \lambda_i = 1$으로 계산된다. 여기서 볼록 계수 λ_i는 효과적으로 네트워크 구조를 파라미터화한다.

Liu 등[39]은 이렇게 파라미터화를 하고 나서 가중치에 대한 훈련 데이터와 λ와 같은 구조 파라미터에 대한 검증 데이터에 대해 그래디언트 하강 스텝을 번갈아 가며 적용해 네트워크 가중치와 네트워크 구조를 모두 최적화한다. 결국, 각 계층에 대해 $i = \text{argmax}_i \lambda_i$를 선택함으로써 이산형 구조를 얻는다. Shin 등[54]과 Ahmed와 Toresani[1]도 신경 구조의 그래디언트 기반 최적화를 채택하지만 그들은 각각 계층 하이퍼파라미터 또는 연결 패턴의 최적화만 고려한다.

3.4 성과 추정 전략

3.3절에서 논의된 탐색 전략은 보지 못한 데이터에 대한 정확도와 같은 일부 성과 측정을 최대화하는 신경망 구조 A를 찾는 것을 목표로 한다. 탐색 프로세스에 대한 지침을 제공하려면 이러한 전략은 고려 중인 특정 구조 A의 성과를 추정해야 한다. 가장 간단한 방법은 A를 훈련 데이터에 대해 훈련하고 검증 데이터에 대해 성과를 평가하는 것이다. 그러나 각 구조를 처음부터 평가하도록 훈련하면 NAS의 수천 GPU 일수의 차원에 이르는 컴퓨팅 요구가 발생하는 경우가 많다 [49, 50, 74, 75].

이러한 계산 부담을 줄이기 위해 전체 훈련 후 실제 성과의 낮은 충실도fidelities 를 기반으로 성과를 추정할 수 있다(대리 척도라고도 한다). 그러한 낮은 충실도에는 더 짧은 훈련 시간[69, 75], 데이터 부분집합에서의 훈련[34], 낮은 해상도 영상에서의 훈련[14] 또는 계층당 더 적은 필터 사용[49,75] 등이 포함된다. 이러한 낮은 충실도 근사 방법은 계산 비용을 줄이지만, 성과가 일반적으로 과소평가되기 때문에 추정치에 편향을 유발하기도 한다. 탐색 전략이 서로 다른 구조의 순위에만 의존하고, 상대적인 순위가 안정돼 있는 한 이것은 문제가 되지 않을 수 있다. 그러나 최근의 결과는 낮은 근사치와 "전체" 평가 간의 차이가 너무 클 때 이 상대적 순위가 크게 변할 수 있다는 것을 보이고 있으며, 충실도의 점진적인 증가를 주장한다[24, 35].

구조의 성과를 추정하는 또 다른 가능한 방법은 학습 곡선 외삽법learning curve extrapolation을 기반으로 한다[5, 19, 32, 48, 61]. Domhan 등[19]은 초기 학습 곡선을 외삽하고 구조 검색 프로세스의 속도를 높이기 위해 성과가 저하될 것으로 예측되는 곡선을 종료할 것을 제안한다. Baker 등[5], Klein 등[32], Rawal 및 Mikkulainen[48], Swersky 등[61]은 또한 어떤 부분 학습 곡선이 가장 유망한지를 예측하기 위한 구조적 하이퍼파라미터를 고려한다. 새로운 구조의 성과를 예측하기 위한 대리 모델 훈련도 Liu 등[37]에 의해 제안됐다. 학습 곡선 외삽법을 채택하지 않지만 구조/셀 속성에 기반한 성과 예측을 지원하고 훈련 중에 볼 수 있는 것보다 더 큰 크기의 구조/셀로 외삽한다. 신경망 구조의 성과를 예측하기 위한 주요 과제는, 탐색 과정을 가속화하기 위해서, 상대적으로 큰 탐색 공간에서 좋은 예측이 상대적으로 적은 평가를 기반으로 이루어져야 한다는 것이다.

성과 추정을 가속화하기 위한 또 다른 접근법은 이전에 훈련됐던 다른 구조의 가중치를 기반으로 새로운 구조의 가중치를 초기화하는 것이다. 이것을 달성하는 한 가지 방법인 네트워크 모피즘[64]은 네트워크에 의해 표현되는 함수는 그대로 유지하면서 구조를 수정할 수 있게 한다. 이를 통해 네트워크의 용량을 연속적으로 늘리고 처음부터 훈련을 받지 않고도 고성과를 유지할 수 있다. 또한 몇 가지 에폭에 대한 지속적인 훈련은 네트워크 모피즘에 의해 도입된 추가 용량을 이용할 수 있다. 이러한 접근법의 장점은 구조의 크기에 대해 필요한 상한 없이 탐색 공간을 허용한다는 것이다[21]. 반면 엄격한 네트워크 모피즘은 구조를 더 크게 할 수 있을 뿐이어서, 지나치게 복잡한 구조로 이어질 수 있다. 이 문제는 구조 축소를 허용하는 대략적인 네트워크 모피즘을 사용함으로 완화될 수 있다[22].

원샷 구조 탐색One-Shot Architecture Search은 성과 추정을 가속화하기 위한 또 다른 유망한 접근법으로, 모든 구조를 슈퍼그래프의 하위 그래프(원샷 모델)로 처리하고 공통적으로 이 슈퍼그래프의 가장자리가 있는 구조들 간에 가중치를 공유한다[6, 9, 39, 46, 52]. 단일 원샷 모델의 가중치만 훈련하면 되고 (다양한 방법 중 하나로) 구조(원샷 모델의 하위 그래프일 뿐)는 별도의 훈련 없이 원샷 모델에서 훈련된 가중치를 상속해 평가할 수 있다. 이는 훈련이 필요하지 않기 때문에 구조의 성과 추정을 크게 가속화한다(검증 데이터에 대한 성과 평가만 필요). 이 접근법은 일반적으로 구조의 실제 성과를 심각하게 과소평가하기 때문에 큰 편향을 유발한다. 그럼에도 추정된 성과는 실제 성과와 강하게 상관관계가 있기 때문에 구조의 순위를 안정적으로 결정할 수 있다[6]. 원샷 NAS 방법은 훈련 방식에 따라 다르다. ENAS[46]는 탐색 공간에서 구조를 샘플링하는 RNN 컨트롤러를 학습하고 REINFORCE를 통해 얻은 대략적인 그래디언트를 기반으로 원샷 모델을 훈련한다. DARTS[39]는 원샷 모델의 각 엣지에 후보 연산을 놓고, 혼합함으로써 얻은 탐색 공간의 연속성하에서 원샷 모델의 모든 가중치를 최적화한다. Bender 등 [6]은 단 한 번만 원샷 모델을 훈련하는데, 경로 드롭아웃path dropout을 이용해 훈련 중 모델의 일부를 확률적으로 비활성화할 때 이것이 충분하다는 것을 보여준다. ENAS와 DARTS는 훈련 중에 구조에 대한 분포를 최적화하지만, Bender 등 [6]의 접근법은 고정 분포를 사용하는 것으로 볼 수 있다. Bender 등[6]의 접근법으로 얻을 수 있는 높은 성과는 가중치 공유와 (세심하게 선택된) 고정된 분포의 조합이 (아마도 놀랍게도) 원샷 NAS에 필요한 유일한 성분일 수 있음을 나타낸다. 이러한 접근법과 관련된 것은 새로운 구조에 대한 가중치를 생성하므로 하이퍼네트워크hypernetwork 훈련만 필요로 하고, 구조 자체는 필요로 하지 않는 하이퍼네트워크의 메타러닝이다[9]. 여기서 주요 차이점은 가중치는 엄격하게 공유되지 않지만, 공유 하이퍼네트워크에 의해 생성된다는 것이다.

원샷 NAS의 일반적인 제한은 선험적으로 정의된 슈퍼그래프가 탐색 공간을 하위 그래프로 제한한다는 것이다. 더욱이 구조 탐색 중에 전체 슈퍼그래프가 GPU 메모리에 상주해야 하는 접근법은 상대적으로 작은 슈퍼그래프와 탐색 공간으로 제한되기 때문에, 일반적으로 셀 기반 탐색 공간과 결합해 사용된다. 가중치 공유를 기반으로 하는 접근 방식은 NAS에 필요한 계산 리소스를 상당히 감소시켰지만 (수천 GPU 일에서 수 GPU 일까지) 현재 구조의 샘플링 분포가 원샷 모델과 함께 최적화될 경우 탐색에 어떤 편향을 도입하는지는 잘 알려져 있지 않다. 예를 들어 탐색 공간의 특정 부분을 다른 부분보다 더 많이 탐색하는 초기 편향이 특정 구조에 더 잘 적응하는 원샷 모델의 가중치로 이어질 수 있으며, 이에 따라 탐색 공간의 특정 부분에 대한 탐색 편향이 강화될 것이다. 이는 NAS의 너무 빠른 수렴을 초래할 수 있으며, 이러한 상황에서 Bender 등[6]이 사용하는 고정 샘플링 분포^{fixed sampling distribution}는 도움이 될 수 있다. 일반적으로 서로 다른 성과 추정 모델에 의해 도입된 편향을 더욱 체계적으로 분석하는 것이 향후 작업에 바람직한 방향일 것이다.

3.5 미래 방향

이 절에서는 NAS에 대한 연구를 위한 현재와 미래의 방향에 관해 설명한다. 대부분의 기존 작업은 이미지 분류를 위해 NAS에 집중했다. 한편으로 수동적 공학을 사용해서 이 도메인에서 우수한 성과를 발휘하는 구조를 찾기 위한 많은 연구가 수행돼왔으므로, NAS가 이들의 성과를 쉽게 능가하지 못하기 때문에 이는 까다로운 벤치마크를 제공한다. 반면 수동적 공학 지식을 활용해 적합한 탐색 공간을 정의하는 것은 비교적 쉽다. 이는 발견된 구조가 근본적으로 다를 수 없기 때문에 NAS가 기존 구조를 크게 능가하는 구조를 발견하지 못하게 한다. 따라서 NAS를 덜 탐색된 도메인에 적용해 이미지 분류 문제를 넘어서는 것이 중요하다고 생각한다. 이 방향의 주목할 만한 첫 단계는 언어 모델링[74], 음악 모델링[48], 이미지 복원[58] 및 네트워크 압축[3]에 NAS를 적용하는 것이며, 강화학습, 적대적 생성 네트워크, 의미 분할 또는 센서 융합에 대한 응용은 향후 방향을 더욱 유망하게 할 수 있다.

대안적인 방향은 다중 작업 문제[36, 42] 및 다중 목표 문제[20, 22, 73]에 대해 NAS 방법을 개발하는 것인데, 이 방법에서는 미지의 데이터에 대한 예측 성과와 함께 리소스 효율성의 척도가 목표로 사용된다. 마찬가지로, 3.3절에서 논의된 것과 같은 RL/bandit 접근 방식을 확장해 작업 속성/자원 요건을 인코딩하는 상태를 조건으로 하는 정책을 학습하는 것은 흥미로울 것이다(즉, 설정을 컨텍스트 밴딧^{contextual bandit}으로 바꾼다). 유사한 방향이 Ramachandran과 Le[47]에 의해 시도됐는데, 이들은 원샷 NAS를 확장해 작업이나 인스턴스에 따라 상이한 구조를 생성하도록 했다. 더욱이, 적대적인 예에 더 강건한 구조를 탐색하기 위해 NAS를 적용하는 것은 흥미로운 최근 방향이다[17].

이와 관련해 더욱 일반적이고 유연한 탐색 공간을 정의하는 연구가 있다. 예를 들어 셀 기반 탐색 공간은 서로 다른 이미지 분류 작업 간에 높은 전이성을 제공하지만 대체로 이미지 분류에 대한 인간의 경험에 기초하고 있으며, 하드코딩된 계층 구조(연쇄 구조에서 동일한 셀을 여러 번 반복)가 적용되지 않는 다른 영역으로 쉽게 일반화되지 않는다(예: 의미 분할 또는 객체 감지). 따라서 보다 일반적인 계층 구조를 표현하고 식별할 수 있는 탐색 공간은 NAS를 좀 더 광범위하게 적용할 수 있게 한다(이 방향의 첫 번째 연구를 위해서는 Liu 등[38]을 참조하라). 더욱이 공통 탐색 공간도 특정 종류의 합성곱과 풀링과 같은 미리 정의된 구성 요소를 기반으로 하기 때문에 이 수준을 넘어서는 새로운 구성 요소를 식별하는 것을 허용하지 않는다. 이 한계를 넘어서면 NAS의 성과가 상당히 향상될 수 있다.

NAS의 다른 방법과의 비교는 구조 성과 측정값이 구조 자체 이외의 여러 요인에 따라 결정된다는 사실에 의해 복잡해진다. 대부분의 저자들은 CIFAR-10 데이터셋에 대한 결과를 보고하지만 실험은 탐색 공간, 계산 예산, 데이터 증강, 훈련 절차, 규제화 및 기타 요인에 따라 동일한 실험이 아닌 다른 실험이 될 수 있다. 예를 들어 CIFAR-10의 경우 코사인 담금 학습률 스케줄^{cosine annealing learning rate schedule}[40], 컷아웃^{CutOut}[18], 믹스업^{MixUp}[70] 또는 팩터의 조합에 의한 데이터 증강, 셰이크-셰이크 규제화^{Shake-Shake regularization}[26] 또는 스케줄링된 드롭 경로^{scheduled drop-path}[75]에 의한 규제화를 사용할 때 성과가 크게 향상된다. 따라서 이러한 요소의 개선이 보고된 성과 숫자에 미치는 영향이 NAS가 발견한 더 나은 구조보다 더 크다고 생각할 수 있다. 따라서 공통 벤치마크의 정의가 다양한 NAS 방법의 공정한 비교를 위해 중요하다고 생각한다. 이 방향의 첫 번째 단계는 두 개의 은닉 계층이 있는 완전 결합 신경망에 대한 구조와 하이퍼파라미터가 결합된 탐색을 위한 벤치마크 정의이다[33]. 이 벤치마크에서 구조와 최적화/규제화를 모두 제어하는 9개의 개별 하이퍼파라미터가 최적화돼야 한다. 62,208개의 가능한 모든 하이퍼파라미터 조합은 서로 다른 방법을 낮은 계산 자원으로 비교할 수 있도록 미리 평가됐다. 그러나 이 탐색 공간은 대부분의 NAS 방법이 사용하는 탐색 공간에 비해 여전히 매우 단순하다. NAS 방법은 고립된 상태가 아니라, 완전 오픈 소스 AutoML 시스템의 일부로 평가하는 것도 흥미로울 것이다. 이 시스템에서는 하이퍼파라미터[41, 50, 69] 및 데이터 증강 파이프라인[16]이 NAS와 함께 최적화된다.

NAS는 인상적인 성과를 달성했지만, 지금까지 특정 구조가 제대로 작동하는 이유와 독립 실행에서 파생된 구조가 얼마나 유사한지에 대한 통찰력을 거의 제공하지 못했다. 공통 모티브를 식별하고, 이러한 모티브가 고성과에 중요한 이유를 이해하며, 이러한 모티브가 다양한 문제에 대해 일반화될 수 있는지를 조사하는 것이 바람직할 것이다.

감사의 글 Esteban Real, Arber Zela, Gabriel Bender, Kenneth Stanley, Thomas Pfeil에게 이전 버전에 대한 서베이 피드백에 대해 감사한다. 이 작업은 허가 번호 716721에 따라 유럽 연합 호라이즌 2020 연구 및 혁신 프로그램에 따라 부분적으로 유럽 연구 이사회^{ERC}의 지원을 받았다.

참고문헌

1. Ahmed, K., Torresani, L.: Maskconnect: Connectivity learning by gradient descent. In: European Conference on Computer Vision (ECCV) (2018)
2. Angeline, P.J., Saunders, G.M., Pollack, J.B.: An evolutionary algorithm that constructs recurrent neural networks. IEEE transactions on neural networks 5 1, 54–65 (1994)
3. Ashok, A., Rhinehart, N., Beainy, F., Kitani, K.M.: N2n learning: Network to network compression via policy gradient reinforcement learning. In: International Conference on Learning Representations (2018)
4. Baker, B., Gupta, O., Naik, N., Raskar, R.: Designing neural network architectures using reinforcement learning. In: International Conference on Learning Representations (2017a)
5. Baker, B., Gupta, O., Raskar, R., Naik, N.: Accelerating Neural Architecture Search using Performance Prediction. In: NIPS Workshop on Meta-Learning (2017b)
6. Bender, G., Kindermans, P.J., Zoph, B., Vasudevan, V., Le, Q.: Understanding and simplifying one-shot architecture search. In: International Conference on Machine Learning (2018)
7. Bergstra, J., Yamins, D., Cox, D.D.: Making a science of model search: Hyperparameter optimization in hundreds of dimensions for vision architectures. In: ICML (2013)
8. Bergstra, J.S., Bardenet, R., Bengio, Y., Kégl, B.: Algorithms for hyper-parameter optimization. In: Shawe-Taylor, J., Zemel, R.S., Bartlett, P.L., Pereira, F., Weinberger, K.Q. (eds.) Advances in Neural Information Processing Systems 24. pp. 2546–2554 (2011)

9. Brock, A., Lim, T., Ritchie, J.M., Weston, N.: SMASH: one-shot model architecture search through hypernetworks. In: NIPS Workshop on Meta-Learning (2017)

10. Cai, H., Chen, T., Zhang, W., Yu, Y., Wang, J.: Efficient architecture search by network transformation. In: Association for the Advancement of Artificial Intelligence (2018a)

11. Cai, H., Yang, J., Zhang, W., Han, S., Yu, Y.: Path-Level Network Transformation for Efficient Architecture Search. In: International Conference on Machine Learning (Jun 2018b)

12. Chen, T., Goodfellow, I.J., Shlens, J.: Net2net: Accelerating learning via knowledge transfer. In: International Conference on Learning Representations (2016)

13. Chollet, F.: Xception: Deep learning with depth wise separable convolutions. arXiv:1610.02357 (2016)

14. Chrabaszcz, P., Loshchilov, I., Hutter, F.: A downsampled variant of imagenet as an alternative to the CIFAR datasets. CoRR abs/1707.08819 (2017)

15. Chrabaszcz, P., Loshchilov, I., Hutter, F.: Back to basics: Benchmarking canonical evolution strategies for playing reib. In: Proceedings of the Twenty-Seventh International Joint Conference on Artificial Intelligence, IJCAI-18. pp. 1419–1426. International Joint Conferences on Artificial Intelligence Organization (Jul 2018)

16. Cubuk, E.D., Zoph, B., Mane, D., Vasudevan, V., Le, Q.V.: Auto Augment: Learning Augmentation Policies from Data. In: arXiv:1805.09501 (May 2018)

17. Cubuk, E.D., Zoph, B., Schoenholz, S.S., Le, Q.V.: Intriguing Properties of Adversarial Examples. In: arXiv:1711.02846 (Nov 2017)

18. Devries, T., Taylor, G.W.: Improved regularization of convolutional neural networks with cutout. arXiv preprint abs/1708.04552 (2017)

19. Domhan, T., Springenberg, J.T., Hutter, F.: Speeding up automatic hyperparameter optimization of deep neural networks by extrapolation of learning curves. In: Proceedings of the 24th International Joint Conference on Artificial Intelligence (IJCAI) (2015)

20. Dong, J.D., Cheng, A.C., Juan, D.C., Wei, W., Sun, M.: Dpp-net: Device-aware progressive search for pareto-optimal neural architectures. In: European Conference on Computer Vision (2018)

21. Elsken, T., Metzen, J.H., Hutter, F.: Simple And Efficient Architecture Search for Convolutional Neural Networks. In: NIPS Workshop on Meta-Learning (2017)

22. Elsken, T., Metzen, J.H., Hutter, F.: Efficient Multi-objective Neural Architecture

Search via Lamarckian Evolution. In: International Conference on Learning Representations (2019)

23. Elsken, T., Metzen, J.H., Hutter, F.: Neural architecture search: A survey. arXiv:1808.05377 (2018)

24. Falkner, S., Klein, A., Hutter, F.: BOHB: Robust and efficient hyperparameter optimization at scale. In: Dy, J., Krause, A. (eds.) Proceedings of the 35th International Conference on Machine Learning. Proceedings of Machine Learning Research, vol. 80, pp. 1436–1445. PMLR, Stockholmsmässan, Stockholm Sweden (10–15 Jul 2018)

25. Floreano, D., Dürr, P., Mattiussi, C.: Neuroevolution: from architectures to learning. Evolutionary Intelligence 1(1), 47–62 (2008)

26. Gastaldi, X.: Shake-shake regularization. In: International Conference on Learning Representations Workshop (2017)

27. Goldberg, D.E., Deb, K.: A comparative analysis of selection schemes used in genetic algorithms. In: Foundations of Genetic Algorithms. pp. 69–93. Morgan Kaufmann (1991)

28. He, K., Zhang, X., Ren, S., Sun, J.: Deep Residual Learning for Image Recognition. In: Conference on Computer Vision and Pattern Recognition (2016)

29. Huang, G., Liu, Z., Weinberger, K.Q.: Densely Connected Convolutional Networks. In: Conference on Computer Vision and Pattern Recognition (2017)

30. Hutter, F., Hoos, H., Leyton-Brown, K.: Sequential model-based optimization for general algorithm configuration. In: LION. pp. 507–523 (2011)

31. Kandasamy, K., Neiswanger, W., Schneider, J., Poczos, B., Xing, E.: Neural Architecture Search with Bayesian Optimisation and Optimal Transport. arXiv:1802.07191 (Feb 2018)

32. Klein, A., Falkner, S., Springenberg, J.T., Hutter, F.: Learning curve prediction with Bayesian neural networks. In: International Conference on Learning Representations (2017a)

33. Klein, A., Christiansen, E., Murphy, K., Hutter, F.: Towards reproducible neural architecture and hyperparameter search. In: ICML 2018 Workshop on Reproducibility in ML (RML 2018) (2018)

34. Klein, A., Falkner, S., Bartels, S., Hennig, P., Hutter, F.: Fast Bayesian Optimization of Machine Learning Hyperparameters on Large Datasets. In: Singh, A., Zhu, J. (eds.) Proceedings of the 20th International Conference on Artificial Intelligence and Statistics. Proceedings of Machine Learning Research, vol. 54, pp. 528–536. PMLR, Fort Lauderdale, FL, USA (20–22 Apr 2017b)

35. Li, L., Jamieson, K., DeSalvo, G., Rostamizadeh, A., Talwalkar, A.: Hyperband:

bandit-based configuration evaluation for hyperparameter optimization. In: International Conference on Learning Representations (2017)

36. Liang, J., Meyerson, E., Miikkulainen, R.: Evolutionary Architecture Search For Deep Multitask Networks. In: arXiv:1803.03745 (Mar 2018)

37. Liu, C., Zoph, B., Neumann, M., Shlens, J., Hua, W., Li, L.J., Fei-Fei, L., Yuille, A., Huang, J., Murphy, K.: Progressive Neural Architecture Search. In: European Conference on Computer Vision (2018a)

38. Liu, H., Simonyan, K., Vinyals, O., Fernando, C., Kavukcuoglu, K.: Hierarchical Representations for Efficient Architecture Search. In: International Conference on Learning Representations (2018b)

39. Liu, H., Simonyan, K., Yang, Y.: Darts: Differentiable architecture search. In: International Conference on Learning Representations (2019)

40. Loshchilov, I., Hutter, F.: Sgdr: Stochastic gradient descent with warm restarts. In: International Conference on Learning Representations (2017)

41. Mendoza, H., Klein, A., Feurer, M., Springenberg, J., Hutter, F.: Towards Automatically-Tuned Neural Networks. In: International Conference on Machine Learning, AutoML Workshop (Jun 2016)

42. Meyerson, E., Miikkulainen, R.: Pseudo-task Augmentation: From Deep Multitask Learning to Intra task Sharing and Back. In: arXiv:1803.03745 (Mar 2018)

43. Miikkulainen, R., Liang, J., Meyerson, E., Rawal, A., Fink, D., Francon, O., Raju, B.,Shahrzad, H., Navruzyan, A., Duffy, N., Hodjat, B.: Evolving Deep Neural Networks. In: arXiv:1703.00548 (Mar 2017)

44. Miller, G., Todd, P., Hedge, S.: Designing neural networks using genetic algorithms. In: 3rd International Conference on Genetic Algorithms (ICGA'89) (1989)

45. Negrinho, R., Gordon, G.: Deep Architect: Automatically Designing and Training Deep Architectures. arXiv:1704.08792 (2017)

46. Pham, H., Guan, M.Y., Zoph, B., Le, Q.V., Dean, J.: Efficient neural architecture search reiburger sharing. In: International Conference on Machine Learning (2018)

47. Ramachandran, P., Le, Q.V.: Dynamic Network Architectures. In: AutoML 2018 (ICML workshop) (2018)

48. Rawal, A., Miikkulainen, R.: From Nodes to Networks: Evolving Recurrent Neural Networks. In: arXiv:1803.04439 (Mar 2018)

49. Real, E., Aggarwal, A., Huang, Y., Le, Q.V.: Aging Evolution for Image Classifier Architecture Search. In: AAAI Conference on Artificial Intelligence (2019)

50. Real, E., Moore, S., Selle, A., Saxena, S., Suematsu, Y.L., Le, Q.V., Kurakin, A.: Large-scale evolution of image classifiers. International Conference on Machine Learning (2017)

51. Salimans, T., Ho, J., Chen, X., Sutskever, I.: Evolution strategies as a scalable alternative to reinforcement learning. arXiv preprint (2017)

52. Saxena, S., Verbeek, J.: Convolutional neural fabrics. In: Lee, D.D., Sugiyama, M., Luxburg, U. V., Guyon, I., Garnett, R. (eds.) Advances in Neural Information Processing Systems 29, pp. 4053–4061. Curran Associates, Inc. (2016)

53. Shahriari, B., Swersky, K., Wang, Z., Adams, R.P., de Freitas, N.: Taking the human out of the loop: A review of reiburg optimization. Proceedings of the IEEE 104(1), 148–175 (Jan 2016) 54. Shin, R., Packer, C., Song, D.: Differentiable neural network architecture search. In: International Conference on Learning Representations Workshop (2018)

55. Stanley, K.O., D'Ambrosio, D.B., Gauci, J.: A hypercube-based encoding for evolving largescale neural networks. Artif. Life 15(2), 185–212 (Apr 2009), URL https://doi.org/10.1162/artl.2009.15.2.15202

56. Stanley, K.O., Miikkulainen, R.: Evolving neural networks through augmenting topologies. Evolutionary Computation 10, 99–127 (2002)

57. Such, F.P., Madhavan, V., Conti, E., Lehman, J., Stanley, K.O., Clune, J.: Deep neuroevolution: Genetic algorithms are a competitive alternative for training deep neural networks for reinforcement learning. arXiv preprint (2017)

58. Suganuma, M., Ozay, M., Okatani, T.: Exploiting the potential of standard convolutional autoencoders for image restoration by evolutionary search. In: Dy, J., Krause, A. (eds.) Proceedings of the 35th International Conference on Machine Learning. Proceedings of Machine Learning Research, vol. 80, pp. 4771–4780. PMLR, Stockholmsmässan, Stockholm Sweden (10–15 Jul 2018)

59. Suganuma, M., Shirakawa, S., Nagao, T.: A genetic programming approach to designing convolutional neural network architectures. In: Genetic and Evolutionary Computation Conference (2017)

60. Swersky, K., Duvenaud, D., Snoek, J., Hutter, F., Osborne, M.: Raiders of the lost architecture: Kernels for reiburg optimization in conditional parameter spaces. In: NIPS Workshop on Bayesian Optimization in Theory and Practice (2013)

61. Swersky, K., Snoek, J., Adams, R.P.: Freeze-thaw reiburg optimization (2014)

62. Szegedy, C., Vanhoucke, V., Ioffe, S., Shlens, J., Wojna, Z.: Rethinking the Inception Architecture for Computer Vision. In: Conference on Computer Vision and Pattern Recognition (2016)

63. Wei, T., Wang, C., Chen, C.W.: Modularized morphing of neural networks. arXiv:1701.03281 (2017)

64. Wei, T., Wang, C., Rui, Y., Chen, C.W.: Network morphism. In: International Conference on Machine Learning (2016)

65. Wistuba, M.: Finding Competitive Network Architectures Within a Day Using UCT. In: arXiv:1712.07420 (Dec 2017)

66. Xie, L., Yuille, A.: Genetic CNN. In: International Conference on Computer Vision (2017)

67. Yao, X.: Evolving artificial neural networks. Proceedings of the IEEE 87(9), 1423–1447 (Sept1999)

68. Yu, F., Koltun, V.: Multi-scale context aggregation by dilated convolutions (2016)

69. Zela, A., Klein, A., Falkner, S., Hutter, F.: Towards automated deep learning: Efficient joint neural architecture and hyperparameter search. In: ICML 2018 Workshop on AutoML (AutoML 2018) (2018)

70. Zhang, H., Cissé, M., Dauphin, Y.N., Lopez-Paz, D.: mixup: Beyond empirical risk minimization. arXiv preprint abs/1710.09412 (2017)

71. Zhong, Z., Yan, J., Wu, W., Shao, J., Liu, C.L.: Practical block-wise neural network architecture generation. In: Proceedings of the IEEE Conference on Computer Vision and Pattern Recognition. pp. 2423–2432 (2018a)

72. Zhong, Z., Yang, Z., Deng, B., Yan, J., Wu, W., Shao, J., Liu, C.L.: Blockqnn: Efficient blockwise neural network architecture generation. arXiv preprint (2018b)

73. Zhou, Y., Ebrahimi, S., Arik, S., Yu, H., Liu, H., Diamos, G.: Resource-efficient neural architect. In: arXiv:1806.07912 (2018)

74. Zoph, B., Le, Q.V.: Neural architecture search with reinforcement learning. In: International Conference on Learning Representations (2017)

75. Zoph, B., Vasudevan, V., Shlens, J., Le, Q.V.: Learning transferable architectures for scalable image recognition. In: Conference on Computer Vision and Pattern Recognition (2018)

## 2부

AutoML 시스템

4

오토웨카: 자동 모델 선택과 웨카를 활용한 하이퍼파라미터 최적화

라스 코토프^{Lars Kotthoff}, 크리스 손턴^{Chris Thornton}, 홀거 후스^{Holger H. Hoos},
프랭크 허터^{Frank Hutter}, 케빈 레이튼 브라운^{Kevin Leyton-Brown}

개요 상이한 머신러닝 알고리듬이 여럿 존재한다. 각 알고리듬의 하이퍼파라미터를 고려하면 전체적으로 엄청나게 많은 수의 가능한 대안이 있다. 동시에 학습 알고리듬을 선택하고 하이퍼파라미터를 설정하는 문제를 고려한다. 이 문제가 베이지안 최적화의 최근 혁신을 활용해 완전히 자동화된 접근 방식으로 해결될 수 있음을 보여준다. 특히 2개의 앙상블 방법, 10개의 메타 방법, 28개의 기본 학습자 및 각 학습자에 대한 하이퍼파라미터 설정에 걸쳐 웨카의 표준 배포에서 구현된 모든 머신러닝 접근법과 특징 선택 기법을 고려한다. UCI 저장소, KDD Cup 09, MNIST 데이터셋 및 CIFAR-10의 변형으로부터의 인기 데이터셋 21개 각각

Lars Kotthoff(✉)
University of Wyoming, Laramie, WY, USA, e-mail: larsko@uwyo.edu

Chris Thornton
Department of Computer Science, University of British Columbia, Vancouver, BC, Canada

Holger H. Hoos
Leiden Institute for Advanced Computer Science, Leiden University, Leiden, The Netherlands

Frank Hutter
Department of Computer Science, University of Freiburg, Freiburg, Germany

Kevin Leyton-Brown Thornton
Department of Computer Science, University of British Columbia, Vancouver, BC, Canada

에서, 우리는 표준 선택 및 하이퍼파라미터 최적화 방법을 사용하는 것보다 훨씬 더 나은 성능을 종종 보여준다. 비전문가 사용자들이 우리의 접근 방식을 이용해서 머신러닝 알고리듬과 하이퍼파라미터 설정을 더 효과적으로 식별해 성능을 향상시키는 데 도움이 되기를 바란다.

4.1 서론

머신러닝 도구 사용자들 중 기성 솔루션을 필요로 하는 비전문가들이 점점 더 많아지고 있다. 머신러닝 커뮤니티는 웨카[15] 및 mlr[7]과 같은 오픈 소스 패키지를 통해 광범위한 정교한 학습 알고리듬과 특징 선택 방법을 제공함으로써 그러한 사용자를 크게 도왔다. 이러한 패키지는 사용자에게 두 가지 종류의 선택을 요구한다. 즉, 학습 알고리듬 선택과 하이퍼파라미터 설정을 통한 맞춤 설정이다(해당되는 경우 특성 선택도 제어한다). 이러한 자유도에 직면했을 때 올바른 선택을 하는 것이 어려우므로, 많은 사용자가 평판이나 직관적인 매력을 바탕으로 알고리듬을 선택하거나 또는 하이퍼파라미터를 기본값으로 설정한다. 당연히 이러한 접근 방식을 채택하면 최상의 방법 및 하이퍼파라미터 설정보다 성능이 훨씬 떨어질 수 있다.

이는 머신러닝의 자연스러운 도전을 시사한다. 즉, 데이터셋이 주어지고 자동으로 동시에 학습 알고리듬을 선택하고 경험적 성과를 최적화하기 위해 하이퍼파라미터를 설정하는 것이다. 이것을 알고리듬 선택과 하이퍼파라미터 최적화의 결합CASH, Combined Algorithm Selection and Hyperparameter Optimization 문제로 명명하고, 4.3절에서 공식적으로 정의한다. 모델 선택(예: [1, 6, 8, 9, 11, 24, 25, 33]), 하이퍼파라미터 최적화(예: [3 - 5, 14, 23, 28, 30])를 별도로 다루는 연구가 과거에 상당히 진행됐다. 대조적으로 그것의 실제적인 중요성에도, 문헌에서 제한된 CASH 문제의 변형만을 발견하고 놀랐다. 더욱이 이것들은 각 알고리듬에 대해 고정되고 상대적으로 적은 수의 파라미터 설정을 고려한다(예: [22]).

가능한 설명은 학습 알고리듬과 그 하이퍼파라미터의 결합된 공간을 탐색하는 것이 매우 어렵다는 것이다. 즉 반응 함수는 잡음이 많고 공간은 고차원적이며, 범주형 및 연속형 선택을 모두 포함하며, 계층적 의존성을 포함한다(예: 학습 알고리듬의 하이퍼파라미터는 해당 알고리듬이 선택된 경우에만 의미 있다). 앙상블 방법에서의 알고리듬 선택은 해당 앙상블 방법이 선택된 경우에만 의미가 있다. 또 다른 관련 작업 라인은 소위 랜드마크 알고리듬의 성과와 같은 데이터셋의 특성을 이용해 어떤 알고리듬이나 하이퍼파라미터 설정이 잘 수행될지를 예측하는 메타 학습 절차에 관한 것이다[2, 22, 26, 32]. 4장에서 연구하는 CASH 알고리듬은 각 새로운 데이터셋에 대해 처음부터 시작하는 반면, 이러한 메타러닝 절차는 항상 사용 가능한 것은 아닌 이전 데이터셋의 정보를 활용한다.

다음으로, CASH가 단일 계층적 하이퍼파라미터 최적화 문제로 간주될 수 있다는 것을 입증한다. 이 문제에서 알고리듬의 선택 자체는 하이퍼파라미터로 간주된다. 또한 (이러한 문제의 공식화를 기반으로) 최근의 베이지안 최적화 방법이 합리적인 시간 내에 최소한의 인력 노력으로 고품질 결과를 얻을 수 있다는 것을 보여준다. 일부 예비 사항을 논의한 후(4.2절), CASH 문제를 정의하고 이를 해결하기 위한 방법을 논의한다(4.3절). 그런 다음 오픈 소스 패키지 웨카(4.4절)에서 광범위한 학습기와 특성 추출기를 포함하는 구체적인 CASH 문제를 정의하고, 알고리듬과 하이퍼파라미터의 결합 공간에서의 탐색이 표준 알고리듬 선택 및 하이퍼파라미터 최적화 방법보다 더 나은 성능을 얻을 수 있음을 보여준다(4.5절). 좀 더 구체적으로 최근의 베이지안 최적화 절차인 TPE[4]와 SMAC[16]가 특히 대규모 데이터셋에서 기존의 기본 방법을 능가하는 알고리듬과 하이퍼파라미터의 조합을 종종 발견한다는 것을 보여준다.

4장은 두 개의 이전 논문을 기반으로 하며, KDD 2013 논문집[31]과 2017년 머신러닝 연구 저널^{JMLR}[20]에 게재됐다.

4.2 사전 준비

$\mathcal{Y}$가 (분류의 경우) 이산적이거나 (회귀의 경우) 연속인 함수 $f : \mathcal{X} \mapsto \mathcal{Y}$를 학습하고자 한다. 학습 알고리듬 A는 훈련 데이터포인트 $d_i = (\mathbf{x}_i, y_i) \in \mathcal{X} \times \mathcal{Y}$의 집합 $\{d_1, ..., d_n\}$을 이와 같은 함수에 매핑하는데, 이는 종종 모델 파라미터 벡터로 표현된다. 대부분의 학습 알고리듬 A는 더 나아가 하이퍼파라미터 $\lambda \in \Lambda$에 노출되며, 이를 통해 학습 알고리듬 A_λ를 작동하는 방법을 변화시킨다. 예를 들어 하이퍼파라미터는 표현 길이$^{description\ length}$ 페널티, 은닉층의 뉴런 개수, 의사 결정 트리에서의 리프^{leaf}가 분기되기 위해 가져야 하는 데이터포인트의 개수 등을 묘사하는 데 사용된다. 이들 하이퍼파라미터들은 전형적으로 교차 검증$^{cross-validation}$을

사용해 각 하이퍼파라미터 설정의 성과를 평가하는 "외부 루프outer loop"에서 최적화된다.

4.2.1 모델 선택

학습 알고리듬 집합 $\mathcal{A}$와 제한된 양의 훈련 데이터 $\mathcal{D} = \{(\mathbf{x}_1, y_1), \ldots, (\mathbf{x}_n, y_n)\}$이 주어졌을 때, 모델 선택의 목적은 최적 일반화 성과를 가진 알고리듬 $A^* = \mathcal{A}$을 결정하는 것이다. 일반화 성과는 $\mathcal{D}$를 별개의 훈련과 검증셋 $\mathcal{D}_{\text{train}}^{(i)}$와 $\mathcal{D}_{\text{valid}}^{(i)}$로 분리하고, A^*를 $\mathcal{D}_{\text{train}}^{(i)}$에 적용해 함수 f를 학습하고, $\mathcal{D}_{\text{valid}}^{(i)}$에서 이들 함수의 예측 성과를 평가함으로써 추정된다. 이는 모델 선택 문제가 다음과 같이 표현되게 한다.

$$A^* \in \underset{A \in \mathcal{A}}{\operatorname{argmin}} \frac{1}{k} \sum_{i=1}^{k} \mathcal{L}(A, \mathcal{D}_{\text{train}}^{(i)}, \mathcal{D}_{\text{valid}}^{(i)})$$

여기서 $\mathcal{L}(A, \mathcal{D}_{\text{train}}^{(i)}, \mathcal{D}_{\text{valid}}^{(i)})$는 $\mathcal{D}_{\text{train}}^{(i)}$에 의해 훈련되고, $\mathcal{D}_{\text{valid}}^{(i)}$에 대해 평가됐을 때, A에 의해 달성된 손실이다.

훈련 데이터를 k개의 동일 크기의 분할 $\mathcal{D}_{\text{valid}}^{(1)}, \ldots, \mathcal{D}_{\text{valid}}^{(k)}$로 분리하고 $\mathcal{D}_{\text{train}}^{(i)} = \mathcal{D} \setminus \mathcal{D}_{\text{train}}^{(i)}, i = 1, \ldots, k$로 설정하는 k-교차 검증[19]을 사용한다.[1]

4.2.2 하이퍼파라미터 최적화

주어진 학습 알고리듬 A의 하이퍼파라미터 $\lambda \in \Lambda$를 최적화하는 문제는 개념적으로 모델 선택의 문제와 유사하다. 일부 핵심 차이점은 하이퍼파라미터가 종종 연속적이고, 하이퍼파라미터 공간이 종종 고차원이라는 것이며 상이한 하이퍼파라미터 설정 $\lambda_1, \lambda_2 \in \Lambda$ 간의 상관관계 구조를 활용할 수 있다는 점이다. 도메인 $\Lambda_1, \ldots, \Lambda_n$을 가진 n개 하이퍼파라미터 $\lambda_1, \ldots, \lambda_n$이 주어졌을 때, 하이퍼파라미터 공간 Λ는 이들 도메인의 외적 $\Lambda \subset \Lambda_1 \times \cdots \times \Lambda_n$의 부분집합이다. 이 부분집합이 종종 엄격하다. 따라서 특정한 하이퍼파라미터가 설정되면 다른 하이퍼파라미터를 불활성화된다. 예를 들어 파라미터들이 심층신뢰신경망의 3번째 계층의 특정 설정을 결정하는 파라미터는 네트워크의 깊이가 하나 또는 둘로 설정된다면

---

1 일반화 성과를 추정하는 다른 방법들도 있다. 예를 들어 반복 랜덤 하위 샘플링(repeated random reiburge) 검증 [19]으로 실험했는데, 유사한 결과를 얻었다.

무관하다. 유사하게 서포트 벡터 머신의 다항 커널의 파라미터는 우리가 다른 커널을 대신 사용한다면 무관하다.

따라서 [17]을 더욱 공식적으로 말하면, 만약 하이퍼파라미터 λ_j가 주어진 집합 $V_i(j) \subsetneq \Lambda_j$로부터 값을 취할 때 λ_i가 유일하게 활성화된다면, 하이퍼파라미터 λ_i는 다른 하이퍼파라미터 λ_j에 조건부라고 말한다. 이 경우, λ_j를 λ_i의 부모라고 한다. 조건부 하이퍼파라미터는 이번에는 다른 조건부 하이퍼파라미터의 부모가 돼 트리 구조 공간을 산출하거나[4], 어떤 경우에는 방향성 비순환 그래프^{DAG,} $^{Directed\ Acyclic\ Graph}$를 생성한다. 이와 같은 구조 공간 Λ가 주어졌을 때, (계층적) 하이퍼파라미터 최적화 문제는 다음과 같이 표현된다.

$$\lambda^* \in \underset{\lambda \in \Lambda}{\mathrm{argmin}}\ \frac{1}{k} \sum_{i=1}^{k} \mathcal{L}(A_\lambda, \mathcal{D}_{\text{train}}^{(i)}, \mathcal{D}_{\text{valid}}^{(i)})$$

4.3 알고리듬 선택과 하이퍼파라미터 최적화의 결합

연관된 하이퍼파라미터 공간 $\Lambda^{(1)},...,\Lambda^{(k)}$을 가진 알고리듬 집합 $\mathcal{A} = \{A^{(1)},...,A^{(k)}\}$이 주어졌을 때, 알고리듬 선택과 하이퍼파라미터 최적화의 결합^{CASH}는 다음을 계산하는 것으로 정의한다.

$$A^*_{\lambda^*} \in \underset{A^{(j)} \in \mathcal{A}, \lambda \in \Lambda^{(j)}}{\mathrm{argmin}}\ \frac{1}{k} \sum_{i=1}^{k} \mathcal{L}(A_\lambda^{(j)}, \mathcal{D}_{\text{train}}^{(i)}, \mathcal{D}_{\text{valid}}^{(i)}) \tag{4.1}$$

이 문제는 파라미터 공간 $\Lambda = \Lambda^{(1)} \cup \cdots \cup \Lambda^{(k)} \cup \{\lambda_r\}$을 가진 단일 결합 계층적 하이퍼파라미터 최적화 문제로 다시 공식화될 수 있다. 여기서, λ_r는 알고리듬 $A^{(1)},...,A^{(k)}$ 중의 하나를 선택하는 새로운 루트 수준의 하이퍼파라미터다. 각 하위 공간 $A^{(i)}$의 루트 수준의 파라미터는 A_i에 인스턴스화돼 λ_r에 조건부가 되도록 만들어진다.

원칙적으로 문제(4.1)는 다양한 방법으로 해결할 수 있다. 유망한 접근법은 베이지안 최적화[10]이며, 특히 순차적 모델 기반 최적화$^{SMBO,\ Sequential\ Model-Based}$ ^{Optimization}[16]는 범주형 및 연속형 하이퍼파라미터에 대해 작동할 수 있고 조건부 파라미터에서 비롯된 계층 구조를 이용할 수 있는 다재다능한 확률적 최적화 프레임워크다. SMBO(알고리듬 1에 요약돼 있음)는 먼저 손실함수 $\mathcal{L}$의 하이퍼파라미터 설정 λ에 대한 의존성을 포착하는 모델 $\mathcal{M}_{\mathcal{L}}$을 구축한다. (알고리듬 1의 1번째 줄) 그런 다음 다음 단계들을 반복한다. $\mathcal{M}_{\mathcal{L}}$을 사용해 다음을 평가하기 위한 하이퍼파라미터 λ의 유망한 후보 설정을 결정하며(3번째 줄), λ의 손실 c를 평가하고(4번째 줄), 그렇게 얻어진 새로운 데이터포인트(λ, c)로 모델 $\mathcal{M}_{\mathcal{L}}$을 업데이트한다 (5~6번째 줄).

알고리듬 1 SMBO

1: 모델을 초기화한다. $\mathcal{M}_L$; $\mathcal{H} \leftarrow \emptyset$

2: **while** 최적화 시간 예산이 다 사용되지 않음 **do**

3:    $\lambda \leftarrow \mathcal{M}_L$로부터의 후보 설정

4:    $c = \mathcal{L}(A_\lambda, \mathcal{D}_{\text{train}}^{(i)}, \mathcal{D}_{\text{valid}}^{(i)})$

5:    $\mathcal{H} \leftarrow \mathcal{H} \cup \{(\lambda, c)\}$

6:    주어진 $\mathcal{H}$로 $\mathcal{M}_L$을 업데이트

7: **end while**

8: **return** 최소 c를 가진 $\mathcal{H}$로부터의 λ

모델 $\mathcal{M}_{\mathcal{L}}$을 사용해 다음의 하이퍼파라미터 설정 λ를 선택하기 위해 SMBO는 소위 획득함수 $a_{\mathcal{M}_{\mathcal{L}}} : \Lambda \mapsto \mathbb{R}$을 사용하며, 이는 임의의 하이퍼파라미터 설정 $\lambda \in \Lambda$에서 모델 $\mathcal{M}_{\mathcal{L}}$의 예측분포를 사용해 λ에 대한 지식이 얼마나 유용한지를 (폐쇄형으로) 계량화한다. 그런 다음 SMBO를 통해 이 함수를 Λ에 대해 최대화해 다음으로 평가할 가장 유용한 설정 λ를 선택한다. 잘 연구된 몇 가지 획득함수는 [18, 27, 29]가 존재하며, 모두 조기 수렴을 피하기 위해 활용(잘 수행하는 것으로 알려진 국지적인 하이퍼파라미터 최적화)과 탐험(공간에서 상대적으로 탐색되지 않은 영역에서의 하이퍼파라미터 시도)을 자동으로 절충하는 것을 목표로 한다. 본 연구에서는 기존의 주어진 손실 c_{min}에 대해 달성할 수 있는 양의 기대 개선티을 극대화했다 [27]. $c(\lambda)$를 하이퍼파라미터 설정 λ의 손실로 한다. 그다음, c_{min}에 대한 양의 개선함수는 다음과 같이 정의한다.

$$I_{c_{min}}(\lambda) := \max\{c_{min} - c(\lambda), 0\}$$

물론 우리는 $c(\lambda)$를 모른다. 그러나 현재의 모델 $\mathcal{M}_{\mathcal{L}}$에 대한 기대를 계산할 수 있다.

$$\mathbb{E}_{\mathcal{M}_{\mathcal{L}}}[I_{c_{min}}(\lambda)] = \int_{-\infty}^{c_{min}} \max\{c_{min} - c, 0\} \cdot p_{\mathcal{M}_L}(c \mid \lambda)\, dc \qquad (4.2)$$

4장에 사용된 SMBO 접근법을 간단히 살펴본다.

4.3.1 순차적 모델 기반 알고리듬 구성

순차적 모델 기반 알고리듬 구성[SMAC, Sequential Model-Based Algorithm Configuration][16]
은 대략적인 가우스 프로세스와 랜덤 포레스트를 포함한, 하이퍼파라미터에 대
한 손실함수의 의존성을 포착하기 위한 다양한 모델 $p(c\,|\,\lambda)$를 지원한다. 4장에
서는 랜덤 포레스트 모델을 사용한다. 랜덤 포레스트 모델은 이산 및 고차원 입력
데이터로 잘 수행되는 경향이 있기 때문이다. SMAC는 모델 훈련 및 예측을 위
해 λ의 비활성 조건 파라미터를 기본값으로 인스턴스화해 조건부 파라미터를 다
룬다. 이를 통해 개별 의사 결정 트리에는 "하이퍼파라미터 λ_i가 활성 상태인가?"
라는 종류의 분할이 포함될 수 있도록 하며, 이를 통해 활성화된 하이퍼파라미터
에 집중할 수 있다. 랜덤 포레스트는 일반적으로 확률론적 모델로 처리되지 않지
만, SMAC는 λ에 대한 개별 트리 예측에 대한 빈도주의적 추정치로 $p(c\,|\,\alpha)$의 예
측 평균 μ_λ와 분산 σ_λ^2를 얻은 다음, 가우시안 분포 $\mathcal{N}(\mu_\lambda, \sigma_\lambda^2)$로 모델 $p_{\mathcal{M_L}}(c\,|\,\lambda)$
를 얻는다.

SMAC는 식 (4.2)에 정의된 기대 개선 기준을 사용해 지금까지 측정된 최상
의 하이퍼파라미터 설정의 손실로 c_{min}을 인스턴스화한다. SMAC의 예측 분포
$p_{\mathcal{M_L}}(c\,|\,\lambda) = \mathcal{N}(\mu_\lambda, \sigma_\lambda^2)$하에서, 이 기댓값은 다음과 같은 폐쇄형 표현식이다.

$$\mathbb{E}_{\mathcal{M_L}}[I_{c_{min}}(\lambda)] = \sigma_\lambda \cdot [u \cdot \Phi(u) + \varphi(u)]$$

여기서 $u = \frac{c_{min} - \mu_\lambda}{\sigma_\lambda}$이고, φ와 Φ는 표준정규분포의 확률밀도함수와 누적분포함수
를 각각 나타낸다[18].

SMAC는 잡음이 많은 함수 평가에서 강건한 최적화를 위해 설계됐으며, 따라
서 가장 잘 알려진 설정을 추적하고 해당 설정의 성과 추정에 대해 높은 신뢰도
를 보장하기 위한 특수 메커니즘을 구현한다. 식 (4.1)에서 최적화될 함수는 한
세트의 손실 항(각각 훈련셋에서 생성된 하나의 쌍 $\mathcal{D}_{train}^{(i)}$와 $\mathcal{D}_{valid}^{(i)}$에 해당)에 대한 평균
이기 때문에 잡음함수 평가에 대한 이러한 강건성은 알고리듬 선택과 하이퍼파
라미터 최적화의 결합에서 이용할 수 있다. SMAC의 핵심 아이디어는 이러한 항
을 한 번에 하나씩 평가해 정확도와 계산 비용을 절충함으로써 이 평균에 대한
점진적으로 더 나은 추정치를 만드는 것이다. 새로운 설정이 새로운 현재 사용하

는 설정이 되기 위해서는, 모든 비교에서 이전 설정을 능가해야 한다. 즉 현재의 설정을 평가하기 위해 하나의 폴드fold만으로, 두 개의 폴드만으로 그리고 이런 식으로 이전에 사용된 총 수의 폴드에 대해서 이전 설정을 능가해야 한다. 더욱이 현재의 설정이 그러한 비교에서 살아남을 때마다, 그것은 이용 가능한 총 수까지 새로운 폴드에서 평가되는데, 이는 현재의 설정을 평가하는 데 사용되는 폴드 수가 시간에 따라 증가한다는 것을 의미한다. 따라서 성능이 떨어지는 설정은 단지 하나의 폴드를 고려한 후 버릴 수 있다.

마지막으로 SMAC는 모델이 잘못된 경우에도 강건한 성능을 달성하고 공간의 새로운 부분을 탐색하기 위해 분산 메커니즘을 구현한다. 즉 매 순간 설정은 무작위로 선택된다. 방금 설명한 평가 절차로 인해 이 작업에는 예상보다 적은 오버헤드가 필요하다.

4.4 오토웨카

CASH 문제를 해결하기 위한 자동 접근법의 실현 가능성을 입증하기 위해 웨카 머신러닝 패키지에서 구현된 학습기와 함수 추출기를 위해 이 문제를 해결하는 오토웨카Auto-WEKA를 구축했다[15]. 웨카의 분류 알고리듬에 초점을 맞췄지만, 다른 설정으로 접근법을 확장하는 데는 아무런 장애물이 없다. 실제로 동일한 기반 기술을 사용하는 또 다른 성공적인 시스템은 Auto-sklearn[12]이다.

그림 4.1은 하이퍼파라미터와 함께 모든 지원되는 모든 학습 알고리듬과 함수 선택기를 보여준다. 메타 방법은 단일 기본 분류기와 그 파라미퍼를 입력으로 사용하고, 앙상블 방법은 임의의 수의 기본 학습기를 입력으로 사용할 수 있다. 우리는 메타 방법이 임의의 하이퍼파라미터 설정을 가진 어떤 기본 학습기도 사용할 수 있도록 했고, 앙상블 방법은 최대 5개의 기본 학습기를 사용할 수 있도록 했으며, 이것 또한 어떠한 하이퍼파라미터 설정도 가능하다. 모든 학습기가 모든 데이터셋에 적용되는 것은 아니다(예를 들어 분류기의 결측 데이터 처리 능력 결여에 기인할 수 있다). 특정 데이터셋의 경우 오토웨카 구현은 자동으로 단지 적용 가능한 학습기 부분집합만 고려한다. 특성 선택은 모델을 작성하기 전에 전처리 단계로 실행된다.

기본 학습기

BayesNet	2	NaiveBayes	
DecisionStump*	0	NaiveBayesMultinomial	0
DecisionTable*	4	OneR	
GaussianProcesses*	10	PART	
IBk*	5	RandomForest	7
J48	9	RandomTree*	11
JRip	4	REPTree*	
KStar*	3	SGD*	
LinearRegression*	3	SimpleLinearRegression*	0
LMT	9	SimpleLogistic	5
Logistic	1	SMO	
M5P	4	SMOreg*	
M5Rules	4	VotedPerceptron	3
MultilayerPerceptron*	8	ZeroR*	

앙상블 방법

Stacking	2	Vote	

메타 방법

LWL	5	Bagging	
AdaBoostM1	6	RandomCommittee	2
AdditiveRegression	4		
AttributeSelectedClassifier	2	RandomSubSpace	3

특성 선택 방법

BestFirst	2	GreedyStepwise	4

그림 4.1 오토웨카에 의해 지원되는 학습기와 방법으로 하이피파라미터 개수를 옆에 표시했다. 모든 학습기는 분류를 지원하며, 회귀도 지원하는 경우 * 표시를 했다.

그림 4.1의 알고리듬은 연속 구간, 정수 범위 및 기타 이산집합에서 값을 가져오는 다양한 하이퍼파라미터를 갖고 있다. 그것의 의미에 따라 각각의 수치 파라미터를 균등 또는 로그 균등 사전분포와 연관시켰다. 예를 들어 릿지 회귀 페널티에 대해서 균등 사전분포 그리고 랜덤 포레스트 트리의 최대 깊이에 대해 균등 사전분포를 설정했다. 오토웨카는 머신러닝의 정밀도까지 연속 하이퍼파라미터 값을 사용해 작동한다. 앙상블 방법이 최대 5개의 독립적인 기본 학습기를 허용하기 때문에 이 결합된 하이퍼파라미터 공간은 기본 학습기의 하이퍼파라미터 공간의 단순한 결합보다 훨씬 더 크다는 것을 강조한다. 메타 및 앙상블 방법뿐만 아니라 특성 선택은 오토웨카의 하이퍼파라미터 공간의 총 크기에 더 기여한다.

오토웨카는 위에서 설명한 SMAC 옵티마이저를 사용해 CASH 문제를 풀며 웨카 패키지 관리자를 통해 대중에게 공개돼 있다. 소스 코드는 https://github. com/automl/autoweka에서 찾을 수 있으며 공식 프로젝트 웹사이트는 http:// www.cs.ubc.ca/labs/beta/Projects/autoweka에서 확인할 수 있다. 4장에 설명된 실험을 위해 Auto-WEKA 버전 0.5를 사용했다. 최신 버전이 달성한 결과와 유사하다. 계산 비용이 크기 때문에 전체 실험셋을 복제하지 않았다.

4.5 실험 평가

앞서 21개의 주요 벤치마크 데이터셋(표 4.1 참조)에서 오토웨카를 평가했다. UCI 저장소[13]의 15세트, [5]에서 사용된 '볼록', 'MNIST 기본', '배경 이미지가 있는 회전 MNIST' 작업, KDD Cup '09; 그리고 CIFAR-10 이미지 클래스 작업의 2개 버전(전체 50,000개가 아닌 처음 10,000개의 훈련 데이터포인트만 사용하는 경우). 실험 평가에서는 분류에 중점을 둔다는 것을 주목하라. 사전 정의된 훈련/테스트 분할이 있는 데이터셋의 경우 해당 분할을 사용했다. 그렇지 않으면 데이터셋을 70%의 훈련 데이터와 30%의 테스트 데이터로 랜덤하게 분할했다. 테스트 데이터는 모든 최적화 방법에서 제외됐으며, 다양한 최적화 방법에 의해 발견된 모델을 평가하기 위해 오프라인 분석 단계에서 한 번만 사용됐다.

표 4.1 사용된 데이터셋. *Num Discr.*, *Num Cont.*는 각각 데이터셋의 원소의 이산 및 연속 속성 수를 가리킨다.

Name	Num Discr.	Num Cont.	Num classes	Num training	Num test
Dexter	20,000	0	2	420	180
GermanCredit	13	7	2	700	300
Dorothea	100,000	0	2	805	345
Yeast	0	8	10	1,038	446
Amazon	10,000	0	49	1,050	450
Secom	0	591	2	1,096	471
Semeion	256	0	10	1,115	478
Car	6	0	4	1,209	519
Madelon	500	0	2	1,820	780
KR-vs-KP	37	0	2	2,237	959

Name	Num Discr.	Num Cont.	Num classes	Num training	Num test
Abalone	1	7	28	2,923	1,254
Wine Quality	0	11	11	3,425	1,469
Waveform	0	40	3	3,500	1,500
Gisette	5,000	0	2	4,900	2,100
Convex	0	784	2	8,000	50,000
CIFAR-10-Small	3,072	0	10	10,000	10,000
MNIST Basic	0	784	10	12,000	50,000
Rot. MNIST+BI	0	784	10	12,000	50,000
Shuttle	9	0	7	43,500	14,500
KDD09-Appentency	190	40	2	35,000	15,000
CIFAR-10	3,072	0	10	50,000	10,000

각 데이터셋에 대해 각각 하이퍼파라미터 최적화 알고리듬을 사용해 오토웨카를 실행했으며 총 시간은 30시간이었다. 각 방법에 대해 서로 다른 랜덤 시드로 이 프로세스를 25회 실행한 다음, 일반적인 워크스테이션에서 병렬화를 시뮬레이션하기 위해 부트스트랩 샘플링으로 4회의 랜덤 실행을 반복적으로 선택하고 최고의 교차 검증 성과를 보고했다.

초기 실험에서 오토웨카의 SMBO 방법이 우수한 훈련 성과를 갖고 있지만 일반화가 잘 되지 않는 하이퍼파라미터를 선택한 몇 가지 사례를 관찰했다. 오토웨카가 이러한 과적합을 탐지할 수 있도록 훈련셋을 SMBO 방법 내에서 사용하기 위한 70%와 SMBO 방법이 끝난 후에만 사용한 검증 데이터를 위한 30%의 두 개의 하위 데이터셋으로 분할했다.

4.5.1 베이스라인 방법

오토웨카는 머신러닝 기술의 비전문가 사용자를 돕는 것을 목표로 한다. 이러한 사용자가 취할 수 있는 자연스러운 접근법은 수정되지 않은 하이퍼파라미터를 가진 각 기법에 대해 훈련셋에 대한 10폴드 교차 검증을 수행하고 폴드에 걸친 평균 오분류 오류가 가장 작은 분류기를 선택하는 것이다. 웨카 학습기에 적용되는 이 방법을 Ex-Def라고 한다. 이 방법은 기본 하이퍼파라미터로 웨카에 대해서 할 수 있는 최선의 선택이다.

각 데이터셋에 대해 표 4.2의 두 번째 열과 세 번째 열은 모든 훈련 데이터가 주어지고 테스트셋에서 평가됐을 때 기본 학습기의 최고와 최악의 "오라클 성과" 를 보여준다. 또한 최고의 학습기와 최악의 학습기 사이의 격차가 크다는 것을 관찰한다. 예를 들어 도로테아Dorothea 데이터셋에서는 4.93% 대 99.24%의 오분류율을 보였다. 이것은 어떤 형태의 알고리듬 선택이 좋은 성과를 달성하기 위해 필수적이라는 것을 의미한다.

앞으로 사용할 더 강력한 베이스라인은 학습기 선택 외에도 미리 정의된 세트에서 하이퍼파라미터를 최적으로 설정하는 접근법이다. 더 정확히 말하면 이 베이스라인은 각 기본 학습기에 대해 하이퍼파라미터 설정 그리드에 대해 철저한 탐색을 수행해 수치 파라미터를 3가지 포인트로 이산화한다. 이 베이스라인을 그리드 탐색이라고 하며, 알고리듬과 하이퍼파라미터 설정의 공동 공간에서의 최적화 접근법으로서 단순한 CASH 알고리듬이다. 그러나 Gisette, Convex, MNIST, Rot MNIST + BI 및 CIFAR 모델 각각에 10,000시간 이상의 CPU 시간이 필요하므로 대부분의 실제 응용에서는 사용할 수 없다(대조적으로 오토웨카는 CPU 시간이 120시간밖에 되지 않는다).

표 4.2(제4열과 제5열)는 그리드 탐색에 의해 평가된 분류기에 걸쳐 테스트셋에서 최고와 최악의 "오라클 성과"를 보여준다. 이러한 성과를 Ex-Def를 사용해 얻은 기본 성과와 비교할 때, 대부분의 경우 웨카의 최고의 기본 알고리듬도 더 나은 하이퍼파라미터 설정을 선택함으로써 개선될 수 있다는 점에 주목한다. 예를 들어 CIFAR10 소규모 작업에서 그리드 탐색은 Ex-Def보다 13% 오류 감소를 제공했다.

이전 연구에서는 전체 시간 예산을 일정하게 유지한 상태에서 하이퍼파라미터 공간에서 랜덤 탐색의 성과가 그리드 탐색보다 좋다는 것이 입증됐다[5]. 최종 베이스라인인 랜덤 탐색은 랜덤으로 샘플링된 알고리듬과 하이퍼파라미터를 선택해 시간 예산이 소진될 때까지 10개의 교차 검증 폴드에서의 성과를 계산한다. 각 데이터셋에 대해 먼저 750 CPU 시간을 사용해 랜덤하게 샘플링된 알고리듬과 하이퍼파라미터 조합의 교차 검증 성과를 계산했다. 그런 다음 120 CPU 시간을 소비한 이러한 결과로부터 복원 없이 조합을 샘플링해 랜덤 탐색 실행을 시뮬레이션하고 최고의 성과를 가진 샘플링된 조합을 반환한다.

표 4.2 10폴드 교차 검증과 테스트 데이터에 대한 성과. Ex-def와 그리드 탐색은 결정적이다. 랜덤 탐색은 120 CPU 시간의 시간 예산을 가진다. 오토웨카에 대해서 30시간 씩 25번 실행했다. 4개의 병렬 실행을 시뮬레이션해 100,000개의 부트스트랩 샘플에 걸쳐 평균 손실로서 결괏값을 보고한다. 70% 훈련 데이터 전체에 대해 선택된 모델/하이 퍼파라미터를 훈련함으로써 테스트 손실(오른쪽 블록)을 결정하고, 아직 사용하지 않은 30% 테스트 데이터에 대해 정확도를 계산한다. 굵은 글씨체는 비교 가능한 방법의 블록 내에서 통계적으로 유의한 가장 작은 오차를 가리킨다.

Dataset	오라클 성과(%)				10겹 교차 검증 성과(%)				최상 성과(%)			
	Ex-Def		그리드 탐색		Ex-Def	그리드 탐색	랜덤 탐색	오토 웨카	Ex-Def	그리드 탐색	랜덤 탐색	오토 웨카
	최고	최악	최고	최악								
Dexter	7.78	52.78	3.89	63.33	10.20	5.07	10.60	5.66	8.89	5.00	9.18	7.49
GermanCredit	26.00	38.00	25.00	68.00	22.45	20.20	20.15	17.87	27.33	26.67	29.03	28.24
Dorothea	4.93	99.24	4.64	99.24	6.03	6.73	8.11	5.62	6.96	5.80	5.22	6.21
Yeast	40.00	68.99	36.85	69.89	39.43	39.71	38.74	35.51	40.45	42.47	43.15	40.67
Amazon	28.44	99.33	17.56	99.33	43.94	36.88	59.85	47.34	28.44	20.00	41.11	33.99
Secom	7.87	14.26	7.66	92.13	6.25	6.12	5.24	5.24	8.09	8.09	8.03	8.01
Semeion	8.18	92.45	5.24	92.45	6.52	4.86	6.06	4.78	8.18	6.29	6.10	5.08
Car	0.77	29.15	0.00	46.14	2.71	0.83	0.53	0.61	0.77	0.97	0.01	0.40
Madelon	17.05	50.26	17.05	62.69	25.98	26.46	27.95	20.70	21.38	21.15	24.29	21.12
KR-vs-KP	0.31	48.96	0.21	51.04	0.89	0.64	0.63	0.30	0.31	1.15	0.58	0.31
Abalone	73.18	84.04	72.15	92.90	73.33	72.15	72.03	71.71	73.18	73.42	74.88	73.51
Wine Quality	36.35	60.99	32.88	99.39	38.94	35.23	35.36	34.65	37.51	34.06	34.41	33.95
Waveform	14.27	68.80	13.47	68.80	12.73	12.45	12.43	11.92	14.40	14.66	14.27	14.42
Gisette	2.52	50.91	1.81	51.23	3.62	2.59	4.84	2.43	2.81	2.40	4.62	2.24
Convex	25.96	50.00	19.94	71.49	28.68	22.36	33.31	25.93	25.96	23.45	31.20	23.17
CIFAR-10-Small	65.91	90.00	52.16	90.36	66.59	53.64	67.33	58.84	65.91	56.94	66.12	56.87
MNIST Basic	5.19	88.75	2.58	88.75	5.12	2.51	5.05	3.75	5.19	2.64	5.05	3.64
Rot. MNIST + BI	63.14	88.88	55.34	93.01	66.15	56.01	68.62	57.86	63.14	57.59	66.40	57.04
Shuttle	0.0138	20.8414	0.0069	89.8207	0.0328	0.0361	0.0345	0.0224	0.0138	0.0414	0.0157	0.0130
KDD09-Appentency	1.7400	6.9733	1.6332	54.2400	1.8776	1.8735	1.7510	1.7038	1.7405	1.7400	1.7400	1.7358
CIFAR-10	64.27	90.00	55.27	90.00	65.54	54.04	69.46	62.36	64.27	63.13	69.72	61.15

4.5.2 검증 성과 결과

표 4.2의 중간 부분은 주요 결과를 보고한다. 첫째, 모든 기본 분류기의 하이퍼파라미터에 대한 그리드 탐색은 21사례 중 17사례에서 Ex-Def보다 더 나은 결과를 얻었으며, 이는 올바른 알고리듬 선택뿐만 아니라 하이퍼파라미터를 잘 설정하는 것의 중요성을 강조한다.

그러나 그리드 탐색을 위해 매우 많은 시간 예산(데이터셋당 10,000 CPU 시간을 초과했으며 총 합계로는 10 CPU년 이상을 부여했다)을 사용했으므로, 실제에 있어서는 사용할 수 없는 경우가 많을 것이다.

대조적으로 다른 방법들 각각에게 데이터셋당 4 × 30 CPU 시간만 제공했지만 그럼에도 여전히 21사례 중 14사례에서 그리드 탐색보다 훨씬 더 나은 성능을 제공했다. 랜덤 탐색은 21사례 중 9사례에서 그리드 탐색을 능가하며, 대규모 예산을 사용하는 광범위한 그리드 탐색도 항상 올바른 작업은 아니라는 점을 강조한다. 때때로 베이스라인에 대해 오토웨카의 성과 향상이 상당했으며 교차 검증 손실(이 경우 오분류율)의 상대적 감소가 21사례 중 6사례에서 10%를 초과한다는 점에 주목한다.

4.5.3 테스트 성과 결과

방금 전 결과는 오토웨카가 주어진 목표 함수를 최적화하는 데 효과적임을 보여주지만, 이는 일반화하는 모델에 적합하다는 결론을 내리기에는 충분하지 않다. 머신러닝 알고리듬의 하이퍼파라미터 수가 증가함에 따라 과적합 가능성도 증가한다. 교차 검증을 사용하면 과적합에 대한 오토웨카의 강건성이 크게 증가하지만, 하이퍼파라미터 공간이 표준 분류 알고리듬보다 훨씬 크기 때문에 과적합이 문제를 일으키는지 (혹은 문제를 일으킨다면 어느 정도인지) 신중하게 연구하는 것이 중요하다.

일반화를 평가하기 위해 이전과 같이 오토웨카를 실행하고(훈련셋에서 교차 검증), 전체 훈련셋에 대해 A_λ를 훈련해 알고리듬과 하이퍼파라미터 설정의 조합 A_λ을 결정한 다음 테스트셋에서 결과 모델을 평가했다. 표 4.2의 오른쪽 부분은 모든 방법으로 얻은 테스트 성과를 보고한다.

전반적으로 말하면 교차 검증 성과에 대해서는 유사한 경향이 성립했다. 오토웨카는 그리드 탐색 및 랜덤 탐색이 Ex-Def보다 우수한 성능을 보이며 베이스라인을 능가한다. 그러나 성과 차이는 덜 두드러졌다. 그리드 탐색은 21사례 중 15사례에서 Ex-Def보다 더 나은 결과를 산출할 뿐이며, 랜덤 탐색은 21사례 중 7사례에서 그리드 탐색을 능가한다. 오토웨카는 21사례 중 15사례에서 베이스라인을 능가한다. 특히 13개의 가장 큰 데이터셋 중 12개에서 오토웨카는 우리의 베이스라인을 능가한다. 이것은 데이터셋 크기에 따라 과적합 위험이 감소하기 때문이라고 본다. 가끔 다른 방법에 비해 오토웨카의 성능 향상이 상당했으며, 테스트 오분류율의 상대적 감소는 21사례 중 3사례에서 16%를 초과했다.

앞에서 언급한 바와 같이 오토웨카는 교차 검증 성과을 최적화하는 동안 훈련셋의 70%만 사용했으며, 나머지 30%는 과적합 위험을 평가하는 데 사용했다. 언제든지 오토웨카의 SMBO 방법은 현재까지 살아남은 것들(지금까지 확인된 교차 검증 오분류율이 가장 낮은 하이퍼파라미터 설정)을 추적한다. SMBO 절차가 완료된 후, 오토웨카는 이들 살아남은 것들의 궤적을 추출하고, 보류된 30%의 검증 데이터에 대해서 일반화 성과를 계산한다. 그런 다음 (교차 검증을 통해 SMBO 방법으로 평가된) 훈련 성과 순서열 간의 스피어맨 순위 계수와 일반화 성과를 계산한다.

4.6 결론

이 연구에서 알고리듬 선택과 하이퍼파라미터 최적화의 결합^{CASH}의 어려운 문제를 실용적이고 완전히 자동화된 도구로 해결할 수 있음을 보여줬다. 이는 알고리듬/하이퍼파라미터 공간의 모델을 반복적으로 구축하고 이러한 모델을 활용해 조사해야 할 공간의 새로운 포인트를 식별하는 최근의 베이지안 최적화 기법에 의해 가능하게 됐다.

여기서는 웨카 내의 모든 범위의 학습 알고리듬을 활용하고 비전문가가 특정 응용 시나리오에 대한 고품질 분류기를 쉽게 구축할 수 있게 해주는 오토웨카를 만들었다. 21개의 저명한 데이터셋에 대한 광범위한 경험적 비교는 오토웨카가 특히 대규모 데이터셋에서 표준 알고리듬 선택과 하이퍼파라미터 최적화 방법을 종종 능가한다는 것을 보여줬다.

4.6.1 커뮤니티의 채택

오토웨카는 버튼을 누르면 자동으로 매우 파라미터화된 머신러닝 프레임워크를 인스턴스화하기 위해 베이지안 최적화를 사용한 첫 번째 방법이다. 최초 출시 이후, 그것은 산업계와 학계의 많은 사용자들에 의해 채택됐다. 웨카 패키지 매니저와 통합되는 2.0 라인은 일주일에 평균 550회 이상 다운로드되며 30,000회 이상 다운로드됐다. 그것은 최근 파이프라인에 새로운 기능들이 추가되면서 활발히 개발 중이다.

참고문헌

1. Adankon, M., Cheriet, M.: Model selection for the LS-SVM. application to handwriting recognition. Pattern Recognition 42(12), 3264–3270 (2009)
2. Bardenet, R., Brendel, M., Kégl, B., Sebag, M.: Collaborative hyperparameter tuning. In: Proc. of ICML-13 (2013)
3. Bengio, Y.: Gradient-based optimization of hyperparameters. Neural Computation 12(8),1889–1900 (2000)
4. Bergstra, J., Bardenet, R., Bengio, Y., Kégl, B.: Algorithms for Hyper-Parameter Optimization.In: Proc. of NIPS-11 (2011)
5. Bergstra, J., Bengio, Y.: Random search for hyperparameter optimization. JMLR 13, 281–305 (2012)
6. Biem, A.: A model selection criterion for classification: Application to HMM topology optimization. In: Proc. of ICDAR-03. pp. 104–108. IEEE (2003)
7. Bischl, B., Lang, M., Kotthoff, L., Schiffner, J., Richter, J., Studerus, E., Casalicchio, G., Jones,Z.M.: mlr: Machine Learning in R. Journal of Machine Learning Research 17(170), 1–5 (2016), http://jmlr.org/papers/v17/15-066.html
8. Bozdogan, H.: Model selection and Akaike's information criterion (AIC): The general theoryand its analytical extensions. Psychometrika 52(3), 345–370 (1987)
9. Brazdil, P., Soares, C., Da Costa, J.: Ranking learning algorithms: Using IBL and meta-learning on accuracy and time results. Machine Learning 50(3), 251–277 (2003)
10. Brochu, E., Cora, V.M., de Freitas, N.: A tutorial on Bayesian optimization of expensive cost functions, with application to active user modeling and hierarchical reinforcement learning. Tech. Rep. UBC TR-2009-23 and arXiv:1012.2599v1,

Department of Computer Science, University of British Columbia (2009)

11. Chapelle, O., Vapnik, V., Bengio, Y.: Model selection for small sample regression. Machine Learning (2001)

12. Feurer, M., Klein, A., Eggensperger, K., Springenberg, J., Blum, M., Hutter, F.: Efficient and robust automated machine learning. In: Cortes, C., Lawrence, N.D., Lee, D.D., Sugiyama, M., Garnett, R. (eds.) Advances in Neural Information Processing Systems 28, pp. 2962– 2970. Curran Associates, Inc. (2015), http:// papers.nips.cc/paper/5872-efficient-and-robustautomated-machine-learning.pdf

13. Frank, A., Asuncion, A.: UCI machine learning repository (2010), http://archive. ics.uci.edu/ml, uRL: http://archive.ics.uci.edu/ml. University of California, Irvine, School of Information and Computer Sciences

14. Guo, X., Yang, J., Wu, C., Wang, C., Liang, Y.: A novel LS-SVMs hyper-parameter selection based on particle swarm optimization. Neurocomputing 71(16), 3211–3215 (2008)

15. Hall, M., Frank, E., Holmes, G., Pfahringer, B., Reutemann, P., Witten, I.: The WEKA datamining software: an update. ACM SIGKDD Explorations Newsletter 11(1), 10–18 (2009)

16. Hutter, F., Hoos, H., Leyton-Brown, K.: Sequential model-based optimization for general algorithm configuration. In: Proc. of LION-5. pp. 507–523 (2011)

17. Hutter, F., Hoos, H., Leyton-Brown, K., Stützle, T.: ParamILS: an automatic algorithm configuration framework. JAIR 36(1), 267–306 (2009)

18. Jones, D.R., Schonlau, M., Welch, W.J.: Efficient global optimization of expensive black box functions. Journal of Global Optimization 13, 455–492 (1998)

19. Kohavi, R.: A study of cross-validation and bootstrap for accuracy estimation and model selection. In: Proc. of IJCAI-95. pp. 1137–1145 (1995)

20. Kotthoff, L., Thornton, C., Hoos, H.H., Hutter, F., Leyton-Brown, K.: Auto-WEKA 2.0: Automatic model selection and hyperparameter optimization in WEKA. Journal of Machine Learning Research 18(25), 1–5 (2017), http://jmlr. org/papers/v18/16-261.html

21. Krizhevsky, A., Hinton, G.: Learning multiple layers of features from tiny images. Master's thesis, Department of Computer Science, University of Toronto (2009)

22. Leite, R., Brazdil, P., Vanschoren, J.: Selecting classification algorithms with active testing. In: Proc. of MLDM-12. pp. 117–131 (2012)

23. López-Ibáñez, M., Dubois-Lacoste, J., Stützle, T., Birattari, M.: The irace package, iteratedrace for automatic algorithm configuration. Tech. Rep. TR/ IRIDIA/2011-004, IRIDIA, Université Libre de Bruxelles, Belgium (2011),

http://iridia.ulb.ac.be/ridiaTrSeries/ridiaTr2011004.pdf

24. Maron, O., Moore, A.: Hoeffding races: Accelerating model selection search for classification and function approximation. In: Proc. of NIPS-94. pp. 59–66 (1994)

25. McQuarrie, A., Tsai, C.: Regression and time series model selection. World Scientific (1998)

26. Pfahringer, B., Bensusan, H., Giraud-Carrier, C.: Meta-learning by landmarking various learning algorithms. In: Proc. of ICML-00. pp. 743–750 (2000)

27. Schonlau, M., Welch, W.J., Jones, D.R.: Global versus local search in constrained optimization of computer models. In: Flournoy, N., Rosenberger, W., Wong, W. (eds.) New Developments and Applications in Experimental Design, vol. 34, pp. 11–25. Institute of Mathematical Statistics, Hayward, California (1998)

28. Snoek, J., Larochelle, H., Adams, R.P.: Practical reiburg optimization of machine learning algorithms. In: Proc. of NIPS-12 (2012)

29. Srinivas, N., Krause, A., Kakade, S., Seeger, M.: Gaussian process optimization in the bandit setting: No regret and experimental design. In: Proc. of ICML-10. pp. 1015–1022 (2010)

30. Strijov, V., Weber, G.: Nonlinear regression model generation using hyperparameter optimization. Computers & Mathematics with Applications 60(4), 981–988 (2010)

31. Thornton, C., Hutter, F., Hoos, H.H., Leyton-Brown, K.: Auto-WEKA: Combined selection and hyperparameter optimization of classification algorithms. In: KDD (2013)

32. Vilalta, R., Drissi, Y.: A perspective view and survey of meta-learning. Artif. Intell. Rev. 18(2),77–95 (Oct 2002)

33. Zhao, P., Yu, B.: On model selection consistency of lasso. JMLR 7, 2541–2563 (Dec 2006)

5
하이퍼옵트 사이킷런

브렌트 코머[Brent Komer], 제임스 베르흐스트라[James Bergstra],
크리스 엘라이아스미스[Chris Eliasmith]

개요 하이퍼옵트 사이킷런[Hyperopt-sklearn]은 사이킷런 머신러닝 라이브러리의 자동화된 알고리듬 구성을 제공하는 소프트웨어 프로젝트다. 오토웨카에 이어, 분류기의 선택과 심지어 전처리 모듈의 선택까지도 취해져서 큰 하나의 하이퍼파라미터 최적화 문제를 나타낸다는 견해를 취한다. 하이퍼옵트를 사용해 많은 표준 구성 요소(예: SVM, RF, KNN, PCA, TFIDF)와 이를 함께 구성하는 일반적 패턴을 포함하는 탐색 공간을 정의한다. 하이퍼옵트의 탐색 알고리듬과 표준 벤치마킹 데이터셋(MNIST, 20-뉴스그룹, 볼록 도형[Convex Shapes])을 사용해, 이 공간을 탐색하는 것이 실용적이고 효과적이라는 것을 입증한다. 특히 출시 시점에 MNIST와 볼록 도형에 대한 모델 공간에 대해 가장 잘 알려진 점수를 능가했다.

Brent Komer(✉)
Center for Theoretical Neuroscience, University of Waterloo, Waterloo, ON, Canada. e-mail: bjkomer@uwaterloo.ca

5.1 서론

심층 네트워크에 비해, 서포트 벡터 머신[SVM] 및 랜덤 포레스트[RF]와 같은 알고리듬은 수동 조정 및 그리드 또는 랜덤 탐색이 만족스러운 결과를 제공하는 충분히 적은 수의 하이퍼파라미터를 가지고 있다. 그러나 한 걸음 뒤로 물러나 보면 SVM이나 RF이 모두 계산적으로 가능할 때, 이 중 하나를 사용할 특별한 이유가 없는 경우가 많다. 모델에 특별한 선호가 없는 실무자는 단순히 더 높은 정확도를 제공하는 것을 선호할 수 있다.이러한 관점에서 분류기의 선택은 SVM의 C값과 RF의 최대 트리 깊이와 함께 하이퍼파라미터로 볼 수 있다. 실제로 전처리 구성 요소의 선택과 구성은 모델 선택/하이퍼파라미터 최적화 문제의 일부로 간주될 수 있다.

오토웨카 프로젝트[19]는 머신러닝 접근법의 전체 라이브러리(Weka [8])가 하이퍼파라미터 튜닝의 단일 실행 범위 내에서 탐색될 수 있음을 처음으로 보여줬다. 그러나 웨카는 GPL 라이선스 자바 라이브러리이며 확장성을 염두에 두고 작성되지 않았기 때문에 오토웨카에 관한 대안이 필요하다. 사이킷런[16]은 머신러닝 알고리듬의 또 다른 라이브러리다. 파이썬으로 작성됐으며(더 빠른 속도를 위해 C로 작성된 많은 모듈이 포함됨) BSD 라이선스다. 사이킷런은 과학 파이썬 커뮤니티에서 널리 사용되며 많은 머신러닝 응용 분야를 지원한다.

5장에서는 파이썬 및 사이킷런 사용자에게 자동화된 알고리듬 설정의 이점을 제공하는 프로젝트인 하이퍼옵트 사이킷런[Hyperopt-sklearn]을 소개한다. 하이퍼옵트 사이킷런은 하이퍼옵트[3]를 사용해 전처리, 분류 및 회귀 모듈을 포함하는 가능한 사이킷런 구성 요소에 대한 탐색 공간을 설명한다. 이 프로젝트의 주요 설계 특징 중 하나는 사이킷런 사용자에게 친숙한 인터페이스를 제공하는 것이다. 변경이 거의 없이, 하이퍼파라미터 탐색은 기존 코드 베이스에 적용할 수 있다. 5장은 하이퍼옵트의 배경과 그것이 사이킷런 내에서 사용하는 설정 공간으로 시작해서, 이 소프트웨어에 대한 사용 예시와 실험 결과들을 다룬다.

5장은 2014년 자동머신러닝[AutoML]에 대한 ICML 워크숍에서 소개한 하이퍼옵트 사이킷런에 대한 2014년 논문의 확장판[10]이다.

5.2 배경: 최적화를 위한 하이퍼옵트

하이퍼옵트 라이브러리[3]는 알고리듬 설정에서 발생하는 탐색 공간을 위한 최적화 알고리듬을 제공한다. 이러한 공간은 다양한 변수 유형(연속, 순서, 범주형), 서로 다른 민감도 프로파일(예: 균등 대 로그 스케일링) 및 조건부 구조(두 분류기 사이의 선택이 있을 때, 한 분류기의 파라미터는 다른 분류기를 선택할 때 관련이 없음)로 특징지어진다. 하이퍼옵트를 사용하려면 사용자는 다음 세 가지를 정의/선택해야 한다.

- 탐색 도메인
- 목적함수
- 최적화 알고리듬

탐색 도메인은 랜덤 변수를 통해 지정되며, 가장 유망한 조합이 높은 사전 확률을 갖도록 분포를 선택해야 한다. 탐색 도메인에는 파이썬 연산자와 목적함수를 위해 랜덤 변수를 더욱 편리한 데이터 구조로 결합하는 함수가 포함될 수 있다. 이 도메인 내에서 모든 조건부 구조가 정의된다. 목적함수는 이러한 랜덤 변수의 공동 표본을 최적화 알고리듬이 최소화하려고 시도할 스칼라 값 점수에 매핑한다.

다음에는 하이퍼옵트를 사용하는 탐색 도메인의 예가 나와 있다.

```
from hyperopt import hp

space = hp.choice('my conditional',
[
    ('case 1', 1 + hp.lognormal ('c1', 0, 1)),
    ('case 2', hp.uniform('c2', -10, 10))
    ('case 3', hp.choice('c3', ['a', 'b', 'c']))
])
```

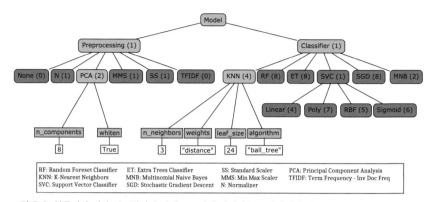

그림 5.1 분류기가 뒤따르는 전처리 단계로 구성된 하이퍼옵트 사이킷런 탐색 공간의 예. 가능한 6개의 전처리 모듈과 6개의 분류기가 있다. 이 설정 공간 내에서 모델을 선택한다는 것은 윗세대 샘플링 프로세스에서 경로를 선택하는 것을 의미한다. 강조 표시된 밝은 파란색 노드는 (PCA, K 최근접) 모델을 나타낸다. 하단의 흰색 리프 노드는 상위 하이퍼파라미터의 예제 값을 나타낸다. 모델의 활성화된 하이퍼파라미터 수는 선택된 상자에 있는 괄호 안의 숫자의 합계다. PCA+KNN 조합의 경우 8개의 하이퍼파라미터가 활성화된다.

여기에는 4개의 파라미터가 있다. 하나는 활성 상태인 케이스를 선택하기 위한 파라미터이고 다른 하나는 세 가지 케이스 각각에 대한 파라미터다. 첫 번째 경우는 로그 스케일링에 민감한 양의 값 파라미터가 포함돼 있다. 두 번째 경우는 유한한 실수 값 파라미터가 포함돼 있다. 세 번째 경우에는 세 가지 옵션이 있는 범주형 파라미터가 포함된다.

탐색 도메인, 목적함수 및 최적화 알고리듬을 선택한 하이퍼옵트의 `fmin` 함수는 최적화를 수행하고 탐색 결과를 데이터베이스(예: 단순 파이썬 리스트 또는 몽고디비MongoDB 인스턴스)에 저장한다. `fmin` 호출은 최상의 설정을 찾는 간단한 분석을 수행하고 호출자에게 이를 반환한다. `fmin` 호출은 몽고DB 백엔드를 사용할 때 여러 작업자를 사용해 컴퓨팅 클러스터에서 병렬 모델 선택을 구현할 수 있다.

5.3 탐색 문제로서 사이킷런 모델 선택

모델 선택은 무한한 옵션 집합 중에서 어떤 머신러닝 모델이 가장 잘 수행되는지 추정하는 과정이다. 최적화 문제로서 탐색 도메인은 머신러닝 모델의 설정 파라미터(하이퍼파라미터)에 대한 유효한 할당 집합이다. 목적함수는 일반적으로 보류된 예에서 성공의 척도(예: 정확도, F1-점수 등)이다. 종종 부정적인 성공 정도(손실)

를 사용해 작업을 최소화 문제로 설정하고 교차 검증을 적용해 더 강건한 최종 점수를 산출한다. 실무자는 일반적으로 이 최적화를 수동, 그리드 탐색 또는 랜덤 탐색을 통해 다룬다. 5장에서는 하이퍼옵트 최적화 라이브러리를 사용해 이 문제를 해결하는 방법에 관해 설명한다. 기본 접근법은 랜덤 변수 하이퍼파라미터로 탐색 공간을 구축하고, 사이킷런을 사용해 모델 훈련 및 모델 검증을 수행하는 목적함수를 구현하고, 하이퍼옵트를 사용해 하이퍼파라미터를 최적화하는 것이다.

사이킷런은 데이터로부터 학습하기 위한 많은 알고리듬(분류 또는 회귀)과 이러한 학습 알고리듬이 입력으로 기대하는 벡터로 데이터를 전처리하기 위한 많은 알고리듬을 포함한다. 분류기에는 K-최근접이웃, 서포트 벡터 시스템 및 랜덤 포레스트 알고리듬 등이 포함된다. 전처리 알고리듬에는 구성 요소별 Z-스케일링 및 주성분분석PCA과 같은 변환이 포함된다. 전체적인 분류 알고리듬에는 일반적으로 일련의 전처리 단계를 따르는 분류기를 포함한다. 이러한 이유로, 사이킷런은 일련의 전처리 단계와 분류기를 하나의 구성 요소인 것처럼 표현하고 사용할수 있는 파이프라인 데이터 구조를 제공한다. 하이퍼옵트 사이킷런은 사이킷런의 파이프라인 객체를 공식적으로 사용하지 않지만 관련 기능을 제공한다. 하이퍼옵트 사이킷런은 파이프라인에 대한 탐색 공간 즉, 일련의 전처리 단계와 분류기 또는 회귀기에 대한 파라미터화를 제공한다.

현재 이 책을 작성 시 제공되는 설정 공간에는 현재 24개의 분류기, 12개의 회귀기 및 7개의 전처리 방법이 포함돼 있다. 오픈 소스 프로젝트로서 이 공간은 더많은 사용자들이 기여함에 따라 미래에 확장될 것이다. 초기 출시에서는 6개의 분류기와 5개의 전처리 알고리듬으로 구성된 탐색 공간의 부분집합만 사용할 수있었다. 이 공간은 초기 성과 분석에 사용됐으며 그림 5.1에 예시돼 있다. 전체적으로 이 파라미터화에는 부울 변수 15개, 범주형 변수 14개, 이산형 변수 17개 및 실수 값 변수 19개 등 65개의 하이퍼파라미터가 포함돼 있다.

전체 설정 공간의 총 하이퍼파라미터 수는 크지만 PCA와 랜덤 포레스트로 구성된 모델은 12개의 활성 하이퍼파라미터만 가진다(예: 전처리 선택을 위해 1개, PCA 내부 2개, 분류 선택을 위해 1개 그리고 RF 내부의 8개). 하이퍼옵트 묘사 언어는 조건부 하이퍼파라미터(항상 할당돼야 함)와 비조건부 하이퍼파라미터(사용되지 않을 경우 할당되지 않은 상태로 남아 있을 수 있음)를 구분할 수 있다. 하이퍼옵트의 탐색 알고리듬이 예를 들어 RF 하이퍼파라미터가 SVM 성능에 영향을 미치지 않는다는 것을 시행착오를 통해 학습함으로써 시간을 낭비하지 않도록 이 메커니즘을 광범위하게 활용한다. 분류기 내부에서도 조건부 파라미터 예가 존재한다. KNN은 거리 척도에 따른 조건부 파라미터를 가지고, LinearSVC(선형 서포트 벡터 분류기)는 손실, 페널티와 듀얼의 3개 이진 파라미터를 가지므로 단지 4개의 유효한 할당이 허용된다.

하이퍼옵트 사이킷런은 또한 함께 작동하지 않는 (전처리, 분류기) 쌍의 블랙리스트도 포함하고 있다. 예를 들어 PCA와 MinMaxScaler는 다항 NB와 호환되지 않으며, TF-IDF는 텍스트 데이터에만 사용할 수 있으며, 트리 기반 분류기는 TF-ID 전처리기에 의해 생성된 희소 특성를 사용할 수 없다. 실수 값 하이퍼파라미터의 10방향 이산화를 허용하고, 이러한 조건부 하이퍼파라미터를 고려한다면 탐색 공간의 그리드 탐색은 여전히 (10^{12} 차수의) 실현 불가능한 수의 평가를 필요로 할 것이다.

마지막으로 스칼라 값 탐색 목적을 정의할 수 있는데, 이때 탐색 공간은 최적화 문제로 설정된다. 기본값으로 하이퍼옵트 사이킷런은 검증 데이터에 대한 사이킷런의 점수 방법을 사용해 탐색 기준을 정의한다. 분류기의 경우, 이것은 소위 "영-일 손실"로, 훈련에 사용되는 데이터셋(그리고 모델 선택 탐색 프로세스 후 테스트에 사용된 데이터)에서 보류된 데이터 간의 정확한 레이블 예측 수다.

5.4 사용 예제

사이킷런의 관행에 따라 하이퍼옵트 사이킷런은 적합화 방법과 예측 방법을 가진 추정기 클래스를 제공한다. 이 클래스의 적합화 방법은 하이퍼파라미터 최적화를 수행하고, 완료된 후 예측 방법은 주어진 검증 데이터에 최상의 모델을 적용한다. 최적화 동안 각 평가는 훈련셋의 큰 비율에 대해 훈련을 수행하고 검증셋의 테스트셋 정확도를 추정한 다음 검증셋 점수를 최적화기에게 반환한다. 탐색의 마지막에 전체 데이터셋에 대해 최상의 설정이 재학습돼 이후의 예측 호출을 대응하는 분류기를 생성한다.

하이퍼옵트 사이킷런의 중요한 목표 중 하나는 배우고 사용하기 쉽게 하는 것이다. 용이하게 하기 위해 분류기를 데이터에 적합화시키고 예측을 하는 구문은 사이킷런과 매우 유사하다. 다음은 이 소프트웨어를 사용하는 가장 간단한 예다.

```
from hpsklearn import HyperoptEstimator

# 데이터를 로딩한다.
train_data, train_label, test_data, test_label =
    load_my_data()

# 추정기 객체를 작성한다.
estim = HyperoptEstimator()

# 분류기와 전처리 단계의 공간 그리고 사이킷런의 해당 하이퍼파라미터들을 탐색해 모델을
  데이터에 적합화한다.
estim.fit(train_data, train_label)

# 최적화된 모델을 사용해 예측을 한다.
prediction = estim.predict(test_data)

# 주어진 데이터셋에 대해 분류기의 정확도를 보고한다.
score = estim.score(test_data, test_label)

# 분류기와 전처리 단계의 인스턴스를 반환한다.
model = estim.best_model()
```

HyperoptEstimator 객체에는 탐색할 공간과 탐색 방법에 대한 정보가 포함돼 있다. 다양한 하이퍼파라미터 탐색 알고리듬을 사용하도록 구성될 수도 있으며, 알고리듬 조합도 지원한다. 하이퍼옵트 내의 알고리듬과 동일한 인터페이스를 지원하는 모든 알고리듬을 여기서 사용할 수 있다. 여기서 사용자는 실행하고자 하는 최대 함수 평가의 수뿐만 아니라 각 실행의 시간 제한(초)도 지정할 수 있다.

```
from hpsklearn import HyperoptEstimator
from hyperopt import tpe estim = HyperoptEstimator(algo=tpe.suggest,
                          max_evals=150,
                          trial_timeout=60)
```

각 탐색 알고리듬은 탐색 공간에 각자의 편향을 가져올 수 있으며, 한 가지 특정 전략이 모든 경우에 가장 우수하다는 것은 분명하지 않을 수 있다. 때때로 탐색 알고리듬을 혼합해 사용하는 것이 도움이 될 수 있다.

```
from hpsklearn import HyperoptEstimator
from hyperopt import anneal, rand, tpe, mix
# 5% 무작위로 탐색하는 알고리듬을 정의한다.
# TPE를 75% 사용하고, 담금질(annealing)을 25% 사용한다.
mix_algo = partial(mix.suggest, p_suggest=[
        (0.05, rand.suggest),
        (0.75, tpe.suggest),
        (0.20, anneal.suggest)])
estim = HyperoptEstimator(algo=mix_algo,
                    max_evals=150,
                    trial_timeout=60)
```

사이킷런에서 사용할 수 있는 분류기의 전체 공간에 대해 효과적으로 탐색하려면 많은 시간과 계산 리소스를 사용할 수 있다. 경우에 따라 모델의 특정 하위 공간에 더 관심을 가질 수 있다. 하이퍼옵트 사이킷런으로 더 깊이 탐색할 수 있도록 더 좁은 탐색 공간을 지정할 수 있다.

```
from hpsklearn import HyperoptEstimator, svc

# limit the search to only SVC models
estim = HyperoptEstimator(classifier=svc('my_svc'))
```

상이한 공간의 조합 또한 이용될 수 있다.

```
from hpsklearn import HyperoptEstimator, svc, knn
from hyperopt import hp

# restrict the space to contain only random forest,
# k-nearest neighbors, and SVC models.
clf = hp.choice('my_name',
    [random_forest('my_name.random_forest'),
    svc('my_name.svc'),
    knn('my_name.knn')])
estim = HyperoptEstimator(classifier=clf)
```

사이킷런에 의해 제공되는 서포트 벡터 머신은 사용될 수 있는 많은 상이한 커널을 가지고 있다. 커널을 변경하면 모델의 성과에 큰 영향을 미칠 수 있으며 각 커널에는 고유한 하이퍼파라미터가 있다. 이를 설명하기 위해 하이퍼옵트 사이킷런은 각 커널 선택을 탐색 공간에서 고유한 모델로 처리한다. 데이터에 가장 적합한 커널을 이미 알고 있거나 특정 커널을 사용한 모델 탐색에만 관심이 있는 경우 svc를 거치지 않고 직접 지정할 수 있다.

```
from hpsklearn import HyperoptEstimator, svc_rbf
estim = HyperoptEstimator(classifier=svc_rbf('my_svc'))
```

리스트를 svc로 전달함으로 관심 있는 커널을 지정할 수도 있다.

```
from hpsklearn import HyperoptEstimator, svc
estim = HyperoptEstimator(
    classifier=svc('my_svc',
                kernels=['linear',
                        'sigmoid']))
```

분류기와 유사한 방법으로, 전처리 모듈의 공간은 미세 조정될 수 있다. 여러 개의 연속된 전처리 단계를 순서를 가진 리스트를 통해 지정할 수 있다. 빈 리스트는 데이터에 대해 전처리가 수행되지 않음을 의미한다.

```
from hpsklearn import HyperoptEstimator, pca
estim = HyperoptEstimator(preprocessing=[pca('my_pca')])
```

상이한 공간의 조합도 여기에서 사용할 수 있다.

```
from hpsklearn import HyperoptEstimator, tfidf, pca
from hyperopt import hp
preproc = hp.choice('my_name',
    [[pca('my_name.pca')],
     [pca('my_name.pca'), normalizer('my_name.norm')]
     [standard_scaler('my_name.std_scaler')],
     []])
estim = HyperoptEstimator(preprocessing=preproc)
```

일부 유형의 사전 처리는 특정 유형의 데이터에서만 작동한다. 일례로 사이킷런이 제공하는 TfidfVectorizer는 텍스트 데이터를 사용하도록 설계됐으며 다른 유형의 데이터에는 적합하지 않다. 이를 해결하기 위해 하이퍼옵트 사이킷런은 특정 데이터 유형에 맞춘 분류기와 전처리의 몇 가지 사전 정의된 공간과 함께 제공된다.

```
from hpsklearn import HyperoptEstimator, \
                any_sparse_classifier, \
                any_text_preprocessing
from hyperopt import tpe
estim = HyperoptEstimator(
    algo=tpe.suggest,
    classifier=any_sparse_classifier('my_clf')
    preprocessing=any_text_preprocessing('my_pp')
    max_evals=200,
    trial_timeout=60)
```

지금까지 이 모든 예에서, 모델에서 사용할 수 있는 모든 하이퍼파라미터가 탐색되고 있다. 특정 하이퍼파라미터의 값을 지정할 수도 있으며, 이러한 파라미터는 탐색 중에 일정하게 유지된다. 예를 들어 백색 잡음화된 PCA 데이터와 3차 다항식 커널 SVM을 사용하고자 하는 경우 이 기능이 유용할 수 있다.

```
from hpsklearn import HyperoptEstimator, pca, svc_poly
estim = HyperoptEstimator(
        preprocessing=[pca('my_pca', whiten=True)],
        classifier=svc_poly('my_poly', degree=3))
```

개별 파라미터의 범위를 지정할 수도 있다. 이 작업은 표준 하이퍼옵트 구문을 사용해 이것이 수행된다. 이는 하이퍼옵트 사이킷런 내에 정의된 기본값을 바꿀 수 있다.

```
from hpsklearn import HyperoptEstimator, pca, sgd
from hyperopt import hp
import numpy as np
sgd_loss = hp.pchoice('loss',
                [(0.50, 'hinge'),
```

```
                (0.25, 'log'),
                (0.25, 'huber')])
sgd_penalty = hp.choice('penalty',
                ['l2', 'elasticnet'])
sgd_alpha = hp.loguniform('alpha',
                low=np.log(1e-5),
                high=np.log(1) )
estim = HyperoptEstimator(
        classifier=sgd('my_sgd',
                loss=sgd_loss,
                penalty=sgd_penalty,
                alpha=sgd_alpha) )
```

사용자가 사용할 수 있는 모든 구성 요소는 components.py 파일에서 찾을 수 있다. 하이퍼옵트 사이킷런을 사용해 20개 뉴스 그룹 데이터셋에 대한 모델을 찾는 전체 작업 예가 다음에 나와 있다.

```
from hpsklearn import HyperoptEstimator, tfidf,
    any_sparse_classifier
from sklearn.datasets import fetch_20newsgroups
from hyperopt import tpe
import numpy as np
# 데이터를 다운로드하고 훈련과 테스트셋으로 분리
train = fetch_20newsgroups(subset='train')
test = fetch_20newsgroups(subset='test')
X_train = train.data
y_train = train.target
X_test = test.data '
y_test = test.target
estim = HyperoptEstimator(
        classifier=any_sparse_classifier('clf'),
        preprocessing=[tfidf('tfidf')],
        algo=tpe.suggest, trial_timeout=180)
estim.fit(X_train, y_train)
print(estim.score(X_test, y_test))
print(estim.best_model())
```

5.5 실험

우리는 하이퍼옵트 사이킷런이 합리적인 시간 내에 다양한 데이터셋에서 정확한 모델을 찾을 수 있음을 입증하기 위해 세 개의 데이터셋에 대한 실험을 수행했다. 결과는 MNIST, 20개 뉴스 그룹 및 볼록 도형의 세 가지 데이터셋에 대해 수집 됐다. MNIST는 손으로 그린 숫자의 70K개의 28×28 회색 스케일 이미지로 잘 알려진 데이터셋이다[12]. 20개 뉴스 그룹은 20K개의 뉴스 그룹 메시지의 20 방향 분류 데이터셋이다([13], 실험을 위해 헤더를 제거하지 않았다). 볼록 도형은 작 은(32×32) 흑백 이미지에서 볼록 백색 영역의 그림을 구별하는 이항 분류 작업 이다[11].

그림 5.2(왼쪽)는 광범위한 탐색에 대한 페널티가 없음을 보여준다. 그림 5.1에 묘사된 공간의 부분집합을 탐색하는 최대 300개의 함수 평가의 최적화 실행을 수행했고, 솔루션의 품질을 특정 분류기 유형(가장 잘 알려진 분류기 포함)의 전문화 된 탐색과 비교했다.

그림 5.2(오른쪽)는 탐색이 상이하고 양호한 모델을 찾을 수 있음을 보여준다. 이 그림은 서로 다른 초기 조건(평가 수, 최적화 알고리듬 선택 및 난수 시드)으로 하 이퍼옵트 사이킷런을 실행하고 각 실행 후 어떤 최종 모델이 선택됐는지 추적 함으로써 작성됐다. 서포트 벡터 머신이 항상 최고 중 하나였지만, 최상의 SVM 의 파라미터는 데이터셋마다 매우 다르게 나타났다. 예를 들어 이미지 데이터셋 (MNIST와 볼록 도형)에서 선택한 SVM은 시그모이드 또는 선형 커널을 갖지 않은 반 면, 20개의 뉴스 그룹에서는 선형 및 시그모이드 커널이 가장 우수했다.

때때로 머신러닝 기법에 익숙하지 않은 연구자들은 단순히 사용할 수 있는 분 류기의 기본 파라미터를 사용할 수 있다. 이 접근법의 드롭인 대체물로서 하이퍼 옵트 사이킷런의 효과를 살펴보기 위해, 기본 사이킷런 파라미터의 성과와 기본 하이퍼옵트 사이킷런 공간의 소규모 탐색(25개 평가) 간의 비교가 수행됐다. 20개 의 뉴스 그룹 데이터셋에 대한 결과는 그림 5.3에 나와 있다. 베이스라인에 비해 성과가 향상된 것은 모든 경우에 관찰되며, 이 탐색 기법이 적은 계산 예산으로도 가치가 있음을 시사한다.

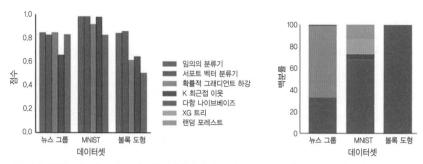

그림 5.2 왼쪽: 최상의 모델 성과. 각 데이터셋에 대해 전체 설정 공간("모든 분류기")을 탐색하면 최상의 분류기 유형으로 제한된 탐색과 대략 동등한 성과를 얻을 수 있다. 각 막대는 특정 분류기로 제한된 탐색에서 얻은 점수를 나타낸다. "모든 분류기"의 경우에서는 탐색 공간에 제한이 없다. 모든 경우에서 300개의 하이퍼파라미터 평가가 수행됐다. 점수는 20개의 뉴스 그룹에 대한 F1이고, MNIST와 볼록 도형에 대해서는 정확도다.

오른쪽: 모델 선택 분포. 전체 탐색 공간(상이한 초기 조건 및 상이한 최적화 알고리듬을 사용하는 모든 분류기)에서 수행되는 모든 최적화 실행의 최상의 모델을 살펴보면 상이한 데이터셋이 서로 다른 분류기에 의해 가장 잘 처리된다는 것을 알 수 있다. SVC는 볼록 도형에 대한 최상의 모델로 선택된 유일한 분류기였으며, 종종 MNIST와 20개의 뉴스 그룹에서 최상의 모델로 밝혀졌다. 그러나 최고의 SVC 하이퍼파라미터는 데이터셋마다 매우 달랐다.

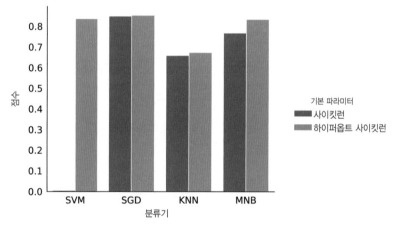

그림 5.3 사이킷런의 기본 파라미터 또는 하이퍼옵트 사이킷런의 기본 탐색 공간을 사용한 20개의 뉴스 그룹 데이터셋에 대한 F1-점수의 비교. 하이퍼옵트 사이킷런의 결과는 25개의 평가를 수반하는 단일 실행에서 얻었으며, 서포트 벡터 분류기, 확률적 경사 하강, K-최근접이웃 또는 다항식 나이브 베이즈로 제한됐다.

5.6 논의와 미래 연구

표 5.1에는 교차 검증에 의해 발견된 최상의 모델의 테스트셋 점수뿐만 아니라 이전 연구의 몇몇 기준점이 나열돼 있다. 하이퍼옵트 사이킷런의 점수는 각 데이터셋에서 비교적 양호하며, 이는 하이퍼옵트 사이킷런의 파라미터화를 통해 하이퍼옵트의 최적화 알고리듬이 인간 전문가와 경쟁할 수 있음을 나타낸다.

MNIST 손글씨 숫자 데이터셋에서 성능이 가장 우수한 모델은 심층 인공 신경망을 사용한다. 합성곱 신경망의 완벽한 승자 뉴런의 작은 수용 영역은 큰 네트워크를 구축한다. 각 신경 열은 상이한 방식으로 전처리된 입력의 전문가가 되며, 35개의 심층 신경 열의 평균 예측은 최종 예측을 산출한다[4]. 이 모델은 사이킷런에서 이용할 수 있는 모델보다 훨씬 더 진보돼 있다. 이전에 가장 잘 알려진 사이킷런 탐색 공간의 모델은 중심을 가진 데이터에 대한 방사형 기저 SVM$^{radial-basis\ SVM}$으로 98.6%의 점수를 냈는데, 하이퍼옵트-사이킷런은 이 성과를 달성한다[15].

표 5.1 실험에 사용된 세 데이터셋에 대한 문헌의 모델 선택과 상대적인 하이퍼옵트 사이킷런 점수. MNIST에서 하피어옵트 사이킷런은 이미지 특화된 도메인 지식을 사용하지 않는 방법 중 최고 점수를 내는 방법 중 하나다(이 점수 및 기타 점수는 http://yann.lecun.com/exdb/mnist//에서 찾을 수 있다). 20개 뉴스 그룹에서 하이퍼옵트 사이킷런은 문헌의 유사한 접근 방식([7]에서 얻은 점수)과 경쟁한다. 20 뉴스 그룹 데이터셋에서 하이퍼옵트 사이킷런에 대해 보고된 점수는 사이킷런이 제공하는 가중 평균 F1 점수다. 여기에 보여진 다른 방법은 매크로 평균 F1 점수를 사용한다. 볼록 도형에서 하이퍼옵트 사이킷런은 이전의 자동화된 알고리듬 설정 접근법[6]과 수동 조정[11]의 성과를 능가한다.

MNIST		20 뉴스그룹		볼록 도형	
접근법	정확도	접근법	F-점수	접근법	정확도
convnets의 위원회	99.8%	CFC	0.928	하이퍼옵트-사이킷런	88.7%
하이퍼옵트-사이킷런	98.7%	하이퍼옵트-사이킷런	0.856	hp-dbnet	84.6%
libSVM 그리드 탐색	98.6%	SVM Torch	0.848	dbn-3	81.4%
부스트 트리	98.5%	libSVM	0.856		

20개의 뉴스 그룹 문서 분류 데이터셋에서 꽤 잘 수행된 CFC 모델은 클래스-특성-중심 분류기$^{Class-Feature-Centroid\ classifier}$다. 중심 접근법은 일반적으로 SVM보다 열등하다. 훈련 중에 중심 접근법은 최적 위치로부터 멀리 떨어져 있기 때문이다. 여기에 보고된 CFC 방법은 클래스 간 단어 인덱스 및 클래스 내 단어 인덱스에서

구축된 중심을 사용한다. 그것은 이러한 인덱스들의 새로운 조합을 비정규화된 코사인 척도와 함께 사용해 중심과 텍스트 벡터 사이의 유사도 점수를 계산한다 [7]. 이 모델의 스타일은 현재 하이퍼옵트 사이킷런에서 구현돼 있지 않으며, 우리의 실험은 기존의 하이퍼옵트 사이킷런 구성 요소가 CFC 모델의 성과 수준에 상대할 수 있도록 조합될 수 없음을 시사한다. 아마도 CFC 모델이 하이퍼옵트에 구현되면, 훨씬 더 높은 분류 정확도를 제공하는 일련의 파라미터를 찾을 수 있을 것이다.

볼록 도형 데이터셋에서, 하이퍼옵트 사이킷런 실험은 이러한 표준 구성 요소의 탐색 공간은 말할 것도 없고 이전에 어떤 탐색 공간에도 존재한다고 믿었던 것보다 더 정확한 모델을 보여줬다. 이 결과는 하이퍼파라미터 탐색의 어려움과 중요성을 강조한다.

하이퍼옵트 사이킷런은 향후 작업에 많은 기회를 제공한다. 더 많은 분류기와 전처리 모듈이 탐색 공간에 포함될 수 있고 기존 구성 요소를 결합하는 더 많은 방법을 가지고 있다. 다른 유형의 데이터에는 서로 다른 전처리가 필요하며, 분류 외에도 다른 예측 문제가 존재한다. 탐색 공간을 확장할 때, 새로운 모델의 장점이 더 큰 공간을 탐색하는 큰 어려움보다 더 큰지 확인하기 위해 주의를 기울여야 한다. 많은 경우 사이킷런은 적합도에 영향을 미치는 실제 하이퍼파라미터(예: KNN 모델의 algorithm과 leaf_size)보다 더 세부적인 구현 사항을 나타내는 파라미터들을 제시하고 있다. 각 모델에서 이러한 파라미터를 식별하기 위해 주의를 기울여야 하며 탐색 중에 다르게 처리해야 할 수도 있다.

사이킷런 인터페이스에 맞는 한, 사용자가 탐색 공간에 자신의 분류기를 추가할 수 있다. 이는 현재 하이퍼옵트 사이킷런의 코드가 어떻게 구성됐는지 어느 정도 이해해야 하는데, 이를 위한 지원을 개선하면 좋을 것이며, 사용자에게 최소한의 노력이 요구할 것이다. 기본값인 정확도나 F-점수 외에도 사용자가 대안의 점수 방법을 지정할 수도 있다. 기본값이 특정 문제에 가장 적합하지 않은 경우가 있을 수 있기 때문이다.

여기서 하이퍼옵트의 랜덤 탐색, 어닐링 탐색 및 TPE 알고리듬이 하이퍼옵트 사이킷런을 실행 가능하게 한다는 것을 보여줬지만, 그림 5.4의 느린 수렴은 다른 최적화 알고리듬이 더 호출 효율적일 수 있음을 시사한다. 베이지안 최적화 알고리듬의 개발은 활발한 연구 영역이며, 다른 탐색 알고리듬이 하이퍼옵트 사이킷런의 탐색 공간과 어떻게 상호작용하는지 지켜볼 것이다. 하이퍼파라미터 최적화는 탐색 공간의 파라미터화를 탐색 알고리듬의 강점에 일치시키는 새로운 기술에 열려 있다.

탐색에 소요되는 계산 처리 시간은 실질적으로 매우 중요하며, 하이퍼옵트 사이킷런은 현재 가능성이 없는 포인트를 평가하는 데 상당한 시간을 소비한다. 성과가 나쁠 포인트를 조기에 인식하는 기술은 탐색 속도를 크게 높일 수 있을 것이다[5, 18].

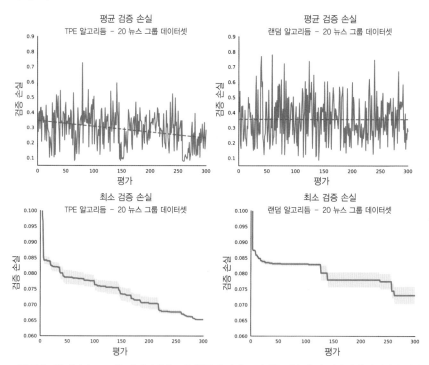

그림 5.4 20개의 뉴스 그룹 데이터셋과 모든 분류기 탐색 도메인을 사용해 각 연속적인 파라미터 평가에 대해 발견된 모델의 검증 손실. 왼쪽 위: TPE 알고리듬에 대한 서로 다른 난수 시드 간의 각 단계에서 평균 검증 손실. 하향 추세는 시간이 지남에 따라 더 많은 유망한 영역이 탐색된다는 것을 나타낸다. 오른쪽 위: 랜덤 알고리듬의 평균 검증 손실이다. 평평한 추세는 이전 시행에서 학습된 내용이 없음을 나타낸다. 평가 전반에 걸친 성과 차이가 크면 문제가 하이퍼파라미터 튜닝에 매우 민감하다는 것을 나타낸다. 왼쪽 아래: 지금까지 TPE 알고리듬에 대해 발견된 모델의 최소 검증 손실이다. 300회 이상 20개 뉴스 그룹에서 점진적인 진전이 이뤄지며 수렴 징후는 없다. 오른쪽 아래: 랜덤 알고리듬의 최소 검증 손실이다. 진행속도가 처음 40여 개의 평가에서 매우 빠르고 그 후 장기간에 걸쳐 진행된다. 개선은 여전히 지속되지만 시간이 지날수록 가능성이 더 작아진다.

5.7 결론

5장에서는 사이킷런이 제공하는 표준 머신러닝 알고리듬의 자동 알고리듬 구성을 위한 파이썬 패키지인 하이퍼옵트 사이킷런을 소개했다. 하이퍼옵트 사이킷런은 사이킷런에서 사용할 수 있는 많은 머신러닝 알고리듬에 대한 통합 인터페이스를 제공하며, 하이퍼옵트의 최적화 기능의 도움으로 알고리듬 구성에서 인간 전문가에 필적하거나 능가할 수 있다. 하이퍼옵트 사이킷런이 머신러닝 시스템 개발을 위한 유용한 도구와 자동머신러닝 연구자들에게 알고리듬 설정에서의 향후 작업에 대한 벤치마크를 제공하기를 바란다.

감사의 글 이 연구는 NSERC Banting Fellowship 프로그램, NSERC 참여 프로그램 및 D-Wave Systems에 의해 지원됐다. 하이퍼옵트의 사이킷런으로의 연결에 대한 초기 초안을 작성해준 흐리스티얀 보고에브스키[Hristijan Bogoevski]에게도 감사드린다.

참고문헌

1. J. Bergstra, R. Bardenet, Y. Bengio, and B. Kegl. Algorithms for hyper-parameter optimization, NIPS, 24:2546–2554, 2011.
2. J. Bergstra, D. Yamins, and D. D. Cox. Making a science of model search: Hyperparameter optimization in hundreds of dimensions for vision architectures, In Proc. ICML, 2013a.
3. J. Bergstra, D. Yamins, and D. D. Cox. Hyperopt: A Python library for optimizing the hyperparameters of machine learning algorithms, SciPy'13, 2013b.
4. D. Ciresan, U. Meier, and J. Schmidhuber. Multi-column Deep Neural Networks for Image Classification, IEEE Conference on Computer Vision and Pattern Recognition (CVPR), 3642– 3649. 2012.
5. T. Domhan, T. Springenberg, F. Hutter. Extrapolating Learning Curves of Deep Neural Networks, ICML AutoML Workshop, 2014.
6. K. Eggensperger, M. Feurer, F. Hutter, J. Bergstra, J. Snoek, H. Hoos, and K. Leyton-Brown.Towards an empirical foundation for assessing Isevier optimization of hyperparameters, NIPS workshop on Bayesian Optimization in Theory and Practice, 2013.

7. H. Guan, J. Zhou, and M. Guo. A class-feature-centroid classifier for text categorization, Proceedings of the 18th international conference on World wide web, 201–210. ACM, 2009.

8. M. Hall, E. Frank, G. Holmes, B. Pfahringer, P. Reutemann, and I. H. Witten. The weka datamining software: an update, ACM SIGKDD explorations newsletter, 11(1):10–18, 2009.

9. F. Hutter, H. Hoos, and K. Leyton-Brown. Sequential model-based optimization for general algorithm configuration, LION-5, 2011. Extended version as UBC Tech report TR-2010-10.

10. B. Komer, J. Bergstra, and C. Eliasmith. Hyperopt-sklearn: automatic hyperparameter configuration for scikit-learn, ICML AutoML Workshop, 2014.

11. H. Larochelle, D. Erhan, A. Courville, J. Bergstra, and Y. Bengio. An empirical evaluation of deep architectures on problems with many factors of variation, ICML, 473–480, 2007.

12. Y. LeCun, L. Bottou, Y. Bengio, and P. Haffner. Gradient-based learning applied to document recognition, Proceedings of the IEEE, 86(11):2278–2324, November 1998.

13. T. Mitchell. 20 newsgroups data set, http://qwone.com/jason/20Newsgroups/, 1996.

14. J. Mockus, V. Tiesis, and A. Zilinskas. The application of Bayesian methods for seeking theextremum, L.C.W. Dixon and G.P. Szego, editors, Towards Global Optimization, volume 2, pages 117–129. North Holland, New York, 1978.

15. The MNIST Database of handwritten digits: http://yann.lecun.com/exdb/mnist/

16. F. Pedregosa, G. Varoquaux, A. Gramfort, V. Michel, B. Thirion, O. Grisel, M. Blondel, P. Prettenhofer, R. Weiss, V. Dubourg, J. Vanderplas, A. Passos, D. Cournapeau, M. Brucher, M. Perrot, and E. Duchesnay. Scikit-learn: Machine Learning in Python, Journal of Machine Learning Research, 12:2825–2830, 2011.

17. J. Snoek, H. Larochelle, and R. P. Adams. Practical Bayesian optimization of machine learning algorithms, Neural Information Processing Systems, 2012.

18. K. Swersky, J. Snoek, R.P. Adams. Freeze-Thaw Bayesian Optimization, arXiv:1406.3896,2014.

19. C. Thornton, F. Hutter, H. H. Hoos, and K. Leyton-Brown. AutoWEKA: Automated selectionand hyperparameter optimization of classification algorithms, KDD 847–855, 2013.

오토사이킷런: 효율적이고 강건한 자동머신러닝

마티아스 페러[Matthias Feurer], 아론 클라인[Aaron Klein],
카타리나 에겐스페르거[Katharina Eggensperger],
요스트 토비아스 스프링베르크[Jost Tobias Springenberg],
마누엘 블럼[Manuel Blum], 프랭크 허터[Frank Hutter]

개요 다양한 애플리케이션에서 머신러닝의 성공은 비전문가들에 의해 기성품으로 사용될 수 있는 머신러닝 시스템에 대한 수요가 계속 증가하고 있는 결과로 이어졌다. 실제로 효과적이려면 이러한 시스템이 당면하는 새로운 데이터셋에 대한 우수한 알고리듬과 특성 전처리 단계를 자동으로 선택하고 그들 각각의 하이퍼파라미터도 설정해야 한다. 최근의 연구는 효율적인 베이지안 최적화 방법의 도움으로 이 자동화된 머신러닝[AutoML] 문제를 다루기 시작했다. 이를 기반으로 파이썬 머신러닝 패키지 사이킷런(분류기 15개, 특성 전처리 방법 14개, 데이터 전처리 방법 4개 사용)을 기반으로 하는 강력한 새로운 AutoML 시스템을 도입해 110개의 하이퍼파라미터로 구조화된 가설 공간을 창출한다. 오토사이킷런[Auto-sklearn]이라고 하는 이 시스템은 유사한 데이터셋의 과거 성과를 자동으로 고려하고, 최적화 중에 평가된 모델로 앙상블을 구성해 기존 AutoML 방법을 개선한다. 첫 번째

M. Feurer(✉) · A. Klein · K. Eggensperger · J. T. Springenberg · M. Blum
Department of Computer Science, University of Freiburg, Freiburg, Baden-Württemberg, Germany
e-mail: feurerm@informatik.uni-freiburg.de

F. Hutter
Department of Computer Science, University of Freiburg, Freiburg, Germany

ChaLearn AutoML 과제에서 10단계 중 6단계를 달성했으며, 100개가 넘는 다양한 데이터셋에 대한 종합적인 분석을 통해 AutoML의 이전 기술 수준을 크게 능가한다는 것을 알 수 있다. 또한 각 구성 요소의 기여로 인한 성과 향상을 입증하고, 오토사이킷런의 개별 구성 요소의 효과에 대한 통찰력을 도출한다.

6.1 서론

머신러닝은 최근 많은 응용 분야에서 큰 발전을 이루었으며, 머신러닝에 초보자가 효과적으로 사용할 수 있는 머신러닝 시스템에 대한 수요가 증가하고 있다. 이에 대응해 이러한 수요를 충족시키는 것을 목표로 하는 상업적 회사(예: BigML.com, H2O.ai, RapidMiner.com, DataRobot.com, 마이크로소프트의 애저 머신러닝 Microsoft's Azure Machine Learning, 구글의 클라우드 머신러닝 엔진Google's Cloud Mahcine Learning Engine, 아마존 머신러닝Amazone Machine Learning)이 증가하고 있다. 그 핵심에서, 모든 효과적인 머신러닝 서비스는 주어진 데이터셋에 어떤 머신러닝 알고리듬을 사용할지, 특성을 전처리할지 여부와 어떻게 할지 그리고 어떻게 모든 하이퍼파라미터를 설정할지를 결정하는 근본적인 문제를 해결해야 한다. 이것이 이 연구에서 다루는 문제다.

좀 더 구체적으로 AutoML을 조사하는데 이 문제는 (인간 입력 없이) 고정된 계산 예산 내에서 새로운 데이터 셋에 대한 테스트셋 예측을 자동으로 산출하는 문제다. 공식적으로 이 AutoML 문제는 다음과 같이 말할 수 있다.

정의 1(AutoML 문제) $i = 1,...,n + m$에 대해서 x_i를 특성 벡터, 그리고 y_i를 이에 상응하는 타깃값으로 표기하자. 훈련 데이터셋 $D_{train} = \{(x_1, y_1),...,(x_n, y_n)\}$과 동일한 기저 데이터 분포로부터 추출된 테스트 데이터셋 $D_{test} = \{(x_{n+1}, y_{n+1}),...,(x_{n+m}, y_{n+m})\}$의 특성 벡터 $x_{n+1},...,x_{n+m}$와 함께 자원 예산 b와 손실 척도 $\mathcal{L}(\cdot, \cdot)$가 주어졌을 때, AutoML 문제는 (자동적으로) 정확한 테스트셋 예측 $\hat{y}_{n+1},...,\hat{y}_{n+m}$를 산출하는 것이다. AutoML문제의 해 $\hat{y}_{n+1},...,\hat{y}_{n+m}$의 손실은 $\frac{1}{m}\sum_{j=1}^{m} \mathcal{L}(\hat{y}_{n+j},...,y_{n+j})$로 주어진다.

실제로 예산 b는 CPU 및/또는 처리 시간과 메모리 사용량과 같은 계산 자원으로 구성된다. 이 문제 정의는 첫 번째 ChaLearn AutoML 과제[23]의 설정을 반영한다(첫 번째 AutoML 과제에 대한 설명 및 분석은 10장을 참조). 여기서 설명하는 AutoML 시스템은 10단계 중 6단계의 과제를 달성했다..

여기서는 오토웨카가 처음 도입한 AutoML 접근 방식을 따르고 이를 확장한다 [42]. 이 접근법의 핵심은 주어진 데이터셋에 대해 매우 파라미터화된 머신러닝 프레임워크 F를 잘 인스턴스화하기 위해 베이지안 최적화[7, 40] 방법과 F를 결합하는 것이다.

본 논문의 기여는 광범위한 머신러닝 프레임워크(위에서 언급한 머신러닝 서비스 제공자가 사용하는 것과 같은)에 적용되는 원칙에 기초해 효율성과 강건성을 크게 향상시키는 다양한 방법으로 이 AutoML 접근법을 확장하는 것이다. 첫째, 저차원 최적화 문제에 대한 성공적인 이전 연구에 이어[21, 22, 38], 데이터셋 전반에 걸쳐 새로운 데이터셋에서 잘 수행되는 머신러닝 프레임워크의 인스턴스화를 식별하고 이를 통해 베이지안 최적화를 웜스타트warmstart하도록 추론한다(6.3.1절). 둘째, 베이지안 최적화에 의해 고려된 모델의 앙상블을 자동으로 구성한다 (6.3.2절). 셋째, 인기 있는 머신러닝 프레임워크 사이킷런에서 구현된 고성능 분류기와 전처리기에서 고도로 파라미터화된 머신러닝 프레임워크를 신중하게 설계한다[36](6.4절). 마지막으로, 다양한 데이터셋을 사용해 광범위한 경험적 분석을 수행해 결과 오토사이킷런Auto-sklearn 시스템이 이전의 최첨단 AutoML 방법 (6.5절)을 능가한다는 것을 입증하고, 각 구성 요소의 기여가 실질적인 성과 개선으로 이어진다는 것을 보여주고, 오토사이킷런에서 사용되는 개별 분류기 및 전처리기의 성과에 대한 통찰력을 얻는다(6.7절). 6장은 NeurIP의 논문집[20]에 출판된 오토사이킷런을 소개하는 2015년 논문의 확장판이다.

6.2 CASH 문제로서의 AutoML

먼저 오토웨카의 AutoML 접근법에 의해 사용되는 CASHCombined Algorithm Selection and Hyperparameter optimization 문제로 AutoML의 공식화를 검토한다. AutoML의 두 가지 중요한 문제는 (1) 모든 데이터셋에서 최상의 성과를 내는 단일 머신러닝 방법이 없다는 것과 (2) 일부 머신러닝 방법(예: 비선형 SVM)은 하이퍼파라미터 최적화에 결정적으로 의존한다는 것이다.

후자 문제는 오늘날 많은 AutoML 시스템의 핵심 구성 요소를 형성하는 베이지안 최적화[7, 40]를 사용해 성공적으로 다뤄지고 있다. 알고리듬의 순위는 이 퍼파라미터가 제대로 조정됐는지 여부에 달려 있기 때문에 전자의 문제는 후자와 얽혀 있다. 다행히 두 가지 문제는 다음과 같은 구조화된 단일 공동 최적화 문제로 효율적으로 해결할 수 있다.

정의 2(CASH) $\mathcal{A} = \{A^{(1)},...,A^{(R)}\}$를 알고리듬 집합 그리고 각 알고리듬의 하이퍼파라미터 $A^{(j)}$가 도메인 $\Lambda^{(j)}$를 갖는다고 하자. 더 나아가 $D_{train} = \{(x_1, y_1), ..., (x_n, y_n)\}$은 $\{D_{valid}^{(1)},...,D_{valid}^{(K)}\}$와 $\{D_{train}^{(1)},...,D_{train}^{(K)}\}$의 K 교차 검증 폴드로 분할되는 훈련셋이라 하자. 여기서 $i = 1,...,K$에 대해서 $D_{train}^{(i)} = D_{train} \backslash D_{valid}^{(i)}$이다. 마지막으로 $\mathcal{L}(A_\lambda^{(j)}, D_{train}^{(i)}, D_{valid}^{(i)})$는 알고리듬 $A^{(j)}$가 하이퍼파라미터 λ로 $D_{train}^{(i)}$에서 학습됐을 때, $D_{valid}^{(i)}$에서 달성하는 손실을 표기한다. 그러면 CASH 문제는 다음의 손실을 최소화하는 알고리듬과 하이퍼파라미터를 결합해서 찾는 것이다.

$$A^\star, \lambda_\star \in \underset{A^{(j)} \in \mathcal{A}, \lambda \in \Lambda^{(j)}}{\operatorname{argmin}} \frac{1}{K} \sum_{i=1}^{K} \mathcal{L}(A_\lambda^{(j)}, D_{train}^{(i)}, D_{valid}^{(i)}) \tag{6.1}$$

이 CASH 문제는 Thornton 등[42]이 머신러닝 프레임워크 웨카[25]와 트리 기반 베이지안 최적화 방법[5, 27]을 사용하는 오토웨카 시스템에서 처음 다뤘다. 간단히 말해서 베이지안 최적화[7]는 하이퍼파라미터 설정과 측정된 성과 사이의 관계를 포착하기 위해 확률적 모델을 적합화시킨다. 그런 다음 이 모델을 사용해 가장 유망한 하이퍼파라미터 설정을 선택하고(알고 있는 양호한 영역의 활용 대 새로운 부분의 탐험의 트레이드 오프), 하이퍼파라미터 설정을 평가하고, 결과로 모델을 업데이트하고, 이를 반복한다. 가우시안 프로세스 모델(예: Snoek 등 [41])에 기반한 베이지안 최적화는 수치적 하이퍼파라미터로 저차원 문제에서 가장 잘 수행되며, 트리 기반 모델은 CASH 문제와 같이 고 차원적이고 구조적이며 부분적으로 이산적인 문제에서 더 성공적이며[15], AutoML 시스템 하이퍼옵트 사이킷런^{Hyperopt-sklearn}[30]에서도 사용된다. 트리 기반 베이지안 최적화 방법 중 Thornton 등[42]은 랜덤 포레스트 기반 SMAC(일반적 알고리듬 설정을 위한 순차적 모델 기반 최적화, Sequential model-based optimization for general algorithm configuration)[27]가 파젠^{Parzen} 추정량 TPE[5] 트리보다 성과가 우수하다는 것을 발견했다. 따라서 SMAC를 사용해 본 논문에서 CASH 문제를 해결하고자 한다. 랜덤 포레스트 사용[6] 다음으로 SMAC의 주요 특성은 한 번에 한 개의 폴드

fold를 평가하고 성과가 낮은 하이퍼파라미터 설정을 조기에 삭제함으로써 빠른 교차 검증을 가능하게 한다는 것이다.

6.3 AutoML의 효율성과 강건성을 향상시키기 위한 새로운 방법

이제 AutoML 접근법의 두 가지 개선 사항에 관해 논의한다. 첫째, 베이지안 최적화 절차를 웜스타트하기 위한 메타러닝 단계를 포함하며, 결과적으로 효율성이 상당히 향상된다. 둘째, 자동화된 앙상블 구성 단계를 포함해 베이지안 최적화에 의해 발견된 모든 분류기를 사용할 수 있다.

그림 6.1은 두 가지 개선을 모두 포함해 전체 AutoML 작업 흐름을 요약하고 있다. 따라서 많은 자유도(예: 많은 알고리듬, 하이퍼파라미터 및 전처리 방법)를 제공하는 유연한 ML 프레임워크에 대해 그 효과가 더 클 것으로 예상한다.

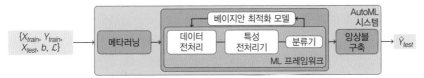

그림 6.1 개선된 AutoML 접근법. ML 프레임워크의 베이지안 하이퍼파라미터 최적화에 두 가지 구성 요소를 추가한다. 즉, 베이지안 최적화기를 초기화하기 위한 메타러닝과 최적화 중에 평가된 설정으로부터 자동화된 앙상블 구축을 추가한다.

6.3.1 좋은 머신러닝 프레임워크를 찾기 위한 메타러닝

도메인 전문가domain expert는 이전 작업으로부터 지식을 도출한다. 즉 그들은 머신러닝 알고리듬들의 성과에 대해 학습한다. 메타러닝 영역(2장 참조)은 데이터셋 전반에 걸친 학습 알고리듬의 성과에 대한 추론을 통해 이 전략을 모방한다. 이 연구에서 메타러닝을 적용해 새로운 데이터셋에서 잘 수행될 가능성이 있는 주어진 머신러닝 프레임워크의 인스턴스화를 선택한다. 좀 더 구체적으로 말하면 다수의 데이터셋에 대해 성과 데이터와 메타 특성셋을 모두 수집한다. 이들은 새로운 데이터셋에 어떤 알고리듬을 사용할지를 결정하는 데 도움이 되고 효율적으로 계산될 수 있는 데이터셋 특성들이다.

더 정확히 말해 메타러닝 방법은 다음과 같다. 오프라인 단계에서는 데이터셋 저장소(OpenML[43] 저장소의 140개 데이터셋)의 각 머신러닝 데이터셋에 대해 메타 특성셋(다음 설명)을 평가하고 베이지안 최적화를 사용해 해당 데이터셋에 대해 강력한 경험적 성과를 가진 ML 프레임워크의 인스턴스화를 결정하고 저장했다(세부적으로 말하면, SMAC[27]를 24시간 동안 실행했으며, 데이터의 2/3에 대해 10폴드 교차 검증을 실시했으며, 나머지 3분의 1에서 최상의 성과를 보인 결과 ML 프레임워크 인스턴스화를 저장했다). 그리고 나서, 새로운 데이터셋 D가 주어지면 메타 특성을 계산하고, 메타 특성 공간에서의 L_1 거리별로 모든 데이터셋의 순위를 매기고, 그 결과로 $k = 25$의 최근접 데이터셋에 대한 저장된 ML 프레임워크에 대한 인스턴스화를 선택해 베이지안 최적화하기 전에 평가한다.

데이터셋을 특징짓기 위해 데이터포인트, 특성 및 클래스 수에 대한 통계, 데이터 왜도 및 타깃의 엔트로피와 같은 단순한 정보 이론적 및 통계적 메타 특성[29, 33]을 포함해 문헌에서 총 38개의 메타 특성을 구현했다. 모든 메타 특성은 원본 출판물 보충 자료의 표 1에 열거돼 있다[20]. 특히 계산 비용이 너무 많이 들어 온라인 평가 단계에서 유용하지 않기 때문에 (단순 기본 학습기의 성과를 측정하는) 랜드마크 메타 특성의 두드러지고 효과적인 범주[37]를 제외해야만 했다. 이러한 메타러닝 접근법이 데이터셋의 저장소에서 그 힘을 얻고 있음을 주목한다. OpenML[43]과 같은 최근의 이니셔티브로 인해, 사용 가능한 데이터셋의 수가 시간이 지남에 따라 점점 더 증가해 메타러닝의 중요성이 증가할 것으로 예상한다.

6.3.2 최적화 동안 평가된 모델의 자동 앙상블 구축

베이지안 하이퍼파라미터 최적화는 최상의 성과를 내는 하이퍼파라미터 설정을 찾는 데 데이터 효율적이지만, 단순히 좋은 예측을 하는 것이 목표일 때 매우 낭비적인 절차라는 점에 주목한다. 탐색 과정에서 학습하는 모든 모델은 손실되며, 여기에는 일반적으로 가장 우수한 모델만큼 성과가 좋은 모델도 포함된다. 이러한 모델을 폐기하는 대신 이를 저장하고 (즉시 두 번째 프로세스에서 실행될 수 있는 효율적인 후처리 방법)을 사용해 앙상블을 구성할 것을 제안한다. 이 자동 앙상블 구축은 단일 하이퍼파라미터 설정만을 구하는 것을 피하게 하므로 표준 하이퍼파라미터 최적화가 산출하는 포인트 추정치를 사용하는 것보다 더 강건하며 과적합을 줄일 수 있다. 우리가 아는 한, 우리의 연구는 베이지안 하이퍼파라미터 최적화 방법을 개선하기 위해 이 간단한 관찰을 적용한 첫 번째 연구다.

앙상블은 종종 개별 모델보다 성능이 우수하다[24, 31]는 것이 잘 알려져 있으며, 모델 라이브러리에서 효과적인 앙상블을 생성할 수 있다[9, 10]. 앙상블은 그들이 기반으로 하는 모델이 (1) 개별적으로 강하며 (2) 오류가 상관 관계가 없는 경우 특히 잘 수행된다[6]. 개별 모델이 본질적으로 다를 때 위와 같을 가능성이 훨씬 더 높기 때문에 앙상블 구축은 유연한 ML 프레임워크의 강력한 인스턴스들을 결합하는 데 특히 적합하다.

그러나 베이지안 최적화에 의해 발견된 모델들을 균등하게 가중해 구축한 앙상블은 잘 작동하지 않는다. 오히려 홀드아웃 셋에서 모든 개별 모델의 예측을 사용해 이러한 가중치를 조정하는 것이 중요하다는 것을 알게 됐다. 이러한 가중치를 최적화하기 위해 적층stacking[44], 그래디언트를 사용하지 않는 수치 최적화gradient-free numerical optimization와 방법 앙상블 선택method ensemble selection[10] 등 다양한 접근법을 실험했다.

수치 최적화와 적층 모두가 검증셋에 과적합되고 계산 비용이 많이 드는 반면 앙상블 선택은 빠르고 강력하다는 것을 발견했다. 간단히 말해 (Caruana 등[10]에 의해 소개된) 앙상블 선택은 빈 앙상블에서 시작해 (균등한 가중치 그러나 복원을 허용하는) 앙상블 검증 손실을 최소화하는 모델을 반복적으로 추가하는 탐욕스러운 절차다. 이 기술을 모든 실험에서 사용했는데, 복원을 허용해 크기 50개의 앙상블을 만들었다[10]. 연구진은 베이지안 최적화에 사용하는 것과 동일한 검증셋을 사용해 앙상블 손실을 계산했다.

6.4 현실적인 AutoML 시스템

강건한 AutoML 시스템을 설계하기 위해 기본 ML 프레임워크로 가장 잘 알려져 있고 가장 널리 사용되는 머신러닝 라이브러리 중 하나인 사이킷런[36]을 선택했다. 잘 확립되고 효율적으로 구현된 다양한 ML 알고리듬을 제공하며, 전문가와 초보자 모두에게 사용하기 용이하다. AutoML 시스템은 오토웨카와 매우 유사하지만, 하이퍼옵트 사이킷런과 마찬가지로 사이킷런을 기반으로 하기 때문에 오토사이킷런Auto-sklearn이라고 한다.

그림 6.2는 오토사이킷런의 머신러닝 파이프라인과 그 구성 요소다. 15개의 분류 알고리듬, 14개의 전처리 방법 및 4개의 데이터 전처리 방법으로 구성된다. 우리는 그들 각각을 파라미터화해 110개의 하이퍼파라미터의 공간을 만들었다. 대부분은 해당 구성 요소가 선택된 경우에만 활성되는 조건부 하이퍼파라미터다. SMAC[27]는 기본적으로 이 조건성을 처리할 수 있다.

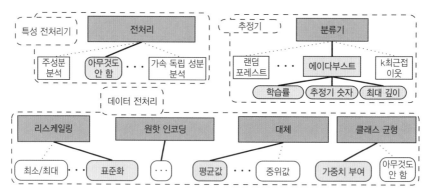

그림 6.2 구조화된 설정 공간. 네모 박스는 상위 하이퍼파라미터를 나타내지만 원형 모서리를 가진 박스는 리프 하이퍼파라미터다. 회색으로 표시된 상자는 예제 설정과 머신러닝 파이프라인을 형성하는 활성화된 하이퍼파라미터를 표시한다. 각 파이프라인은 하나의 특성 전처리기, 분류기 및 최대 3개의 데이터 전처리기 방법과 각각 관련된 하이퍼파라미터로 구성된다.

오토사이킷런의 15개 분류 알고리듬은 모두 표 6.1에 나열돼 있다. 이들은 일반 선형 모델(2개의 알고리듬), 서포트 벡터 머신(2), 판별 분석(2), 최근접 이웃(1) 나이브 베이즈(3), 의사 결정 트리(1) 및 앙상블(4)과 같은 서로 다른 범주로 분류된다. 오토웨카[42](오토웨카에 대한 설명은 제4장을 참조하라)와는 대조적으로, 기본 분류기에 설정 공간을 집중시켰고 하나 이상의 기본 분류기에 의해 파라미터화된 메타모델과 앙상블을 제외했다. 이러한 앙상블은 오토웨카의 하이퍼파라미터 수를 거의 5배(786개) 증가시켰지만 오토사이킷런 하나만 사용하는 것은 110개의 하이퍼파라미터를 특징으로 한다. 대신 6.3.2절의 사후 검정post-hoc 방법을 사용해 복잡한 앙상블을 구성한다. 오토웨카에 비해 훨씬 데이터 효율적이다. 오토웨카에서 5개의 구성 요소로 앙상블의 성능을 평가하려면 5개의 모델이 구축되고 평가돼야 한다. 이와 대조적으로 오토사이킷런에서는 앙상블이 대부분 비용 없이 제공되며, 최적화 중 임의의 시점에 평가된 모델을 혼합하고 일치시킬 수 있다.

오토사이킷런의 데이터셋에 대한 전처리 방법은 표 6.1에 압축된 표현으로 나열돼 있다. 데이터 전처리기(특성 값을 변경하고 해당 값이 적용될 때 항상 사용됨)와 특성 전처리기(실제 특성셋을 변경하며, 이 중 하나만 사용됨[또는 사용 안 함])로 구성된다. 데이터 전처리에는 입력의 리스케일링, 결측값의 대체, 원핫 인코딩 및 타깃 클래스의 밸런싱이 포함된다. 14개 가능한 특성 전처리 방법은 특성 선택(2), 커널 근사(2), 행렬 분해(3), 임베딩(1) 특성 군집화(1), 다항식 특성 확장(1) 및 특성 선택을 위해 분류기를 사용하는 방법(2)으로 범주화될 수 있다. 예를 들어 데이터에 적합화된 L_1 규제화 선형 SVM은 0값 모델 계수에 해당하는 특성을 제거해 특성 선택에 사용할 수 있다.

표 6.1 압축된 표현으로 이진 분류 데이터셋에 대한 각 분류기(상단) 및 특성 전처리 방법(하단)의 하이퍼파라미터 수. 회소 이진 분류 및 회소/밀집 다중 분류 데이터셋에 대한 표(표 2a, 3a, 4a, 2b, 3b 및 4b)는 원본 출판물의 부속 자료[20]의 섹션 E에서 찾을 수 있다. 이산 값을 갖는 범주형(cat) 하이퍼파라미터와 연속적(cont) 수치 하이퍼파라미터를 구별한다. 괄호 안의 숫자는 조건부 하이퍼파라미터이며, 이는 다른 하이퍼파라미터가 특정 값을 가질 때만 관련이 있다.

분류기 유형	#λ	범주형(조건부)	연속형(조건부)
AdaBoost(AB)	4	1(−)	3(−)
Bernoulli naïve Bayes	2	1(−)	1(−)
Decision tree(DT)	4	1(−)	3(−)
Extremely randomized trees	5	2(−)	3(−)
Gaussian naïve Bayes	−	−	−
Gradient boosting(GB)	6	−	6(−)
k-nearest neighbors(kNN)	3	2(−)	1(−)
Linear discriminant analysis(LDA)	4	1(−)	3(1)
Linear SVM	4	2(−)	2(−)
Kernel SVM	7	2(−)	5(2)
Multinomial naïve Bayes	2	1(−)	1(−)
Passive aggressive	3	1(−)	2(−)
Quadratic discriminant analysis(QDA)	2	−	2(−)
Random forest(RF)	5	2(−)	3(−)
Linear Classifier(SGD)	10	4(−)	6(3)

전처리 방법	#λ	범주형(조건부)	연속형(조건부)
Extremely randomized trees preprocessing	5	2(−)	3(−)
Fast ICA	4	3(−)	1(1)
Feature agglomeration	4	3( )	1(−)
Kernel PCA	5	1(−)	4(3)
Rand. kitchen sinks	2	−	2(−)

전처리 방법	#λ	범주형(조건부)	연속형(조건부)
Linear SVM preprocessing	3	1(−)	2(−)
No preprocessing	−	−	−
Nystroem sampler	5	1(−)	4(3)
Principal component analysis(PCA)	2	1(−)	1(−)
Polynomial	3	2(−)	1(−)
Random trees embed.	4	−	4(−)
Select percentile	2	1(−)	1(−)
Select rates	3	2(−)	1(−)
One-hot encoding	2	1(−)	1(1)
Imputation	1	1(−)	−
Balancing	1	1(−)	−
Rescaling	1	1(−)	−

오토사이킷런에 사용되는 머신러닝 알고리듬에 관한 자세한 설명은 원 논문의 부록 자료[20] A.1절과 A.2절, 사이킷런 문서[36]와 그 안의 참고문헌을 참조한다.

전처리와 머신러닝 알고리듬의 특정 조합의 매우 느린 실행에서 고착되지 않고 계산 능력을 최대한 활용하기 위해 그러한 장기 실행을 방지하기 위한 몇 가지 조치를 구현했다. 첫째, ML 프레임워크의 인스턴스화에 대한 각 평가 시간을 제한했다. 또한 운영체제가 스와핑되거나 동결되는 것을 방지하기 위해 이러한 평가의 메모리를 제한했다. 평가가 이러한 한도 중 하나를 초과하면 자동으로 평가를 종료하고 지정된 평가 척도에 대해 최악의 점수를 반환한다.

일부 모델의 경우 반복적인 훈련 절차를 채택했다. 즉 이 절차를 사용해 종료되기 전에 한계에 도달했을 때 현재의 성과 값을 반환한다. 지나치게 긴 실행의 양을 더욱 줄이기 위해 몇 가지 전처리기 및 분류 방법의 조합을 금지했다. 특히 커널 근사는 KNN 알고리듬뿐만 아니라 비선형 및 트리 기반 방법과 함께 활성화되는 것이 금지됐다(SMAC는 그러한 금지된 조합을 기본적으로 처리한다). 같은 이유로 사전 학습dictionary learning과 같은 특성 학습 알고리듬도 제거했다.

하이퍼파라미터 최적화의 또 다른 문제는 과적합이며, AutoML 시스템의 훈련 데이터를 ML 파이프라인 훈련을 위한 데이터셋(훈련셋)과 베이지안 최적화를 위한 손실함수를 계산하는 데 사용되는 데이터셋(검증셋)으로 구분해야 하기 때문에 데이터 리샘플링을 한다. 여기서는 더욱 강건한 교차 검증(SMAC에서 거의 추가 오버헤드가 발생하지 않음)을 실행하는 것과 모든 교차 검증 폴드에서 모델을 평가하는 것 사이에서 절충해 이러한 모델을 앙상블 구조로 만들어야 했다. 따라서 6.6절의 1시간이라는 엄격한 시간 제한을 가진 과제의 경우에는 단순한 훈련/테스트 분할을 이용했다. 이와는 대조적으로 6.5절과 6.7절에서 24시간 및 30시간 실행에서는 10폴드 교차 검증을 채택할 수 있었다.

마지막으로, 모든 지도학습 과제(예: 여러 타깃을 가진 분류)가 오토사이킷런에서 사용할 수 있는 모든 알고리듬으로 해결할 수 있는 것은 아니다. 따라서 새로운 데이터셋이 주어지면 오토사이킷런은 데이터셋의 속성에 적합한 방법을 미리 선택한다. 사이킷런 방법은 숫자 입력 값으로 제한되기 때문에 항상 범주형 특성에 원핫 인코딩을 적용해 데이터를 변환한다. 더미 특성의 수를 낮게 유지하기 위해 백분율 임곗값을 구성했고 이 백분율보다 더 드물게 발생하는 값은 특별한 다른 값으로 변환했다[35].

6.5 오토사이킷런의 오토웨카와 하이퍼옵트 사이킷런과의 비교

기본 실험으로(개선된 메타러닝과 앙상블 구축 없는) 바닐라 오토사이킷런의 성과를 오토웨카(4장 참조)와 하이퍼옵트 사이킷런(5장 참조)과 비교하고 오토웨카를 소개하는 논문[42]의 21개 데이터셋으로 실험 설정을 재현했다. 오토웨카 논문의 원래 설정에 따라 동일한 데이터셋의 훈련/테스트 분할[1], 30시간의 처리 시간 제한, 10폴드 교차 검증(각 폴드의 평가가 150분 소요되도록 허용)을 사용했고, 각 데이터셋에서 SMAC를 사용해 10개의 독립적 최적화를 실행했다. 오토웨카와 마찬가지로 SMAC의 강화 절차를 통해 평가가 가속화되며, 현재 평가 중인 설정이 지금까지 최고의 성과를 낸 설정을 능가할 수 있는 경우에만 새로운 교차 검증에서 실행을 예정한다[27]. 항상 80/20 훈련/테스트 분할을 사용하는 하이퍼옵트 사이킷런을 수정하지 않았다. 모든 실험은 Intel Xeon E5-2650 v2 8코어 프로세서(2.60GHz 및 4GiB RAM)에서 실행됐다. 머신러닝 프레임워크가 3GiB를 사용하도록 허용하고 나머지는 SMAC를 위해 예약했다. 모든 실험은 오토웨카 0.5와 사이킷런 0.16.1을 사용했다.

이 실험의 결과를 표 6.2에 제시한다. 초기 오토웨카 논문의 설정을 정확히 따랐기 때문에, 건전성 점검을 위해 오토웨카에 대해 달성한 수치(그림 6.2의 첫 번째 줄)를 오토웨카 저자가 제시한 수치와 비교했고(4장 참조) 전체 결과가 합리적임을 발견했다. 또한 이 표는 21건 중 6건의 사례에서 오토웨카보다 훨씬 더 우수한 성과를 거뒀고, 12건의 사례에서 동점을 이뤘으며, 3건의 사례에서 성과가 더 나쁨을 보여준다. 오토웨카가 가장 우수한 성과를 낸 세 가지 데이터셋의 경우, 그 실행의 50% 이상에서 선택한 최고의 분류기(가지치기 구성 요소를 가진 트리)가 사이킷런에서 구현되지 않는다는 것을 발견했다. 지금까지 하이퍼옵트 사이킷런은 전체 AutoML 시스템이 아닌 사용자가 자신의 필요에 맞게 설정 공간을 조정하도록 유도하는 개념 검증proof-of-concept에 더 가깝다. 현재 버전은 희소 데이터와 결측값이 주어질 때 때 충돌한다. 그것은 또한 공정한 비교를 위해 모든 최적화기에 대해 설정한 메모리 제한 때문에 CIFAR-10에서 충돌한다. 하이퍼옵트 사이킷런은 실행된 16개의 데이터셋에서, 9개의 사례에서 가장 경쟁적인 AutoML 시스템과 통계적으로 동점을 이뤘고, 7개의 사례에서 열등한 결과를 보였다.

표 6.2 오토웨카[42] 원본의 평가에 있는 것과 같은 오토웨카(AW), 바닐라 오토사이킷런(AS) 및 하이퍼옵트 사이킷런(HS)의 테스트셋 분류 오차. 100,000개의 부트스트랩 샘플(10회 실행 기준)에 걸친 중위수 테스트 오차율을 보여주며, 각 샘플은 4회의 병렬 실행을 시뮬레이션하고 교차 검증 성과에 따라 항상 최상의 결과를 선택한다. 굵은 숫자는 최상의 결과를 나타낸다. 밑줄이 그어진 결과는 $p = 0.05$의 부트스트랩 테스트에 따르면 최상의 결과와 통계적으로 크게 다르지 않다.

HS	AW	AS		HS	AW	AS	
0.42	**0.31**	0.42	KR-vs-KP	76.21	**73.50**	**73.50**	Abalone
14.74	18.21	**12.44**	Madelon	16.22	30.00	**16.00**	Amazon
2.82	2.84	2.84	MNIST basic	0.39	**0.00**	0.39	Car
55.79	60.34	**46.92**	MRBI	–	56.95	**51.70**	CIFAR-10
–	8.09	**7.87**	Secom	57.95	56.20	**54.81**	CIFAR-10 small
5.87	5.24	**5.24**	Semeion	19.18	21.80	**17.53**	Convex
0.05	**0.01**	**0.01**	Shuttle	–	8.33	**5.56**	Dexter
14.07	14.13	14.93	Waveform	–	6.38	**5.51**	Dorothea
34.72	**33.36**	33.76	Wine quality	27.67	28.33	**27.00**	German credit
38.45	**37.75**	40.67	Yeast	2.29	2.29	**1.62**	Gisette
				–	**1.74**	**1.74**	KDD09 appetency

6.6 AutoML 개선안의 평가

광범위한 데이터셋에서 제안된 AutoML 시스템의 강건성과 일반적인 적용 가능성을 평가하기 위해 OpenML 저장소에서 140개의 이진 및 다중 클래스 분류 데이터셋을 수집했으며, 강건한 성과 평가를 위해 데이터포인트가 1,000개 이상인 데이터셋만 선택했다. 이러한 데이터셋은 텍스트 분류, 숫자 및 문자 인식, 유전자 순서 및 RNA 분류, 광고, 망원경 데이터에 대한 입자 분류 및 조직 샘플의 암 검출과 같은 다양한 범위의 응용 분야를 다룬다. 표 7과 표 8의 모든 데이터셋을 원본 출판물[20]의 보충 자료에 나열하고 재현성을 위해 고유한 OpenML 식별자를 제공한다. 각 데이터셋을 무작위로 3분의 2 훈련과 3분의 1 테스트셋으로 나눴다.

오토사이킷런은 훈련셋에만 액세스할 수 있었고, 이를 SMAC의 검증 손실을 계산하기 위해 훈련을 위한 3분의 2와 3분의 1의 홀드아웃셋으로 나눴다. 전체적으로 머신러닝 모델을 훈련시키기 위해 9분의 4의 데이터를 사용했고, 검증 손실을 계산하기 위해 9분의 2의 데이터를 사용했고, 우리가 비교한 다양한 AutoML 시스템의 테스트 성과를 보고하기 위해 최종 9분의 3 데이터를 사용했다. 이러한 데이터셋 중 많은 부분의 클래스 분포가 상당히 불균형하기 때문에 균형 오차율BER, Balanced Classification error Rate이라는 척도를 사용해 모든 AutoML 방법을 평가했다. 균형 오차율을 각 클래스에서 잘못된 분류 비율의 평균으로 정의한다. 표준 분류 오차(평균 전체 오차)와 비교해 이 척도(등급별 오차의 평균)는 모든 클래스에 동일한 가중치를 할당한다. 우리는 균형 오차 또는 정확도 척도가 종종 10장에 설명된 AutoML 챌린지[23]와 같은 머신러닝 경연에서 사용된다는 점에 주목한다.

메타러닝 유무와 각 데이터셋에 앙상블을 구축 유무의 경우 모두 10회의 오토사이킷런 실행을 수행했다. 엄격한 시간 제약과 계산 자원 제약하의 성과를 연구하기 위해 각 실행의 CPU 시간을 1시간으로 제한했다. 단일 모델을 평가하는 런타임도 이의 10분의 1(6분)로 제한했다.

메타러닝에 이미 사용된 데이터셋의 성과를 평가하지 않기 위해 단일 데이터포인트 보류leave-one 데이터셋 검증을 수행했다. 데이터셋 D에서 평가할 때 단지 139개의 다른 데이터셋의 메타 정보만 사용했다.

그림 6.3은 테스트한 네 가지 오토사이킷런 버전의 시간 경과에 따른 평균 순위를 보여준다. 두 가지 새로운 방법 모두 바닐라 오토사이킷런에 비해 상당한 개선을 가져왔음을 관찰한다. 가장 놀라운 결과는 메타러닝이 선택한 첫 번째 설정

부터 시작해 실험이 끝날 때까지 상당한 개선이 지속된다는 것이다. 우리는 이러한 개선이 초기에 가장 두드러졌으며 시간이 지남에 따라 바닐라 오토사이킷런도 메타러닝 없이 우수한 솔루션을 발견해 일부 데이터셋에 대해서 따라잡을 수 있게 됐다. 따라서 전체 순위가 향상됐다는 점에 주목하고 있다.

또한 연구진의 방법은 상호 보완한다. 자동화된 앙상블 구축은 바닐라 오토사이킷런과 메타러닝을 사용하는 오토사이킷런 모두 개선됐다. 흥미롭게도 성과에 대한 앙상블의 영향은 메타러닝 버전에서 더 일찍 시작됐다. 우리는 메타러닝이 더 나은 머신러닝 모델을 더 일찍 만들어 강력한 앙상블으로 직접 결합할 수 있기 때문이라고 믿는다. 그러나 더 오래 실행되면 메타러닝이 없는 바닐라 오토사이킷런도 자동화된 앙상블 구축의 이점을 얻을 수 있다.

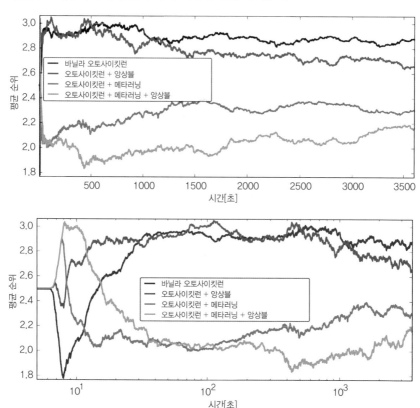

그림 6.3 140개 데이터셋에 걸친 오토사이킷런의 네가지 변형의 평균 순위(BER(균형 테스트 오차율)에 의한 순위). 순위는 상대적 성과 척도(여기서는 모든 방법의 순위는 합쳐서 10이 돼야 함)이므로 한 방법의 BER이 향상되면 다른 방법의 순위는 악화된다. (상단) 선형 × 스케일로 그려진 데이터. (하단) 이 데이터는 상한 그래프와 동일하지만 로그 × 스케일의 데이터다. 메타러닝과 앙상블 선택이 야기하는 작은 추가적인 오버헤드 때문에 바닐라 오토사이킷런은 다른 오토사이킷런 변형이 첫 번째 모델 훈련을 마치기 전에 예측을 생성하므로 첫 10초 이내에 최상의 순위를 달성할 수 있다. 이후 메타러닝이 빠르게 따라잡는다.

6.7 오토사이킷런 구성 요소의 세부 분석

이제 모든 방법을 결합해서 최적화하는 것과 비교해 오토사이킷런의 개별 분류기와 전처리기들을 연구하고, 최고 성과와 강건성에 대한 통찰력을 얻는다. 이상적으로는 단일 분류기와 단일 전처리기의 모든 조합을 따로 연구하고 싶었지만, 15개의 분류기와 14개의 전처리기에서는 불가능한 일이었다. 대신 단일 분류기의 성과를 연구할 때 우리는 모든 전처리기에서 걸쳐 최적화했고, 그 반대도 마찬가지다. 좀 더 자세한 분석을 위해 데이터셋의 부분집합에 초점을 맞췄지만 모든 방법을 최적화하기 위한 설정 예산을 1시간에서 1일로, 오토사이킷런의 경우 2일로 늘렸다. 특히 140개의 데이터셋을 데이터셋 메타 특성을 기반으로 g-평균[26]으로 군집화하고 결과 13개의 군집 각각에서 하나의 데이터셋을 사용했다. 우리는 표 6.3에 있는 데이터셋에 대한 기본적인 설명을 제공한다. 전체적으로 이 광범위한 실험에 10.7 CPU년이 요구됐다.

표 6.3 140 데이터셋의 메타 특성 벡터의 g-평균 군집화를 통해 얻은 13개 군집에 대한 대표 데이터셋

ID	데이터셋 이름	연속 변수 수	명목 변수 수	클래스 수	희소성	결측치	훈련 샘플 수	테스트 샘플 수
38	Sick	7	22	2	–	X	2527	1245
46	Splice	0	60	3	–	–	2137	1053
179	Adult	2	12	2	–	X	32,724	16,118
184	KROPT	0	6	18	–	–	18,797	9259
554	MNIST	784	0	10	–	–	46,900	23,100
772	Quake	3	0	2	–	–	1459	719
917	fri_c1_1000_25 (binarized)	25	0	2	–	–	670	330
1049	pc4	37	0	2	–	–	976	482
1111	KDDCup09 Appetency	192	38	2	–	X	33,500	16,500
1120	Magic Telescope	10	0	2	–	–	12,743	6277
1128	OVA Breast	10935	0	2	–	–	1035	510
293	Covertype (binarized)	54	0	2	X	–	389,278	191,734
389	fbis_wc	2000	0	17	X	–	1651	812

표 6.4는 다양한 분류 방법의 결과를 오토사이킷런과 비교한다. 전체적으로 랜덤 포레스트, 극도로 랜덤화된 트리, 에이다부스트^{AdaBosst} 및 그래디언트 부스팅 $^{gradient\ boosting}$이 가장 강력한 성과를 보였으며, SVM은 일부 데이터셋에 대해 강력한 피크 성과를 보였다. 다양한 강력한 분류기 외에도 경쟁할 수 없는 몇 가지 모델이 있다. 의사 결정 트리, 수동적 공격적 분류기$^{passive\ aggressive\ classifier}$[1], KNN, 가우시안 나이브 베이즈, LDA 및 QDA는 통계적으로 대부분의 데이터셋에서 가장 우수한 분류기보다 훨씬 열악했다. 마지막으로 이 표는 모든 데이터셋에 대해 최선의 선택은 단 한 가지도 없음을 나타낸다. 표와 그림 6.4의 두 가지 예제 데이터셋에 대해 보여주듯이 오토사이킷런의 결합 설정 공간을 최적화하는 것이 가장 강력한 성과로 이어졌다. 시간 경과에 따른 순위 그래프(원본 출판물[20]의 부록 자료에서 그림 2와 3)는 13개 데이터셋에 걸쳐 이를 계량화하며, 오토사이킷런은 합리적이지만 최적은 아닌 성과에서 시작해 시간 경과에 따라 최상의 전체 성과로 수렴하기 위해 좀 더 일반적인 설정 공간을 효과적으로 탐색한다는 것을 보여준다.

표 6.5는 다양한 전처리기의 결과를 오토사이킷런과 비교한다. 위의 분류기 비교에서 오토사이킷런은 가장 강건한 성과를 보였다. 이는 데이터셋 중 세 개에서 최고의 성과를 냈으며, 13개 중 8개에서 최상의 전처리기보다 통계적으로 유의하게 나쁘지는 않았다.

---

1 데이터가 들어올 때마다 학습을 하는 온라인 학습이며, 예측이 맞으면 모델을 유지하고(수동적), 예측이 틀리면 모델을 수정한다(공격적). – 옮긴이

표 6.4 13개의 데이터셋에 대한 오토사이킷런의 전체 설정 공간과 함께 각 분류 방법(그리고 모든 전처리기)에 대한 오토사이킷런 부분 공간의 최적화에 대한 종위 균형 테스트 오차율(BER). 모든 최적화 실행은 48시간 동안 실행된 오토사이킷런을 제외하고는 24시간 동안 실행됐는 것이 허용됐다. 굵은 숫자는 최상의 결과를 나타낸다. 균은 표 6.2와 동일한 설정을 사용한 부트스트랩에 따를 때 최상의 결과와 통계적으로 유의하게 다르지 않다.

OpenML 데이터셋 ID	오토사이킷런	에이다부스트	베르누이 나이브 베이즈	의사 결정 트리	극단적 랜덤화 트리	가우시안 나이브 베이즈	그래디언트 부스팅	k 최근접 이웃	LDA (선형 판별 분석)	선형 SVM	커널 SVM	다항 나이브 베이즈	Passive aggresive	QDA (2차 판별 분석)	랜덤 포레스트	선형 클래스 (SGD)
38	2.15	2.68	50.22	2.15	18.06	11.22	**1.77**	50.00	8.55	16.29	17.89	46.99	50.00	8.78	2.34	15.82
46	3.76	4.65	–	5.62	4.74	7.88	**3.49**	7.57	8.67	8.31	5.36	7.55	9.23	7.57	4.20	7.31
179	**16.99**	17.03	19.27	18.31	17.09	21.77	17.00	22.23	18.93	17.30	17.57	18.97	22.29	19.06	17.24	17.01
184	**10.32**	10.52	–	17.46	11.10	64.74	10.42	31.10	35.44	15.76	12.52	27.13	20.01	47.18	10.98	12.76
554	1.55	2.42	–	12.00	2.91	10.52	3.86	2.68	3.34	2.23	**1.50**	10.37	100.00	2.75	3.08	2.50
772	46.85	49.68	47.90	47.75	**45.62**	48.83	48.15	48.00	46.74	48.38	48.66	47.21	48.75	47.67	47.71	47.93
917	10.22	9.11	25.83	11.00	10.22	33.94	10.11	11.11	34.22	18.67	**6.78**	25.50	20.67	30.44	10.83	18.33
1049	12.93	**12.53**	15.50	19.31	17.18	26.23	13.38	23.80	25.12	17.28	21.44	26.40	29.25	21.38	13.75	19.92
1111	23.70	23.16	28.40	24.40	24.47	29.59	**22.93**	50.30	24.11	23.99	23.56	27.67	43.79	25.86	28.06	23.36
1120	13.81	**13.54**	18.81	17.45	13.86	21.50	13.61	17.23	15.48	14.94	14.17	18.33	16.37	15.62	13.70	14.66
1128	4.21	4.89	4.71	9.30	3.89	4.77	4.58	4.59	4.58	4.83	4.59	4.46	5.65	5.59	**3.83**	4.33
293	2.86	4.07	24.30	5.03	3.59	32.44	24.48	4.86	24.40	14.16	100.00	24.20	21.34	28.68	**2.57**	15.54
389	19.65	22.98	–	33.14	19.38	29.18	19.20	30.87	19.68	**17.95**	22.04	20.04	20.14	39.57	20.66	17.99

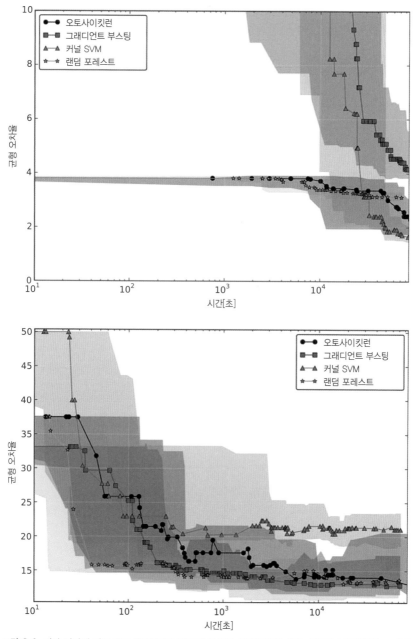

그림 6.4 시간 경과에 따른 오토사이킷런과 비교한 분류기 부분집합의 성과. (상단) MNIST(OpenML 데이터셋 ID 554) (하단) Promise pc4(OpenML 데이터셋 ID 1049) 우리는 결합 공간을 최적화해 세 개의 분류기를 별도로 최적화하기 위한 중위 테스트 오차율과 5번째 및 95번째 백분위수를 보여준다. 모든 분류기를 포함하는 그래프는 원본 출판물의 부속 자료를 그림 4에서 찾을 수 있다[20]. 오토사이킷 런은 처음에는 열등하지만, 결국에는 성능이 가장 좋은 방법에 가까워진다.

표 6.5 표 6.4와 같다. 단, 대신 각 전처리 방법(과 모든 분류기)에 대해 부분 공간을 최적화한다.

OpenML 데이터셋 ID	오토사이킷런	Densifier	Extreml. rand. trees prepr.	Fast ICA	Feature agglomeration	Kernel PCA	Rand. kitchen sinks	Linear SVM prepr.	No preproc.	Nystroem sampler	PCA	Polynomial	Random trees embed.	Select percentile classification	Select rates	Truncated SVD
38	2.15	–	4.03	7.27	2.24	5.84	8.57	2.28	2.28	7.70	7.23	2.90	18.50	2.20	2.28	–
46	3.76	–	4.98	7.95	4.40	8.74	8.41	4.25	4.52	8.48	8.40	4.21	7.51	4.17	4.68	–
179	16.99	–	17.83	17.24	16.92	100.00	17.34	16.84	16.97	17.30	17.64	16.94	17.05	17.09	16.86	–
184	10.32	–	55.78	19.96	11.31	36.52	28.05	9.92	11.43	25.53	21.15	10.54	12.68	45.03	10.47	–
554	1.55	–	1.56	2.52	1.65	100.00	100.00	2.21	1.60	2.21	1.65	100.00	3.48	1.46	1.70	–
772	46.85	–	47.90	48.65	48.62	47.59	47.68	47.72	48.34	48.06	47.30	48.00	47.84	47.56	48.43	–
917	10.22	–	8.33	16.06	10.33	20.94	35.44	8.67	9.44	37.83	22.33	9.11	17.67	10.00	10.44	–
1049	12.93	–	20.36	19.92	13.14	19.57	20.06	13.28	15.84	18.96	17.22	12.95	18.52	11.94	14.38	–
1111	23.70	–	23.36	24.69	23.73	100.00	25.25	23.43	22.27	23.95	23.25	26.94	26.68	23.53	23.33	–
1120	13.81	–	16.29	14.22	13.73	14.57	14.82	14.02	13.85	14.66	14.23	13.22	15.03	13.65	13.67	–
1128	4.21	–	4.90	4.96	4.76	4.21	5.08	4.52	4.59	4.08	4.59	50.00	9.23	4.33	4.08	–
293	2.86	24.40	3.41	–	–	100.00	19.30	3.01	2.66	20.94	–	–	8.05	2.86	2.74	4.05
389	19.65	20.63	21.40	–	–	17.50	19.66	19.89	20.87	18.46	–	–	44.83	20.17	19.18	21.58

6.8 논의와 결론

실험적인 검증을 제시했으므로 이제 간단한 토론, 간단한 오토사이킷런 사용 예, 최근 확장에 대한 짧은 검토 및 결론적 발언으로 6장을 마무리한다.

6.8.1 논의

우리는 새로운 AutoML 시스템인 오토사이킷런이 AutoML의 이전 최신 기술에 비해 우수한 성능임을 입증했다. 아울러 AutoML에 대한 메타러닝 및 앙상블 개선으로 효율성과 강건성이 더욱 향상됨을 입증했다. 이 결과는 ChaLearn의 첫 번째 AutoML 챌린지에서 오토사이킷런이 최종 2개를 포함한 5개의 자동 트랙 중 3개를 차지했다는 사실에 의해 뒷받침된다. 본 논문에서는 루프 내의 전문가와 몇 주의 CPU 전력을 사용한 대화형 머신러닝을 위한 오토사이킷런의 사용은 평가하지는 않았지만, 모드가 최초로 ChaLearn AutoML 챌린지(오트 트랙과 함께 특히 테이블 10.5, 최종 0~4단계)에서 인간(다른 말로 최종) 트랙에서 세 개의 1위를 차지했다는 점에 주목한다. 이와 같이 오토사이킷런이 머신러닝 초보자와 전문가 모두에 의해 사용될 유망한 시스템이라고 믿는다.

NeurIPS의 원 논문[20] 출판 이후 오토사이킷런은 FLASH[46], RECIPE[39], Hyperband[32], AutoPronosis[3], MLPLAN[34], Auto-Stacker[11] 및 AlphaD3M[13]과 같은 자동화된 머신러닝에 대한 새로운 접근법의 표준 베이스라인이 됐다.

6.8.2 사용법

오토사이킷런 연구의 중요한 결과 중 하나는 오토사이킷런 파이썬 패키지다. 이것은 하이퍼옵트-사이킷런[30]에서 제공하는 분류기와 유사한 모든 사이킷런 분류기 또는 회귀기를 위한 드롭인 (별로 바꿀 것이 없는) 대체물이며, 다음과 같이 사용할 수 있다.

```
import autosklearn.classification
cls = autosklearn.classification.AutoSklearnClassifier()
cls.fit(X_train, y_train)
predictions = cls.predict(X_test)
```

오토사이킷런은 모든 손실함수와 검증 손실을 추정하기 위한 리샘플링 전략과 함께 사용할 수 있다. 또한 오토사이킷런이 선택할 수 있는 분류기와 전처리기 확장도 가능하다. 초기 출판 이후 오토사이킷런에 회귀 지원도 추가했다. https:// github.com/automl/auto-sklearnand에서 파이썬 패키지를 개발했으면, 파이썬 패키지 인덱스 pypi.org를 통해 이용할 수 있다. automl.github.io/auto-sklearn에서 설명서를 제공한다.

6.8.3 PoSH 오토사이킷런의 확장

6장에서 설명한 대로 오토사이킷런은 비교적 작은 크기의 데이터셋을 처리하는 것으로 제한되지만, 가장 최근의 AutoML 챌린지(2018년 실행. 10장 참조)와 관련해 대규모 데이터셋을 효과적으로 처리하는 방향으로 확장했다. 오토사이킷런은 이틀 동안 25개의 CPU 클러스터를 사용해 수십만 개의 데이터포인트 데이터셋을 처리할 수 있었지만, AutoML 2 챌린지에 요구되는 20분 시간 예산 범위 내에서는 처리할 수 없었다. 최근 워크숍 논문[18]에서 자세히 설명한 바와 같이, 이는 극단 그래디언트 부스팅(특히 XGBoost[12]), CASH 문제를 풀기 위해 연속적인 반감시키는 방식[28]의 다중 충실도^{multifidelity} 방법[28](1장에서도 설명함)과 메타러닝을 바꾸는 방법이 포함되는 것이 고려되는 방법들에 개방돼 있음을 의미한다. 이제 PoSH 오토사이킷런(PoSH는 Portfolio Successive Halving의 약자이며, 오토사이킷런과 결합한 포트폴리오 연속 반감법을 표시한다)이라는 결과적인 시스템에 관해 간략하게 설명한다. 이 시스템은 2018년 과제에서 최고의 성능을 달성했다.

PoSH 오토사이킷런은 16개의 머신러닝 파이프라인 설정의 고정된 포트폴리오로 연속 반감을 실행하면서 시작하며, 시간이 남은 경우 이러한 실행의 결과를 사용해 베이지안 최적화와 연속 반감의 조합을 웜스타트한다. 16개 파이프라인의 고정된 포트폴리오는 탐욕적 하위 모듈 함수 최대화를 실행해 421개의 데이터셋 집합에서 얻은 성과를 최적화하기 위한 강력한 보완적 설정 집합을 선택함으로써 얻어졌다. 이러한 최적화를 위해 설정된 후보 설정은 이들 421개의 데이터셋 각각에 대해 SMAC[27]를 실행해 발견한 421개의 설정이었다.

짧은 시간 윈도우 내에 강건한 결과를 도출하기 위해 사용한 베이지안 최적화와 연속적 반감법의 조합은 1장에서 논의된 다중 충실도 하이퍼파라미터 최적화 방법 BOHB$^{Bayesian Optimization and HyperBand}$[17]을 수정해서 적용한 것이다. 이러한 다중 충실도 접근법을 위한 예산으로, 데이터셋 크기를 예산으로 사용한 SVM을 제외하고는, 모든 반복 알고리듬의 반복 시행 횟수를 사용했다.

현재 진행 중인 대규모 데이터셋에 대한 또 다른 확장은 자동 딥러닝 연구다. 이 내용은 오토넷^Auto-Net에 관해 7장에서 설명한다.

6.8.4 결론과 미래 연구

오토웨카가 취한 AutoML 접근법에 따라 AutoML의 이전 최신 기술에 비해 우수한 성능을 보이는 오토사이킷런을 도입했다. 또한 메타러닝과 앙상블 메커니즘이 효율성과 강건성을 더욱 향상시킨다는 것을 보여줬다.

오토사이킷런은 사용자에 위한 하이퍼파라미터 튜닝을 처리하는 반면, 오토사이킷런은 자체적으로 하이퍼파라미터가 있어 6.5절, 6.6절 및 6.7절에서 논의한 시간 제약과 같은 주어진 시간 예산에 대한 성과 또는 손실함수를 계산하는 데 사용되는 재샘플링 전략에 영향을 미친다. 예비 연구에서 리샘플링 전략의 선택과 시간 초과 선택은 메타러닝 문제 그 자체로서 제기될 수 있다는 것을 증명했지만, 이것을 오토사이킷런 사용자가 취할 수 있는 설계 선택으로 확장하고 싶다.

논문을 쓴 이후로 메타러닝 분야는 많이 발전해 메타 정보를 베이지안 최적화에 포함시킬 수 있는 여러 가지 새로운 방법에 접근할 수 있게 됐다. 2장에서 논의된 새로운 방법 중 하나를 사용하면 최적화 절차를 상당히 개선할 수 있을 것으로 기대한다.

마지막으로 수백 개의 하이퍼파라미터 설정을 테스트할 수 있는 완전히 자동화된 절차는 검증셋에 대해 과적합될 위험을 높인다. 이러한 과적합을 피하기 위해 연구진은 오토사이킷런과 1장에서 논의된 기술, 차등정보보호^differential privacy2 로부터의 기술[14] 또는 아직 개발되지 않은 다른 기술을 결합하고 싶다.

감사의 말 이 연구는 우선 순위 프로그램 자율 학습(SPP 1527, grant HU 1900/3-1), Emy Noether grant HU 1900/2-1와 BrainLinks-BrainTools Cluster of Excellence(grant number EXC 1086)에 따라 독일 연구 재단^DFG이 지원했다.

---

2 차등정보보호는 입력에서 작은 차이가 출력에서 중대한 차이를 줄 수 있는 자료 생성 과정을 제어해 정보보호를 구현하려는 개념이다. – 옮긴이

참고문헌

1. AutoWEKA website, http://www.cs.ubc.ca/labs/beta/rojects/autoweka
2. Proc. of NeurIPS'15 (2015)
3. Ahmed, A., van der Schaar, M.: AutoPrognosis: Automated clinical prognostic modeling via Bayesian optimization with structured kernel learning. In: Proc. of ICML'18. pp. 139–148 (2018)
4. Bardenet, R., Brendel, M., Kégl, B., Sebag, M.: Collaborative hyperparameter tuning. In: Proc.of ICML'13. pp. 199–207 (2014)
5. Bergstra, J., Bardenet, R., Bengio, Y., Kégl, B.: Algorithms for hyperparameter optimization. In: Proc. of NIPS'11. pp. 2546–2554 (2011)
6. Breiman, L.: Random forests. MLJ 45, 5–32 (2001)
7. Brochu, E., Cora, V., de Freitas, N.: A tutorial on Bayesian optimization of expensive cost functions, with application to active user modeling and hierarchical reinforcement learning. arXiv:1012.2599v1 [cs.LG] (2010)
8. Bürger, F., Pauli, J.: A holistic classification optimization framework with feature selection, preprocessing, manifold learning and classifiers. In: Proc. of ICPRAM'15. pp. 52–68 (2015)
9. Caruana, R., Munson, A., Niculescu-Mizil, A.: Getting the most out of ensemble selection. In: Proc. of ICDM'06. pp. 828–833 (2006)
10. Caruana, R., Niculescu-Mizil, A., Crew, G., Ksikes, A.: Ensemble selection from libraries ofmodels. In: Proc. of ICML'04. p. 18 (2004)
11. Chen, B., Wu, H., Mo, W., Chattopadhyay, I., Lipson, H.: Autostacker: A compositional evolutionary learning system. In: Proc. of GECCO'18 (2018)
12. Chen, T., Guestrin, C.: XGBoost: A scalable tree boosting system. In: Proc. of KDD'16. pp.785–794 (2016)
13. Drori, I., Krishnamurthy, Y., Rampin, R., Lourenco, R., One, J., Cho, K., Silva, C., Freire, J.: AlphaD3M: Machine learning pipeline synthesis. In: ICML AutoML workshop (2018)
14. Dwork, C., Feldman, V., Hardt, M., Pitassi, T., Reingold, O., Roth, A.: Generalization in adaptive data analysis and holdout reuse. In: Proc. of NIPS'15 [2], pp. 2350–2358
15. Eggensperger, K., Feurer, M., Hutter, F., Bergstra, J., Snoek, J., Hoos, H., Leyton-Brown, K.: Towards an empirical foundation for assessing Bayesian optimization of hyperparameters. In: NIPS Workshop on Bayesian Optimization in Theory and Practice (2013)
16. Escalante, H., Montes, M., Sucar, E.: Ensemble particle swarm model selection.

In: Proc. of IJCNN'10. pp. 1–8. IEEE (Jul 2010)

17. Falkner, S., Klein, A., Hutter, F.: BOHB: Robust and Efficient Hyperparameter Optimization at Scale. In: Proc. of ICML'18. pp. 1437–1446 (2018)

18. Feurer, M., Eggensperger, K., Falkner, S., Lindauer, M., Hutter, F.: Practical automated machine learning for the automl challenge 2018. In: ICML AutoML workshop (2018)

19. Feurer, M., Hutter, F.: Towards further automation in automl. In: ICML AutoML workshop (2018)

20. Feurer, M., Klein, A., Eggensperger, K., Springenberg, J., Blum, M., Hutter, F.: Efficient and robust automated machine learning. In: Proc. of NIPS'15 [2], pp. 2962–2970

21. Feurer, M., Springenberg, J., Hutter, F.: Initializing Bayesian hyperparameter optimization via meta learning. In: Proc. of AAAI'15. pp. 1128–1135 (2015)

22. Gomes, T., Prudêncio, R., Soares, C., Rossi, A., Carvalho, A.: Combining meta-learning and search techniques to select parameters for support vector machines. Neurocomputing 75(1), 3–13 (2012)

23. Guyon, I., Bennett, K., Cawley, G., Escalante, H., Escalera, S., Ho, T., N.Macià, Ray, B., Saeed,M., Statnikov, A., Viegas, E.: Design of the 2015 ChaLearn AutoML Challenge. In: Proc. of IJCNN'15 (2015)

24. Guyon, I., Saffari, A., Dror, G., Cawley, G.: Model selection: Beyond the Bayesian/Frequentist divide. JMLR 11, 61–87 (2010)

25. Hall, M., Frank, E., Holmes, G., Pfahringer, B., Reutemann, P., Witten, I.: The WEKA datamining software: An update. ACM SIGKDD Exploratians Newsletter 11(1), 10–18 (2009)

26. Hamerly, G., Elkan, C.: Learning the k in k-means. In: Proc. of NIPS'04. pp. 281–288 (2004)

27. Hutter, F., Hoos, H., Leyton-Brown, K.: Sequential model-based optimization for general algorithm configuration. In: Proc. of LION'11. pp. 507–523 (2011)

28. Jamieson, K., Talwalkar, A.: Non-stochastic best arm identification and hyperparameter optimization. In: Proc. of AISTATS'16. pp. 240–248 (2016)

29. Kalousis, A.: Algorithm Selection via Meta-Learning. Ph.D. thesis, University of Geneve(2002)

30. Komer, B., Bergstra, J., Eliasmith, C.: Hyperopt-sklearn: Automatic hyperparameter configuration for scikit-learn. In: ICML workshop on AutoML (2014)

31. Lacoste, A., Marchand, M., Laviolette, F., Larochelle, H.: Agnostic Bayesian learning of ensembles. In: Proc. of ICML'14. pp. 611–619 (2014)

32. Li, L., Jamieson, K., DeSalvo, G., Rostamizadeh, A., Talwalkar, A.: Hyperband: A novel bandit-based approach to hyperparameter optimization. JMLR 18(185), 1–52 (2018)

33. Michie, D., Spiegelhalter, D., Taylor, C., Campbell, J.: Machine Learning, Neural and Statistical Classification. Ellis Horwood (1994)

34. Mohr, F., Wever, M., Hüllermeier, E.: Ml-plan: Automated machine learning via hierarchical planning. Machine Learning (2018)

35. Niculescu-Mizil, A., Perlich, C., Swirszcz, G., Sindhwani, V., Liu, Y., Melville, P., Wang, D.,Xiao, J., Hu, J., Singh, M., Shang, W., Zhu, Y.: Winning the KDD cup orange challenge with ensemble selection. The 2009 Knowledge Discovery in Data Competition pp. 23–34 (2009)

36. Pedregosa, F., Varoquaux, G., Gramfort, A., Michel, V., Thirion, B., Grisel, O., Blondel, M., Prettenhofer, P., Weiss, R., Dubourg, V., Vanderplas, J., Passos, A., Cournapeau, D., Brucher, M., Perrot, M., Duchesnay, E.: Scikit-learn: Machine learning in Python. JMLR 12, 2825–2830 (2011)

37. Pfahringer, B., Bensusan, H., Giraud-Carrier, C.: Meta-learning by landmarking various learning algorithms. In: Proc. of ICML'00. pp. 743–750 (2000)

38. Reif, M., Shafait, F., Dengel, A.: Meta-learning for evolutionary parameter optimization of classifiers. Machine Learning 87, 357–380 (2012)

39. de Sá, A., Pinto, W., Oliveira, L., Pappa, G.: RECIPE: a grammar-based framework for automatically evolving classification pipelines. In: Proc. of ECGP'17. pp. 246–261 (2017)

40. Shahriari, B., Swersky, K., Wang, Z., Adams, R., de Freitas, N.: Taking the human out of the loop: A review of Bayesian optimization. Proceedings of the IEEE 104(1), 148–175 (2016)

41. Snoek, J., Larochelle, H., Adams, R.: Practical Bayesian optimization of machine learning algorithms. In: Proc. of NIPS'12. pp. 2960–2968 (2012)

42. Thornton, C., Hutter, F., Hoos, H., Leyton-Brown, K.: Auto-WEKA: combined selection and hyperparameter optimization of classification algorithms. In: Proc. of KDD'13. pp. 847–855 (2013)

43. Vanschoren, J., van Rijn, J., Bischl, B., Torgo, L.: OpenML: Networked science in machine learning. SIGKDD Explorations 15(2), 49–60 (2013)

44. Wolpert, D.: Stacked generalization. Neural Networks 5, 241–259 (1992)

45. Yogatama, D., Mann, G.: Efficient transfer learning method for automatic hyperparameter tuning. In: Proc. of AISTATS'14. pp. 1077–1085 (2014)

7
딥신경망의 자동 튜닝

헥터 멘도자^{Hector Mendoza}, 아론 클라인^{Aaron Klein}, 마티아스 페러^{Matthias Feurer},
요스트 토비아스 스프링베르크^{Jost Tobias Springenberg}, 마티아스 어반^{Matthias Urban},
마이클 버카트^{Michael Burkart}, 막시밀리안 디펠^{Maximilian Dippel},
마리우스 린도어^{Marius Lindauer}, 프랭크 허터^{Frank Hutter}

개요 최근 AutoML의 발전은 머신러닝 전문가와 지도학습 작업에서 경쟁할 수 있는 자동화된 도구로 이어졌다. 본 연구에서는 인간의 개입 없이 자동으로 조정되는 심층 신경망을 제공하는 오토넷^{Auto-Net}의 두 가지 버전을 제시한다. 첫 번째 버전인 오토넷 1.0^{Auto-Net 1.0}은 경연 우승 시스템 오토사이킷런의 아이디어인 베이지안 최적화 방법 SMAC를 기반으로 구축됐으며, 기본 딥러닝^{DL} 라이브러리로 Lasagne를 사용한다. 더욱 최근의 오토넷 2.0^{Auto-Net 2.0}은 BOHB라고 하는 베이지안 최적화와 하이퍼밴드의 최근 조합을 기반으로 하며 파이토치^{PyTorch}를 DL 라이브러리로 사용한다. 오토넷 1.0은 (첫 번째 AutoML 챌린지의 일환으로) 인간 전문가와의 경쟁에서 승리한 최초의 자동 조정 신경망이었다. 추가적인 경험적 결과에 따르면 오토넷 1.0과 오토사이킷런을 결합하는 앙상블은 두 가지 접근법보다 더 나은 성과를 낼 수 있으며 오토넷 2.0은 그보다 더 나은 성과를 낸다.

H. Mendoza · A. Klein · M. Feurer · J. T. Springenberg · M. Urban · M. Burkart · M. Dippel · M. Lindauer
Department of Computer Science, University of Freiburg, Freiburg, Baden-Württemberg, Germany
e-mail: fh@informatik.uni-freiburg.de

F. Hutter (✉)
Department of Computer Science, University of Freiburg, Freiburg, Germany

7.1 서론

신경망은 최근 몇 년 동안 다양한 벤치마크에서 최첨단 기술을 크게 향상시켰으며, 새로운 유망한 연구 방법의 길을 많이 열었다[22, 27, 36, 39, 41]. 그러나 신경망은 비전문가에게 사용하기 쉽지 않다. 그 성과는 대규모 하이퍼파라미터의 적절한 설정(예: 학습률과 가중치 감쇠[1])과 구조 선택(예: 계층 수 및 활성 함수 유형)에 결정적으로 의존하기 때문이다. 여기서는 자동머신러닝^{AutoML}의 접근법을 기반으로 효과적인 기성$^{off-the-shelf}$ 신경망을 위한 작업을 제시한다.

AutoML은 전문가와 비전문가 모두에게 효과적인 기성 학습 시스템을 제공해 올바른 전처리 방법 및 모든 관련 구성 요소의 다양한 하이퍼파라미터와 함께 당면한 데이터셋에 적합한 알고리듬을 선택하는 지루하고 시간이 많이 소요되는 작업을 피하는 것을 목표로 한다. 손턴 등[43]은 AutoML 문제를 최적의 (교차) 검증 성과를 가진 알고리듬 구성 요소의 조합을 식별하는 것을 목표로 하는 알고리듬 선택 및 하이퍼파라미터 최적화의 결합^{CASH} 문제로 표현했다.

이 CASH 문제를 해결하기 위한 한 가지 강력한 접근법은 이 교차 검증 성과를 값비싼 블랙박스 함수로 취급하고, 최적화 프로그램을 찾기 위해 베이지안 최적화[4, 35]를 사용한다. 베이지안 최적화는 일반적으로 가우시안 프로세스^{GP,} $_{Gaussian\ Process}$[32]를 사용하지만, 이는 CASH 문제의 특수한 특성(고차원성, 범주형 및 연속 하이퍼파라미터, 다른 하이퍼파라미터가 인스턴스화되는 경우에만 관련 있는 많은 조건부 하이퍼파라미터)으로 문제를 갖게 된다. 이러한 특성을 처리하기 위해 GP를 적용하는 것은 활발한 연구 분야이지만, 지금까지 트리 기반 모델[2, 17]을 사용하는 베이지안 최적화 방법은 CASH 설정에서 가장 잘 작동한다[9, 43].

오토넷$^{Auto-Net}$은 각각 4장과 6장에서 설명한 두 가지 주요 AutoML 시스템 오토웨카[43]와 오토사이킷런[11]을 따라 모델링됐다. 이 두 가지 모두 랜덤 포레스트 기반 베이지안 최적화 방법인 SMAC[17]를 사용해 CASH 문제를 해결한다. 웨카[16]와 사이킷런[30]에서 각각 분류기의 최상의 인스턴스화를 찾는다. 오토사이킷런은 두 가지 추가 방법을 사용해 성능을 향상시킨다. 첫째, 이전 데이터셋에 대한 경험을 기반으로 한 메타러닝[3]을 사용해 우수한 설정에서 SMAC를 시작한다[12]. 둘째, 궁극적인 목표는 최상의 예측을 하는 것이므로 수십 개의 머신러닝 모델을 시험한 다음 단일 최상의 모델만 사용하는 것은 낭비다. 대신 오토사

---

1 실제로 이는 규제화를 뜻한다. - 옮긴이

이킷런은 SMAC에 의해 평가된 모든 모델을 저장하고 앙상블 선택 기법으로 이들의 앙상블을 구성한다[5]. 오토웨카와 오토사이킷런 모두 광범위한 지도 학습 방법을 포함하지만, 현대적 신경망을 포함하지 않는다.

여기서는 이러한 차이를 메우기 위해 오토넷이라고 하는 두 가지 버전의 시스템을 소개한다. 오토넷 1.0은 테아노Theano를 기반으로 하며 비교적 단순한 탐색 공간을 가지고 있는 반면, 최신 오토넷 2.0은 파이토치PyTorch에 구현돼 더욱 복잡한 공간과 DL의 최신 고급 기능을 사용하고 있다. 각 탐색 절차에는 더 큰 차이가 있다. 오토넷 1.0은 오토웨카와 오토사이킷런과 동일한 AutoML 접근 방식에 따라 SMAC[17]로 신경망을 자동으로 구성하며, 오토넷 2.0은 베이지안 최적화BO와 하이퍼밴드HB[2]를 통한 효율적인 레이싱 전략이 결합된 BOHB[10]를 기반으로 구축된다.

오토넷 1.0은 최근 ChaLearn AutoML Challenge[14]의 인간 전문가 트랙에서 두 데이터셋에서 최고의 성과를 달성했다. 완전히 자동으로 조정된 신경망이 인간 전문가들을 상대로 한 경연에서 승리한 것은 이번이 처음인 것으로 안다. 오토넷 2.0은 대용량 데이터셋에서 오토넷 1.0을 더욱 향상시켜 최근 각 분야에서 큰 진보를 보여주고 있다.

7.2절에서는 오토넷 1.0의 설정 공간과 구현, 7.3절에서는 오토넷 2.0의 설정 공간과 구현에 관해 설명한다. 그런 다음 7.4절에서 그들의 성과를 경험적으로 연구하고 7.5절에서 결론을 내린다. 관련 작업에 대한 철저한 논의를 생략하고 신경망 구조 탐색의 극히 활동적인 분야에 대한 개요는 이 책의 3장을 참조한다. 그럼에도 AutoKeras[20], Photon-AI, H2O.ai, DEVol 또는 구글의 Cloud AutoML 서비스와 같은 여러 최신 도구들이 오토넷의 딥러닝 자동화 목표를 따르고 있다는 점에 주목한다.

7장은 오토넷을 소개하는 2016년 논문의 연장이며, AutoML에 대한 2016년 ICML 워크숍[26]에서 소개됐다.

---

2 하이퍼밴드는 파라미터 선택 문제를 탐험과 활용의 관점에서 무한 암드 밴딧(infinite Armed Bandit) 문제로 설정해 최적해해 전체 하이퍼파라미터 설정 중 더 우수한 조합에 상대적으로 많은 자원(예를 들어 훈련 횟수, 데이터 샘플링 등)을 적응적으로 할당함으로써, 균일한 자원 할당으로 효율적 탐색이 어려웠던 연속적 반감법(successive halving) 알고리듬의 문제점을 개선한다. - 옮긴이

7.2 오토넷 1.0

이제 오토넷 1.0을 소개하고 구현에 관해 설명한다. 새로운 분류(및 회귀) 구성 요소를 추가해 오토넷의 첫 번째 버전을 오토사이킷런[11]의 확장으로 구현하기로 선택했다. 이러한 선택의 이유는 특성 전처리, 데이터 전처리 및 앙상블 구성이라는 머신러닝 파이프라인의 기존 부분을 활용할 수 있기 때문이다. 여기서 오토넷이 다양한 데이터셋에 적용되기 때문에 완전 결합 전방향 신경망으로 제한한다. 우리는 합성곱 또는 순환 신경망과 같은 다른 유형의 신경망으로의 확장은 향후 작업으로 연기한다. 신경망 기술에 접근하기 위해 테아노[42]를 기반으로 구축된 파이썬 딥러닝 라이브러리 라자냐Lasagne[6]를 사용한다. 그러나 일반적으로 그 접근법이 신경망 구현과 독립적이라는 점에 주목한다.

[2]와 [7]에 따라 구조와 훈련 절차를 통제하는 계층 독립 네트워크 하이퍼파라미터와 각 계층에 대해 설정된 계층별 하이퍼파라미터를 구별한다. 전체적으로 모든 유형의 지도학습(이항, 다중 클래스 및 다중 레이블 분류, 회귀 분석)에 대해 동일한 설정 공간을 사용해 63개의 하이퍼파라미터(표 7.1 참조)를 최적화한다. 희소 데이터셋도 동일한 설정 공간을 공유한다(신경망이 즉시 희소 표현sparse representation 으로 데이터셋을 처리할 수 없기 때문에 데이터를 신경망에 공급하기 전에 배치별로 밀집 표현dense representation으로 변환한다).

계층 k의 계층별 하이퍼파라미터는 최소 k개의 계층 수에 따라 조건부로 달라진다. 실제적인 이유로 계층수를 1과 6 사이로 제한한다. 첫째, 단일 설정의 훈련 시간을 낮게 유지하는 것을 목표로 하고[3], 둘째로 각 계층은 설정 공간에 계층당 8개의 하이퍼파라미터를 추가해, 추가적 계층이 설정 프로세스를 더 복잡하게 만들 수 있도록 한다.

신경망의 내부 가중치를 최적화하는 가장 일반적인 방법은 역전파로 계산된 편미분을 사용하는 확률적 그래디언트 하강법SGD을 사용하는 것이다. 표준 SGD는 학습률 하이퍼파라미터의 올바른 설정에 결정적으로 의존한다.

이러한 의존성을 줄이기 위해 확률적 그래디언트 하강을 위한 다양한 알고리듬(해결사)이 제안됐다. 오토넷의 설정 공간에 문헌에서 잘 알려진 다음 방법을 포함한다. 바닐라 확률적 그래디언트 하강SGD, 모멘텀을 이용한 확률적 그래디언트 하강(모멘텀), 아담Adam[21], 에이다델타Adadelta[48], 네스터로프Nesterov 모멘텀

---

3   단일 CPU에서 2일의 시간 예산으로 수십 개의 설정에 대한 평가를 가능하게 하는 것을 목표로 한다.

표 7.1 오토넷의 설정 공간. 전처리 방법에 대한 설정 공간을 [11]에서 발견할 수 있다.

	파라미터명	범위	기본값	로그 스케일	유형	조건부
모델 하이퍼파라미터	배치 크기	[32, 4096]	32	✓	실수형	–
	업데이트 수	[50, 2500]	200	✓	정수형	–
	층수	[1, 6]	1	–	정수형	–
	학습률	$[10^{-6}, 1.0]$	10^{-2}	✓	실수형	–
	L_2 규제화	$[10^{-7}, 10^{-2}]$	10^{-4}	✓	실수형	–
	드롭아웃 출력층	[0.0, 0.99]	0.5	✓	실수형	–
	해 찾기 유형	{SGD, 모멘텀, 아담, 에이다델타, 에이다그레드, smorm, 네스터로프}	smorm3s	–	cat	–
	학습률 정책	{Fixed, Inv, Exp, Step}	Fixed	–	cat	–
해 찾기 유형에 조건부	β_1	$[10^{-4}, 10^{-1}]$	10^{-1}	✓	실수형	✓
	β_2	$[10^{-4}, 10^{-1}]$	10^{-1}	✓	실수형	✓
	ρ	[0.05, 0.99]	0.95	✓	실수형	✓
	모멘텀	[0.3, 0.999]	0.9	✓	실수형	✓
학습률 정책에 조건부	γ	$[10^{-3}, 10^{-1}]$	10^{-2}	✓	실수형	✓
	k	[0.0, 1.0]	0.5	–	정수형	✓
	s	[2, 20]	2	–	정수형	✓
층별 하이퍼파라미터	활성화 유형	{시그모이드, TanH, ScaledTanH, ELU, ReLU, Leaky, 선형}	ReLU	–	cat	✓
	유닛 수	[64, 4096]	128	✓	정수형	✓
	층의 드롭아웃	[0.0, 0.99]	0.5	–	실수형	✓
	가중치 초기화	{상수, 정규분포, 균등분포, 글로랏-균등, 글로랏-정규, 하-정규, 하-균등, 직교, 희소}	He-Normal	–	cat	✓
	표준화 초기화	$[10^{-7}, 0.1]$	0.0005	–	실수형	✓
	Leaky 계수	[0.01, 0.99]	$\frac{1}{3}$	–	실수형	✓
	tanh 크기 축소	[0.5, 1.0]	2/3	–	실수형	✓
	tanh 크기 확대	[1.1, 3.0]	1.7159	✓	실수형	✓

[28] 및 에이다그래드^{Adagrad}[8]. 또한 "smorm"이라고 부르는 vSGD 최적화 도구[33]의 변형을 사용했는데, 여기서 헤시안 추정치는 그래디언트 제곱 추정치(RMSprop 절차에서 계산됨)로 대체됐다. 이러한 각 방법에는 학습률 α와 자체 하이퍼파라미터셋(예: Adam의 모멘텀 벡터 β_1 및 β_2)을 수반한다. 각 솔버^{solver}의 하이퍼파라미터는 해당 솔버를 선택한 경우에만 활성화된다.

또한 다음과 같은 정책을 사용해 시간 경과에 따른 학습률 α를 감쇠시킨다(초기 학습률을 각 에포크 $t = 0,...,T$ 이후 비율 α_{decay}를 곱한다).

- 고정: $\alpha_{decay} = 1$
- 역수: $\alpha_{decay} = (1 + \gamma t)^{(-k)}$
- 지수: $\alpha_{decay} = \gamma_t$
- 단계: $\alpha_{decay} = \gamma^{\lfloor t/s \rfloor}$

여기서 하이퍼파라미터 k, s 및 γ는 정책 선택에 따라 조건별로 달라진다.

오토웨카와 오토사이킷런에서와 같이 오토넷 1.0의 이 조건부 탐색 공간에서 강력한 인스턴스화를 탐색하기 위해 랜덤 포레스트 기반 베이지안 최적화 방법인 SMAC[17]를 사용했다. SMAC는 지금까지 본 최고의 설정을 추적하고 종료 시 이를 출력하는 언제든지 사용할 수 있는 접근법이다.

7.3 오토넷 2.0

오토넷^{AutoNet} 2.0은 주로 다음 세 가지 측면에서 오토넷 1.0과 다르다.

- 심층 학습 라이브러리로 라자냐 대신 파이토치[29]를 사용한다.
- 최신 딥러닝 기술, 최신 아키텍처(예: ResNets)를 포함한 더 큰 설정 공간을 사용하며 탐색 공간을 더욱 간결하게 표현한다.
- 성능이 우수한 신경망을 좀 더 효율적으로 얻기 위해 SMAC 대신 BOHB[10]을 적용한다.

다음은 이러한 사항에 대해 더욱 자세히 설명한다.

작년에 라자냐의 개발과 유지보수가 종료된 이후 오토넷 2.0을 위한 다른 파이썬 라이브러리를 선택했다. 현재 가장 인기 있는 딥러닝 라이브러리는 파이토치

[29]와 텐서플로[1]이다. 이들의 기능은 매우 유사하며, 주로 세부 사항 수준에서 다르다. 파이토치는 사용자에게 훈련 중에 모든 계산을 추적할 수 있는 가능성을 제공한다. 각 라이브러리에는 장점과 단점이 있지만, 계산 그래프를 동적으로 구성할 수 있는 파이토치를 사용하기로 결정했다. 이러한 이유로 오토넷 2.0을 오토 파이토치라고 부르기 시작했다.

오토넷 2.0의 탐색 공간에는 모듈 선택을 위한 하이퍼파라미터(예: 스케줄러 유형, 네트워크 아키텍처)와 각 모듈에 대한 하이퍼파라미터가 모두 포함된다. 다음에 설명된 대로 네트워크 유형, 학습률 스케줄러, 최적화 도구 및 규제화 기술과 같은 다양한 딥러닝 모듈을 지원한다. 오토넷 2.0은 또한 쉽게 확장될 수 있도록 설계됐으며, 사용자는 다음에 나열된 모듈에 자신의 모듈을 추가할 수 있다.

오토넷 2.0은 현재 네 가지 네트워크 유형을 제공한다.

- 다층 퍼셉트론Multi-Layer Perceptrons 이것은 드롭아웃 계층에 의해 확장된 기존의 MLP의 표준 구현이다[38]. 오토넷 1.0에서와 유사하게 MLP의 각 계층은 파라미터화된다(예: 유닛 수와 드롭아웃 비율).
- 잔차 신경망Residual Neural Networks 이들은 잔차함수를 배우는 심층 신경망이다[47]. 여기서는 합성곱층 대신 완전결합층을 사용한다는 차이점이 있다. ResNets의 표준과 같이, 아키텍처는 각각 N개의 잔차 블록을 순차적으로 쌓는 M 그룹으로 구성된다. 각 블록의 구조는 고정돼 있지만, 그룹 수 M, 그룹당 블록 수 N, 각 그룹의 너비는 표 7.2와 같이 하이퍼파라미터에 의해 결정된다.
- 형상화된 다층 퍼셉트론Shaped Multi-Layer Perceptrons 모든 계층이 고유한 하이퍼파라미터를 갖는 것(탐색에 비효율적인 표현)을 피하기 위해 형상화된 MLP에서 계층의 전체 모양(예: 깔때기, 긴 깔때기, 다이아몬드, 육각형, 벽돌 또는 삼각형)이 미리 결정된다. 여기서 https://mikkokotila.github.io/slate/#shapes의 모양을 따랐다. 일리야 로스칠로프 역시 이전에 이러한 모양에 의한 파라미터화를 제안했다[25].
- 형상화된 잔차 네트워크Shaped Residual Networks 계층의 전체적인 형태가 미리 결정되는 ResNet(예: 깔때기, 긴 깔때기, 다이아몬드, 육각형, 벽돌, 삼각형)이다.

ResNets와 ShapedResNets의 네트워크 유형은 또한 Shake-Shake[13]와 ShakeDrop[46]의 정규화 방법을 사용할 수 있다. 모든 네트워크에 대해

MixUp[49]을 사용할 수 있다.

현재 오토넷 2.0에서 지원되는 최적화 도구는 아담[21] 및 SGD(모멘텀 포함)이다. 또한 오토넷 2.0은 현재 시간 경과에 따른 최적화 프로그램의 학습 속도를 변경하는 5가지 다른 스케줄러를 제공한다.

- **지수 T** 이것은 각 시대에 일정한 비율을 학습률에 곱한다.
- **단계**step 이는 일정 단계 수 이후, 학습률을 곱셈 비율로 감쇠시킨다.
- **주기**Cycle 이것은 증가와 감소를 교대로 수행해 학습률을 특정 범위에서 수정한다[37].
- **웜 리스타트 코사인 담금**Cosine Annealing with Warm Retarts[24] 이 학습률 스케줄은 여러 단계의 수렴 과정을 구현한다. 그것은 코사인 감쇠 이후 학습 속도를 0으로 냉각시키고[24], 각 수렴 단계가 다음 단계의 수렴을 시작하기 위해 가열한 후, 종종 더 나은 최적 상태로 전환된다. 네트워크 가중치는 다음 단계의 수렴이 웜스타트되도록 학습률을 가열할 때 수정하지 않는다.
- **온 플라토**On Plateau 이 스케줄러[4]는 성과 척도가 더 이상 향상되지 않을 때마다 학습 속도를 변경한다. 특히 p 에포크 이후 개선이 없는 경우 현재 학습 속도를 γ 비율로 곱한다.

오토넷 1.0과 마찬가지로 오토넷 2.0도 전처리 기술을 탐색할 수 있다. 오토넷 2.0은 현재 Nyström[45], 커널 주성분 분석[34], 빠른 독립 성분 분석[18], 랜덤 키친 싱크[31] 및 절단 특이값 분해[15]를 지원한다. 사용자는 고려해야 할 전처리 기술 리스트를 지정할 수 있으며 상이한 밸런싱 및 정규화 전략 중에서 선택할 수도 있다(밸런싱 전략에 대해서는 손실에 가중치를 주는 것만 가능하고, 정규화 전략에 대해서는 최소-최대 정규화와 표준화가 지원된다). 오토넷 1.0과 달리 오토넷 2.0은 마지막에 앙상블을 만들지 않는다(이 기능은 곧 추가될 것 같다). 오토넷 2.0의 모든 하이퍼파라미터는 그 각각의 범위와 기본값을 표 7.2에서 확인할 수 있다.

조건부인 공간의 최적화 도구로서 BOHBBayesian Optimization with HyperBand[10]를 사용했는데, 이는 기존의 베이지안 최적화와 밴디트 기반 전략 하이퍼밴드[23]를 결합해 효율을 크게 향상시켰다. 하이퍼밴드처럼 BOHB는 연속적인 반감의 반복 실행[19]을 사용해 대부분의 런타임을 유망한 신경망에 투자하고 성

---

4 파이토치에 의해 구현된다.

표 7.2 오토넷의 설정 공간. 총 112개의 하이퍼파라미터가 있다.

	파라미터명	범위	기본값	로그 스케일	유형	조건부
일반 하이퍼파라미터	Batch size	[32, 500]	32	✓	정수형	–
	Use mixup	{ True, False }	True	–	bool	–
	Mixup alpha	[0.0, 1.0]	1.0	–	실수형	✓
	Network	{ MLP, ResNet, ShapedMLP, ShapedResNet }	MLP	–	cat	–
	Optimizer	{ Adam, SGD }	Adam	–	cat	–
	Preprocessor	{ nystroem, kernel pca, fast ica, kitchen sinks, truncated svd }	Nystroem	–	cat	–
	Imputation	{ most frequent, median, mean }	Most frequent	–	cat	–
	Use loss weight strategy	{ True, False }	True	–	cat	–
	Learning rate scheduler	{ Step, Exponential, OnPlateau, Cyclic, CosineAnnealing }	Step	–	cat	–
전처리기						
Nystroem	Coef	[−1.0, 1.0]	0.0	–	실수형	✓
	Degree	[2, 5]	3	–	정수형	✓
	Gamma	[0.00003, 8.0]	0.1	–	실수형	✓
	Kernel	{ poly, rbf, sigmoid, cosine }	rbf	–	cat	✓
	Num components	[50, 10000]	100	✓	정수형	✓
Kitchen sinks	Gamma	[0.00003, 8.0]	1.0	✓	실수형	✓
	Num components	[50, 10000]	100	✓	정수형	✓
Truncated SVD	Target dimension	[1 0256]	128	–	정수형	✓
Kernel PCA	Coef	[−1.0, 1.0]	0.0	–	실수형	✓
	Degree	[2, 5]	3	–	정수형	✓
	Gamma	[0.00003, 8.0]	0.1	✓	실수형	✓
	Kernel	{ poly, rbf, sigmoid, cosine }	rbf	–	cat	✓
	Num components	[50, 10000]	100	✓	정수형	✓
Fast ICA	Algorithm	{ parallel, deflation }	Parallel	–	cat	✓
	Fun	{ logcosh, exp, cube }	Logcosh	–	cat	✓
	Whiten	{ True, False }	True	–	cat	✓
	Num components	[10, 2000]	1005	–	정수형	✓
신경망						
MLP	Activation function	{ Sigmoid, Tanh, ReLu }	Sigmoid	–	cat	✓
	Num layers	[1, 15]	9	–	정수형	✓
	Num units (for layer i)	[10, 1024]	100	✓	정수형	✓
	Dropout (for layer i)	[0.0, 0.5]	0.25	–	정수형	✓
ResNet	Activation function	{ Sigmoid, Tanh, ReLu }	Sigmoid	–	cat	✓
	Residual block groups	[1, 9]	4	–	정수형	✓
	Blocks per group	[1, 4]	2	–	정수형	✓
	Num units (for group i)	[128, 1024]	200	✓	정수형	✓
	Use dropout	{ True, False }	True	–	bool	✓
	Dropout (for group i)	[0.0, 0.9]	0.5	–	정수형	✓
	Use shake drop	{ True, False }	True	–	bool	✓
	Use shake shake	{ True, False }	True	–	bool	✓
	Shake drop β_{max}	[0.0, 1.0]	0.5	–	실수형	✓
ShapedMLP	Activation function	{ Sigmoid, Tanh, ReLu }	Sigmoid	–	cat	✓
	Num layers	[3, 15]	9	–	정수형	✓
	Max units per layer	[10, 1024]	200	✓	정수형	✓
	Network shape	{ Funnel, LongFunnel, Diamond, Hexagon, Brick, Triangle, Stairs }	Funnel	–	cat	✓
	Max dropout per layer	[0.0, 0.6]	0.2	–	실수형	✓
	Dropout shape	{ Funnel, LongFunnel, Diamond, Hexagon, Brick, Triangle, Stairs }	Funnel	–	cat	✓
Shaped ResNet	Activation function	{ Sigmoid, Tanh, ReLu }	Sigmoid	–	cat	✓
	Num layers	[3, 9]	4	–	정수형	✓
	Blocks per layer	[1, 4]	2	–	정수형	✓
	Use dropout	{ True, False }	True	–	bool	✓
	Max units per layer	[10, 1024]	200	✓	정수형	✓
	Network shape	{ Funnel, LongFunnel, Diamond, Hexagon, Brick, Triangle, Stairs }	Funnel	–	cat	✓
	Max dropout per layer	[0.0, 0.6]	0.2	–	실수형	✓
	Dropout shape	{ Funnel, LongFunnel, Diamond, Hexagon, Brick, Triangle, Stairs }	Funnel	–	cat	✓
	Use shake drop	{ True, False }	True	–	bool	✓
	Use shake shake	{ True, False }	True	–	bool	✓
	Shake drop β_{max}	[0.0, 1.0]	0.5	–	실수형	✓
최적화기						
Adam	Learning rate	[0.0001, 0.1]	0.003	✓	실수형	✓
	Weight decay	[0.0001, 0.1]	0.05	–	실수형	✓
SGD	Learning rate	[0.0001, 0.1]	0.003	–	실수형	✓
	Weight decay	[0.0001, 0.1]	0.05	–	실수형	✓
	Momentum	[0.1, 0.9]	0.3	✓	실수형	✓
스케줄러						
Step	γ	[0.001, 0.9]	0.4505	–	실수형	✓
	Step size	[1, 10]	6	–	정수형	✓
Exponential	γ	[0.8, 0.9999]	0.89995	–	실수형	✓
OnPlateau	γ	[0.05, 0.5]	0.275	–	실수형	✓
	Patience	[3, 10]	6	–	정수형	✓
Cyclic	Cycle length	[3, 10]	6	–	정수형	✓
	Max factor	[1.0, 2.0]	1.5	–	실수형	✓
	Min factor	[0.001, 1.0]	0.5	–	실수형	✓
Cosine annealing	T_0	[1, 20]	10	–	정수형	✓
	T_{mult}	[1.0, 2.0]	1.5	–	실수형	✓

능이 낮은 신경망 훈련을 조기에 중단한다. 베이지안 최적화에서처럼, BOHB 는 어떤 종류의 신경망이 좋은 결과를 산출하는지 학습한다. 구체적으로, BO 방법 TPE[2]와 같이, BOHB는 커널 밀도 추정기^{KDE}를 사용해 신경망 공간에서 고성능의 영역을 설명하고 이 KDE를 사용해 탐험 대 활용을 트레이드 오프한다. BOHB의 장점 중 하나는 쉽게 병렬화하고 노동자의 수가 증가함에 따라 선형 속도를 항상 거의 달성할 수 있다는 것이다[10].

BOHB에 대한 예산으로 에폭 또는 (처리) 시간을 분 단위로 다룰 수 있다. 기본적으로 런타임은 사용되지만 사용자는 다양한 예산 파라미터를 자유롭게 조정할 수 있다. 사용 예는 알고리듬 1에 나와 있다. 오토넷은 오토사이킷런과 마찬가지로 사이킷런을 위한 플러그인 추정기로 구축된다. 사용자는 훈련셋과 성과 척도(예: 정확도)을 제공해야 한다. 선택적으로 검증 및 테스트 세트를 지정할 수 있다. 검증셋은 훈련 중에 사용돼 네트워크 성능에 대한 척도를 얻고 BOHB의 KDE 모델을 학습한다.

알고리듬 1 오토넷 2.0의 사용 예제

```
from autonet import AutoNetClassification

cls = AutoNetClassification(min_budget=5, max_budget=20,
    max_runtime=120)
cls.fit(X_train, Y_train)
predictions = cls.predict(X_test)
```

7.4 실험

이제 우리의 방법을 경험적으로 평가한다. 오토넷의 구현은 CPU와 GPU 모두에서 실행되지만, 신경망은 행렬 연산을 많이 사용하므로 GPU에서 훨씬 더 빨리 실행된다. CPU 기반 실험은 각 노드가 2개의 8코어 Intel Xeon E5-2650 v2 CPU와 64GB의 공유 메모리를 가지고 있는 컴퓨터 클러스터에서 2.6GHz로 실행됐다. GPU 기반 실험은 각 노드가 4개의 GEForce GTAN X GPU를 가지고 있는 컴퓨터 클러스터에서 실행됐다.

7.4.1 오토넷 1.0과 오토사이킷런의 베이스라인 평가

첫 번째 실험에서는 AutoML 과제의 단계 0의 5개 데이터셋에서의 오토넷 1.0의 상이한 인스턴스화를 비교한다. 첫째, CPU 기반 버전과 GPU 기반 버전을 사용해 상이한 하드웨어에서 실행 중인 NN의 차이를 연구한다. 둘째, 오토사이킷런의 모델과 신경망을 결합할 수 있다. 셋째, 또한 신경망 없는 오토사이킷런을 베이스라인으로 실행한다. 각 데이터셋에서 10개의 1일 실행을 수행해서, 훈련셋에서 5폴드 교차 검증으로 단일 설정을 최대 100분까지 평가할 수 있었다. [11]에 따라 각 실행의 각 시간 단계마다 지금까지 평가한 모델로 앙상블을 구성하고 시간 경과에 따른 앙상블의 테스트 오차를 그렸다. 실무적으로 별도의 프로세스를 사용해 병렬로 앙상블을 계산하거나 최적화 프로세스 후에 앙상블을 계산한다.

그림 7.1은 다섯 개의 데이터셋 중 두 개에 대한 결과를 보여준다. 첫째, GPU 기반의 오토넷 버전은 CPU 기반 버전보다 지속적으로 훨씬 빠른 속도를 보였다. 주어진 고정 컴퓨팅 예산 내에서 CPU 기반 버전은 지속적으로 최악의 성능을 보인 반면, GPU 기반 버전은 다른 데이터셋 중 3에 대해서 오토사이킷런과 연계돼 뉴스 그룹 데이터셋에서 최고의 성과를 보였고(그림 7.1a 참조), 다른 데이터셋 3개에 대해서는 오토사이킷런과 동일한 성과를 그리고 한 개에서는 더 낮은 성과를 보였다. CPU 기반 오토넷이 매우 느렸음에도, 3/5의 경우 오토사이킷런과 CPU 기반 오토넷의 조합이 오토사이킷런에 비해 여전히 개선됐다. 이것은 그림 7.1b의 도로시아 데이터셋[5]에서 확인할 수 있다.

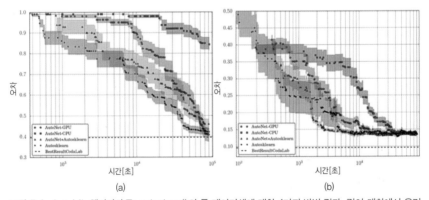

그림 7.1 AutoML 챌린지의 Tweakathon()의 두 데이터셋에 대한 4가지 방법 결과. 경연 대회에서 우리의 방법이 훈련셋에 대해 접근이 가능했던 경우에만 검증셋에 대한 오차를 보인다. 그림을 깨끗하게 보이기 위해 각 방법의 10회 반복 시행에 걸친 평균 오차 ±1/4 표준편차를 그린다. (a) 뉴스 그룹 데이터셋 (b) 도로시아 데이터셋

---

5 UCI의 신약 발견 데이터셋 – 옮긴이

7.4.2 AutoML 경연 데이터셋에 대한 결과

첫 번째 AutoML 챌린지 동안 오토넷 1.0을 개발한 우리는 마지막 두 단계에 오토사이킷런과 GPU 기반 오토넷의 조합을 사용해 각 인간 전문가 트랙에서 승리했다. 오토사이킷런은 오토넷보다 훨씬 오래 개발됐으며, 3단계의 4/5 데이터셋과 4단계의 3/5 데이터셋의 경우 자체적으로 가장 잘 수행됐으며, 여기서 그 결과만 제출한다. 그리고 오토넷을 사용한 세 가지 데이터셋에 관해 설명한다. 그림 7.2는 오토넷을 사용한 세 개의 데이터셋에 대한 공식 AutoML 인간 전문가 트랙 경연 결과를 보여준다. 알렉시스[alexis] 데이터셋은 챌린지의 3단계("고급 단계")의 일부였다. 이를 위해 5개의 GPU에서 병렬로(공유 모델 모드에서 SMAC 사용) 18시간 동안 오토넷을 실행했다. 제출물에는 자동으로 구성된 39개 모델의 앙상블이 포함됐으며, 모든 인간 전문가들을 능가해 AUC 점수의 90%에 도달한 반면 최고의 인간 경쟁업체(아이디얼 인텔 어낼리틱스[Ideal Intel lAnalytics])는 80%에 도달했다. 자동으로 구성된 신경망이 경연에서 우승을 한 것은 이번이 처음인 것으로 안다. 욜란다[yolanda] 및 타니아[tania] 데이터셋은 4단계("전문가 단계")의 과제 중 일부였다. 욜란다의 경우, 8개의 GPU에서 48시간 동안 오토넷을 실행하고 5개의 신경망 앙상블을 자동으로 구성해 근소한 3위를 달성했다. 타니아에서는 25개의 CPU에서 오토사이킷런과 함께 8개의 GPU에서 48시간 동안 오토넷을 실행했으며, 결국 자동 앙상블 스크립트는 8개의 단일층 신경망, 2개의 2계층 신경망과 SGD로 훈련된 1개의 로지스틱 회귀 모델로 구성된 앙상블을 구성했다. 이 앙상블은 타니아 데이터셋에서 1위를 차지했다.

타니아 데이터셋의 경우 또한 7.4.1절의 실험을 반복했다. 그림 7.3은 이 데이터셋의 경우 CPU에서만 실행되는 경우에도 오토넷이 오토사이킷런보다 확실히 더 잘 수행됐음을 보여준다. 오토넷의 GPU 기반 버전이 가장 잘 수행됐다.

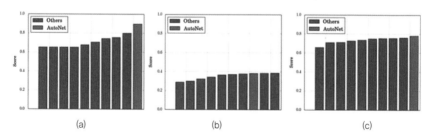

그림 7.2 오토넷을 사용한 3개 데이터셋에 대한 공식적 AutoML 인간 전문가와의 경연 결과 비교. 최상위 10위를 보여준다. (a) 알렉시스 데이터셋 (b) 욜란다 데이터셋 (c) 타니아 데이터셋

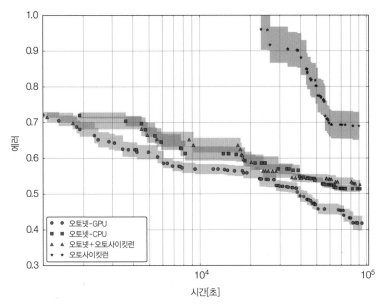

그림 7.3 타니아 데이터셋에 대한 시간에 따른 성과. 경연 대회의 검증을 위한 참 레이블 또는 테스트셋을 구할 수 없으므로, 훈련셋에 대한 교차 검증 성과를 보인다. 뭉치는 것을 피하기 위해, 각 방법에 대해 10개 실행에 대한 평균 ±1/4 표준편차를 그렸다.

7.4.3 오토넷 1.0과 2.0의 비교

마지막으로 오토넷 1.0과 2.0의 비교 사례를 보여준다. 오토넷 2.0은 오토넷 1.0보다 훨씬 포괄적인 탐색 공간을 제공하므로 충분한 시간이 주어지면 대규모 데이터셋에서 성능이 더 향상될 것으로 기대한다. 또한 더 큰 공간을 탐색하는 것이 오토넷 1.0의 더 작은 공간을 탐색하는 것보다 더 어려울 것으로 예상한다. 그러나 오토넷 2.0은 효율적인 다중 충실도 최적화 BOHB를 사용해 성능이 낮은 신경망을 조기에 종료하므로, 그럼에도 언제든지 강력한 성능을 얻을 수 있다. 반면, 지금까지 오토넷 2.0은 앙상블을 구현하지 않는다. 규제화 구성 요소의 누락과 더 큰 가설 공간 때문에 오토넷 1.0보다 과적합되기 쉽다.

서로 다른 크기의 데이터셋에서 성과에 대한 이러한 기대치를 테스트하기 위해 중간 크기의 데이터셋(뉴스 그룹, 13k 훈련 데이터포인트 포함)과 작은 데이터셋(훈련 데이터포인트 800개 포함)을 사용했다. 결과는 표 7.3에 제시돼 있다.

중간 규모의 데이터셋 뉴스 그룹에서는 오토넷 2.0이 오토넷 1.0보다 훨씬 더 뛰어난 성능을 발휘했으며, 4명의 작업자^{worker}를 사용하는 것이 오토넷 2.0의 속도 향상으로 이어지면서 오토넷 2.0은 오토사이킷런과 오토넷 1.0의 앙상블에 맞먹는 경쟁력을 갖추게 됐다. 오토넷 2.0의 더 큰 탐색 공간에도, (다중 충실도 방법 BOHB를 사용한) 향상 성과^{anytime performance}가 (블랙박스 최적화 방법 SMAC 사용한) 오토넷 1.0보다 우수하다는 것을 발견했다. 또한 소규모 데이터셋에서는 오토넷 2.0이 초기에는 오토넷 1.0보다 성능이 좋았지만, 충분한 시간이 주어졌을 때는 오토넷 1.0이 약간 더 좋은 성능을 발휘했다. 이는 오토넷 2.0은 앙상블이 없고 탐색 공간이 더 넓기 때문이다.

표 7.3 상이한 오토넷 버전의 상이한 시행 수에 대한 오차 척도로 모두 CPU에서 실행됐다. 하나의 작업자를 사용해 오토넷 1.0, 오토넷 1.0의 앙상블과 오토사이킷런을 비교했다. 모든 결과는 각 시스템의 10번 실행에 걸친 평균이다. 경연 대회의 검증셋에 대한 오차(참 레이블을 구할 수 없으므로 테스트 결과가 아님)를 보이며, 단지 훈련셋에 적용된다.

	뉴스 그룹			도로시아		
	10^3 s	10^4 s	1 day	10^3 s	10^4 s	1 day
오토넷 1.0	0.99	0.98	0.85	0.38	0.30	0.13
오토사이킷런+오토넷 1.0	0.94	0.76	0.47	0.29	0.13	0.13
오토넷 2.0: 1 작업자	1.0	0.67	0.55	0.88	0.17	0.16
오토넷 2.0: 4 작업자	0.89	0.57	0.44	0.22	0.17	0.14

7.5 결론

인간의 개입 없이 자동으로 조정되는 심층 신경망을 제공하는 오토넷을 선보였다. 신경망이 많은 데이터셋에서 우수한 성능을 보여주지만, 수동으로 정의된 특성이 있는 전통적인 데이터셋의 경우 신경망이 항상 최상의 성능을 발휘하진 못한다. 그러나 다른 방법들이 더 나은 성능을 발휘하는 경우에도 오토넷과 오토사이킷런을 앙상블로 결합하면 두 방법 중 하나를 사용하는 것보다 성능이 같거나 더 우수하다는 것을 보여줬다.

마지막으로 AutoML 챌린지의 인간 전문가 트랙에서 세 개의 데이터셋에 대한 결과를 보고했으며, 오토넷은 한군데서 3위, 두 군데서 1위를 차지했다. 오토사이킷런과 오토넷의 앙상블이 사용자들이 두 가지 장점을 모두 누릴 수 있고 개별 도구보다 훨씬 더 나은 경우가 많다는 것을 보여줬다. 새로운 오토넷 2.0에 대한 첫 번째 실험에서는 최적화 도구로서 BOHB를 결합해 더욱 포괄적인 탐색 공간을 사용하는 것이 유망한 결과를 산출한다는 것을 보여줬다.

향후 연구에서 오토넷을 합성곱 및 순환 신경망을 포함한 좀 더 일반적인 신경망 구조로 확장하는 것을 목표로 한다.

감사의 말 이 연구는 Grant no. 716721하의 유럽 연합의 Horizon 2020 연구 및 혁신 프로그램에 속하며, 유럽 연구 위원회[ERC]의 지원을 일부 받았다.

참고문헌

1. Abadi, M., Barham, P., Chen, J., Chen, Z., Davis, A., Dean, J., Devin, M., Ghemawat, S.,Irving, G., Isard, M., Kudlur, M., Levenberg, J., Monga, R., Moore, S., Murray, D., Steiner, B., Tucker, P., Vasudevan, V., Warden, P., Wicke, M., Yu, Y., Zheng, X.: Tensorflow: A system for large-scale machine learning. In: 12th USENIX Symposium on Operating Systems Design and Implementation (OSDI 16). pp. 265–283 (2016), https://www.usenix.org/system/files/conference/osdi16/osdi16-abadi.pdf

2. Bergstra, J., Bardenet, R., Bengio, Y., Kégl, B.: Algorithms for hyper-parameter optimization.In: Shawe-Taylor, J., Zemel, R., Bartlett, P., Pereira, F., Weinberger, K. (eds.) Proceedings of the 25th International Conference on Advances in Neural Information Processing Systems (NIPS'11). pp. 2546–2554 (2011)

3. Brazdil, P., Giraud-Carrier, C., Soares, C., Vilalta, R.: Metalearning: Applications to Data Mining. Springer Publishing Company, Incorporated, 1 edn. (2008)

4. Brochu, E., Cora, V., de Freitas, N.: A tutorial on Bayesian optimization of expensive costfunctions, with application to active user modeling and hierarchical reinforcement learning. Computing Research Repository (CoRR) abs/1012.2599 (2010)

5. Caruana, R., Niculescu-Mizil, A., Crew, G., Ksikes, A.: Ensemble selection from libraries ofmodels. In: In Proceedings of the 21st International Conference on Machine Learning. pp. 137–144. ACM Press (2004)

6. Dieleman, S., Schlüter, J., Raffel, C., Olson, E., Sønderby, S., Nouri, D., Maturana, D., Thoma,M., Battenberg, E., Kelly, J., Fauw, J.D., Heilman, M., diogo149, McFee, B., Weideman, H., takacsg84, peterderivaz, Jon, instagibbs,

Rasul, K., CongLiu, Britefury, Degrave, J.: Lasagne: First release. (Aug 2015), https://doi.org/10.5281/zenodo.27878

7. Domhan, T., Springenberg, J.T., Hutter, F.: Speeding up automatic hyperparameter optimization of deep neural networks by extrapolation of learning curves. In: Yang, Q., Wooldridge, M. (eds.) Proceedings of the 25th International Joint Conference on Artificial Intelligence (IJCAI'15). pp. 3460–3468 (2015)

8. Duchi, J., Hazan, E., Singer, Y.: Adaptive subgradient methods for online learning and stochastic optimization. J. Mach. Learn. Res. 12, 2121–2159 (Jul 2011)

9. Eggensperger, K., Feurer, M., Hutter, F., Bergstra, J., Snoek, J., Hoos, H., Leyton-Brown, K.: Towards an empirical foundation for assessing Bayesian optimization of hyperparameters. In: NIPS Workshop on Bayesian Optimization in Theory and Practice (BayesOpt'13) (2013)

10. Falkner, S., Klein, A., Hutter, F.: Combining hyperband and lsevier optimization. In: NIPS2017 Bayesian Optimization Workshop (Dec 2017)

11. Feurer, M., Klein, A., Eggensperger, K., Springenberg, J.T., Blum, M., Hutter, F.: Efficientand robust automated machine learning. In: Cortes, C., Lawrence, N., Lee, D., Sugiyama, M., Garnett, R. (eds.) Proceedings of the 29th International Conference on Advances in Neural Information Processing Systems (NIPS'15) (2015)

12. Feurer, M., Springenberg, T., Hutter, F.: Initializing Bayesian hyperparameter optimization via meta-learning. In: Bonet, B., Koenig, S. (eds.) Proceedings of the Twenty-nineth National Conference on Artificial Intelligence (AAAI'15). pp. 1128–1135. AAAI Press (2015)

13. Gastaldi, X.: Shake-shake regularization. CoRR abs/1705.07485 (2017)

14. Guyon, I., Bennett, K., Cawley, G., Escalante, H.J., Escalera, S., Ho, T.K., Macià, N., Ray, B.,Saeed, M., Statnikov, A., Viegas, E.: Design of the 2015 chalearn automl challenge. In: 2015 International Joint Conference on Neural Networks (IJCNN). pp. 1–8 (July 2015)

15. Halko, N., Martinsson, P., Tropp, J.: Finding structure with randomness: Stochastic algorithms for constructing approximate matrix decompositions (2009)

16. Hall, M., Frank, E., Holmes, G., Pfahringer, B., Reutemann, P., Witten, I.: The WEKA datamining software: An update. SIGKDD Explorations 11(1), 10–18 (2009)

17. Hutter, F., Hoos, H., Leyton-Brown, K.: Sequential model-based optimization for general algorithm configuration. In: Coello, C. (ed.) Proceedings of the Fifth International Conference on Learning and Intelligent Optimization (LION'11).

Lecture Notes in Computer Science, vol. 6683, pp. 507–523. Springer-Verlag (2011)

18. Hyvärinen, A., Oja, E.: Independent component analysis: algorithms and applications. Neural networks 13(4–5), 411–430 (2000)

19. Jamieson, K., Talwalkar, A.: Non-stochastic best arm identification and hyperparameter optimization. In: Gretton, A., Robert, C. (eds.) Proceedings of the 19th International Conference on Artificial Intelligence and Statistics, AISTATS. JMLR Workshop and Conference Proceedings, vol. 51, pp. 240–248. JMLR.org (2016)

20. Jin, H., Song, Q., Hu, X.: Efficient neural architecture search with network morphism. CoRRabs/1806.10282 (2018)

21. Kingma, D., Ba, J.: Adam: A method for stochastic optimization. In: Proceedings of the International Conference on Learning Representations (2015)

22. Krizhevsky, A., Sutskever, I., Hinton, G.: ImageNet classification with deep convolutional neural networks. In: Bartlett, P., Pereira, F., Burges, C., Bottou, L., Weinberger, K. (eds.) Proceedings of the 26th International Conference on Advances in Neural Information Processing Systems (NIPS'12). pp. 1097–1105 (2012)

23. Li, L., Jamieson, K., DeSalvo, G., Rostamizadeh, A., Talwalkar, A.: Hyperband: A novel bandit-based approach to hyperparameter optimization. Journal of Machine Learning Research 18, 185:1–185:52 (2017)

24. Loshchilov, I., Hutter, F.: Sgdr: Stochastic gradient descent with warm restarts. In: International Conference on Learning Representations (ICLR) 2017 Conference Track (2017)

25. Loshchilov, I.: Personal communication (2017)

26. Mendoza, H., Klein, A., Feurer, M., Springenberg, J., Hutter, F.: Towards automatically-tuned neural networks. In: ICML 2016 AutoML Workshop (2016)

27. Mnih, V., Kavukcuoglu, K., Silver, D., Rusu, A.A., Veness, J., Bellemare, M.G., Graves, A., Riedmiller, M., Fidjeland, A.K., Ostrovski, G., Petersen, S., Beattie, C., Sadik, A., Antonoglou, I., King, H., Kumaran, D., Wierstra, D., Legg, S., Hassabis, D.: Human-level control through deep reinforcement learning. Nature 518, 529–533 (2015)

28. Nesterov, Y.: A method of solving a convex programming problem with convergence rate $O(1/sqr(k))$. Soviet Mathematics Doklady 27, 372–376 (1983)

29. Paszke, A., Gross, S., Chintala, S., Chanan, G., Yang, E., DeVito, Z., Lin, Z., Desmaison, A., Antiga, L., Lerer, A.: Automatic differentiation in pytorch. In: Autodiff Workshop at NIPS (2017)

30. Pedregosa, F., Varoquaux, G., Gramfort, A., Michel, V., Thirion, B., Grisel, O., Blondel, M., Prettenhofer, P., Weiss, R., Dubourg, V., Vanderplas, J., Passos, A., Cournapeau, D., Brucher, M., Perrot, M., Duchesnay, E.: Scikit-learn: Machine learning in Python. Journal of Machine Learning Research 12, 2825–2830 (2011)

31. Rahimi, A., Recht, B.: Weighted sums of random kitchen sinks: Replacing minimization with randomization in learning. In: Advances in neural information processing systems. pp. 1313– 1320 (2009)

32. Rasmussen, C., Williams, C.: Gaussian Processes for Machine Learning. The MIT Press (2006)

33. Schaul, T., Zhang, S., LeCun, Y.: No More Pesky Learning Rates. In: Dasgupta, S., McAllester,D. (eds.) Proceedings of the 30th International Conference on Machine Learning (ICML'13). Omnipress (2014)

34. Schölkopf, B., Smola, A., Müller, K.: Kernel principal component analysis. In: International Conference on Artificial Neural Networks. pp. 583–588. Springer (1997)

35. Shahriari, B., Swersky, K., Wang, Z., Adams, R., de Freitas, N.: Taking the human out of the loop: A Review of Bayesian Optimization. Proc. of the IEEE 104(1) (12/2015 2016)

36. Silver, D., Huang, A., Maddison, C.J., Guez, A., Sifre, L., van den Driessche, G., Schrittwieser, J., Antonoglou, I., Panneershelvam, V., Lanctot, M., Dieleman, S., Grewe, D., Nham, J., Kalchbrenner, N., Sutskever, I., Lillicrap, T., Leach, M., Kavukcuoglu, K., Graepel, T., Hassabis, D.: Mastering the game of go with deep neural networks and tree search. Nature 529, 484–503 (2016)

37. Smith, L.N.: Cyclical learning rates for training neural networks. In: Applications of Computer Vision (WACV), 2017 IEEE Winter Conference on. pp. 464–472. IEEE (2017)

38. Srivastava, N., Hinton, G., Krizhevsky, A., Sutskever, I., Salakhutdinov, R.: Dropout: a simpleway to prevent neural networks from overfitting. The Journal of Machine Learning Research 15(1), 1929–1958 (2014)

39. Sutskever, I., Vinyals, O., Le, Q.V.: Sequence to sequence learning with neural networks. CoRRabs/1409.3215 (2014), http://arxiv.org/abs/1409.3215

40. Swersky, K., Duvenaud, D., Snoek, J., Hutter, F., Osborne, M.: Raiders of the lost architecture: Kernels for Bayesian optimization in conditional parameter spaces. In: NIPS Workshop on Bayesian Optimization in Theory and Practice (BayesOpt'13) (2013)

41. Taigman, Y., Yang, M., Ranzato, M., Wolf, L.: Deepface: Closing the gap to human-level performance in face verification. In: Proceedings of the International

Conference on Computer Vision and Pattern Recognition (CVPR'14). pp. 1701–1708. IEEE Computer Society Press (2014)

42. Theano Development Team: Theano: A Python framework for fast computation of mathematical expressions. Computing Research Repository (CoRR) abs/1605.02688 (may 2016)

43. Thornton, C., Hutter, F., Hoos, H., Leyton-Brown, K.: Auto-WEKA: combined selection and hyperparameter optimization of classification algorithms. In: I. Dhillon, Koren, Y., Ghani, R., Senator, T., Bradley, P., Parekh, R., He, J., Grossman, R., Uthurusamy, R. (eds.) The 19th ACM SIGKDD International Conference on Knowledge Discovery and Data Mining (KDD'13). pp. 847–855. ACM Press (2013)

44. Wang, Z., Hutter, F., Zoghi, M., Matheson, D., de Feitas, N.: Bayesian optimization in a billion dimensions via random embeddings. Journal of Artificial Intelligence Research 55, 361–387 (2016)

45. Williams, C., Seeger, M.: Using the nyström method to speed up kernel machines. In: Advances in neural information processing systems. pp. 682–688 (2001)

46. Yamada, Y., Iwamura, M., Kise, K.: Shakedrop regularization. CoRR abs/1802.02375 (2018)

47. Zagoruyko, S., Komodakis, N.: Wide residual networks. CoRR abs/1605.07146 (2016)

48. Zeiler, M.: ADADELTA: an adaptive learning rate method. CoRR abs/1212.5701 (2012), http:// arxiv.org/abs/1212.5701

49. Zhang, H., Cissé, M., Dauphin, Y., Lopez-Paz, D.: mixup: Beyond empirical risk minimization.CoRR abs/1710.09412 (2017)

8

TPOT: 자동머신러닝을 위한 트리 기반 파이프라인 최적화 도구

랜달 올슨 Randal S. Olson, 제이슨 무어 Jason H. Moore

개요 데이터 과학이 점차 주류화됨에 따라 접근성, 유연성 및 확장성이 뛰어난 데이터 과학 도구에 대한 수요가 지속적으로 증가할 것이다. 이리한 요구에 대응해, 자동머신러닝 연구자들은 머신러닝 파이프라인 설계 및 최적화 프로세스를 자동화하는 시스템을 구축하기 시작했다. 8장에서는 지도 분류 작업에서 분류 정확도를 최대화할 목적으로 일련의 특성 전처리기 및 머신러닝 모델을 최적화하는 오픈 소스 유전 프로그래밍 genetic programming 기반 AutoML 시스템인 TPOT v0.3을 제시한다. 일련의 150개의 지도 분류 작업에 대해 TPOT를 벤치마킹했는데, 그중 21개 작업에서 기본적 머신러닝 분석을 크게 능가하는 것을 발견하고, 4개의 벤치마크에 대해서 정확도가 최소로 저하되는 것을 경험한다. 모두 도메인 지식이나 인적 입력은 없었다. 이와 같이 유전 프로그래밍 기반 AutoML 시스템은 AutoML 도메인에서 상당한 가능성을 보여준다.

R. S. Olson(✉)
Life Epigenetics, Minneapolis, MN, USA. e-mail: rso@randalolson.com

J. H. Moore
Institute for Biomedical Informatics, University of Pennsylvania, Philadelphia, PA, USA

8.1 서론

머신러닝은 일반적으로 "컴퓨터가 명시적으로 프로그래밍되지 않고 학습할 수 있는 능력을 제공하는 연구 분야"로 설명된다. 이러한 일반적인 주장에도 숙련된 머신러닝 실무자들은 효과적인 머신러닝 파이프라인 설계가 종종 지루한 노력이며 일반적으로 머신러닝 알고리듬에 대한 상당한 경험, 문제 도메인에 대한 전문 지식 및 시간 집약적인 무차별 대입적 탐색을 요구한다는 것을 알고 있다[13]. 그러므로 머신러닝에 열정적인 사람들은 우리가 믿고 싶어 하는 것과는 반대로 여전히 명시적인 프로그래밍을 필요로 한다.

이러한 과제에 대응해, 몇 가지 자동화된 머신러닝 방법이 수년 동안 개발됐다 [10]. 지난 몇 년 동안 우리는 인간의 개입 없이 주어진 문제 도메인[16]에 대해 머신러닝 파이프라인을 자동으로 설계하고 최적화하는 트리 기반 파이프라인 최적화 도구[TPOT]를 개발해왔다. 간단히 말해 TPOT는 컴퓨터 프로그램을 자동으로 구성하기 위한 잘 알려진 진화 연산 기술인 유전 프로그래밍[GP] 버전을 사용해 머신러닝 파이프라인을 최적화한다[1]. 이전에는 GP와 파레토 최적화를 결합하면 TPOT가 기본 머신러닝 분석을 지속적으로 능가하는 높은 정확도를 가진 간결한 파이프라인을 자동으로 구축할 수 있다는 것을 입증했다[13]. 7장에서는 이 벤치마크를 150개의 지도 분류 작업을 포함하도록 확장하고 유전자 분석부터 이미지 분류 등에 이르는 광범위한 응용 영역에서 TPOT를 평가한다.

7장은 2016년 ICML 워크숍에서 소개된 2016년 논문[15]의 연장판이다.

8.2 방법

다음 절에서는 유전 프로그래밍[GP] 원시 요소로 사용되는 머신러닝 연산자, 원시 요소를 작업 머신러닝 파이프라인으로 결합하는 데 사용되는 트리 기반 파이프라인 및 해당 트리 기반 파이프라인을 진화시키는 데 사용되는 GP 알고리듬을 포함한 트리 기반 파이프라인 최적화 도구[Tree-based Pipeline Optimization] TPOT v0.3 에 대한 개요를 제공한다. 이어서 TPOT의 최신 버전을 평가하는 데 사용되는 데이터셋에 대한 설명을 한다. TPOT는 깃허브의 오픈 소스 프로젝트이며, 기본 파이썬 코드는 https://github.com/rhiever/tpot에서 찾을 수 있다.

8.2.1 머신러닝 파이프라인 연산자

TPOT의 핵심은 파이썬 머신러닝 패키지 사이킷런[17]의 래퍼라는 것이다. 그러므로, TPOT의 각 머신러닝 파이프라인 연산자(즉, GP 원시$^{GP\ Primitive}$)는 지도 분류 모델 또는 표준 특성 스칼러와 같은 머신러닝 알고리듬에 해당한다. 다음에 열거된 머신러닝 알고리듬의 모든 구현은 (XGBoost를 제외하고) 사이킷런에서 이뤄지며, TPOT에 사용된 머신러닝 알고리듬에 관한 자세한 설명은 사이킷런 문서 [17] 및 [9]를 참조한다.

- **지도 분류 연산자** 결정 트리, 랜덤 포레스트, 극단 그래디언트 부스트 분류기(XGBoost[3]에서), 로지스틱 회귀 및 K최근접이웃 분류기다. 분류 연산자는 분류기의 예측을 파이프라인에 분류뿐만 아니라 새로운 특성으로 저장한다.

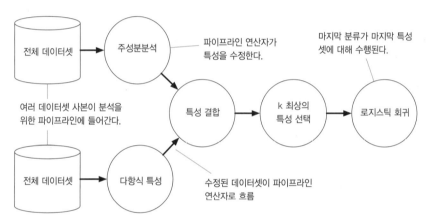

그림 8.1 TPOT의 트리 기반 파이프라인 예. 각 원은 머신러닝 연산자에 해당하며 화살표는 데이터 흐름의 방향을 나타낸다.

- **특성 전처리 연산자** StandardScaler, RobustScaler, MinMaxScaler, MaxAbsScaler, RandomizedPCA[12], Binarizer와 PolynomialFeatures 이다. 전처리 연산자는 어떤 방식으로든 데이터셋을 수정하고 수정된 데이터셋을 반환한다.
- **특성 선택 연산자** VarianceThreshold, SelectKBest, SelectPercentile, SelectFwe와 Recursive Feature Elimination^{RFE}. 특성 선택 연산자는 어떤 기준을 사용해 데이터셋의 특성 수를 줄이고 수정된 데이터셋을 반환한다.

또한 그림 8.1에서 설명한 바와 같이 서로 다른 데이터셋을 결합하는 연산자도 포함하므로 데이터셋의 수정된 여러 변형을 단일 데이터셋으로 결합할 수 있다. 그런데 TPOT v0.3은 결측값 대체 연산자를 포함하지 않으므로 결측 데이터가 있는 데이터셋은 지원하지 않는다. 마지막으로 kNN 분류기의 근접 이웃 k 개수와 같은 다양한 연산자를 파라미터화하기 위한 정수 단자^{integer terminal}와 실수 단자^{float terminal}를 제공한다.

8.2.2 트리 기반 파이프라인 구축

이러한 연산자를 머신러닝 파이프라인으로 결합하기 위해 그것들을 GP 원시 요소로 처리하고 GP 트리를 구성한다. 그림 8.1은 데이터셋의 복사본 2개가 각 운영자에 의해 연속적인 방식으로 수정돼 단일 데이터셋으로 결합되고 마지막으로 분류에 사용되는 트리 기반 파이프라인의 예를 보여준다. 모든 파이프라인이 그것의 최종 연산자로 분류기를 가지고 있어야 한다는 제한을 제외하고는 데이터셋의 여러 복사본에서 작동할 수 있는 임의의 모양의 머신러닝 파이프라인을 구성할 수 있다. 그러므로 GP 트리는 머신러닝 파이프라인의 본질적으로 유연한 표현을 제공한다.

이러한 트리 기반 파이프라인이 작동하기 위해 데이터셋의 각 레코드에 대해 3개의 추가 변수를 저장한다. 클래스 변수는 각 레코드의 실제 레이블을 나타내며 각 파이프라인의 정확도를 평가할 때 사용된다. "추측" 변수는 각 레코드에 대한 파이프라인의 최신 추측을 나타내며, 파이프라인의 최종 분류 연산자의 예측은 "추측"으로 저장된다. 마지막으로 "그룹" 변수는 트리 기반 파이프라인이 훈련 데이터에 대해서만 훈련되고 테스트 데이터에 대해 평가되도록 레코드를 내부 훈련 또는 테스트셋의 일부로 사용할지 여부를 나타낸다. 훈련 데이터로 TPOT에 제공된 데이터셋은 내부 층화된 75%/25% 훈련/테스트셋으로 더욱 분할된다.

8.2.3 트리 기반 파이프라인 최적화

이러한 트리 기반 파이프라인을 자동으로 생성하고 최적화하기 위해 파이썬 패키지 DEAP[7]에 구현된 유전 프로그래밍^{GP} 알고리듬[1]을 사용한다. TPOT GP 알고리듬은 표준 GP 프로세스를 따른다. 우선 GP 알고리듬은 100개의 랜덤 트리 기반 파이프라인을 생성하고 데이터셋에서 (클래스) 균형 교차 검증 정확도를 평가한다. GP 알고리듬의 모든 세대에 대해 알고리듬은 NSGAII 선택 체계[4]에 따라 모집단의 상위 20개 파이프라인을 선택한다. 여기서 파이프라인은 파이프라인 내 연산자 수를 최소화하면서 데이터셋의 분류 정확도를 동시에 최대화하기 위해 선택된다. 선택된 상위 20개 파이프라인 각각은 다음 세대의 모집단으로 5개의 복사본(즉, 자손)을 생성하며, 그 자손의 5%는 일점 교차one-point crossover를 사용해 다른 자손과 교차하고, 나머지 영향받지 않은 자손의 90%는 점, 삽입 또는 수축 돌연변이(각각 1/3 확률)에 의해 무작위로 변경된다. 모든 세대에 대해 알고리듬은 GP 실행의 어느 지점에서든 발견된 비지배 솔루션[4]의 파레토 경계를 업데이트한다. 이 알고리듬은 100세대에 걸쳐 이 평가-선택-교차 과정을 반복한다. 즉, 분류 정확도를 향상시키는 파이프라인 연산자를 추가 및 조정하고 분류 정확도를 저하시키는 연산자를 절단한다. 이때 알고리듬은 파레토 경계로부터 가장 높은 정확도의 파이프라인을 실행을 대표하는 "최상" 파이프라인으로 선택한다.

8.2.4 벤치마크 데이터

우리는 UCI 머신러닝 저장소[11], [18]의 대규모 기존 벤치마크[1] 저장소, [20]의 시뮬레이션된 유전자 분석 데이터셋을 포함한 광범위한 원천으로부터 150개의 지도 분류 벤치마크를 수집했다.

이러한 벤치마크 데이터셋은 60개에서 60,000개에 이르는 레코드, 수 개에서 수백 개에 이르는 특성, 이진 및 다중 클래스 지도 분류 문제를 포함한다. 더불어 유전자 분석, 이미지 분류, 시계열 분석 등 광범위한 응용 도메인에서 데이터셋을 선택했다. 따라서 펜 머신러닝 벤치마크PMLB[14]라고 하는 이 벤치마크는 자동화된 머신러닝 시스템을 평가하는 포괄적인 테스트셋을 나타낸다.

---

1 벤치마크 데이터는 다음 사이트에서 구할 수 있다. https://github.com/EpistasisLab/penn-ml-benchmarks

8.3 결과

TPOT를 평가하기 위해 150개의 벤치마크 각각에서 30개의 반복 실험을 수행했으며, 각 반복 실험은 8시간으로 100세대의 최적화(즉, 100 × 100 × 10,000개의 파이프라인 평가)를 완료했다. 각 반복 실험에서 데이터셋을 75%/25%의 층화된 훈련/테스트 분할로 나누고 각 분할 및 후속 TPOT 실행에 대해 고유한 난수 생성기 시드를 사용했다.

베이스라인 비교로서 합리적인 통제를 제공하기 위해 150개의 벤치마크에서 500개의 트리를 가진 랜덤 포레스트의 30회 반복 실험을 유사하게 평가했는데, 이는 초보 실무자가 수행할 기본적인 머신러닝 분석을 나타내기 위한 것이다. 또한 무작위로 동일한 수의 파이프라인(10,000개)을 생성하고 평가하는 TPOT 버전의 30개를 복제해서 실행했는데, 이는 TPOT 파이프라인 공간에서의 랜덤 탐색을 나타내기 위한 것이다. 모든 경우 결과 파이프라인 또는 모델의 정확도를 균형 정확도[21]로 측정했는데, 이는 클래스 단위로 정확도를 계산한 다음 클래스당 정확도를 평균화해 데이터셋의 클래스 빈도 불균형을 교정한다. 8장의 나머지 부분에서는 "균형 정확도"를 단순히 "정확도"라고 한다.

그림 8.2에서 볼 수 있듯이 500개의 트리를 가진 TPOT와 랜덤 포레스트의 평균 성과는 대부분의 데이터셋에서 비슷하다. 전반적으로 TPOT는 랜덤 포레스트보다 통계적으로 성능이 훨씬 우수한 파이프라인을 21개 벤치마크에서 발견했으며, 125개 벤치마크에서 통계적으로 유의한 차이가 없었다(유의성을 위해서 보수적인 본페로니-수정 p-값$^{Bonferroni-correted\ p-value}$ 임곗값 즉 $0.000\overline{333}(\frac{0.05}{150})$을 사용한 윌콕슨 순위합 테스트$^{Wilcoxon\ rank-sum\ test}$를 사용해 통계적 유의성을 결정했다). 그림 8.3에서 유의한 차이를 가진 25개 벤치마크에 대한 정확도의 분포를 보여주며, 여기서 벤치마크는 두 실험 사이의 중위 정확도 차이로 정렬된다.

특히 벤치마크에서 TPOT가 개선한 대부분은 상당히 크며, 랜덤 포레스트 분석에 비해 10%에서 60%의 범위의 중위 정확도 향상에 해당된다. 반면 TPOT가 중위 정확도 저하를 경험한 4가지 벤치마크는 2~5%의 정확도 저하에 불과했다. 경우에 따라 TPOT의 개선은 모델이 데이터를 더 잘 분류할 수 있도록 해주는 유용한 특성 전처리기를 발견함으로써 이뤄졌다.[2]

---

2 완전 리스트는 https://gist.github.com/rhiever/578cc9c686ffd873f46bca29406dde1d를 참조하라.

TPOT는 RandomizedPCA 특성 전처리기를 "Hill_valley" 벤치마크를 모델링하기 전에 적용하면 거의 완벽한 정확도로 데이터셋을 분류할 수 있다는 것을 발견했다. 다른 경우, TPOT의 개선은 다른 모델을 벤치마크에 적용해 이뤄졌다. 예를 들어 TPOT는 $k = 10$개의 이웃을 가진 k 최근접이웃 분류기가 "parity5" 벤치마크를 분류할 수 있는 반면 랜덤 포레스트는 동일한 벤치마크에서 지속적으로 0%의 정확도를 달성했다.

TPOT를 랜덤 탐색을 사용하는 TPOT 버전(그림 8.3의 "TPOT 랜덤")과 비교했을 때, TPOT가 더 나은 성능을 가진 파이프라인을 지속적으로 발견한 "dis" 벤치마크를 제외하고는 전형적으로 랜덤 탐색이 TPOT가 발견한 파이프라인과 유사한 정확도를 달성하는 파이프라인을 찾아낸다는 것을 발견했다. 제시된 벤치마크 중 17개에서는 랜덤 탐색이 어느 것도 24시간 이내에 완료되지 않았으며, 그림 8.3에 상자 그림을 공백으로 남겨둠으로써 이를 표시했다. 랜덤 탐색이 벤치마크 문제에 대해 불필요하게 복잡한 파이프라인을 생성하는 경우가 많았는데, 이는 조정된 모델을 가진 단순한 파이프라인이 벤치마크 문제를 분류하기에 충분할 때에도 마찬가지였다. 따라서 비록 정확도 측면에서 랜덤 탐색이 TPOT만큼의 성과를 낼지라도, 가능한 적은 수의 파이프라인 연산으로 높은 정확도를 달성하는 파이프라인에 대한 유도 탐색^{guided search}을 수행하는 것이 탐색 실행 시간, 모델 복잡성 및 모델 해석성 측면에서 여전히 상당한 이점을 가질 수 있다.

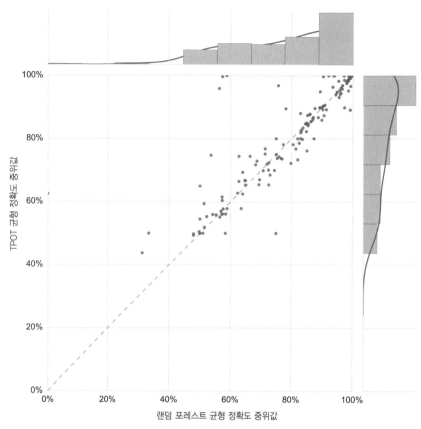

그림 8.2 150 벤치마크 데이터셋에 대한 500개의 트리를 가진 TPOT와 랜덤 포레스트의 중위 균형 정확도(median balanced accuracies)를 보여주는 산포도. 각 점은 하나의 벤치마크 데이터셋에 대한 정확도를 나타내고, 대각선은 x와 y가 같은 균형선(line of parity)을 나타낸다. (즉, 모든 알고리듬이 동일한 정확도 점수를 가질 때) 선 위의 점들은 TPOT가 랜덤 포레스트보다 더 성과가 좋은 데이터셋을 나타내고, 아래의 점은 랜덤 포레스트가 더 성과가 좋은 데이터셋을 나타낸다.

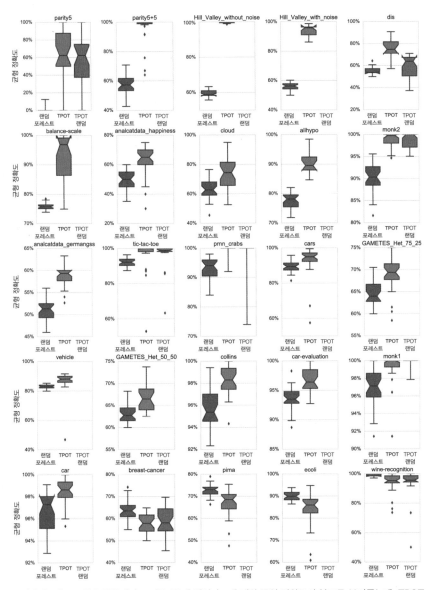

그림 8.3 박스 그림은 500개의 트리를 25개 벤치마크에 대한 균형 정확도의 분포를 보여주는데, TPOT 와 랜덤 포레스트 간의 중위 정확도의 큰 차이를 보여준다. 각 박스 그림은 30개의 복제를 나타내며, 내 부선은 중위값을 보이며, V자 모양의 눈금(notch)은 중위값의 부트스트랩된 95% 신뢰 구간을 나타낸 다. 박스의 끝은 1사분위와 3사분위를, 점은 이상치를 나타낸다.

8.4 결론과 미래 연구

150개의 지도 분류 데이터셋에서 TPOT^{Tree-based Pipeline Optimization Tool} v0.3을 벤치마킹한 결과 여러 벤치마크에서 기본 머신러닝 분석을 능가할 수 있는 머신러닝 파이프라인을 발견했다. 특히 TPOT는 도메인 지식이나 인적 입력 없이 이러한 파이프라인을 발견했다는 점에 주목한다. 이와 같이 TPOT는 자동화된 머신러닝 도메인에서 상당한 가능성을 보여주며 TPOT가 인간과 경쟁적인 머신러닝 파이프라인을 지속적으로 발견할 때까지 TPOT를 계속 세분화할 것이다. 다음에서 이러한 향후 개선 사항 중 일부를 설명한다.

먼저, TPOT와 같은 유전 프로그래밍^{GP} 기반 AutoML 시스템에 대해 합리적인 초기화[8]를 제공하는 방법을 탐구할 것이다. 이를테면 메타러닝 기법을 사용해 풀고자 하는 특정 문제에 잘 적용될 수 있는 파이프라인 설정을 지능적으로 일치시킬 수 있다[6]. 간단히 말해 메타러닝은 이전의 머신러닝 실행 정보를 활용해 각 파이프라인 설정이 특정 데이터셋에서 얼마나 잘 작동하는지 예측한다. 데이터셋을 표준 스케일에 놓기 위해, 메타러닝 알고리듬은 데이터셋의 메타데이터 특성, 데이터셋의 크기, 특성 수 및 특성에 대한 다양한 측면을 계산해서 데이터셋 메타 특성을 해당 메타 특성이 있는 데이터셋에서 잘 작동할 수 있는 파이프라인 설정에 매핑하는 데 사용한다. 이러한 지능형 메타러닝 알고리듬은 TPOT의 합리적인 초기화 과정을 개선할 것이다.

또한 머신러닝 파이프라인의 이상적인 "모양"을 특징짓기 위해 노력할 것이다. 오토사이킷런[5]에서는 데이터 전처리기, 특성 전처리기 및 모델의 짧고 고정된 파이프라인 구조를 적용했다. 다른 GP 기반 AutoML 시스템[22]에서는 GP 알고리듬이 임의 모양의 파이프라인을 설계할 수 있도록 허용했으며, 여러 개의 전처리기 및 모델을 가지는 복잡한 파이프라인이 신호 처리 문제에 유용하다는 것을 발견했다. 따라서 AutoML 시스템이 인간 수준의 경쟁력을 달성하려면 임의로 모양의 파이프라인을 설계할 수 있도록 하는 것이 필수적일 수 있다.

마지막으로 유전 프로그래밍^{GP} 최적화 방법은 때때로 특정 최적화 문제에 대해 느리고 낭비적일 수 있는 큰 모집단의 솔루션을 최적화한다고 전형적으로 비판을 받는다. 하지만 GP 모집단으로부터의 앙상블을 만들어 GP의 의도된 약점을 강점으로 바꾸는 것이 가능하다. 보완 등[2]은 이전에 표준 GP 알고리듬으로 그러한 모집단 앙상블 방법 하나를 발굴해 성능을 크게 향상시킬 수 있음을 보여줬다. 따라서 TPOP의 머신러닝 파이프라인 모집단으로부터 앙상블을 생성하는 것은 자연스러운 확장이다.

결론적으로, 이러한 실험은 모델에 구애받지 않는 머신러닝 방법을 취하고, 머신이 주어진 문제 도메인에서 어떤 일련의 전처리기 및 모델이 가장 잘 작동하는지 자동으로 발견하도록 함으로써 얻을 것이 많다는 것을 보여준다. 따라서 AutoML은 머신러닝의 가장 지루하면서도 중요한 측면을 자동화함으로써 데이터 과학에 혁명을 일으킬 수 있다.

참고문헌

1. Banzhaf, W., Nordin, P., Keller, R.E., Francone, F.D.: Genetic Programming: An Introduction.Morgan Kaufmann, San Meateo, CA, USA (1998)
2. Bhowan, U., Johnston, M., Zhang, M., Yao, X.: Evolving diverse ensembles using genetic programming for classification with unbalanced data. Trans. Evol. Comp 17(3), 368–386 (Jun 2013)
3. Chen, T., Guestrin, C.: Xgboost: A scalable tree boosting system. In: Proceedings of the 22Nd ACM SIGKDD International Conference on Knowledge Discovery and Data Mining. pp. 785– 794. KDD '16, ACM, New York, NY, USA (2016)
4. Deb, K., Pratap, A., Agarwal, S., Meyarivan, T.: A fast and elitist multi objective genetic algorithm: NSGA-II. IEEE Transactions on Evolutionary Computation 6, 182–197 (2002)
5. Feurer, M., Klein, A., Eggensperger, K., Springenberg, J., Blum, M., Hutter, F.: Efficient and robust automated machine learning. In: Cortes, C., Lawrence, N., Lee, D., Sugiyama, M., Garnett, R. (eds.) Advances in Neural Information Processing Systems 28, pp. 2944–2952. Curran Associates, Inc. (2015)
6. Feurer, M., Springenberg, J.T., Hutter, F.: Initializing lsevier hyperparameter optimization via meta-learning. In: Proceedings of the 29th AAAI Conference on Artificial Intelligence, January 25–30, 2015, Austin, Texas, USA. pp. 1128–1135 (2015)
7. Fortin, F.A., De Rainville, F.M., Gardner, M.A., Parizeau, M., Gagné, C.: DEAP: Evolutionary Algorithms Made Easy. Journal of Machine Learning Research 13, 2171–2175 (2012)
8. Greene, C.S., White, B.C., Moore, J.H.: An expert knowledge-guided mutation operatorfor genome-wide genetic analysis using genetic programming. In: Pattern Recognition in Bioinformatics, pp. 30–40. Springer Berlin Heidelberg (2007)

9. Hastie, T.J., Tibshirani, R.J., Friedman, J.H.: The Elements of Statistical Learning: Data Mining, Inference, and Prediction. Springer, New York, NY, USA (2009)

10. Hutter, F., Lücke, J., Schmidt-Thieme, L.: Beyond Manual Tuning of Hyperparameters. KI Künstliche Intelligenz 29, 329–337 (2015)

11. Lichman, M.: UCI machine learning repository (2013), http://archive.ics.uci.edu/ml

12. Martinsson, P.G., Rokhlin, V., Tygert, M.: A randomized algorithm for the decomposition of matrices. Applied and Computational Harmonic Analysis 30, 47–68 (2011)

13. Olson, R.S., Bartley, N., Urbanowicz, R.J., Moore, J.H.: Evaluation of a tree-based pipeline optimization tool for automating data science. In: Proceedings of the Genetic and Evolutionary Computation Conference 2016. pp. 485–492. GECCO '16, ACM, New York, NY, USA (2016)

14. Olson, R.S., La Cava, W., Orzechowski, P., Urbanowicz, R.J., Moore, J.H.: PMLB: A Large Benchmark Suite for Machine Learning Evaluation and Comparison. arXiv e-print. https://arxiv.org/abs/1703.00512 (2017)

15. Olson, R.S., Moore, J.H.: Tpot: A tree-based pipeline optimization tool for automating machine learning. In: Hutter, F., Kotthoff, L., Vanschoren, J. (eds.) Proceedings of the Workshop on Automatic Machine Learning. Proceedings of Machine Learning Research, vol. 64, pp. 66–74. PMLR, New York, New York, USA (24 Jun 2016), http://proceedings.mlr.press/v64/olson_ tpot_2016.html

16. Olson, R.S., Urbanowicz, R.J., Andrews, P.C., Lavender, N.A., Kidd, L.C., Moore, J.H.: Applications of Evolutionary Computation: 19th European Conference, Evo Applications 2016, Porto, Portugal, March 30 — April 1, 2016, Proceedings, Part I, chap. Automating Biomedical Data Science Through Tree-Based Pipeline Optimization, pp. 123–137. Springer International Publishing (2016)

17. Pedregosa, F., Varoquaux, G., Gramfort, A., Michel, V., Thirion, B., Grisel, O., Blondel, M., Prettenhofer, P., Weiss, R., Dubourg, V., Vanderplas, J., Passos, A., Cournapeau, D., Brucher, M., Perrot, M., Duchesnay, E.: Scikit-learn: Machine learning in Python. Journal of Machine Learning Research 12, 2825–2830 (2011)

18. Reif, M.: A comprehensive dataset for evaluating approaches of various meta-learning tasks. In: First International Conference on Pattern Recognition and Methods (ICPRAM) (2012)

19. Simon, P.: Too big to ignore: the business case for big data. Wiley & SAS Business Series,Wiley, New Delhi (2013)

20. Urbanowicz, R.J., Kiralis, J., Sinnott-Armstrong, N.A., Heberling, T., Fisher, J.M., Moore, J. H.: GAMETES: a fast, direct algorithm for generating pure, strict, epistatic models with random architectures. Bio Data Mining 5 (2012)

21. Velez, D.R., White, B.C., Motsinger, A.A., Bush, W.S., Ritchie, M.D., Williams, S.M., Moore, J. H.: A balanced accuracy function for epistasis modeling in imbalanced datasets using multifactor dimensionality reduction. Genetic Epidemiology 31(4), 306–315 (2007)

22. Zutty, J., Long, D., Adams, H., Bennett, G., Baxter, C.: Multiple objective vector-based genetic programming using human-derived primitives. In: Proceedings of the 2015 Annual Conference on Genetic and Evolutionary Computation. pp. 1127–1134. GECCO '15, ACM, New York, NY, USA (2015)

9

자동 통계 전문가 시스템

크리스티안 스테인루켄[Christian Steinruecken],
엠마 스미스[Emma Smith], 데이비드 얀츠[David Janz],
제임스 로이드[James Lloyd], 주빈 가라마니[Zoubin Ghahramani]

개요 자동 통계 전문가 시스템[Automatic Statistician] 프로젝트는 최소한의 인력 개입으로 원시 데이터셋에서 예측과 사람이 읽을 수 있는 보고서를 산출해 데이터 과학을 자동화하는 것을 목표로 한다. 기본 그래프 및 통계와 함께 생성된 보고서에는 (1) 데이터셋에 대한 모델의 자동 구축 (2) 이러한 모델의 비교 (3) 이러한 결과를 자연어 설명으로 변환하는 소프트웨어 구성 요소 등에서 얻은 데이터셋에 대한 높은 수준의 통찰력이 정리돼 있다. 9장에서는 이러한 자동 통계 전문가 시스템의 공통적 구조를 설명하고, 설계 결정과 기술적 어려움에 관해 논의한다.

C. Steinruecken(✉) · E. Smith · D. Janz · J. Lloyd · Z. Ghahramani
Department of Engineering, University of Cambridge, Cambridge, UK, e-mail: tcs27@cam.ac.uk

9.1 서론

머신러닝^{ML}과 데이터 과학은 데이터에서 자동화된 학습을 위한 알고리듬 개발에 초점을 맞춘 밀접하게 관련된 연구 분야다. 이러한 알고리듬은 또한 많은 인공지능^{AI}의 최근 발전을 뒷받침하고 있다. 인공지능의 새로운 황금시대를 맞이하면서 산업계에 큰 영향을 미치고 있다. 그러나 머신러닝, 데이터 과학 및 AI에 대한 현재 많은 접근법은 중요하지만 관련된 한계로 인해 어려움을 겪고 있다.

첫째, 사용되는 많은 접근법은 해석, 이해, 디버그 및 신뢰하기 어려운 복잡한 블랙박스다. 이러한 해석성 결여는 ML 시스템의 배치를 방해한다. 일례로 의료 조건, 형사 재판 상황 또는 자율 주행 차량에 관련된 예측이나 결정을 수행하는 해석 불가능한 블랙박스 시스템의 사용에 따른 주요 법적, 기술적, 윤리적 결과를 고려할 수 있다. 블랙박스 ML 방법이 그러한 환경에서 심각하게 제한된다는 사실의 인식은 "설명 가능한 AI"와 해석 가능성, 신뢰성 및 투명성을 제공하는 시스템을 개발하려는 주요 노력이 이뤄졌다.

둘째로, ML 시스템의 개발은 ML 전문가가 일련의 특수 상황을 반영하는 수동 결정 또는 전문가의 선호와 편향을 반영하는 솔루션을 수작업으로 설계함으로써 문제를 해결하는 가내 수공업으로 변모했다. 데이터로부터 자동 학습되는 시스템 구축 분야인 머신러닝이 인간 전문가와 모델 및 학습 알고리듬의 수동 조정에 너무 의존한다는 것은 아이러니하다. 가능한 모델 및 방법에 대한 수동 탐색은 모든 성과 척도에서 최적이 아닌 솔루션을 제공할 수 있다. 더욱이 전문가의 공급과 데이터 과학 및 ML 솔루션에 대한 수요 사이의 엄청난 불균형은 사회에 큰 이익을 줄 수 있는 애플리케이션에 많은 기회를 놓치는 결과를 초래할 수 있다.

자동 통계 전문가 시스템^{Automatic Statistician}의 비전은 데이터 분석, 모델 탐색 및 설명의 많은 측면을 자동화하는 것이다. 어떤 의미에서 목표는 데이터의 패턴을 추론하고 사용자에게 설명할 수 있는 시스템인 데이터 과학용 AI를 개발하는 것이다. 이상적으로 일부 원시 데이터가 주어지면 이러한 시스템은 다음을 수행할 수 있어야 한다.

- 특성 선택 및 변환 프로세스를 자동화한다.
- 결측값, 특이치, 변수의 다양한 유형 및 인코딩을 포함한 실제 데이터의 지저분함을 처리한다.

- 데이터의 신뢰할 수 있는 패턴을 포착하는 우수한 모델을 자동으로 찾을 수 있도록 광범위한 모델을 탐색한다.
- 과대 적합과 과소 적합을 피하는 모델을 찾는다.
- 데이터에 대해 사용자와 대화를 함으로써 사용자에게 발견된 패턴을 설명한다.
- 컴퓨팅 시간, 메모리, 데이터 양 및 기타 관련 리소스에 대한 제약과 관련해 효율적이고 강력한 방식으로 이 모든 작업을 수행한다.

이 안건은 분명히 매우 야심 차지만 자동 통계 전문가 프로젝트에 관한 지금까지의 작업은 위의 많은 필요 자료에 대한 진전을 이뤘다. 특히 데이터에서 그럴듯한 모델을 발견하고 이러한 발견을 쉬운 영어로 설명하는 능력은 자동 통계 전문가 시스템의 구별되는 특징 중 하나다[18]. 이러한 특성은 데이터에서 지식을 추출하는 데 의존하는 거의 모든 분야 또는 노력에 유용할 수 있다.

패턴 인식 문제(커널 방식, 랜덤 포레스트 또는 딥러닝과 같은 기술을 사용함)에서 증가하는 성과 향상을 추출하는 데 초점을 맞춰온 많은 머신러닝 문헌과 대조적으로, 자동 통계 전문가 시스템은 해석 가능한 구성 요소로 구성된 모델을 구축하고, 원칙에 입각해 데이터가 주어졌을 때, 모델 구조의 불확실성을 나타내는 방식을 가질 필요가 있다. 또한 빅데이터셋뿐만 아니라 소규모 데이터셋에도 합리적인 답변을 제공할 수 있어야 한다.

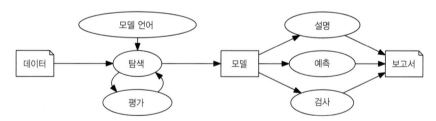

그림 9.1 보고서 작성 자동 통계 전문가 시스템의 작동을 요약한 단순화된 흐름도. 데이터를 위한 모델은 (모델의 개방형 언어로부터) 자동으로 구성되고 데이터에 대해 평가된다. 이 평가는 모델을 서로 비교할 수 있는 방식으로 수행된다. 그런 다음 최상의 모형을 검사해 보고서를 생성한다. 각 모델은 데이터로부터 추론이나 예측을 하는 데 사용될 수 있으며, 모델의 구축 청사진은 사람이 읽을 수 있는 설명으로 바뀔 수 있다. 일부 모델의 경우, 모델 비평을 생성하고, 모델링 가정이 데이터와 잘 일치하지 않는 부분에 대해 보고할 수도 있다.

9.2 자동 통계 전문가의 기본 해부

자동 통계 전문가 시스템의 핵심은 모델 기반 머신러닝 프레임워크에서 작업함으로써 위의 과제에 대한 좋은 해결책을 얻을 수 있다는 아이디어다[2, 9]. 모델 기반 ML에서, 기본 아이디어는 확률론적 모델이 데이터의 패턴에 대한 설명이며, 확률론적 프레임워크(또는 베이지안 단순성 원칙Bayesian Occam's Razor)를 사용해 과대 적합과 과소 적합을 모두 피하는 모델을 발견할 수 있다는 것이다[21]. 베이지안 접근법은 모델의 복잡성과 데이터의 복잡성을 상쇄하는 우아한 방법을 제공하며 확률론적 모델은 앞에서 설명한 대로 구성적이며 해석 가능하다. 또한 모델 기반 철학은 데이터 전처리 및 변환과 같은 작업이 모델의 모든 부분이며 이상적으로는 모두 한 번에 수행돼야 한다고 주장한다[35].

자동 통계 전문가 시스템에는 다음과 같은 주요 성분이 포함돼 있다.

1. 모델의 개방된 언어: 실제 현상을 포착하고 통계학자 및 데이터 과학자가 사용하는 기법을 적용할 수 있을 정도로 충분히 표현한다.
2. 모델의 언어를 효율적으로 탐구하기 위한 탐색 절차
3. 모델 평가, 복잡성, 데이터 적합 및 리소스 사용을 절충하는 원칙적인 방법
4. 비전문가에게 동시에 정확하고 이해하기 쉬운 방법으로 모델을 자동으로 설명하는 절차

그림 9.1은 보고서 작성 자동 통계 전문가 시스템의 기본 버전을 작성하는 데 이러한 구성 요소를 사용하는 방법에 대한 개괄적인 개요를 보여준다.

9장의 뒷부분에서 논의할 것처럼, 다른 바람직한 출력을 생성하는 절차를 위해서 원시 예측이나 결정과 같은 성분을 교환하는 자동 통계 전문가 시스템을 구축할 수 있다. 이 경우 언어, 탐색 및 평가 구성 요소는 선택된 목표의 우선순위를 정하도록 적절히 수정할 수 있다.

9.2.1 관련 연구

중요한 초기 연구에는 통계 전문가 시스템[11, 37]과 방정식 학습[26, 27]이 포함된다. 로봇 과학자[16]는 머신러닝과 과학적 발견을 미생물학의 실험 플랫폼과 통합해 새로운 실험의 설계와 실행을 자동화한다. 오토웨카[17, 33] 및 오토 사이킷런[6]은 베이지안 최적화 기법을 많이 사용해 학습 분류기를 자동화하는

프로젝트다. 머신러닝 방법의 데이터 적용을 자동화하려는 노력이 최근 탄력을 받고 있으며, 궁극적으로 데이터 과학을 위한 실용적인 AI 시스템을 만들 수 있을 것이다.

9.3 시계열 데이터에 대한 자동 통계 전문가 시스템

자동 통계 전문가 시스템은 다양한 목표에 대해 정의될 수 있으며 여러 기본 모델군에 기초할 수 있다. 먼저 이러한 시스템에 관해 설명하고 공통 설계 요소 및 일반적인 구조에 관한 참고 사항을 포함해 광범위한 분류법에 대해 나중에 논의하겠다.

1차원 회귀 작업에 대한 초기 자동 통계 전문가 시스템은 로이드 등[18]에 의해 기술됐다. 자동 베이지안 공분산 탐색ABCD, Automatic Bayesian Covariance Discovery이라고 부르는 이들의 시스템은 커널에 대한 구성 문법을 통해 가우시안 프로세스 모델의 개방형 언어를 사용한다. 가우시안 프로세스GP는 함수에 대한 분포를 정의하고, GP의 평균과 커널의 파라미터는 함수의 속성을 결정한다[25]. 특정한 속성을 가진 함수 분포를 유도하는 광범위한 커널 선택(예: 선형, 다항식, 주기 또는 독립적인 잡음을 가진 함수에 대한 분포)이 있다. 이 시스템의 그림 개요는 그림 9.2에 나타나 있다.

9.3.1 커널에 대한 문법

앞서 언급한 것처럼 GP 커널에 대한 문법은 함수의 많은 흥미로운 속성을 나타낼 수 있게 하고, 그러한 함수에 대한 분포를 구성하는 체계적인 방법을 제공한다. 커널에 대한 이 문법은 구성적이다. 즉 이것은 고정된 기본 커널 집합과 기존 커널에서 새로운 커널을 구성할 수 있게 하는 커널 연산자로 구성된다. 이 문법은 해석할 수 있도록 신중하게 선택됐다. 문법의 각 표현은 인간 언어의 간단하지만 설명적인 단어 집합으로 설명될 수 있는 커널을 정의한다.

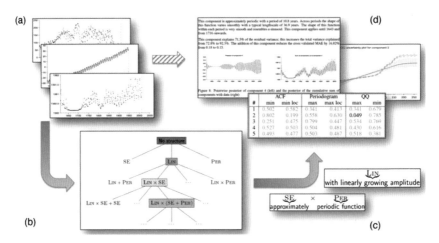

그림 9.2 시계열 데이터에 대한 보고서 작성 자동 통계 전문가 시스템을 설명하는 흐름도. (a) 이 경우 시스템에 대한 입력은 시계열로 표현되는 데이터다. (b) 시스템은 모델의 문법을 검색해 모델의 점수를 매기는 베이지안 추론을 사용한다. (c) 발견된 모델의 구성 요소는 영어 문장으로 번역된다. (d) 최종 결과는 모델 검사와 비평에 관한 절을 포함해 데이터에 관해 추론된 것을 상세히 기술하는 텍스트, 그림 및 표를 포함한 보고서다[8,20].

문법의 기본 커널은 C(상수), LIN(선형), SE(제곱 지수), PER(주기적) 및 WN(백색 잡음)이다. 커널 연산자는 +(덧셈), ×(곱셈), CP(변화 포인트 연산자change point operator)이며, 다음과 같이 정의된다.

$$(k_1 + k_2)(x, x') = k_1(x, x') + k_2(x, x')$$
$$(k_1 \times k_2)(x, x') = k_1(x, x') \times k_2(x, x')$$
$$\mathrm{CP}(k_1, k_2)(x, x') = k_1(x, x')\,\sigma(x)\,\sigma(x') \; + \; k_2(x, x')\,(1 - \sigma(x))\,(1 - \sigma(x'))$$

여기서 $\sigma(x) = \frac{1}{2}\left(1 + \tanh\frac{l-x}{s}\right)$는 시그모이드 함수이며, l과 s는 변화 포인트의 파라미터다. 기본 커널은 위의 연산자를 사용해 임의적으로 결합돼 새 커널을 생성할 수 있다.

이 문법에 의해 정의된 커널의 무한한 공간은 함수에 대한 흥미로운 분포의 큰 클래스가 탐색, 평가 및 자동화된 방식으로 설명될 수 있도록 한다. 이 유형의 문법은 행렬 인수분해 문제에 대해 [10]에서 처음 기술됐고, GP 모델에 대해서는 [5]와 [18]에서 개선됐다.

9.3.2 탐색과 평가 절차

ABCD는 문법에 의해 정의된 대로 모델의 공간에 대해 탐욕스러운 탐색을 수행한다. 제안된 각 모델의 커널 파라미터는 켤레 그래디언트 방법conjugate-gradient method에 의해 최적화된다. 그런 다음, 최적화된 파라미터를 가진 모델을 다음과 같은 베이지안 정보 기준BIC[29]을 사용해 평가한다.

$$\text{BIC}(M) = -2 \log p(D \mid M) + |M| \log N \qquad (9.1)$$

여기서 M은 최적화된 모델이고, $p(D|M)$는 잠재 GP 함수를 통합하는 모델의 한계 우도이고, $|M|$은 M의 커널 파라미터 수이며, N은 데이터셋의 크기이다. 베이지안 정보 기준은 모델 복잡성과 데이터 적합성을 절충하고, 잠재 함수와 하이퍼 파라미터를 통합하는 전체 한계 우도를 근사화한다.

각 라운드에서 최고 점수 모델은 (1) 합, 곱 또는 변화 포인트의 도입과 같은 문법으로부터의 생성 법칙으로 커널을 확장하거나 (2) 기본 커널을 다른 커널로 교체해 커널을 변이하는 방법으로 새로운 제안 모델을 구성하는 데 사용된다. 제안된 커널의 새로운 집합은 다음 라운드에서 평가된다. 커널 표현식이 여러 번 제안되는 것은 위의 규칙들로 가능하지만, 잘 구현된 시스템은 기록을 유지하고 각 표현식을 한 번만 평가한다. 탐색 및 평가 절차는 새로 제안된 모든 모델의 점수가 이전 라운드에서 가장 좋은 모델보다 나쁘거나 사전 정의된 탐색 깊이를 초과할 때 중지된다.

이 탐욕스러운 탐색 절차는 지정된 데이터셋에 대한 언어로 최상의 모델을 찾을 수 있도록 보장되지 않는다. 더 나은 모델이 확장되지 않은 하위 트리 중 하나에 숨겨져 있을 수 있다. 해석 가능한 좋은 모델이 합리적인 시간 내에 발견되는 한, 전역적으로 가장 좋은 모델을 찾는 것은 일반적으로 필수적이지 않다. 모델 검색 및 평가를 수행하는 다른 방법이 있다. 예를 들어 Malkomes 등[22]은 베이지안 최적화에 기초한 커널 탐색 절차를 설명한다. Janz 등[14]은 입자 필터링과 해밀턴 몬테카를로를 사용한 커널 탐색 방법을 구현했다.

9.3.3 자연어 설명 생성

탐색 절차가 종료되면 커널 표현식 리스트와 데이터셋에 대한 점수가 생성된다. 그런 다음 점수가 가장 높은 식을 사용해 자연어 설명을 생성한다. 커널을 자연어 설명으로 변환하기 위해 커널은 다음 프로세스를 사용해 먼저 표준 형식으로 변환한다.

1. 중첩된 합과 곱은 곱의 합 형태로 평탄화flatten된다.
2. 커널의 일부 곱은 수정된 파라미터를 사용해 기본 커널로 단순화할 수 있다. 예를 들어 $SE \times SE \to SE^*$, 모든 k에 대해서 $C \times k \to k^*$이고, 모든 $k \in \{C, SE, WN, PER\}$에 대해서 $WN \times k \to WN^*$이다.

이러한 법칙을 적용한 후 커널 표현식은 곱의 합 항이며, 각 곱 항은 다음의 표준 형식을 갖는다.

$$k \times \prod_m LIN^{(m)} \times \prod_n \sigma^{(n)}$$

여기서 $\sigma(x, x') = \sigma(x)\sigma(x')$는 두 시그모이드 함수의 곱이고, k는 다음 형태 중 하나를 갖는다. 1, WN, C, SE, $\prod_j PER^{(j)}$ 또는 $SE \times \prod_j PER^{(j)}$. $\prod_j k^{(j)}$ 표기는 각각 별개의 파라미터를 가진 커널의 곱을 나타낸다.

이 표준형에서 커널은 곱의 합이며, 합에서의 항의 수가 먼저 설명된다. "구조 탐색 알고리듬은 데이터에서 N개의 덧셈 구성 요소를 식별했다." 그러고 나서 다음 알고리듬을 사용해 각 덧셈 구성 요소(즉, 합에서의 각 곱 항)에 대한 설명이 뒤에 나온다.

1. 곱의 커널 중 하나를 명사 설명자noun descriptor로 선택한다. 로이드 등[18]이 추천한 경험적 접근법은 $PER > \{C, SE, WN\} > \prod_j LIN^{(j)} > \prod_j \sigma^{(j)}$의 선호에 따라 선택하는 것으로, 여기서 PER이 가장 선호된다.
2. 다음 표를 사용해 선택한 커널 유형을 문자열로 변환한다.

WN	비상관 잡음	SE	평활화 함수
PER	주기적 함수	LIN	선형함수
C	상수	$\prod_j LIN^{(j)}$	다항식

3. 곱의 다른 커널은 명사 설명자에 추가되는 사후 수정자post-modifier 표현식으로 변환된다. 사후 수정자는 다음 표를 사용해 변환된다.

SE	모양을 평활하게 바꾸는
PER	주기함수에 의해 변조하는
LIN	선형으로 변하는 진폭
$\prod_j LIN^{(j)}$	다항식으로 변하는 진폭
$\prod_j \sigma^{(j)}$	[변화점]으로부터/까지 적용되는

4. 커널 파라미터로부터의 통찰력 또는 데이터로부터 계산된 추가 정보를 포함해 설명을 더욱 세분화할 수 있다. 이러한 개선 사항 중 일부는 [18]에 설명돼 있다.

커널 표현의 자연어 번역에 대한 자세한 내용은 [18]과 [19]에서 확인할 수 있다. 생성된 보고서에서 추출한 예제는 그림 9.3과 같다.

이 구성 요소는 대략 10.8년 기간의 주기를 갖는다. 기간마다 이 함수의 형태는 전형적으로 36.9년의 길이 스케일로 부드럽게 변한다. 각 기간 내 이 함수 모양은 매우 매끄럽고 사인함수와 유사하다. 이 구성 요소는 1643년까지와 1716년부터 적용된다.
이 구성 요소는 잔차 분산의 71.5%를 설명하며, 이렇게 하면 설명되는 총 분산이 72.8%에서 92.3%로 증가한다. 이 구성 요소를 추가하면 교차 검증된 MAE가 0.18에서 0.15로 16.82% 감소한다.

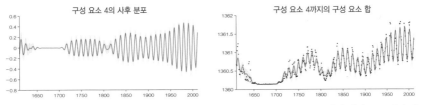

그림 9.3 ABCD가 발견한 모델 구성 요소를 설명하는 자동 생성된 보고서로부터 추출한다. 보고서의 이 부분은 거의 11년간의 태양 흑점 주기를 분리해 설명하고 있으며, 또한 16세기 동안 태양 흑점의 소멸을 주목하고 있다(이 수치는 [18]에서 재현한 것이다).

9.3.4 인간과의 비교

고려해야 할 흥미로운 질문은 자동 통계 전문가 시스템(예: ABCD 알고리듬)이 한 예측이 인간과 유사한 정도와 가우시안 프로세스에 기반을 둔 다른 방법과 어떻게 비교되는가 하는 것이다. 그 질문에 답하기 위해 Schultz 등[28]은 참가자들에게 주어진 데이터셋에서 추론하고 주어진 데이터셋에서 선호하는 외삽법을 선택하는 작업을 제시했다. 결과는 두 가지 방법으로 복합 커널 탐색을 장려하는 것이었다. 첫째, 참가자들은 스펙트럼 커널로 만들어진 것들과 단순한 RBF(방사형 기저 함수) 커널로 만들어진 것들보다 ABCD에 의해 만들어진 외삽법을 선호했다. 둘째, 인간 참가자들에게 데이터 자체를 외삽하는 것을 요청했을 때, 그들의 예측은 ABCD의 복합 탐색 절차에 의해 주어진 예측과 가장 유사했다.

보고서를 작성하는 자동 통계 전문가 시스템의 설계 목표 중 하나는 그 결과를 인간이 이해할 수 있는 용어로 설명할 수 있는 능력이다. 앞에서 설명한 시스템은 이러한 설계 선택이 예측 정확도를 희생할 수 있지만 간단한 용어를 사용해 인간 언어로 설명할 수 있는 모델 공간으로 스스로를 제한한다. 일반적으로, 머신러닝 시스템의 해석 가능성을 측정하는 것은 간단하지 않다. 하나의 가능한 프레임워크는 Doshi-Veles와 Kim에 의해 제안된다[4]. 모든 머신러닝 시스템이 그러한 기능을 필요로 하는 것은 아니라는 점에 유의한다. 예를 들어 시스템의 결과가 특히 사회적 규범과 상호작용의 측면에서 사회에 거의 영향을 미치지 않는 경우는 성능이나 정확성을 최적화하는 것이 대신 허용된다(예: 자동 메일 정렬을 위한 우편 번호 인식).

9.4 다른 자동 통계 전문가 시스템

사람이 읽을 수 있는 보고서를 생성하는 능력은 아마도 자동 통계 전문가 시스템의 특징 중 하나일 것이다. 그러나 앞서 언급했듯이, 이러한 성격의 소프트웨어는 다른 목적도 제공할 수 있다. 사용자들은 (설명 유무에 관계없이) 데이터로부터의 원시 예측에 관심이 있거나 시스템이 그들을 대신해 직접 데이터 중심 결정을 내리기를 원할 수 있다.

또한 가우시안 프로세스 또는 문법과는 다른 모델군에 대한 자동 통계 전문가 시스템을 구축할 수도 있다. 회귀 분석[5, 18], 분류[12, 23], 일변량 및 다변량 데이터를 위한 자동 통계 전문가 시스템, 다양한 모델 클래스를 기반으로 하는 시스템, 지능형 리소스 제어가 있거나 없는 시스템을 구축했다. 이 절에서는 여러 자동 통계 전문가 시스템에서 공유되는 몇 가지 설계 요소에 관해 설명한다.

9.4.1 핵심 구성 요소

자동 통계 전문가 시스템이 수행해야 하는 주요 작업 중 하나는 모델을 선택, 평가 및 비교하는 것이다. 이러한 유형의 작업은 동시에 실행할 수 있지만 상호 의존성이 있다. 예를 들어 한 모델셋의 평가는 다음 모형셋의 선택에 영향을 미칠 수 있다.

가장 일반적으로 시스템의 선택 전략selection strategy 구성 요소는 평가할 모델을 선택하는 역할을 한다. 고정 또는 개방형 모델군에서 선택하거나 이전에 선택한 모델의 평가와 비교를 기반으로 모델을 생성하고 세분화할 수 있다. 때때로 데이터셋의 변수 유형(데이터에서 유추하든 사용자에 의해 주석이 달리든)은 선택 전략에 의해 선택될 수 있는 모델에 영향을 미친다. 예를 들어 연속형 및 이산형 데이터를 구별하고 범주형 및 순서형 데이터에 대해 서로 다른 처리 방법을 사용할 수 있다.

모델 평가 작업은 사용자가 제공한 데이터셋의 일부에서 주어진 모델을 훈련시킨 다음 보류 데이터에 대해 모델을 테스트해 점수를 산출한다. 일부 모델은 별도의 훈련 단계가 필요하지 않으며 전체 데이터셋에 대해 직접 로그 우도를 생성할 수 있다. 모델 평가는 병렬화해야 하는 가장 중요한 작업 중 하나일 수 있다. 한번에 여러 개의 선택된 모델을 여러 CPU 또는 여러 대의 컴퓨터에서 동시에 평가할 수 있다.

보고서 큐레이터^{report curator} 구성 요소는 최종 보고서에 포함할 결과를 결정하는 소프트웨어다. 이를테면 추정치, 그래프 또는 데이터 표와 함께 가장 적합한 모델을 설명하는 섹션이 포함될 수 있다. 평가 결과에 따라 보고서 큐레이터는 데이터 위조/모델 비평 섹션, 권고 사항 또는 요약과 같은 추가 자료를 포함하도록 선택할 수 있다. 일부 시스템에서는 원시 예측, 파라미터 설정 또는 모델 소스 코드와 같은 보고서가 아닌 다른 자료일 수 있다.

대화형 시스템에서 데이터 로드 단계는 업로드된 데이터셋에 대한 즉각적인 요약을 제공하며 사용자는 데이터 형식에 대한 가정을 수정할 수 있다. 사용자는 유형 주석^{type annotation}을 만들고 데이터셋에서 열을 제거하며 출력 변수(예: 분류)를 선택하고, 실행해야 할 분석을 지정할 수 있다.

9.4.2 설계에 있어서 풀어야 할 과제들

9.4.2.1 사용자 상호작용

자동 통계 전문가 시스템의 목적은 데이터 취급의 모든 측면(포맷 지정 및 정제 같은 낮은 수준의 업무에서 모델 구축, 평가 및 비평과 같은 높은 수준의 업무까지)을 자동화하는 것이지만, 시스템과 상호작용하고 시스템 선택에 영향을 미치는 선택권을 사용자에게 제공하는 것도 유용하다. 예를 들어 사용자는 관심 있는 데이터의 부분 또는 측면 및 무시할 수 있는 부분을 지정하기를 원할 수 있다. 일부 사용자는 시스템이 모델 구축 또는 평가 단계에서 고려할 모델군을 선택하기를 원할 것이다. 마지막으로, 시스템은 사용자와의 대화에 참여해 데이터에서 발견한 것을 탐색하거나 설명하고자 할 수 있다. 이러한 상호작용성은 기본 시스템에 의해 지원돼야 한다.

9.4.2.2 결측 및 엉망인 데이터

실제 데이터셋의 일반적인 문제는 누락되거나 손상된 항목, 단위 또는 형식 불일치 또는 기타 유형의 결함이 있을 수 있다는 것이다. 이러한 종류의 결함은 데이터의 전처리를 필요로 할 수 있으며, 많은 결정이 자동으로 이루어질 수 있지만 일부는 사용자와의 상호작용으로 이득을 볼 수 있다. 우수한 모델은 결측 데이터를 직접 처리할 수 있으며, 결측 데이터가 데이터 로드 단계에서 올바르게 감지되는 한 문제가 없을 것이다. 그러나 결측 데이터를 기본적으로 처리할 수 없는 데이터 모델이 있다. 이러한 경우, 결측값을 채운 데이터셋의 버전을 이러한 모델에 공급하기 위해 데이터 대체를 수행하는 것이 유용할 수 있다. 이 대체 작업 자체는 데이터에 대해 훈련된 모델에 의해 수행된다. 그러한 기법의 예는 다음과 같다. MissForest[31], MissPaLasso[30], Mice[3], KNNImpute[34] 및 베이지안 접근법[1, 7].

9.4.2.3 자원 배분

자동 통계 전문가 시스템의 또 다른 중요한 측면은 자원 사용이다. 예를 들어 사용자는 제한된 수의 CPU 코어만 사용할 수 있거나 정해진 시간 내에 최상의 보고서를 얻고자 할 수 있다.

예: 주어진 기한 전에 우수한 모델 선택 및 평가 선택을 위해 지능형 시스템은 이러한 리소스 제약 조건을 고려할 수 있다. 그렇게 할 수 있는 능력은 시스템의 전반적인 사용성에 영향을 미칠 것이다.

계산 시간, CPU 코어 또는 메모리 사용량에 직접적인 제약이 없는 경우에도 지능형 시스템은 선택한 결과물에 대해 평가가 유망한 모델에 리소스를 할당함으로써 이익을 얻을 수 있다. 이러한 기능은 어떤 형태의 점진적 평가를 지원하는 모델에 대해서 구현될 수 있다. 예를 들어 데이터셋의 점점 더 큰 부분 집합에서 점진적으로 훈련할 수 있다. 우리의 시스템 중 하나는 이러한 목적을 위해 동결-해동freeze-thaw 베이지안 최적화[32]의 변형을 사용했다.

9.5 결론

우리 사회는 풍부한 데이터의 시대로 접어들었다. 데이터의 분석 및 탐색은 이러한 증가하는 리소스의 이점을 활용하기 위해 필수적이다. 아쉽게도 이 작업은 여전히 인간 전문가에게 크게 의존하고 있기 때문에 데이터의 증가는 현재 데이터를 분석하는 인간의 능력을 능가할 정도다. 그러나 머신러닝과 데이터 분석의 많은 측면이 자동화될 수 있으며, 이 목표를 추구하는 한 가지 지침 원칙은 "머신러닝을 그 자체에 적용"하는 것이다.

자동 통계 전문가 시스템 프로젝트는 데이터 전처리, 모델링 및 평가에서 유용하고 투명한 결과 생성에 이르기까지 데이터 분석의 모든 측면을 관리함으로써 데이터 과학을 자동화하는 것을 목표로 한다. 이 모든 작업은 사용자 전문 지식이 거의 필요하지 않고 사용자 상호작용의 양을 최소화하며, 계산 자원을 현명하고 통제된 방법으로 수행해야 한다.

이러한 목표는 야심 차고 여전히 많은 노력이 필요하지만, 현재까지 자동화된 시스템을 만들기 위해 고무적인 진전이 이뤄졌다. 여러 자동 통계 전문가 시스템이 구축됐고 각 목적과 기반 기술에 차이가 있지만, 모두 동일한 의도와 설계 철학을 공유하고 있다. 이러한 도구들의 탄생으로 인해 더 많은 그룹이 데이터에서 통찰력을 얻고, 사회가 데이터 자원을 잘 활용할 수 있도록 도움 되길 바란다.

감사의 말 도움이 되는 피드백을 준 타밈 아델 헤샴^{Tameem Adel Hesham}, 라스 코토프, 프랭크 허터에게 감사한다.

참고문헌

1. Allingham, J.U.: Unsupervised automatic dataset repair. Master's thesis in advanced computer science, Computer Laboratory, University of Cambridge (2018)
2. Bishop, C.M.: Pattern recognition and machine learning. Information science and statistics, Springer (2006)
3. van Buuren, S., Groothuis-Oudshoorn, K.: mice: Multivariate imputation by chained equations in R. Journal of Statistical Software 45(3) (2011)
4. Doshi-Velez, F., Kim, B.: Towards a rigorous science of interpretable machine

learning (Mar2017), http://arxiv.org/abs/1702.08608

5. Duvenaud, D., Lloyd, J.R., Grosse, R., Tenenbaum, J.B., Ghahramani, Z.: Structure discovery in nonparametric regression through compositional kernel search. In: Proceedings of the 30th International Conference on Machine Learning (Jun 2013)

6. Feurer, M., Klein, A., Eggensperger, K., Springenberg, J., Blum, M., Hutter, F.: Efficient and robust automated machine learning. In: Cortes, C., Lawrence, N.D., Lee, D.D., Sugiyama, M., Garnett, R. (eds.) Advances in Neural Information Processing Systems 28, pp. 2962–2970. Curran Associates, Inc. (2015)

7. Garriga Alonso, A.: Probability density imputation of missing data with Gaussian Mixture Models. MSc thesis, University of Oxford (2017)

8. Gelman, A., Carlin, J.B., Stern, H.S., Dunson, D.B., Vehtari, A., Rubin, D.B.: Bayesian Data Analysis, Third Edition. Chapman & Hall/CRC Texts in Statistical Science. Taylor & Francis (2013)

9. Ghahramani, Z.: Probabilistic machine learning and artificial intelligence. Nature 521, 452–459 (2015)

10. Grosse, R.B., Salakhutdinov, R., Tenenbaum, J.B.: Exploiting compositionality to explore a large space of model structures. In: Uncertainty in Artificial Intelligence (2012)

11. Hand, D.J.: Patterns in statistical strategy. In: Gale, W.A. (ed.) Artificial intelligence and statistics (1986)

12. He, Q.: The Automatic Statistician for Classification. Master's thesis, Department of Engineering, University of Cambridge (May 2016)

13. Hwang, Y., Tong, A., Choi, J.: Automatic construction of nonparametric relational regression models for multiple time series. In: Balcan, M.F., Weinberger, K.Q. (eds.) ICML 2016: Proceedings of the 33rd International Conference on Machine Learning. Proceedings of Machine Learning Research, vol. 48, pp. 3030–3039. PLMR (2016)

14. Janz, D., Paige, B., Rainforth, T., van de Meent, J.W., Wood, F.: Probabilistic structure discovery in time series data (2016), https://arxiv.org/abs/1611.06863

15. Kim, H., Naïve, Y.W.: Scaling up the Automatic Statistician: Scalable structure discovery using Gaussian processes. In: Storkey, A., Perez-Cruz, F. (eds.) Proceedings of the 21st International Conference on Artificial Intelligence and Statistics. Proceedings of Machine Learning Research, vol. 84, pp. 575–584. PLMR (2018)

16. King, R.D., Whelan, K.E., Jones, F.M., Reiser, P.G.K., Bryant, C.H., Muggleton, S.H., Kell, D.B., Oliver, S.G.: Functional genomic hypothesis

generation and experimentation by a robot scientist. Nature 427(6971), 247–252 (2004)

17. Kotthoff, L., Thornton, C., Hoos, H.H., Hutter, F., Leyton-Brown, K.: Auto-WEKA 2.0: Automatic model selection and hyperparameter optimization in WEKA. Journal of Machine Learning Research 18(25), 1–5 (2017)

18. Lloyd, J.R., Duvenaud, D., Grosse, R., Tenenbaum, J.B., Ghahramani, Z.: Automatic construction and natural-language description of nonparametric regression models. In: Twenty-Eighth AAAI Conference on Artificial Intelligence (AAAI-14) (2014)

19. Lloyd, J.R.: Representation, learning, description and criticism of probabilistic models with applications to networks, functions and relational data. Ph.D. thesis, Department of Engineering, University of Cambridge (Dec 2014)

20. Lloyd, J.R., Ghahramani, Z.: Statistical model criticism using kernel two sample tests. In: Cortes, C., Lawrence, N.D., Lee, D.D., Sugiyama, M., Garnett, R. (eds.) Advances in Neural Information Processing Systems 28. pp. 829–837. Curran Associates, Inc. (2015)

21. MacKay, D.J.C.: Bayesian interpolation. Neural Computation 4(3), 415–447 (1992), see [24] for additional discussion and illustration.

22. Malkomes, G., Schaff, C., Garnett, R.: Bayesian optimization for automated model selection.In: Lee, D.D., Sugiyama, M., von Luxburg, U., Guyon, I., Garnett, R. (eds.) Advances in Neural Information Processing Systems 29, pp. 2900–2908. Curran Associates, Inc. (2016)

23. Mrkšić, N.: Kernel Structure Discovery for Gaussian Process Classification. Master's thesis, Computer Laboratory, University of Cambridge (Jun 2014)

24. Murray, I., Ghahramani, Z.: A note on the evidence and Bayesian Occam's razor. Tech. Rep. GCNU-TR 2005-003, Gatsby Computational Neuroscience Unit, University College London (2005)

25. Rasmussen, C.E., Williams, C.K.I.: Gaussian Processes for Machine Learning. MIT Press (2006), http://www.gaussianprocess.org/gpml/

26. Schmidt, M., Lipson, H.: Distilling free-form natural laws from experimental data. Science324(5923), 81–85 (2009)

27. Schmidt, M., Lipson, H.: Symbolic regression of implicit equations. In: Riolo, R., O'Reilly, U.M., McConaghy, T. (eds.) Genetic Programming Theory and Practice VII, pp. 73–85. Springer, Boston, MA (2010)

28. Schulz, E., Tenenbaum, J., Duvenaud, D.K., Speekenbrink, M., Gershman, S.J.: Probing the compositionality of intuitive functions. In: Lee, D.D., Sugiyama, M., von Luxburg, U., Guyon, I., Garnett, R. (eds.) Advances in Neural Information

Processing Systems 29, pp. 3729–3737. Curran Associates, Inc. (2016)

29. Schwarz, G.: Estimating the dimension of a model. The Annals of Statistics 6(2), 461–464 (1978)

30. Städler, N., Stekhoven, D.J., Bühlmann, P.: Pattern alternating maximization algorithm for missing data in high-dimensional problems. Journal of Machine Learning Research 15, 1903– 1928 (Jun 2014)

31. Stekhoven, D.J., Bühlmann, P.: Miss Forest – non-parametric missing value imputation for mixed-type data. Bioinformatics 28(1), 112–118 (Nov 2011)

32. Swersky, K., Snoek, J., Adams, R.P.: Freeze-thaw Bayesian optimization (Jun 2014), http://arxiv.org/abs/1406.3896

33. Thornton, C., Hutter, F., Hoos, H.H., Leyton-Brown, K.: Auto-WEKA: Combined selection and hyperparameter optimization of classification algorithms. In: Proceedings of the 19th ACM SIGKDD International Conference on Knowledge Discovery and Data Mining. pp. 847–855. KDD '13, ACM, New York, NY, USA (2013)

34. Troyanskaya, O., Cantor, M., Sherlock, G., Brown, P., Hastie, T., Tibshirani, R., Botstein, D., Altman, R.B.: Missing value estimation methods for DNA microarrays. Bioinformatics pp. 520–525 (Jun 2001)

35. Valera, I., Ghahramani, Z.: Automatic discovery of the statistical types of variables in a dataset.In: Precup, D., Naïve, Y.W. (eds.) ICML 2017: Proceedings of the 34th International Conference on Machine Learning. Proceedings of Machine Learning Research, vol. 70, pp. 3521–3529. PLMR (2017)

36. Wilson, A.G., Adams, R.P.: Gaussian process kernels for pattern discovery and extrapolation. In: Dasgupta, S., McAllester, D. (eds.) ICML 2013: Proceedings of the 30th International Conference on Machine Learning. JLMR Proceedings, vol. 28, pp. 1067–1075. JLMR.org (Jun 2013)

37. Wolstenholme, D.E., O'Brien, C.M., Nelder, J.A.: GLIMPSE: a knowledge-based front end for statistical analysis. Knowledge-Based Systems 1(3), 173–178 (1988)

## 3부

AutoML 챌린지

10
2015-2018 AutoML 챌린지 시리즈에 관한 분석

이사벨 귀용Isabelle Guyon, 리셩 선호소야Lisheng Sun-Hosoya, 마크 보울Marc Boulle,
휴고 자이르 에스칼란테Hugo Jair Escalante, 세르히오 에스칼레라Sergio Escalera,
정잉 리우Zhengying Liu, 다미르 자제티치Damir Jajetic, 비사카 레이Bisakha Ray,
메흐린 사이드Mehreen Saeed, 미셸 세바그Michele Sebag,
알레간더 스타트니코프Alexander Statnikov, 웨이웨이 투Wei-Wei Tu,
에블린 비에가스Evelyne Viegas

개요   ChaLearn AutoML Challenge(저자들은 대부분의 글을 쓴 첫 번째 저자와 대부분의 수치 분석과 그래프를 만든 두 번째 저자를 제외하고는 알파벳순으로 성이 매겨져

I. Guyon(✉)
University of Paris-Sud, Orsay, France

INRIA, University of Paris-Saclay, Paris, France
ChaLearn and ClopiNet, Berkeley, CA, USA. e-mail: guyon@chalearn.org

L. Sun-Hosoya · Z. Liu
Laboratoire de Recherche en Informatique, University of Paris-Sud, Orsay, France, University of Paris-Saclay, Paris, France

M. Boullé
Machine Learning Group, Orange Labs, Lannion, France

H. J. Escalante
Computational Sciences Department, INAOE and ChaLearn, Tonantzintla, Mexico

S. Escalera
Computer Vision Center, University of Barcelona, Barcelona, Spain

D. Jajetic
IN2, Zagreb, Croatia

B. Ray
Langone Medical Center, New York University, New York, NY, USA

M. Saeed
Department of Computer Science, National University of Computer and Emerging Sciences, Islamabad, Pakistan

M. Sebag
Laboratoire de Recherche en Informatique, CNRS, Paris, France, University of Paris-Saclay, Paris, France

있다)(NIPS 2015 – ICML 2016)는 6라운드로 구성된 진행형 난이도의 머신러닝 경연이었고, 계산 자원은 제한적이었다. 그다음 1라운드의 AutoML 챌린지(PAKDD 2018)가 실시됐다. AutoML 설정은 NIPS 2006을 위해 이전에 구성한 것과 같이 이전의 모델 선택/하이퍼파라미터 선택 과제와 다르다. 참가자들은 코드 제출과 함께 인간의 개입 없이 훈련 및 테스트가 가능한 완전 자동화되고 계산적으로 효율적인 시스템을 개발하는 것을 목표로 한다. 10장에서는 이러한 경쟁의 결과를 분석하고 참가자들에게 공개되지 않은 데이터셋에 대한 세부 정보를 제공한다. 수상자의 솔루션은 모든 라운드의 모든 데이터셋에 대해 체계적으로 벤치마킹되며, 사이킷런에서 사용할 수 있는 표준 머신러닝 알고리듬과 비교된다. 10장에서 논의된 모든 자료(데이터 및 코드)는 http://automl.chalearn.org/에 공개돼 있다.

10.1 서론

약 10년 전까지만 해도 머신러닝ML은 대중에게 거의 알려지지 않은 분야로, ML 과학자들에게는 "판매자 시장"이었다. 즉, ML 과학자들은 애플리케이션을 찾기 위해 수많은 알고리듬을 생산하고, 끊임없이 새로운 데이터셋을 찾고 있었다. 구글, 페이스북, 마이크로소프트, 아마존과 같은 방대한 양의 데이터를 축적하는 대형 인터넷 회사들은 ML 사용을 대중화했고 데이터 과학 경연 대회는 이 여파에 새로운 세대의 젊은 과학자들을 참여시켰다. 오늘날 정부와 기업은 ML의 새로운 애플리케이션을 계속 파악하고 있으며, 개방형 데이터의 가용성이 증가함에 따라 "구매자 시장"으로 전환됐다. 모두가 학습 머신을 필요로 하는 것 같다. 그러나 아쉽게도 학습 기계는 아직 완전히 자동화되지 않았다. 어떤 소프트웨어가 어떤 문제에 적용되는지, 데이터를 소프트웨어에 적절하게 적합화하는 방법 그리고 (하이퍼) 파라미터를 적절하게 선택하는 방법을 파악하는 것은 여전히 어렵다. ChaLearn AutoML 챌린지 시리즈의 목표는 ML 커뮤니티의 에너지를 다양한 실제 문제에 ML을 적용하는 데 있어 인간의 개입 필요성을 단계적으로 감소시키는 것이다.

완전 자동화는 이전에는 경험하지 못했던 새로운 설정이 항상 존재할 수 있기 때문에 제한이 없는 문제다. AutoML1의 첫 번째 과제는 다음과 같이 제한됐다.

- 지도 학습 문제(분류 및 회귀)
- 특성 벡터 표현
- 균질 데이터셋(훈련, 검증 및 테스트셋에서 동일한 분포)
- 200MB 미만의 중간 크기 데이터셋
- 56GB RAM이 장착된 8개의 코어 x86_64 시스템에서 데이터셋당 실행 시간이 20분 미만인 제한된 컴퓨터 리소스

우리는 비지도학습, 능동학습, 전이학습 및 인과적 발견 문제를 제외했다. 이 문제는 모두 소중하고 과거 ChaLearn 과제에서 다뤄졌지만, 각각 다른 평가 설정이 필요하므로 결과 비교가 매우 어렵다. 비디오, 이미지, 텍스트와 더욱 일반적인 시계열의 처리를 배제하지 않았으며, 선택한 데이터셋에는 실제로 그러한 형식의 여러 예제가 포함돼 있다. 그러나 그것들은 처음에 특성 표현에서 전처리돼 특성 학습을 강조하지 않게 됐다. 그럼에도 특성 기반 표현에서 전처리된 데이터로부터 학습하는 것은 이미 많은 토대를 커버하며, 이 제한된 문제를 해결하는 완전 자동화된 방법이 이 분야에서 이미 큰 발전이 될 것이다.

이러한 제한적 설정에는 다음과 같은 다양한 난제를 포함한다.

- 서로 다른 데이터 분포: 데이터셋의 본질적/기하학적 복잡성
- 다른 작업: 회귀, 이항 분류, 다중 클래스 분류, 다중 레이블 분류.
- 다양한 점수 측정 기준: AUC, BAC, MSE, F_1 등(10.4.2절 참조)
- 클래스 균형: 균형 또는 불균형 클래스 비율
- 희소성: 완전 행렬 또는 희소 행렬
- 결측값: 결측값의 유무
- 범주형 변수: 범주형 변수의 유무
- 관련 없는 변수: 추가적인 관련 없는 변수의 유무(산란변수)
- 훈련 예제 수 P_{tr}: 훈련 예제 수가 적거나 많음
- 변수/특성 수 N: 변수가 작거나 많음
- 훈련 데이터 행렬의 비율 P_{tr}/N: $P_{tr} \gg N$, $P_{tr} = N$ 또는 $P_{tr} \ll N$

이 설정에서 참가자는 많은 모델링/하이퍼파라미터 선택에 직면해야 했다. 머신러닝을 자동화하는 다른 측면도 마찬가지로 중요한 것은 이 챌린지에서 다루지 않았고 향후 연구에 남겨뒀다. 여기에는 데이터 "흡입ingestion", 형식화formatting, 전처리 및 특성/표현 학습, 왜도/편향 데이터 탐지 및 처리, 불균질inhomogeneous, 추

세drifting, 다중 모드multimodal 또는 다중 뷰multi-view 데이터(전이학습에 의존함), 문제에 대한 매칭 알고리듬(비지도, 강화학습 또는 기타 설정 포함) 새 데이터 획득(능동학습, 질의학습, 강화학습, 인과 실험), 적절한 규모와 층화된 훈련, 검증 및 테스트셋의 생성을 포함한 대량의 데이터 관리, 훈련 및 런타임에 임의의 리소스 제약 조건을 충족하는 알고리듬의 선택, 워크플로우 생성 및 재사용, 의미 있는 보고서 생성이 포함된다.

이 도전 시리즈는 NIPS 2006 "모델 선택 게임model selection game"[1][37]에서 시작됐으며, 참가자들에게 "스파이더Spider" 패키지 위에 구축된 매트랩 도구 상자 CLOP[1] 기반의 머신러닝 도구 상자를 제공했다[69]. 도구 상자는 전처리, 특성 선택, 분류 및 후처리 모듈을 결합해 모델을 유연하게 구축할 수 있는 방법을 제공했으며, 분류기의 앙상블을 구축할 수 있도록 했다. 게임의 목표는 최고의 하이퍼 모델을 구축하는 것이었다. 새로운 알고리듬의 개발이 아닌 모델 선택에 초점을 맞췄다. 모든 문제는 특성 기반 이진 분류 문제였다. 5개의 데이터셋이 제공됐다. 참가자들은 그들의 모델의 스키마를 제출해야 했다. 모델 선택 게임은 교차 검증의 효과를 확인했으며(우승자는 교차 인덱싱cross-indexing이라는 새로운 변종을 개발했다), 입자 군집 최적화particle swarm optimization와 같은 새로운 탐색 기술의 배치로 탐색 효율성에 더 집중할 필요성을 강조했다.

2015/2016 AutoML 과제의 새로운 개념인 "작업task"을 도입했다. 각 데이터셋에는 최적화해야 할 특정 점수 척도와 시간 예산이 제공됐다. 처음에는 시간 예산을 데이터셋에서 데이터셋으로 임의로 변경하고자 했다. 실제적인 이유로 (시간 예산이 100에서 300초 정도였던 0라운드를 제외하고) 20분으로 수정하게 됐다. 그러나 데이터셋의 크기가 다르기 때문에 참가자들은 할당된 시간을 관리해야 한다. 다른 새로운 요소에는 리눅스 실행 파일을 제출하는 자유도 포함됐다. 이것은 오픈 소스 플랫폼 Codalab에서 자동 실행을 사용함으로써 가능했다.[2] 참가자들을 돕기 위해 우리는 사이킷런 라이브러리를 기반으로 하는 파이썬 시작 도구 상자를 제공했다[55].[3] 이것은 참가자들 중 많은 사람이 사이킷런 래퍼를 쓰게 만들었다. 이것이 수상작인 "오토사이킷런" 전략이었다[25 – 28].[4] AutoML 챌린지에 이어 단일 데이터셋(메이드라인madeline)에 "오토사이킷런을 이겨라beat auto-

---

1 http://clopinet.com/isabelle/Projects/NIPS2006/

2 http://competitions.codalab.org

3 http://scikit-learn.org/

4 https://automl.github.io/auto-sklearn/master/

sklearn" 게임을 구성했는데, 이 게임에서 참여자들은 "수동으로" 하이퍼파라미터를 제공해 오토사이킷런을 이기기 위해 노력했다. 하지만 아무도 오토사이킷런을 이길 수는 없었다! 심지어 오토사이킷런의 설계자도 이기지 못했다. 참가자들은 GUI 인터페이스를 통해 학습 모델 및 하이퍼파라미터 설정을 설명하는 json 파일을 제출할 수 있다. 이 인터페이스를 통해 연구자들이 동일한 하이퍼 모델셋을 사용해 오토사이킷런의 탐색 방법을 비교할 수 있도록 했다.

부트 캠프, 여름 학교 및 워크숍을 포함한 많은 위성 이벤트가 AutoML 과제를 중심으로 2015/2016년에 조직됐다.[5] AutoML 챌린지는 IJCNN 2015와 2016의 경연 프로그램 공식 선정의 일부였으며, 2015년과 2016년 ICML과 NIPS의 AutoML 및 CiML 워크숍에서 그 결과에 대해 논의됐다. 이러한 이벤트와 함께 다음의 여러 출판물이 제공됐다. [33]에서는 AutoML 챌린지 설계의 세부 사항을 설명한다.[6] [32] 및 [34]에서는 ICML 2015 및 2016 AutoML 워크숍에서 제시된 마일스톤 및 최종 결과를 검토한다. 2015/2016 AutoML 챌린지에서는 6라운드가 진행돼 각각 5개의 데이터셋이 도입됐다. 또한 PAKDD 콘퍼런스 2018[7]의 후속 이벤트도 개발 단계에서의 5개 데이터셋, 최종 "블라인드 테스트" 라운드의 5개 데이터셋으로 사용하는 2단계로 구성됐다.

이전에 발표된 분석을 넘어, 10장은 챌린지의 모든 데이터셋에 대한 성공 솔루션에 대한 체계적인 연구를 제시하고, 일반적으로 사용되는 사이킷런과 비교한다. 데이터셋 및 반영적 분석reflective analysis에 대한 게시되지 않은 세부 정보를 제공한다.

10장은 부분적으로 이전에 나타난 자료를 기초로 한다[32-34, 36]. 10장은 책의 웹페이지인 http://automl.org/book에서 액세스할 수 있는 46페이지 분량의 온라인 부록으로 보완된다.

---

5 See http://automl.chalearn.org
6 http://codalab.org/AutoML
7 https://www.4paradigm.com/competition/pakdd2018

10.2 문제 설정과 개요

10.2.1 문제의 범위

이 챌린지[8] 시리즈는 ML에서 지도 학습, 특히 주어진 제약 조건 내에서 더 이상 인간의 개입 없이 분류 및 회귀 문제를 해결하는 데 초점을 맞춘다. 이를 위해 우리는 주어진 특성 표현에서 사전 포맷된 다수의 데이터셋을 제공했다(즉, 각 예제는 고정된 수의 수치 계수로 구성된다. 더 자세한 내용은 10.3절을 참조하라).

입력 변수와 출력 변수의 구별이 항상 ML 애플리케이션에서 이루어지는 것은 아니다. 예를 들어 추천 시스템에서 문제는 종종 특정 변수의 값을 예측하기보다는 모든 변수에 대해 결측값을 예측하는 것으로 언급된다[58]. 비지도학습[30]에서 목적은 데이터를 간단하고 간결하게 설명하는 것이며, 결국 추론된 잠재변수(예: 군집화 알고리듬에 의해 생성된 클래스 멤버십)를 포함한다.

우리는 데이터가 동일하게 독립적으로 분산된 입출력 쌍으로 나타나는 엄격한 지도학습 설정만 고려한다. 사용된 모델은 시계열 예측 문제를 제외하고 고정 길이 벡터 표현으로 제한된다. 챌린지에 포함된 텍스트, 음성 및 비디오 처리 작업은 적절한 고정 길이 벡터 표현으로 전처리됐다.

제안된 작업의 어려움은 데이터 복잡성(클래스 불균형, 희소성, 결측값, 범주형 변수)에 있다. 테스트베드는 다양한 영역의 데이터로 구성된다. 이러한 모든 문제를 해결할 수 있는 ML 도구 상자가 존재하지만, 주어진 데이터셋의 경우 계산 제약 조건에 따라 성능을 최대화하는 방법 및 하이퍼파라미터 설정을 찾기 위해서는 여전히 상당한 인적 노력이 필요하다. 참여자의 도전 과제는 향후 10년 동안 데이터 과학자의 부족을 완화하면서 인간의 상호작용을 제거하는 완벽한 블랙박스를 만드는 것이다.

10.2.2 완전 모델 선택

참가자 솔루션을 하이퍼 모델로 지칭해 더 단순한 구성 요소로 구축됐음을 나타낸다. 예를 들어 분류 문제의 경우, 참가자들은 최근접, 선형 모델, 커널 방법, 신경망 및 랜덤 포레스트와 같은 몇 가지 분류 기법을 결합한 하이퍼 모델을 고려

---

8 경연 대회 - 옮긴이

할 수 있다. 좀 더 복잡한 하이퍼 모델에는 전처리, 특성 구축 및 특성 선택 모듈도 포함될 수 있다.

일반적으로 $y = f(\mathbf{x}; \boldsymbol{\alpha})$ 형식의 예측 모델에는 다음을 포함한다.

- 변수 $\boldsymbol{\alpha} = [\alpha_0, \alpha_1, \alpha_2, ..., \alpha_n]$
- 훈련 데이터를 사용해 파라미터를 최적화하는 역할을 하는 학습 알고리듬 (훈련자trainer로 일컬어짐)
- 훈련자가 제작한 $y = f(\mathbf{x})$ 형식의 훈련된 모델(예측기predictor로 일컬어짐)
- 테스트 데이터에 대한 모델의 성과를 평가하는 데 사용할 수 있는 명확한 목적함수 $J(f)$

이제 하이퍼파라미터의 벡터 $\theta = [\theta_1, \theta_2, ..., \theta_n]$에 의해 정의된 모델 가설 공간을 생각해보자. 하이퍼파라미터 벡터는 대안 모델 간의 전환에 해당하는 파라미터뿐만 아니라 전처리 파라미터, 커널 방법의 커널 유형, 신경망의 유닛과 계층 수 또는 훈련 알고리듬 규제화 파라미터와 같은 모델링 선택 사항도 포함할 수 있다[59]. 일부 저자들은 이 문제를 완전 모델 선택full model selection[24, 62]이라고 부르고, 다른 저자들은 CASH 문제Combined Algorithm Selection and Hyper parameter optimization라고 부른다[65]. 하이퍼 모델을 다음과 같이 표시한다.

$$y = f(\mathbf{x}; \theta) = f(\mathbf{x}; \boldsymbol{\alpha}(\theta), \theta) \tag{10.1}$$

여기서 모델 파라미터 벡터 $\boldsymbol{\alpha}$는 고정값인 θ와 입력-출력 쌍인 $\{\mathbf{x}_i, y_i\}$로 구성된 훈련 데이터에 대해 훈련자를 사용해 얻은 하이퍼파라미터 벡터 θ의 음함수다. 참가자는 하이퍼파라미터 훈련을 할 수 있는 알고리듬을 고안해야 한다. 이를 위해서는 하이퍼파라미터 공간을 지능적으로 샘플링하고 솔루션의 예측 능력을 훈련하고 평가하기 위해 (한 번 또는 여러 번) 사용 가능한 훈련 데이터를 부분 집합으로 분할해야 할 수 있다.

최적화 문제로서, 모델 선택은 이중 수준 최적화 프로그램[7, 18, 19]이다. 모델의 파라미터 $\boldsymbol{\alpha}$를 훈련시키기 위한 낮은 목표 J_1과 하이퍼파라미터 θ를 훈련시키기 위한 상위 목표 J_2가 있는데, 둘 다 동시에 최적화됐다(그림 10.1 참조). 통계적 문제로서, 모델 선택은 시도된 모델/하이퍼파라미터 수 또는 보다 일반적으로는 하이퍼 모델 $C_2(\theta)$의 복잡성이 증가함에 따라 성과 예측에 대한 오차 막대가 저하되는 다중 테스트의 문제다. AutoML의 주요 측면은 상위 수준 목표 J_2를 규제화함으로써 과적합되는 것을 방지하는 것인데, 하위 수준 목표 J_1이 규제화되는 것과 동일한 방식으로 수행된다.

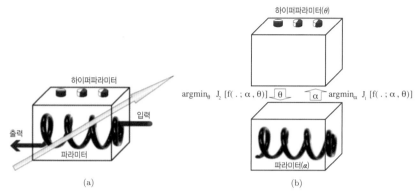

그림 10.1 두 단계 최적화. (a) 조정할 파라미터와 하이퍼파라미터를 가진 학습 기계의 표현. (b) 파라미터의 디커플링과 하이퍼파라미터 조정. 상위 레벨 목표 J_2는 하이퍼파라미터 θ를 최적화하고, 하위 목표 J_1은 파라미터 α를 최적화한다.

또한 문제 설정은 여러 "단순" 모델이 최종 결정을 내리기 위해 투표할 수 있는 앙상블 방법을 사용하는 데에도 도움이 된다[15, 16, 29]. 이 경우, 변수 θ는 투표 가중치로 해석할 수 있다. 단순성을 위해 모든 매개변수를 단일 벡터로 묶지만, 트리나 그래프와 같은 더욱 정교한 구조를 사용해 하이퍼파라미터 공간을 정의할 수 있다[66].

10.2.3 하이퍼파라미터 최적화

데이터를 사용해본 모든 사람은 몇 가지 공통 모델링 선택 즉 스케일링, 정규화, 결측값 대체, 변수 코딩(범주형 변수의 경우), 변수 이산화, 비선형성 정도 및 모델 구조의 선택에 직면하게 된다. ML은 분류 및 회귀와 같은 작업을 수행하기 위해 하이퍼파라미터의 수를 줄이고 블랙박스를 생성했다[21, 40]. 그럼에도 실제 문제에는 데이터를 "자동" 방법에 맞추기 전에 최소한 약간의 데이터 준비가 필요하며, 따라서 모델링 선택이 필요하다. 딥러닝 방법을 사용한 텍스트, 이미지, 비디오 및 음성 처리와 같은 좀 더 복잡한 작업에 대해 엔드투엔드 자동화 ML에 많은 진전이 있었다[6]. 그러나 이러한 방법에도 많은 모델링 선택과 하이퍼파라미터가 필요하다.

다양한 범위의 애플리케이션에 대한 모델 생산이 ML 커뮤니티의 초점이었지만, 하이퍼파라미터 최적화에는 거의 노력을 기울이지 않았다. 시행착오 및 그리드 탐색을 포함하는 일반적인 관행은 소규모 데이터셋의 경우 모델을 과도하게 적합시키거나 대규모 데이터셋의 경우 모델을 부적합하게 만들 수 있다. 과적합은 훈련 데이터에서는 잘 수행되지만 보이지 않는 데이터에서는 제대로 수행되지 않는 모델, 즉 일반화되지 않는 모델을 생성하는 것을 의미한다. 과소 적합은 너무 단순한 모델을 선택한다는 의미이며, 이는 데이터의 복잡성을 포착하지 못하므로 훈련 데이터와 테스트 데이터 모두에서 성능이 떨어진다. 파라미터를 최적화하기 위해 잘 최적화된 기성 알고리듬에도 불구하고, 최종 사용자는 고려 중인 수많은 모델 중 최상의 모델을 식별하기 위해 수치 실험을 구성할 책임이 있다. 시간과 리소스가 부족하기 때문에 임시적 기법으로 모델/하이퍼파라미터 선택을 수행하는 경우가 많다. Ioannidis와 Langford는 훈련/테스트 분할의 부실 구성, 부적절한 모델 복잡성, 테스트셋을 사용한 하이퍼파라미터 선택, 계산 자원의 오용 및 잘못된 테스트 척도와 같은 전체 연구를 무효화할 수 있는 근본적이고 일반적인 실수를 조사했다. 참가자들은 이러한 결함을 피하고 블라인드 테스트[9]될 수 있는 시스템을 고안해야 한다.

또 다른 문제는 제한된 계산 리소스로 코드를 테스트한다는 것이다. 즉, 각 작업에 대해 실행 시간에 대한 임의 제한이 설정되고 최대 메모리 양이 제공된다. 이는 주어진 시간에 솔루션을 생산하고, 따라서 계산적 관점에서 모델 탐색을 최적화하는 데 있어 참가자에게 제약을 가한다. 요약하면, 참가자들은 [43]에 명시된 바와 같이, 과대적합/과소 적합 문제와 최적의 솔루션을 찾기 위한 효율적인 검색 문제를 결합해 다뤄야 한다. 실제로 컴퓨터 제약은 과적합 문제보다 참가자들에게 도전하기 훨씬 더 어려운 것으로 밝혀졌다. 따라서 주요 공헌이 최첨단 최적화 방법으로 새로운 효율적인 탐색 기법을 고안하는 것에서 이뤄졌다.

10.2.4 모델 탐색 전략

대부분의 실무자는 그리드 탐색이나 균일한 샘플링과 같은 휴리스틱을 사용해 θ 공간을 샘플링하고 k-폴드 교차 검증을 상위 레벨 목표 J_2[20]로 사용한다. 이 프레임워크에서는 θ의 최적화를 순차적으로 수행하지 않는다[8]. 모든 파라미터는 일반적으로 선형 또는 로그 스케일로 정규 방식을 따라 샘플링된다. 이는 θ의 차원에 따라 기하급수적으로 증가하는 여러 가능성으로 이어진다. k폴드 교차 검

---

9 편향을 막기 위해 훈련셋과 잘 분리된 미지의 테스트셋에 대한 테스트 - 옮긴이

증은 데이터셋을 k폴드로 분할하는 것으로 구성된다. $(k − 1)$lsevi 사용되고 나머지 폴드는 테스트에 사용된다. 결국 k폴드에서 획득한 테스트 점수의 평균이 보고된다. 일부 ML 도구 상자는 현재 교차 검증을 지원한다. 그리드 포인트의 수와 k값을 결정하기 위한 원칙적인 지침이 부족하며([20]을 예외로 하고), J_2를 규제화하기 위한 지침은 없지만, 이 간단한 방법은 좋은 베이스라인 접근법이다.

k폴드 교차 검증 추정기[7, 50] 또는 단일 보류leave-one-out 추정기를 상위 레벨 목표 J_2로 사용해 2단계 최적화 방법으로 연속 하이퍼파라미터를 최적화하기 위한 노력이 수행됐다. 단일 보류 추정기는 모든 훈련 예제에 대해 하나의 예측 변수만 훈련하는 것의 부산물로(예: 가상 단일 보류[38]) 효율적으로 폐쇄형으로 계산될 수 있다. 방법은 J_2[17]의 규제화를 추가해 개선됐다. 그래디언트 하강이 J_2의 국지적 2차 근사치를 만들어 탐색을 가속화하기 위해 사용됐다[44]. 경우에 따라서는 $J_2(\theta)$ 전체를 몇 가지 주요 예제에서 계산할 수 있다[39, 54]. 다른 접근법은 정확한 형태 대신, 단일 보류 오차의 근사치 또는 상한을 최소화한다[53, 68]. 그럼에도 이러한 방법은 여전히 특정 모델과 연속 하이퍼파라미터로 제한된다.

전체 모델을 선택하기 위한 초기 시도는 J_2에 대해 k폴드 교차 검증을 사용하는 패턴 탐색 방법이었다. 동일한 크기의 단계별로 하이퍼파라미터 공간을 탐색하며, 파라미터의 변화가 J_2를 더 이상 감소시키지 않을 경우 단계 크기가 절반으로 줄어들고 단계가 충분히 작은 것으로 간주될 때까지 프로세스가 반복된다 [49]. Escalante 등[24]은 후보 솔루션(입자) 모집단을 확보해 문제를 최적화하는 입자 군집 최적화Particle Swarm Optimization를 사용해 완전 모델 선택 문제를 해결했으며, 입자 위치와 속도를 사용해 이러한 입자들을 하이퍼파라미터 공간 주변으로 이동시켰다. k폴드 교차 검증은 J_2에도 사용된다. 이 접근 방식은 사례의 76%에서 성공 모델을 회수했다. 과적합은 조기 중단으로 경험적으로 통제됐고 훈련 및 검증 데이터의 비율은 최적화되지 않았다. 특히 원칙을 준수하는 방법으로 데이터를 분할해[61] 과적합 위험을 줄이기 위한 실험 설계에서 진전이 이뤄졌지만[42, 27], 우리가 아는 한 누구도 데이터를 최적으로 분할하는 문제를 다루지 않았다.

두 번째 수준의 추론을 정규화하는 것은 최근 빈도주의 ML 커뮤니티에 추가된 것이지만, 이는 초사전분포hyper-prior 개념을 통한 베이지안 모델링의 본질적인 부분이 됐다. 일부 다단계 최적화 방법은 중요도 샘플링과 몬테카를로 마르코프 체인을 결합한다[2]. 베이지안 하이퍼파라미터 최적화 분야는 급속하게 발전했으

며, 특히 가우시안 프로세스를 사용해 일반화 성능을 모델링함으로써 유망한 결과를 도출했다[60, 63]. 그러나 직접 $P(y|\mathbf{x})$를 모델링하는 대신 $P(\mathbf{x}|y)$와 $P(y)$를 모델링하는 트리 구조화된 파젠 추정기^{TPE} 접근법[9, 10]은 이산형 파라미터를 포함한 많은 하이퍼파라미터로 구조화된 최적화 문제에 대해 GP 기반 베이지안 최적화를 능가하는 것으로 밝혀졌다. 이러한 방법의 핵심 아이디어는 분산을 줄이기 위한 시도로 $J_2(\theta)$를 매끄러운 함수에 맞추고, 탐색을 고분산 영역으로 안내하기 위해 언더샘플링된 하이퍼파라미터 공간의 영역의 분산을 추정하는 것이다. 이 방법들은 영감을 주었으며, 일부 아이디어들은 빈도주의 환경에서도 채택될 수 있다. 예를 들어 특정 예제 분포에서 국지적 탐색 및 트리 탐색 알고리듬의 속도를 최대화하는 데 도움을 준 랜덤 포레스트 기반 SMAC 알고리듬[41]도 머신러닝 알고리듬의 하이퍼파라미터 최적화에 매우 효과적이며, 다른 알고리듬보다 고차원 및 이산형 입력에 더 잘 확장된다[23]. 우리는 또한 시간 제한이 있는 일부 도전 과제 설정에서 이점을 얻기 위해 베이지안 최적화 방법이 메타러닝 및 앙상블 방법과 같은 다른 기술과 결합되는 경우가 많다는 것을 알게 됐다[32]. 이러한 방법 중 일부는 2단계 최적화를 결합해서 고려하고 시간 비용을 하이퍼파라미터 탐색에 대한 중요한 지침으로 삼는다[45, 64].

베이지안 최적화 외에도 몇몇 다른 접근법 계열이 문헌에 존재하며 최근 딥러닝의 증가로 많은 관심을 받고 있다. 강화학습에서 빌린 아이디어는 최근 최적의 신경망 구조를 구축하는 데 사용됐다[4, 70]. 이러한 접근법은 강화학습의 관점에서 하이퍼파라미터 최적화 문제를 공식화하는데, 예를 들어 상태는 실제 하이퍼파라미터 설정(예: 네트워크 구조)이고, 행동은 모듈(예: CNN층 또는 풀링층)을 추가하거나 삭제하는 것이며, 보상은 검증 정확도가 된다. 그런 다음 기성 강화학습 알고리듬(예: REINFORCE, Q-러닝, 몬테카를로 트리 탐색)을 적용해 문제를 해결할 수 있다. 다른 구조 검색 방법에서는 진화 알고리듬을 사용한다[3, 57]. 이러한 접근법은 교차 검증 점수(적합도)에 따라 하이퍼파라미터 설정(개별)의 집합(모집단)을 고려하고, 전망이 좋지 않은 설정을 수정(변형 및 재현)하며 제거한다. 몇 세대 후, 전역적 품질이 증가한다. 강화학습과 진화 알고리듬의 한 가지 중요한 공통점은 둘 다 탐험과 활용의 절충을 다룬다는 것이다. 인상적인 결과에도 이러한 접근법은 막대한 양의 계산 자원이 필요하며 일부(특히 진화 알고리듬)는 확장하기가 어렵다. 팜 등[56]은 최근 유사한 결과를 얻으면서 프로세스를 상당히 빠르게 하기 위해 자손 모델 간의 가중치 공유를 제안했다[70].

파라미터 적합화 문제를 두 개의 수준으로 분할하는 것은 추가적 복잡한 문제 즉 다중 또는 중첩 교차 검증을 수행하기 위한 계층적 데이터 분할의 필요성 [22], 상이한 수준에서 훈련과 검증하기 위해 불충분한 데이터와 계산 로드의 증가를 희생해 더 많은 수준으로 확장될 수 있다는 것을 유의하라.

표 10.1은 다수준 파라미터 최적화의 대표적인 예제를 빈도주의 설정에서 보여준다. 두 가지 학습 기계인 Kridge(커널 리지 회귀)와 Neural(신경망, 다른 말로 딥러닝)을 가진 ML 도구 상자를 사용하고 있다고 가정한다. 최상위 수준에서는 최종 모델의 성능을 평가하기 위해 테스트 절차를 사용한다(이것은 추론 수준이 아니다). 최상위 추론 알고리듬 검증({GridCV(Kridge, MSE), GridCV(Neural, MSE)}, MSE)은 그 구성 요소로 반복적으로 분해된다. 검증은 데이터 분할 $D = [D_{Tr}, D_{Va}]$를 사용해 학습 기계 Kridge와 Neural(평균 제곱 오차를 사용해 검증셋 D_{Va}에서 D_{Tr}을 사용해 훈련된) 평가함수를 비교한다. 10폴드 교차 검증^{CV} MSE 평가함수로 그리드 탐색 알고리듬 GridCV는 하이퍼파라미터 θ를 최적화한다. 내부적으로는 Kridge와 Neural 모두 가상 단일 보류$^{LOO, Leave-One-Out}$ 교차 검증을 사용해 y를 조정하고 고전적인 L_2 규제화된 위험함수를 사용해 α를 조정한다.

표 10.1 다중 수준 추론 알고리듬의 대표적인 예. 최상위 알고리듬 검증({GridCV(Kridge, MSE), GridCV(Neural, MSE)}, MSE)은 해당 요소로 재귀적으로 분해된다. 알고리듬에서 데이터 D_{TrVa}를 사용해 메소드 "훈련(train)"을 호출하면 함수 f가 되고, 그리고 나서 test(f, MSE, D_{Te})로 테스트된다. 표기법 $[.]_{CV}$는 결과가 다중 데이터 분할(교차 검증)에 대한 평균임을 나타낸다. NA는 "해당되지 않음"을 의미한다. 파라미터 α 및 하이퍼파라미터 θ의 모델군 $\mathcal{F}$를 f(θ, α)로 나타낸다. 하이퍼파라미터를 마지막으로 넣는 일반적인 관례에 따라 하이퍼파라미터가 추론 수준의 감소 순서로 나열된다. 하위 알고리듬으로 생각되는 $\mathcal{F}$는 어떤 훈련도 수행하지 않는다. 즉 $train$(f(x; θ, α))는 함수 f(x; θ, α)만 반환한다.

수준	알고리듬	파라미터		수행 최적화	데이터 분리
		고정	가변		
NA	f	모두	모두	성과 평가(추론 아님)	D_{Te}
4	검증	없음	모두	검증 데이터를 사용한 마지막 알고리듬 선택	$D = [D_{Tr}, D_{Va}]$
3	GridCV	모델 인덱스 i	θ, γ, α	규칙적으로 된 샘플링된 θ 값의 10-폴드 교차 검증(CV)	$D_{Tr} = [D_{tr}, D_{Va}]_{CV}$
2	Kridge(θ) Neural(θ)	$i, \theta,$	γ, α	규제화 파라미터 γ를 선택하기 위한 가상 LOO CV	$D_{tr} = [D_{tr}^{\backslash d}, d]_{CV}$
1	Kridge(θ, γ) Neural(θ, γ)	i, θ, γ	α	α를 계산하기 위한 그래디언트 하강의 역행렬	D_{tr}
0	Kridge(θ, γ, α) Neural(θ, γ, α)	모두	없음	NA	NA

특징 선택 방법의 전통적인 분류[11, 38, 46]에서 차용해 모델 탐색 전략을 필터, 래퍼 및 임베디드 방법으로 분류할 수 있다(그림 10.2 참조). 필터는 학습자 learner를 훈련하지 않고 모델 공간을 좁히는 방법이다. 그러한 방법에는 전처리, 특성 구축, 커널 설계, 구조 설계, 사전분포 선택 또는 규제화, 잡음 모델 선택 및 특성 선택을 위한 필터 방법이 포함된다. 일부 필터는 훈련 데이터를 사용하지만, 많은 필터는 이전 작업에서 수집된 작업 또는 지식에 대한 인간의 사전 지식을 통합한다. 최근 [5]에서는 모델 탐색에 협업 필터링 방법을 적용할 것을 제안했다. 래퍼 방법은 학습자를 예제에서 학습하고 한 번 훈련되면 예측을 할 수 있는 블랙박스로 간주한다. 그들은 하이퍼파라미터 공간의 탐색 알고리듬(그리드 탐색 또는 확률적 탐색)과 훈련된 학습자의 성과를 평가하는 평가함수(교차 검증 오차 또는 베이지안 증거)로 작동한다. 임베디드 방법은 래퍼와 유사하지만 탐색을 더욱 효율적으로 만들기 위해 머신러닝 알고리듬의 지식을 활용한다. 예를 들어 일부 임베디드 방법은 모든 훈련 데이터에 대해 단일 모델 훈련을 수행함으로써(예: [38]) 어떤 것도 빠뜨리지 않고 닫힌 형태로 단일 보류 솔루션을 계산한다. 다른 임베디드 방법은 파라미터와 하이퍼파라미터를 결합해서 최적화한다[44, 50, 51].

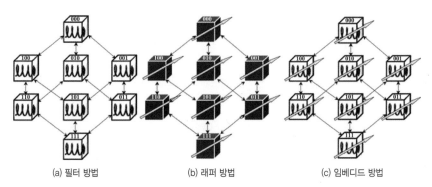

(a) 필터 방법   (b) 래퍼 방법   (c) 임베디드 방법

그림 10.2 2 수준 추론에 대한 접근법. (a) 필터 방법은 학습자 파라미터를 조정하지 않고 하이퍼파라미터를 선택한다(화살표 없음은 파라미터 훈련이 없음을 나타낸다). (b) 래퍼 방법은 블랙박스로 취급하는 훈련된 학습자를 사용해 하이퍼파라미터를 선택한다. (c) 임베디드 방법은 학습자 구조 또는 파라미터에 대한 지식을 사용해 하이퍼파라미터 탐색을 인도한다.

요약하면 많은 저자들은 두 번째 수준 목적 J_2의 과적합 문제를 무시한 채 종종 임의의 k값으로 k폴드 교차 검증으로 선택되는 검색의 효율성에만 초점을 맞춘다. 베이지안 방법은 초사전분포hyper-prior 개념을 통해 과적합 회피 기법을 도입하지만, 성과 보증을 제공하지 않고 데이터가 생성되는 방법에 대한 가정을 하는 비용을 부담한다. 알고 있는 완전 모델 선택에 대한 이전의 모든 접근법에서, (1)

모델링 선택과 (2) 데이터 분할에 관한 규제화된 함수 J_2의 최적화로 문제를 다루고자 하는 시도는 없다. 통계 및 계산 문제를 결합해서 해결하기 위해 해야 할 일이 많이 남아 있다. AutoML 챌린지 시리즈는 발명자/평가자 편견 없이 이러한 문제를 해결하는 방법을 비교 및 대조할 수 있는 벤치마크를 제공한다.

10.3 데이터

2014년 여름 수많은 협력업체의 도움으로 70개의 데이터셋 풀을 처음으로 수집했으며 2015/2016년 챌린지를 위해 생물학, 의학, 생태학, 에너지 및 지속 가능성 관리, 이미지, 비디오 및 기타 센서 데이터 처리 그리고 인터넷 소셜 미디어 관리 및 광고, 시장 분석 및 재무 예측 등 다양한 애플리케이션 영역을 설명할 수 있도록 30개의 데이터셋(표 10.2 및 온라인 부록 참조)을 선택했다. 특성 표현을 얻기 위해 데이터를 사전 처리했다(즉, 각 예제는 고정된 수의 수치 계수로 구성된다). 텍스트, 음성 및 비디오 처리 작업은 과제에는 포함됐지만 기본 가변 길이 표현에는 포함되지 않았다.

2018년 챌린지를 위해 첫 번째 풀에서 세 개의 데이터셋(첫 번째 과제에서는 사용되지 않음)를 선택하고 새 주최자와 후원자가 수집한 일곱 개의 새 데이터셋을 추가했다(표 10.3 및 온라인 부록 참조).

표 10.2 2015/2016 AutoML 챌린지(경연 대회)의 데이터셋. C: 클래스 수, Cbal: 클래스 균형, Sparse: 희소성, Miss: 결측값 비율, Cat: 범주형 변수, Irr: 관련 없는 변수의 비율, Pte, Pva, Ptr: 각각 테스트셋, 검증셋, 훈련셋 예제 수, N: 특성 수, Ptr/N: 데이터셋의 측면 비율(훈련셋 수/특성 수)

라운드	데이터셋	작업	성과 척도	Time	C	Cbal	Sparse	Miss	Cat	Irr	Pte	Pva	Ptr	N	Ptr/N
0	1 ADULT	multilabel	F1	300	3	1	0.16	0.011	1	0.5	9768	4884	34,190	24	1424.58
0	2 CADATA	regression	R2	200	0	NaN	0	0	0	0.5	10,640	5000	5000	16	312.5
0	3 DIGITS	multiclass	BAC	300	10	1	0.42	0	0	0.5	35,000	20,000	15,000	1568	9.57
0	4 DOROTHEA	binary	AUC	100	2	0.46	0.99	0	0	0.5	800	350	800	100,000	0.01
0	5 NEWSGROUPS	multiclass	PAC	300	20	1	1	0	0	0.5	3755	1877	13,142	61,188	0.21
1	1 CHRISTINE	binary	BAC	1200	2	1	0.071	0	0	0.5	2084	834	5418	1636	3.31
1	2 JASMINE	binary	BAC	1200	2	1	0.78	0	0	0.5	1756	526	2984	144	20.72
1	3 MADELINE	binary	BAC	1200	2	1	1.2e-06	0	0	0.92	3240	1080	3140	259	12.12
1	4 PHILIPPINE	binary	BAC	1200	2	1	0.0012	0	0	0.5	4664	1166	5832	308	18.94
1	5 SYLVINE	binary	BAC	1200	2	1	0.01	0	0	0.5	10,244	5124	5124	20	256.2
2	1 ALBERT	binary	F1	1200	2	1	0.049	0.14	1	0.5	51,048	25,526	425,240	78	5451.79
2	2 DILBERT	multiclass	PAC	1200	5	1	0	0	0	0.16	9720	4860	10,000	2000	5
2	3 FABERT	multiclass	PAC	1200	7	0.96	0.99	0	0	0.5	2354	1177	8237	800	10.3
2	4 ROBERT	multiclass	BAC	1200	10	1	0.01	0	0	0.5	5000	2000	10,000	7200	1.39
2	5 VOLKERT	multiclass	PAC	1200	10	0.89	0.34	0	0	0.5	7000	3500	58,310	180	323.94
3	1 ALEXIS	multilabel	AUC	1200	18	0.92	0.98	0	0	0.5	15,569	7784	54,491	5000	10.9
3	2 DIONIS	multiclass	BAC	1200	355	1	0.11	0	0	0.5	12,000	6000	416,188	60	6936.47
3	3 GRIGORIS	multilabel	AUC	1200	91	0.87	1	0	0	0.5	9920	6486	45,400	301,561	0.15
3	4 JANNIS	multiclass	BAC	1200	4	0.8	7.3e-05	0	0	0.5	9851	4926	83,733	54	1550.61
3	5 WALLIS	multiclass	AUC	1200	11	0.91	0.91	0	0	0.5	8196	4098	10,000	193,731	0.05
4	1 EVITA	binary	AUC	1200	2	0.21	0.91	0	0	0.46	14,000	8000	20,000	3000	6.67
4	2 FLORA	regression	ABS	1200	0	NaN	0.99	0	0	0.25	2000	2000	15,000	200,000	0.08
4	3 HELENA	multiclass	BAC	1200	100	0.9	6e-05	0	0	0	18,628	9314	65,196	27	2414.67
4	4 TANIA	multilabel	PAC	1200	95	0.79	1	0	0	0	44,635	22,514	157,599	47,236	3.34
4	5 YOLANDA	regression	R2	1200	0	NaN	1e-07	0	0	0.1	30,000	30,000	400,000	100	4000
5	1 ARTURO	multiclass	F1	1200	20	1	0.82	0	0	0.5	2733	1366	9565	400	23.91
5	2 CARLO	binary	PAC	1200	2	0.097	0.0027	0	0	0.5	10,000	10,000	50,000	1070	46.73
5	3 MARCO	multilabel	AUC	1200	24	0.76	0.99	0	0	0.5	20,482	20,482	163,860	15,299	10.71
5	4 PABLO	regression	ABS	1200	0	NaN	0.11	0	0	0.5	23,565	23,565	188,524	120	1571.03
5	5 WALDO	multiclass	BAC	1200	4	1	0.029	0	1	0.5	2430	2430	19,439	270	72

표 10.3 2018 AutoML 챌린지(경연 대회)의 데이터셋. 모든 작업이 이진 분류 문제다. 성과 척도는 모든 작업에 관해 AUC(곡선 아래 면적)이었다. 시간 예산은 모든 데이터셋에 대해 동일했다(1200초). 1단계는 개발 단계이고 2단계는 마지막 "블라인드 테스트" 단계였다.

단계	데이터셋	Cbal	Sparse	Miss	Cat	Irr	Pte	Pva	Ptr	N	Ptr/N
1	1 ADA	1	0.67	0	0	0	41,471	415	4147	48	86.39
1	2 ARCENE	0.22	0.54	0	0	0	700	100	100	10,000	0.01
1	3 GINA	1	0.03	0.31	0	0	31,532	315	3153	970	3.25
1	4 GUILLERMO	0.33	0.53	0	0	0	5000	5000	20,000	4296	4.65
1	5 RL	0.10	0	0.11	1	0	24,803	0	31,406	22	1427.5
2	1 PM	0.01	0	0.11	1	0	20,000	0	29,964	89	224.71
2	2 RH	0.04	0.41	0	1	0	28,544	0	31,498	76	414.44
2	3 RI	0.02	0.09	0.26	1	0	26,744	0	30,562	113	270.46
2	4 RICCARDO	0.67	0.51	0	0	0	5000	5000	20,000	4296	4.65
2	5 RM	0.001	0	0.11	1	0	26,961	0	28,278	89	317.73

일부 데이터셋은 공공 소스에서 얻었지만, 2015/2016 챌린지의 최종 라운드와 완전히 새로운 데이터가 포함된 2018 챌린지의 최종 단계를 제외하고 신원을 숨기기 위해 새로운 표현으로 다시 포맷됐다.

2015/2016년 챌린지에서는 데이터 난이도가 라운드에서 라운드로 점진적으로 증가했다. 라운드 0에서는 이전 챌린지로부터 5개의 (공공) 데이터셋을 도입해 이후 라운드에서 직면하는 다양한 어려움을 예시한다.

- **초보 수준** 이진 분류 문제만 있다. 결측 데이터 없고, 범주형 특성 없고, 중간 수준의 특성 수(<2,000), 균형 잡힌 클래스. 문제는 희소하고 완전한 행렬, 관련 없는 변수의 존재 및 다양한 Ptr/N을 처리하는 것이다.
- **중간 수준** 이진 및 다중 클래스 분류 문제. 문제는 불균형 클래스, 클래스 수, 결측값, 범주형 변수 및 최대 7,000개의 특징을 처리하는 것이다.
- **고급 수준** 이진, 다중 클래스 및 다중 레이블 분류 문제. 문제는 최대 30만 개의 특성을 처리하는 것이다.
- **전문가 수준** 분류 및 회귀 분석 문제. 문제는 전체 데이터 복잡성을 처리하는 것이다.
- **마스터 수준** 매우 어려운 분류 및 회귀 문제. 문제는 완전히 새로운 데이터셋에서 학습하는 것이다.

2018년 챌린지의 데이터셋은 모두 이진 분류 문제였다. 검증 분할은 일부 작업에 사용할 수 있는 경우에도 이러한 챌린지의 설계 때문에 사용되지 않았다. 3개의 재사용 데이터셋은 2015/2016년 챌린지 중 1라운드 및 2라운드 데이터셋과 유사한 난이도를 가지고 있었다. 그러나 7개의 새로운 데이터셋은 이전 챌린지에서 존재하지 않았던 난이도를 야기했다. 가장 두드러지는 것은 참가자가 방법을 개발하기 위해 이용할 수 있는 사례들 사이의 극단적인 클래스 불균형, 범주형 특징의 존재 및 시간 의존도였다.[10] http://automl.chalearn.org/data에서 두 챌린지 모두로부터의 데이터셋을 다운로드할 수 있다.

10.4 챌린지 프로토콜

이 절에서는 평가의 철저성과 공정성을 보장하기 위해 선택한 설계 선택 사항에 관해 설명한다. 앞에서 설명한 대로 주어진 시간 및 컴퓨터 자원 제약 조건(10.4.1절) 내에서 인적 개입 없이 지도학습 작업(분류 및 회귀 문제)과 데이터셋마다 다른 특정 성과 척도(10.4.2절)에 초점을 맞춘다. 챌린지가 진행되는 동안 데이터셋의 ID와 설명은 도메인 지식 사용을 피하고 참가자가 완전히 자동화된 ML 솔루션을 설계하도록 유도하기 위해 은폐된다(샘플 데이터가 배포된 첫 번째 라운드 또는 단계를 제외). 2015/2016년 AutoML 챌린지에서 데이터셋은 일련의 라운드(10.4.3절), 두 번에 한 번씩 교대로 코드 개발 기간(트웨카톤 단계[Twekathon phase]), 그리고 인간 개입이 없는 코드의 블라인드 테스트(AutoML 단계)에 도입됐다. 결과나 코드는 개발 단계에서 제출될 수 있지만 코드는 AutoML "블라인드 테스트"에서 순위가 매겨지도록 제출돼야 했다. 2018년판 AutoML 챌린지에서는 프로토콜이 단순화됐다. 2단계 즉, 5개의 데이터셋이 실제용으로 출시된 개발 단계와 5개의 새로운 데이터셋을 사용한 최종 "블라인드 테스트" 단계의 단지 1라운드만 가졌다.

10.4.1 시간 예산과 계산 자원

Codalab 플랫폼은 모든 참가자가 공유하는 컴퓨팅 리소스를 제공한다. 참가자가 제출한 자료들을 병렬로 처리하는 컴퓨터 작업자[workers]를 최대 10개까지 사용했다. 각 컴퓨팅 작업자에는 8개의 코어 x86_64가 장착돼 있었다. 메모리는 2015/2016년 AutoML 챌린지 3라운드 이후 24GB에서 56GB로 증가했다. 좀 더 효율적이면서도 효과적인 AutoML 솔루션을 개발하도록 동기를 부여하고자

---

10 RL, PM, RH, RI 및 RM 데이터셋에서 예제는 시간순으로 정렬됐으며, 이 정보는 참가자가 사용할 수 있도록 만들어졌으며 방법을 개발하는 데 사용될 수 있었다.

했기 때문에 2018년 AutoML 과제에서 컴퓨팅 리소스가 감소했다. 제출 대기열을 병렬로 처리하는 컴퓨팅 작업자 6개를 사용했다. 각 컴퓨팅 작업자에는 2개의 코어 x86_64와 8GB 메모리가 장착돼 있었다.

공정성을 보장하기 위해 코드 제출을 평가할 때 컴퓨팅 작업자는 해당 제출물만 처리하는 데 전용됐으며, 실행 시간은 주어진 시간 예산(데이터셋마다 다를 수 있음)으로 제한됐다. 참가자들에게 시간 예산이 제공된 후 각 데이터셋을 정보 파일에 저장했다. 1라운드 첫 번째 단계를 제외하고 실제적인 이유로 데이터셋당 1,200초(20분)로 설정됐다. 그러나 참가자들은 이를 미리 알지 못했기 때문에 그들의 코드는 주어진 시간 예산을 관리할 수 있어야 했다. 코드 대신 결과를 제출한 참가자는 자체 플랫폼에서 코드를 실행했기 때문에 시간 예산의 제약을 받지 않았다. 이것은 (트웨카톤 직후) 결승 단계에 카운트하는 엔트리에 잠재적으로 유리했다. 코드를 제출해야 하는 AutoML(블라인드 테스트) 단계도 입력하고자 하는 참가자는 결과 및 코드를 동시에 제출할 수 있었다. 결과가 제출됐을 때, 그것들은 진행 단계의 항목으로 사용됐다. 제출 코드로 작성할 필요가 없었다. 즉, 참가자가 개인 코드를 공유하기를 원하지 않을 경우 주최자가 제공한 샘플 코드를 결과와 함께 제출할 수 있었다. 코드는 "블라인드 테스트"를 위해 자동으로 AutoML 단계로 전달됐다. AutoML 단계에서는 결과를 제출할 수 없다.

참가자들은 학습 곡선을 그릴 수 있도록 중간 결과를 저장하고 제출하도록 장려됐다. 이것은 챌린지 동안은 이용되지 않았다. 그러나 10장에서 우수한 성과를 신속하게 달성하는 알고리듬의 능력을 평가하기 위해 학습 곡선을 연구한다.

10.4.2 점수 척도

점수는 제출된 예측을 기준 타깃 값과 비교해 계산된다. 각 샘플 i, $i = 1 : P$(여기서 P는 검증셋 또는 테스트셋의 크기)에 대해, 타깃 값은 회귀 문제에 대한 연속 숫자 계수 y_i 즉 이중 클래스 문제에 대한 {0, 1}의 이진 지표이고, 다중 클래스 또는 다중 레이블 분류 문제(클래스 l당 한 개)에 대해서는 {0, 1}의 이진 지표 $[y_{il}]$ 벡터다. 참가자들은 회귀 문제에 대한 연속 숫자 계수 q_i의 형태와 다중 클래스 또는 다중 레이블 분류 문제(클래스 l당 한 개)에 대한 [0,1] 범위의 숫자 계수 $[q_{il}]$ 벡터의 형태로 가능한 한 타깃 값에 일치하는 예측 값을 제출해야 했다.

제공된 시작 도구 상자에는 항목을 평가하는 데 사용되는 모든 점수 척도가 파이썬으로 구현돼 있다. 각 데이터셋에는 정보 파일에 지정된 고유한 점수 기준이 있다. 모든 점수가 정규화돼 클래스 사전 확률을 기반으로 한 랜덤 예측에 대한 점수의 기댓값이 0이고 최적 점수가 1이다. 다중 레이블 문제는 다중 이진 분류 문제로 처리되고 각 이진 분류 하위 문제의 점수의 평균을 사용해 평가된다.

먼저 i에 의해 인덱싱된 전체 표본 P의 평균에 대한 표기법을 정의한다. 즉,

$$\langle y_i \rangle = (1/P) \sum_{i=1}^{P} (y_i) \tag{10.2}$$

점수 척도는 다음과 같이 정의된다.

R^2 결정 계수는 회귀 문제에만 사용된다. 이 척도는 평균 제곱 오차^{MSE}와 분산^{VAR}을 기반으로 하며 다음과 같이 계산된다.

$$R^2 = 1 - MSE/VAR \tag{10.3}$$

여기서 $MSE = \langle (y_i - q_i)^2 \rangle$이고, $VAR = \langle (y_i - m)^2 \rangle$이고 $m = \langle y_i \rangle$이다.

ABS 이 계수는 R^2와 유사하나 평균 절대 오차^{MAE}와 평균 절대 편차^{MAD}를 기반으로 하고 다음과 같이 계산된다.

$$ABS = 1 - MAE/MAD \tag{10.4}$$

여기서 $MAE = \langle \mathrm{abs}(y_i - q_i) \rangle$이고, $MAD = \langle \mathrm{abs}(y_i - m) \rangle$이다.

BAC 균형 정확도는 분류 문제에 대한 클래스별 정확도의 평균이다. 즉 이진 분류에 대한 민감도(참 양성율)와 특이도(참 음성율)의 평균이다.

$$BAC = \begin{cases} \frac{1}{2}[\frac{TP}{P} + \frac{TN}{N}], & \text{이진 분류에 대해서} \\ \frac{1}{C} \sum_{i=1}^{C} \frac{TP_i}{N_i}, & \text{다중 클래스에 대해서} \end{cases} \tag{10.5}$$

여기서 $P(N)$은 양성(음성) 예제의 개수이고, $TP(TN)$은 잘 분류된 양성(음성) 예제의 개수이고, C는 클래스의 개수, Tp_i는 잘 분류된 클래스 i의 개수이고, N_i는 클래스 i의 개수이다.

이진 분류 문제의 경우, 클래스별 정확도는 각 클래스에 대해 q_i가 0.5로 임곗값일 때 올바른 클래스 예측의 비율이다. 다중 레이블 문제의 경우 모든 클래스에

대해 클래스별 정확도가 평균화된다. 다중 클래스 문제의 경우 클래스별 정확도를 계산하기 전에 최대 예측 값 $\arg\max_l q_{il}$을 가진 클래스를 선택해 예측을 이진화한다.

다음과 같이 척도를 정규화한다.

$$|BAC| = (BAC - R)/(1 - R) \tag{10.6}$$

여기서 R은 랜덤 예측에 대한 BAC 기댓값이다(즉 이진분류에 대해서 $R = 0.5$이고, C-클래스 문제에 대해서는 $R = (1/C)$이다).

AUC ROC 곡선 아래의 영역은 순위 및 이진 분류 문제에 사용된다. ROC 곡선은 다양한 예측 임곗값에서 민감도 대 1-특이도 곡선이다. AUC와 BAC 값은 이진 예측에서 동일하다.

AUC는 모든 클래스에 대한 평균을 내기 전에 각 클래스에 대해 별도로 계산된다. 척도는 다음과 같이 정규화된다.

$$|AUC| = 2AUC - 1 \tag{10.6}$$

F1 점수 정밀도와 재현율의 조화 평균으로서 다음과 같이 계산된다.

$$F1 = 2 * (정밀도 * 재현율)/(정밀도 + 재현율) \tag{10.8}$$

$$정밀도^{precision} = 참양성/(참양성 + 거짓양성) \tag{10.9}$$

$$재현율^{recall} = 참양성/(참양성 + 거짓음성) \tag{10.10}$$

예측 임곗값과 클래스 평균은 BAC에서와 유사하게 취급된다. 이 척도는 다음과 같이 정규화된다.

$$|F1| = (F1 - R)/(1 - R) \tag{10.11}$$

여기서 R은 랜덤 예측에 대한 F1의 기댓값이다(BAC를 참조하라).

PAC 확률 정확도는 교차 엔트로피(또는 로그 손실)에 기반을 두며, 다음과 같이 계산된다.

$$PAC = \exp(-CE) \tag{10.12}$$

$$CE = \begin{cases} average\sum_l \log(q_{il}), & \text{다중 클래스에 대해서} \\ -\langle y_i \log(q_i), \\ +(1 - y_i) \log(1 - q_i)\rangle, & \text{이진 분류와 다중 레이블에 대해서} \end{cases} \qquad (10.13)$$

클래스 평균은 다중 레이블 사례에서 지수를 사용한 후에 수행된다. 다음과 같이 메트릭을 정규화한다.

$$PAC = \exp(-CE) \qquad (10.12)$$

여기서 R은 $q_i = \langle y_i \rangle$ 또는 $q_{il} = \langle y_{il} \rangle$을 사용해 얻은 점수다(즉, 예측으로 양성 클래스 예제의 비율을 사전 확률의 추정치로 사용).

R^2, ABS 및 PAC의 정규화는 평균 타깃 값 $q_i = y_i$ 또는 $q_{il} = y_{il}$을 사용한다. 대조적으로 BAC, AUC 및 F1의 정규화는 균일한 확률로 클래스 중 하나에 대한 랜덤 예측을 사용한다.

R^2 및 ABS만 회귀 분석에 의미가 있다. 따라서 타깃 값들을 중간 범위에서 임곗값화한 후 이진 값으로 대체해 완전성을 위한 다른 척도를 계산한다.

10.4.3 2015/2016년 챌린지 라운드와 단계

2015/2016년 챌린지는 6라운드로 그룹화된 여러 단계로 진행됐다. 0라운드(준비)는 공개적으로 사용 가능한 데이터셋을 사용한 연습 라운드였다. 이어 난이도가 점차적으로 증가하는 다섯 라운드가 이어졌다(초보, 중간, 고급, 전문가 및 마스터). 0라운드와 5라운드를 제외한 모든 라운드에는 AutoML과 Tweakathons 콘테스트를 번갈아 한 3개 단계가 포함됐다. 이 단계들은 표 10.4에 설명돼 있다.

제출은 Tweakathon 단계에서만 이루어졌다. 최신 제출의 결과는 리더보드에 표시됐고, 그러한 제출은 자동으로 다음 단계로 전달됐다. 이러한 방식으로, 도전이 끝나기 전에 포기한 참가자들의 코드도 후속 라운드와 단계에서 테스트될 기회를 가졌다. 새로운 참가자는 언제든지 입장할 수 있다. 상은 제출이 없는 *로 표시된 단계에서 수여됐다. AutoML[n] 단계에 참여하려면 Tweakathon[n-1]에서 코드를 제출해야 한다.

표 10.4 2015/2016년 챌린지 라운드 단계. 각 데이터셋에 대해 레이블링된 훈련셋 1개가 제공되며 2개의 레이블링되지 않은 검증셋과 테스트셋이 테스트를 위해 제공된다.

라운드[n]의 단계	목적	기간	제출	데이터	리더보드 점수	포상
*AutoML[n]	코드의 블라인드 테스트	단기	아님 (코드 이식)	새로운 데이터 셋, 다운로드 가능하지 않음	테스트셋 결과	있음
Tweakathon[n]	수작업 트위킹	수개월	코드와/또는 결과	데이터셋, 다운로드 가능	검증셋 결과	없음
*Final[n]	알려진 Tweakathon 결과	단기	아님 (결과 이식)	해당 없음	테스트셋 결과	없음

참가자들이 GPU와 딥러닝을 시도하도록 장려하기 위해 NVIDIA가 후원하는 GPU 트랙이 4라운드에 포함됐다.

결승전[n]에 참가하려면, 코드나 결과가 Tweakathon[n]에서 제출돼야 했다. 코드와 (정형화된) 결과를 모두 제출한 경우, 결과는 Tweakathon[n] 및 결승전[n]에서 코드를 재실행하지 않고 채점에 사용됐다. 결과를 사용할 수 없거나 형식이 올바르지 않을 때는 코드가 실행됐다. 따라서 결과 및 코드 제출 시 불이익이 없었다. 참가자가 결과와 코드를 모두 제출한 경우, 다른 방법을 사용해 Tweakathon/Final 단계와 AutoML 단계를 입력할 수 있다. Tweakathon 동안만 제출됐으며, 최대 하루에 5건까지 제출됐다. 검증 데이터에 대한 즉각적인 피드백이 리더보드에 제공됐다. 참가자는 Final 및 AutoML 단계에서 테스트 성과를 기준으로 순위가 매겨졌다.

ML 라이브러리[55]를 사용해 기본 소프트웨어를 제공했다. 이 프로그램은 기본 학습자를 더 많이 추가해 시간이 지남에 따라 개선되는 앙상블 방식을 사용한다. 기본 학습자 수 외에 기본 하이퍼파라미터 설정이 사용됐다. 참가자들은 파이썬 언어나 예시로 제공한 주요 파이썬 스크립트를 사용할 의무가 없다. 그러나 대부분의 참가자들은 희소성 형식, 애니타임(상시) 학습 설정 및 채점 측정 기준을 관리하는 메인 파이썬 스크립트를 사용하는 것이 편리하다고 생각했다. 많은 사람들이 사이킷런 라이브러리에서 가장 좋은 모델을 찾는 것을 제한했다. 이는 우수한 시작 도구 상자를 제공하는 것의 중요성뿐만 아니라 특별한 솔루션으로의 편향된 결과의 위험성도 보여준다.

10.4.4 2018년 챌린지 단계

2015/2016년 AutoML 챌린지는 매우 길었고 모든 라운드에 참가한 팀은 거의 없었다. 게다가 새로운 라운드에 진출하기 위해 이전 라운드에 참가할 의무는 없었지만, 새로운 잠재적 참가자는 그들이 불리할 것이라고 느꼈다. 따라서 매년 반복되는 행사를 각각 자신의 워크숍과 출판 기회를 가지고 조직하는 것이 더 바람직하다고 믿는다. 이를 통해 경쟁과 협업의 균형을 유지한다.

2018년에는 두 단계로 구성된 단일 AutoML 대회를 개최했다. 이 단순화된 프로토콜에서 참여자들은 코드나 결과를 제출함으로써 첫 번째 (개발) 단계 동안 5개의 데이터셋에 대해 연습할 수 있었다. 그들의 성과는 사용이 가능해지자 즉시 리더 보드에 공개됐다.

개발 단계의 마지막 제출은 자동으로 두 번째 단계인 AutoML "블라인드 테스트" 단계로 전달됐다. 수상만을 대상으로 한 이 두 번째 단계에서 참가자의 코드는 Codalab 플랫폼의 5개의 새로운 데이터셋에 대해 자동으로 평가됐다. 데이터셋이 참가자들에게 공개되지 않았다. 따라서 자동으로 훈련 및 테스트할 수 있는 코드를 포함하지 않은 제출물은 최종 단계에서 순위가 매겨지지 않았고 수상을 놓고 경쟁할 수 없었다.

AutoML 2015/2016년 챌린지와 동일한 시작 도구 상자를 제공했지만, 참가자들은 이전 챌린지 우승자의 코드에도 액세스할 수 있었다.

10.5 결과

이 절에서는 두 챌린지에서 얻은 결과에 대한 간략한 설명과 참여자가 사용한 방법과 새로움 요소에 관해 설명하고 모델 탐색 기법의 효과에 대한 특정 질문에 답하기 위해 수행한 챌린지 이후 실험의 분석을 제공한다.

10.5.1 2015/2016년 챌린지에서 얻은 점수

2015/2016년 챌린지는 18개월(2014년 12월 8일~2016년 5월 1일) 동안 지속됐다. 챌린지가 끝날 때에는 우승자의 솔루션과 같은 실용적인 해결책이 얻어지고, 공개됐다 [25].

표 10.5는 AutoML 단계(블라인드 테스트) 및 최종 단계(Tweakathon 단계 종료 시 드러난 테스트셋에 대한 1회 테스트)에 대한 결과를 보여준다. 먼저 제출한 참가자에게 우선권을 줌으로써 동점에 순위를 매겼다. 표는 상위 참가자의 결과만 보고한다. 또한 그림 10.3에서 모든 참가자의 리더보드 성과를 비교한 것을 보여준다. 그림 10.3a에 최종 테스트셋 대 검증셋에 대한 Tweakathon 성과를 그래프로 그리고 이는 소수의 특이치를 제외하고 검증셋에 대한 유의한 과적합이 없음을 보여준다. 그림 10.3b에서 AutoML 결과(블라인드 테스트) 대 Tweakathon 최종 테스트 결과(수동 조정 가능)를 보고한다. 1단계(이진 분류)에서 많은 항목이 작성됐고 작업이 어려워짐에 따라 참여가 줄었다. 일부 참가자들은 Tweakathons에 많은 노력을 기울였고 AutoML 성능(예: Djajetic 및 AAD Freiburg)을 훨씬 능가했다.

Tweakathon과 AutoML(블라인드 테스트) 결과 사이에 남아 있는 중요한 차이에서 알 수 있듯이 수동 수정 및/또는 추가 계산 리소스를 통한 개선의 여지가 여전히 존재한다(표 10.5와 그림 10.3b). 3라운드에서는 한 명의 참가자를 제외한 모든 참가자가 희소 데이터셋의 도입으로 인해 블라인드 테스트 도중 작업 솔루션을 제출하지 못했다. 다행히 참가자들은 회복됐고, 과제가 끝날 때쯤에는 여러 제출물이 챌린지의 모든 데이터셋에 대한 솔루션을 반환할 수 있었다. 그러나 스키마의 학습은 여전히 최적화될 수 있다. 3라운드를 무시하더라도 AutoML 단계(컴퓨팅 제약으로 블라인드 테스트)와 Tweakathon 단계(인간 개입 및 추가 컴퓨팅 성능) 간에 성과 차이가 15~35%나 나기 때문이다. GPU 트랙은 (4라운드에서만) 딥러닝 방법을 시도할 수 있는 플랫폼을 제공했다. 이를 통해 참가자들은 추가 컴퓨팅 성능을 고려할 때 딥러닝 방법이 CPU 트랙의 최상의 솔루션과 경쟁한다는 것을 입증할 수 있었다. 그러나 CPU 트랙에서 제공되는 제한된 컴퓨팅 성능과 시간 예산에 비해 어떠한 딥러닝 방법도 경쟁력이 없었다.

표 10.5 2015/2016년 챌린지 우승자의 결과. ⟨R⟩은 라운드의 5개 데이터셋에 대한 평균 순위이며 참가자의 순위를 매기는 데 사용됐다. ⟨S⟩는 라운드의 5개 데이터셋에 대한 평균 점수다. UP는 AutoML 단계에서 우승자의 평균 성과와 같은 라운드의 결승 단계 사이의 성과 증가율이다. GPU 트랙은 4라운드에 실행됐다. 팀 이름은 다음과 같이 축약된다. *aad* aad_freiburg, *djaj* djajetic, *marc* marc.boulle, *tadej* tadejs, *abhi* abhishek4, *ideal* ideal.intel.analytics, *mat* lsevier.vonrohr, *lisheng* lise_sun, *asml* amsl.intel.com, *jlr44* backstreet.bayes, *post* postech.mlg_exbrain, *ref* reference

라운드	AutoML 종료	AutoML 우승자	⟨R⟩	⟨S⟩	Final 종료	Final 우승자	⟨R⟩	⟨S⟩	상승(%)
0	NA	NA	NA	NA	02/14/15	1. ideal 2. abhi 3. aad	1.40 3.60 4.00	0.8159 0.7764 0.7714	NA
1	02/15/15	1. aad 2. jrl44 3. tadej	2.80 3.80 4.20	0.6401 0.6226 0.6456	06/14/15	1. aad 2. ideal 3. amsl	2.20 3.20 4.60	0.7479 0.7324 0.7158	15
2	06/15/15	1. jrl44 2. aad 3. mat	1.80 3.40 4.40	0.4320 0.3529 0.3449	11/14/15	1. ideal 2. djaj 3. aad	2.00 2.20 3.20	0.5180 0.5142 0.4977	35
3	11/15/15	1. djaj 2. NA 3. NA	2.40 NA NA	0.0901 NA NA	02/19/16	1. aad 2. djaj 3. ideal	1.80 2.00 3.80	0.8071 0.7912 0.7547	481
4	02/20/16	1. aad 2. djaj 3. marc	2.20 2.20 2.60	0.3881 0.3841 0.3815	05/1/16	1. aad 2. ideal 3. abhi	1.60 3.60 5.40	0.5238 0.4998 0.4911	31
G P U	NA	NA	NA	NA	05/1/16	1. abhi 2. djaj 3. aad	5.60 6.20 6.20	0.4913 0.4900 0.4884	
5	05/1/16	1. aad 2. djaj 3. post	1.60 2.60 4.60	0.5282 0.5379 0.4150	NA	NA	NA	NA	NA

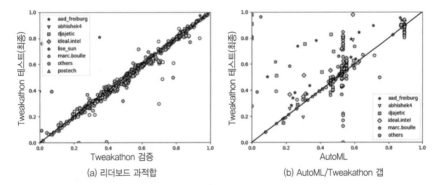

(a) 리더보드 과적합   (b) AutoML/Tweakathon 갭

그림 10.3 2015/2016년 챌린지에 참가한 모든 참가자의 성과 2015/2016년 챌린지의 모든 단계에 참가한 모든 참가자의 마지막 참가자를 경쟁 리더 보드의 모든 데이터셋에 보여준다. 표 10.5(a) Tweakathon의 과적합?에서와 같이 심볼은 원형으로 색상 코딩돼 있다. 최종 테스트셋에 대한 성과 대 검증셋에 대한 성과를 그린다. 검증 성과는 참여자들이 모델을 조정하는 동안 리더보드에서 볼 수 있다. 최종 테스트셋 성과는 Tweakathon 대회가 끝날 때만 공개됐다. 일부 특이치를 제외하고 대부분의 참가자가 리더보드를 과적합시키지 않았다. (b) AutoML과 Tweakathon 사이의 갭? 우리는 Tweakathon 대 AutoML을 성과를 그래프로 그려 Tweakathon에서 사용할 수 있는 수동 수정 및 추가 계산 리소스를 통해 개선 사항을 시각화할 수 있다. 대각선 위의 점은 그러한 개선을 나타낸다.

10.5.2 2018년 챌린지에서 얻은 점수

2018년 챌린지는 4개월(2017년 11월 30일~2018년 3월 31일) 동안 지속됐다. 이전 챌린지와 마찬가지로, 상위 솔루션을 확보해 오픈 소스로 제공했다. 표 10.6은 2018년 챌린지의 두 단계의 결과를 보여준다. 이 과제를 상기시키기 위해 피드백 단계와 블라인드 테스트 단계를 거쳤으며, 각 단계에서 우승자의 성과를 보고한다.

2018년 챌린지에서의 성과는 이전 버전에서 봤던 것보다 약간 낮았다. 이는 작업의 어려움(아래 참조)과 피드백 단계의 데이터셋에 5개 중 3개(과거의 과제와 관련되지만 블라인드 테스트 단계에서 사용된 데이터셋과 반드시 유사하지는 않음)가 포함돼 있기 때문이다. 현실적인 AutoML 설정을 모방하기 위해 이 방법을 진행하기로 결정했다. 비록 어렵긴 했지만, 몇몇 팀들은 우연보다 더 좋은 성과를 거둔 제출물을 내는 데 성공했다.

2015/2016년 AutoML 챌린지에서 우승한 팀은 AAD Freiburg[28]였다. 2018년 챌린지는 이전 챌린지에서 이 팀이 고안한 솔루션을 점진적으로 개선하는 데 도움이 됐다. 흥미롭게도, 도전에 참가한 2위 팀은 우승 팀의 정신과 유사한 해결책을 제안했다. 2018년 챌린지에서 3위는 동점을 이룬 3팀이 있었고, 상은 동률을 이룬 팀 간 나눠 가졌다. 우승자들 중 두 팀이 시작 도구 상자를 사용했다. 대부분의 다른 팀들은 2015/2016년 챌린지에 AAD Freiburg 팀이 공개한 시작 도구 상자 또는 솔루션을 사용했다.

표 10.6 2018 챌린지 우승자의 결과. 각 단계는 5개의 서로 다른 데이터셋에서 실행됐다. AutoML(블라인드 테스트) 단계의 우승자와 피드백 단계의 성과를 비교하기 위해 보여준다. 전체 테이블은 https:// competitions.codalab.org/competitions/17767에서 찾을 수 있다.

	2. AutoML 단계			1. 피드백 단계			
종료	우승자	$<R>$	$<S>$	종료	성과	$<R>$	$<S>$
03/31/18	1. aad_freiburg	2.80	0.4341	03/12/18	aad_freiburg	9.0	0.7422
	2. narnars0	3.80	0.4180		narnars0	4.40	0.7324
	3. wlWangl	5.40	0.3857		wlWangl	4.40	0.8029
	3. thanhdng	5.40	0.3874		thanhdng	14.0	0.6845
	3. Malik	5.40	0.3863		Malik	13.8	0.7116

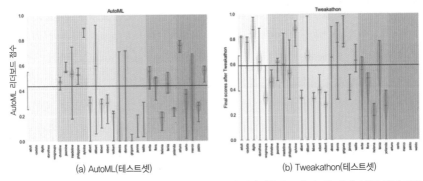

(a) AutoML(테스트셋) (b) Tweakathon(테스트셋)

그림 10.4 2015/2016 챌린지 데이터셋에 대한 성과 분포(바이올린 그래프). 각 데이터셋에 대해 리더보드에 표시된 것처럼 AutoML 및 Tweakathon 단계가 끝날 때 참가자의 성과를 보여준다. 중위수와 사분위수는 수평 v자 눈금으로 표시된다. 배포 프로파일(커널 메서드와 함께 장착됨)과 해당 거울 이미지는 회색 음영 영역으로 수직으로 표시된다. 모든 데이터셋과 해당 사분위수에 대한 중위수 성과를 빨간색으로 표시한다. (a) AutoML(블라인드 테스트) 처음 5개의 데이터셋은 개발 목적으로만 제공됐으며 AutoML 단계에서 블라인드 테스트용으로 사용되지 않았다. 3라운드에서는 계산 한계로 인해 많은 참가자의 코드가 실패했다. (b) Tweakathon(수동 수정) 마지막 5개의 데이터셋은 최종 블라인드 테스트에만 사용됐으며, 데이터는 Tweakathon의 경우 전혀 공개되지 않았다. 추가 컴퓨팅 성능과 메모리 덕분에 3라운드는 특별히 어렵지 않았다.

10.5.3 데이터셋/작업의 어려움

이 절에서는 참가자들이 주어진 데이터셋, 성과 척도 및 계산 시간 제약으로 예측 문제를 해결해야 했기 때문에 발생한 데이터셋의 어려움 또는 작업 난이도를 평가한다. 챌린지는 다양한 어려움을 제시했지만, 그러한 어려움은 동등하게 표현되지 않았다(표 10.2 및 10.3).

- **범주형 변수 및 결측 데이터** 2015/2016년 챌린지에서 범주형 변수를 가진 데이터셋은 거의 없었으며(ADULT, ALBERT 및 WALDO) 이러한 데이터셋에서는 범주형 변수가 그리 많지 않았다. 마찬가지로 결측값(ADULT 및 ALBERT)을 가진 데이터셋은 거의 없었고 결측값도 몇 개만 포함했다. 따라서 범주형 변수나 결측 데이터는 이 과제에서 실질적인 어려움을 나타내지 않았지만, ALBERT는 가장 큰 데이터셋 중 하나였기 때문에 가장 어려운 데이터셋 중 하나로 판명됐다. 2018년 챌린지에서는 데이터셋 10개 중 5개가 범주형 변수(RL, PM, RI, RH 및 RM)와 결측값(GINA, PM, RL, RI 및 RM)을 포함하는 상황이 크게 변화했다. 이러한 측면은 블라인드 테스트 단계에서 대부분의 방법의 낮은 성과를 초래한 주요 측면 중 하나였다.

- **많은 수의 클래스** 하나의 데이터셋이 많은 클래스(355개 클래스를 가진 DIONIS)를 가지고 있었다. 이 데이터셋은 특히 크고 불균형한 클래스를 갖고 있기 때문에 참가자들에게는 어려운 것으로 나타났다. 그러나 이 챌린지에서 클래스가 많은 데이터셋이 많이 제공되지는 않았다. 두 번째로 많은 클래스(100개 클래스)를 보유한 HELENA는 특별히 어려운 데이터셋으로 나타나지 않았다. 그러나 일반적으로 다중 클래스 문제는 이진 분류 문제보다 더 어려운 것으로 밝혀졌다.

- **회귀 분석** 네 가지 회귀 문제를 가지고 있었다. CADATA, FLORA, YOLANDA, PABLO가 바로 그것이다.

- **희소 데이터** 상당수의 데이터셋에는 희소 데이터(DOROTHEA, FABERT, ALEXIS, WALLIS, GRIGORIS, EVITA, FLORA, TANIA, ARTURO, MARCO)가 있었다. 그중 몇 가지는 어려운 것으로 나타났는데 특히 ALEXIS, WALLIS 및 GRIGORIS는 2015/2016년 챌린지의 3차 라운드에 도입됐을 때 희소 형식의 대형 데이터셋이어서, 메모리 문제를 일으켰다. 이후 서버의 메모리 양을 늘렸고 이후 단계에서 유사한 데이터셋이 도입돼 어려움이 줄어들었다.

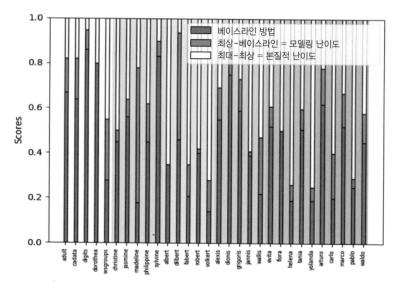

그림 10.5 2015/2016년 챌린지 작업의 난이도. 우리는 작업 난이도의 두 가지 지표(데이터셋, 성과 척도 및 시간 예산이 작업에 반영됨)를 고려한다. 즉, 본질적인 난이도(우승자의 성과에 의해 추정됨)와 모델링 난이도다(우승자의 성과와 베이스라인 방법(여기서 선택적 나이브 베이즈(SNB, Selective Naïve Bayes)의 차이다). 최상의 작업은 상대적으로 낮은 본질적 난이도와 참가자를 잘 분리하기 위한 높은 모델링 난이도를 가져야 한다.

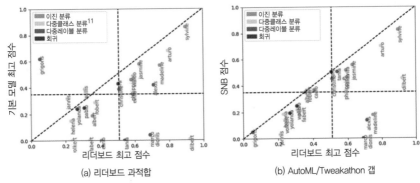

(a) 리더보드 과적합　　　　　　　　　(b) AutoML/Tweakathon 갭

그림 10.6 모델링 난이도 대 본질적 난이도 2015/2016년 챌린지의 AutoML 단계에 대해 모델링 난이도 대 데이터셋의 고유 난이도를 나타내는 지표(리더보드 최고 점수)의 그래프를 그린다. (a) 모델링 난이도는 (KNN, Nauny Bayes, Random Forest 및 SGD(LINAL)에 대한) 최고의 튜닝되지 않은 모델의 점수에 의해 추정된다. (b) 모델링 난이도는 선택적 나이브 베이즈(SNB) 모델의 점수에 의해 추정된다. 모든 경우에서 높은 점수가 더 좋고 음수/NaN 점수가 0으로 대체된다. 수평 및 수직 분리선은 중위수를 나타낸다. 오른쪽 하단 사분면은 낮은 본질적 난이도와 높은 모델링 난이도의 데이터셋을 나타낸다. 이러한 데이터셋은 벤치마킹 목적으로 가장 적합한 데이터셋이다.

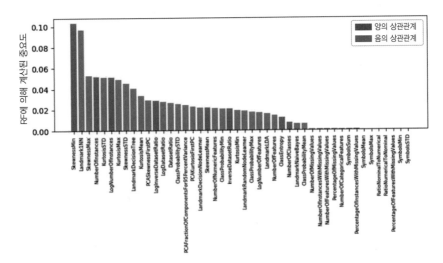

그림 10.7 메타 특성-데이터셋 고유의 난이도를 가장 예측한다(2015/2016년 챌린지 데이터). 메타 특성 GINI 중요도는 데이터셋의 메타 특성을 사용해 가장 높은 참가자 리더보드 점수를 예측하도록 훈련된 랜덤 포레스트 회귀 분석기에 의해 계산된다. 이러한 메타 특성에 관한 설명은 [25]의 보충 자료 표 1에서 확인할 수 있다. 파란색과 빨간색은 각각 양의 상관과 음의 상관관계에 해당한다(메타 특성과 점수 중위수 사이의 피어슨 상관관계).

11　다중클래스(multiclass)는 각 예제에 대해 레이블이 하나 존재해 클래스가 상호배타적이나, 다중레이블(multilabel)은 한 예제에 여러 개의 레이블이 존재할 수 있다. - 옮긴이

- **대규모 데이터셋** 훈련 예제의 수 P_{tr}에 대한 특성 수 N의 비율이 (과적합 위험 때문에) 난이도를 늘릴 것으로 예상했지만, 현대의 머신러닝 알고리듬은 과적합에 대해 강력하다. 주된 어려움은 오히려 곱 $N * P_{tr}$이었다. 대부분의 참가자는 전체 데이터셋을 메모리에 로드하고 희소 행렬을 전체 행렬로 변환하려고 했다. 이 작업은 매우 오랜 시간이 걸렸고 그 후 성과 또는 프로그램 실패의 원인이 됐다. $N * P_{tr} > 20,10^6$ 이상인 대규모 데이터셋에는 ALBERT, **ALEXIS**, **DIONIS**, **GRIGORIS**, **WALLIS**, **EVITA**, **FLORA**, **TANIA**, **MARCO**, GINA, GUILLERMO, PM, RH, RI, RICCARDO, RM이 포함된다. 이러한 데이터셋은 희소 데이터(굵은색)를 가진 데이터셋과 중첩된다. 2018년 챌린지에서는 최종 단계의 모든 데이터셋이 이 임곗값을 초과했으며, 이것이 여러 팀의 코드가 시간 예산 내에 완료되지 못한 이유였다. 알버트^{ALBERT}와 디오니스^{DIONIS}만이 "진정으로" 큰 데이터셋이었다(특성은 많지 않았지만 400,000개가 넘는 훈련 예제를 가진다).

- **관련 없는 변수의 존재** 일부 데이터셋에는 특정 비율의 산란변수 또는 관련 없는 변수('probes'라고 부른다)가 있었다. 그것들은 실제 특성 값을 무작위로 조합함으로써 얻어졌다. 데이터셋의 2/3인 ADULT, CADATA, DIGITS, DOROTHEA, CHRISTINE, JASMINE, MADELINE, PHILIPPINE, SYLVINE, ALBERT, DILBERT, FABERT, JANNIS, EVITA, FLORA, YOLANDA, ARTURO, CARLO, PABLO, WALDO는 이런 변수들을 포함했다. 이를 통해 부분적으로 공공 도메인에 있는 데이터셋을 덜 인식할 수 있게 했다.

- **척도 유형** 10.4.2절에 정의된 대로 6개의 척도를 사용했다. 이들이 사용되는 작업의 분포는 BAC(11), AUC(6), F1(3) 및 PAC(6), R2(2) 및 ABS(2) 등 균일하지 않았다. 이는 모든 척도가 모든 유형의 애플리케이션에 자연스럽게 적용되는 것은 아니기 때문이다.

- **시간 예산** 0라운드에서는 다양한 데이터셋에 대해 서로 다른 시간 예산을 제공하는 실험을 수행했지만, 결국 다른 모든 라운드의 모든 데이터셋에 1200(20분)을 할당했다. 데이터셋의 크기가 다양하기 때문에 대규모 데이터셋에 더 많은 제약을 가한다.

- **클래스 불균형** 이는 2015/2016년 데이터셋에서 발견된 어려움은 아니다. 그러나 극심한 클래스 불균형은 2018년 버전의 주요 난관이었다. **RL**,

PM, **RH**, **RI** 및 **RM** 데이터셋에는 1~10 미만의 불균형 비율이 존재했으며, 후자의 데이터셋 클래스 불균형은 1~1000만큼 극심했다. 이것이 팀들의 성적이 낮은 이유였다.

그림 10.4는 2015/2016년 챌린지를 위한 데이터셋/작업 난이도의 첫 번째 뷰를 제공한다. 또한 테스트 데이터의 모든 라운드에서 AutoML 및 Tweakathon 단계 모두에서 참가자의 성과 분포를 도식적으로 포착한다. 예상대로 모든 데이터셋의 중위수 성과가 AutoML과 Tweakathon 간에 향상된다는 것을 알 수 있다. 이에 따라 성과의 평균 산포(사분위수)가 감소한다. AutoML 단계에 대해 자세히 살펴보자. 블라인드 테스트에서 많은 방법이 실패한 3차 라운드의 "사고"가 보였다(희소 행렬과 더 큰 데이터셋의 도입).[12] 2라운드(다중 클래스 분류)도 1라운드(이진 분류)보다 상당히 높은 난이도를 초래한 것으로 보인다. 4라운드에서는 두 가지 회귀 문제(FLORA 및 YOLANDA)가 도입됐지만, 회귀 분석에서는 다중 클래스 분류보다 훨씬 더 어려운 것으로 보이지 않는다. 5라운드에서는 새로운 것이 도입되지 않았다. 3라운드 이후 데이터셋 중위수 점수가 전체 중위수 주위에 산포돼 있는 것을 관찰할 수 있다. Tweakathon 단계에서 상응하는 점수를 보면, 일단 참가자들이 놀라움에서 회복하면, 3라운드는 그들에게 특별히 어려운 것이 아니었다는 것을 알 수 있다. 2라운드와 4라운드는 비교적 어려웠다.

2018년 챌린지에 사용된 데이터셋의 경우, 챌린지의 난이도는 극심한 클래스 불균형, 범주형 변수 포함 및 $N \times P_{tr}$ 측면에서 높은 차원성과 분명히 관련이 있었다. 그러나 2015/2016년 챌린지 데이터셋의 경우 데이터셋 크기를 제외하고 작업을 쉽고 어렵게 만드는 것이 무엇인지 추측하기 어려웠으며, 이로 인해 참가자는 하드웨어 기능의 범위로 이동했고 방법의 계산 효율성을 개선해야 했다. 이진 분류 문제(및 다중 레이블 문제)는 본질적으로 다중 클래스 문제보다 "더 용이하고", 여기서 "추측"은 성공 확률이 더 낮다. 이것은 이진 및 다중 레이블 분류 문제로 지배되는 1라운드와 3라운드에서 더 높은 중위수 성과를 부분적으로 설명한다. 다른 결론을 도출하기 위해 각 유형의 어려움을 설명하기에는 데이터셋이 충분하지 않다.

그러나 전반적인 어려움을 포착하는 요약 통계를 찾기 위해 노력했다. 데이터가 $i.i.d.$[13] 프로세스에서 생성된다고 가정할 경우,

---

12 희소 데이터셋의 예는 0라운드에 제공됐으나, 데이터의 크기가 작았다.

13 독립적이고 동일하게 분포된(i.i.d) 샘플

$$y = F(\mathbf{x}, 잡음)$$

여기서 y는 목푯값이고, $\mathbf{x}$는 입력 특성 벡터이고, F는 함수이며, 잡음은 알려지지 않은 분포에서 끌어낸 임의의 잡음이며, 학습 문제의 난이도는 두 가지 측면에서 분리될 수 있다.

1. 잡음의 양 또는 신호 대 잡음 비율과 관련된 내재적 어려움. 무한한 양의 데이터와 F를 식별할 수 있는 불편 머신러닝 $\hat{F}$가 주어졌을 때, 예측 성과는 주어진 최댓값을 초과할 수 없으며 $\hat{F} = F$에 해당한다.

2. 제한된 양의 훈련 데이터와 제한된 계산 자원, 가능한 큰 수 또는 파라미터 및 하이퍼파라미터와 관련된 추정기 $\hat{F}$의 편향과 분산에 연계된 모델링의 어려움

F를 알지 못하는 한 본질적인 어려움을 평가하는 것은 불가능하다. 우리의 가장 근사한 F는 우승자의 솔루션이다. 따라서 우승자의 성과를 가장 달성 가능한 성과에 대한 추정치로 사용한다. 이 추정기는 편향과 분산을 모두 가질 수 있다. 우승자가 훈련 데이터에 적합하지 않을 수 있기 때문에 편향될 수 있다. 검증 데이터의 양이 제한적이기 때문에 분산을 가질 수 있다. 과소 적합은 테스트하기 어렵다. 예측의 분산 또는 엔트로피가 목푯값의 분산 또는 엔트로피보다 작을 수 있다.

모델링 난이도 평가는 F와 모델 클래스를 모르는 한 불가능하다. 모델 클래스에 대한 지식이 없는 경우, 데이터 과학자들은 데이터 생성 프로세스에 대해 불가지론적인 일반 예측 모델을 사용하는 경우가 많다. 그러한 모델은 예측의 "단순성"과 평활성에 매우 편향된 매우 기본적인 모델(예: 규제화된 선형 모델)부터 충분한 데이터가 주어진 모든 특성을 학습할 수 있는 매우 다용도의 편향되지 않은 모델(예: 의사 결정 트리의 앙상블)에 이르기까지 다양하다. 모델링 난이도를 간접적으로 평가하기 위해, 챌린지 우승자의 방법과 매우 강건하고 단순한 베이스라인을 제공하는 (a) (사이킷런 라이브러리로 제공된 고전적 기법에서 취해진) 4개의 "조정되지 않은" 기본 모델 중 최고의 모델 (b) (단순함 쪽으로 편향된) 매우 규제화된 모델인 선택적 나이브 베이즈[SNB][12, 13] 방법의 성과 간의 차이를 복원했다.

그림 10.5와 10.6은 2015/2016년 챌린지 데이터셋의 본질적 및 모델링 난이도에 관한 추정치를 보여준다. 0라운드의 데이터셋이 가장 쉬운 데이터셋(아마도 뉴스그룹 제외) 중 하나임을 알 수 있다. 이러한 데이터셋은 비교적 작고 잘 알려진 데이터셋이다. 놀랍게도 3라운드의 데이터셋은 도입됐을 때 대부분의 참가자들

이 실패했음에도(주로 메모리 제한 때문에 즉 사이킷런 알고리듬은 희소 데이터셋에 최적화되지 않았고 밀집 행렬로 변환한 데이터 행렬을 메모리에 적합화할 수 없었다) 다소 용이했다. MADELINE과 DILBERT 이 두 데이터셋은 본질적인 어려움은 작지만 모델링 어려움은 크다. MADELINE은 매우 비선형적인 인공 데이터셋이며(5차원 공간의 하이퍼큐브 정점에 위치한 군집들 또는 2개 클래스) 따라서 나이브 베이즈에 매우 어렵다. DILBERT는 모든 종류의 위치에서 회전하는 물체의 이미지가 있는 이미지 인식 데이터셋이며 나이브 베이즈로도 매우 어렵다. 마지막 두 단계의 데이터셋은 모델링 난이도에 비해 본질적인 난이도가 큰 것으로 보인다. 그러나 이는 데이터셋이 머신러닝 커뮤니티에 처음 도입된 것이며 수상자의 성과가 여전히 최고의 달성 가능한 성과와는 거리가 멀 수 있기 때문에 잘못된 것일 수 있다.

메타러닝을 위해 AAD Freiburg가 사용하는 메타 특성 집합으로 본질적인 난이도를 예측하려고 시도했다[25]. 메타 특성은 OpenML[67]의 일부로 랜덤 포레스트 분류기를 사용하고 (RF에 의해 선택된) 중요도의 순서로 순위를 매긴다. 메타 특성 리스트는 온라인 부록에 나와 있다. 데이터셋 난이도를 가장 잘 예측하는 세 가지 메타 특성은 다음과 같다(그림 10.7).

- LandmarkDecisionTree: 의사 결정 트리 분류기의 성과
- Landmark1NN: 최근접이웃 분류기의 성과
- SkewnessMin: 모든 특성의 최소 왜도. 왜도^{skewness}는 분포의 대칭성을 측정한다. 양의 왜도 값은 분포의 왼쪽 꼬리에 가중치가 더 많다는 것을 의미한다.

10.5.4 하이퍼파라미터 최적화

많은 참가자들은 오토사이킷런 소프트웨어를 제작한 우승 그룹 AAD Freiburg를 포함해 사이킷런 패키지를 사용했다. 우리는 하이퍼파라미터 최적화의 효과에 대한 챌린지 이후의 체계적 연구를 수행하기 위해 오토사이킷런 API를 사용했다. 우리는 사이킷런의 기본 하이퍼파라미터 설정과 오토사이킷런[14]으로 최적화된 하이퍼파라미터로 얻게 된 성과를 네 가지 "대표적" 기본 방법인 k최근접이웃^{KNN},

---

14 우리는 사이킷런(sklearn) 0.16.1과 오토사이킷런(auto-sklearn) 0.4.0을 사용해 챌린지 환경을 복제했다.

나이브 베이즈[NB] 랜덤 포레스트[RF] 및 확률적 그래디언트 하강법[15]으로 훈련된 선형 모델에 대해 비교했다. 그 결과는 그림 10.8과 같다. 하이퍼파라미터 최적화는 일반적으로 성과를 향상시키지만, 항상 그렇지는 않다. 하이퍼파라미터 튜닝의 이점은 대부분 최적화 척도를 작업에 의해 부과된 척도로 전환하는 유연성과 현재 데이터셋과 성과 척도가 주어졌을 때 잘 작동하는 하이퍼파라미터를 찾는 데서 온다. 그러나 일부 경우에는 데이터셋 크기 때문에 시간 예산 내에 하이퍼파라미터 최적화를 수행할 수 없었다(점수 ≤ 0). 따라서 엄격한 시간 제약과 거대한 데이터셋을 고려해 철저한 하이퍼파라미터 튜닝을 수행하는 방법에 대한 향후 작업이 남아 있다(그림 10.8).

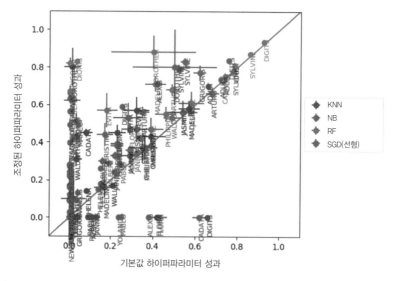

그림 10.8 하이퍼파라미터 튜닝(2015/2016년 챌린지 데이터) 기본 하이퍼파라미터로 얻은 성과와 오토사이킷런으로 최적화된 하이퍼파라미터를 가진 성과를 챌린지 중 주어진 동일한 시간 예산 내에서 비교한다. 할당된 시간 내에 결과를 반환하지 못한 예측 변수의 성능은 0으로 대체된다. 우연 수준의 예측을 반환하면 점수가 0이 된다는 점에 유의하라.

또한 서로 다른 점수 척도와 함께 얻은 성과를 비교했다(그림 10.9). 기본 방법은 최적화할 척도를 선택할 수 없지만 오토사이킷런은 챌린지 작업의 척도를 사후 적합화시킨다. 결과적으로 "공통 메트릭스"(BAC와 R^2)를 사용할 때, BAC/R^2에 대해 최적화되지 않은 챌린지 우승자의 방법은 일반적으로 기본 방법을 능가하지 않는다. 반대로 챌린지의 척도를 사용할 때, 종종 기본 방법과 우승자 사이에는 분

---

15 우리는 SGD의 손실이 이들 실험에 대한 사이킷런에서의 '로그(기록)'가 되도록 설정했다.

명한 차이가 있지만, 항상은 아니다(RF-auto는 대개 유사한 성과를 보여주며, 때로는 우승자를 능가한다).

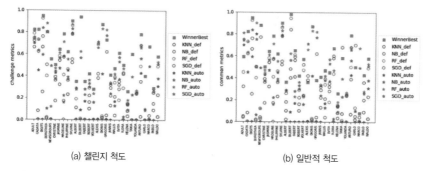

(a) 챌린지 척도 (b) 일반적 척도

그림 10.9 척도의 비교(2015/2016년 과제) (a) 챌린지의 척도를 사용했다. (b) 모든 분류 문제에 대해 정규화된 균형 정확도를 사용했고, 회귀 문제에 대해서는 R2 척도를 사용했다. 두 수치를 비교해보면 척도에 상관없이 대부분의 경우 우승자가 1위를 유지한다는 것을 알 수 있다. 다른 모든 것을 지배하는 기본적인 방법은 없다. RF-auto(최적화된 HP를 가진 랜덤 포레스트)는 매우 강력하지만 때로는 다른 방법의 성과가 더 뛰어나다. 일반 선형 모델 SGD-def는 종종 공통 척도를 사용할 때 승리하는 경우가 있지만, 우승자는 챌린지의 척도로 더 나은 성과를 낸다. 전반적으로 우승자들의 기술은 효과적인 것으로 증명됐다.

10.5.5 메타러닝

한 가지 질문은 메타러닝[14]이 가능한지 여부인데, 이는 주어진 분류기가 (실제로 훈련하지 않고) 다른 데이터셋에 대한 과거의 성과를 기반으로 미래의 데이터셋에서 잘 수행될지를 예측하는 학습이다. 연구진은 오토사이킷런의 메타러닝 기능을 기반으로 어떤 기본 방법이 가장 잘 수행되는지 예측할 수 있는지 조사했다 (온라인 부록 참조). 더불어 일련의 메타 특성에서 "랜드마크" 특성들을 제거했다. 이러한 특성들은 (실측값이 많이 있어 다소 부실함에도) 기본적인 예측 변수들의 성과이기 때문이며 일종의 '데이터 누출'로 이어질 수 있기 때문이다.

네 가지 기본 예측 변수를 사용했다.

- NB: 나이브 베이즈
- SGD-선형: 선형 모델(확률적 그래디언트 하강법으로 훈련)
- KNN: K최근접이웃
- RF: 랜덤 포레스트

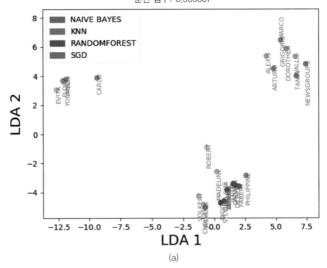

LDA-행렬 분해(부분) 공간의 데이터셋(기본값)
훈련 점수: 0.966667

(a)

LDA(기본값)로 계산한 메타 특성 (부분) 중요도

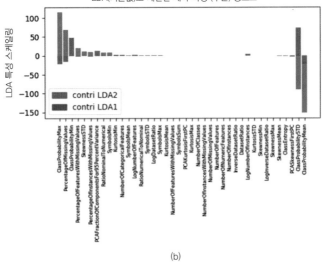

(b)

그림 10.10 선형 판별 분석(LDA) (a) 주축의 데이터셋 산점도. X = 랜드마크를 제외한 메타 특성, y = 4가지 기본 모델(NB, SGD-linear, KNN, RF) 중 어떤 모델이 승리했는가를 사용해 LDA를 훈련했다. 기본 모델의 성과는 공통 척도를 사용해 측정된다. 모델은 기본 하이퍼파라미터로 훈련됐다. 두 첫 번째 LDA 구성 요소의 공간에서 각 점은 하나의 데이터셋을 나타낸다. 색상은 승리하는 기본 모델을 나타낸다. 불투명도는 해당 승리 모델의 점수를 반영한다(불투명도가 높을수록 좋다). (b) 각 LDA 구성 요소의 스케일링 비율로 계산된 메타 특성 중요도

우리는 기본 하이퍼파라미터 설정으로 사이킷런 라이브러리를 구현했다. 그림 10.10에서 어떤 기본 분류기가 가장 잘 수행될지를 예측하기 위해 메타 특성에 대한 LDA 분류기를 훈련할 때 두 개의 첫 번째 선형 판별 분석^{LDA} 구성 요소를 보여준다. 방법은 세 개의 개별 군집으로 분리되는데, 그중 하나는 잘 분리되지 않은 비선형 방법(KNN과 RF)을 그룹화하고 다른 두개는 NB와 선형 SGD이다.

가장 예측력이 있는 특성들은 모두 "클래스 확률^{ClassProbability}" 및 "결측치 비율$^{Percentage Of Missing Values}$"과 관련이 있으며, 이는 클래스 불균형 혹은 다수의 클래스(다중 클래스 문제) 및 결측치의 비율이 중요하다는 것을 나타낸다. 그러나 훈련 데이터의 재샘플링하에서 최고 특성의 순위가 불안정성이 보여주듯이 과적합의 가능성이 높다.

10.5.6 챌린지에서 사용된 방법들

두 챌린지에 사용된 방법에 대한 간략한 설명은 온라인 부록과 함께 챌린지 후에 수행한 방법에 대한 조사 결과를 제공한다. 10.2절의 개요와 이전 절에서 제시된 결과에 비춰, AutoML 문제의 해결에 대한 지배적인 방법론이 나타났는지 여부와 특정 기술 솔루션이 널리 채택됐는지 의문을 가질 수 있다. 이 절에서는 고려 중인 모든 모델의 집합을 "모델 공간"이라고 부른다. 우리는 모델 앙상블의 하이퍼 모델이 구축한 모델 라이브러리의 구성 요소를 "기본 모델"(다른 곳에서 "단순 모델", "개별 모델", "기본 학습자"라고도 함)이라 부른다.

- **앙상블: 과적합 및 상시 학습을 다루는 것** 앙상블은 참가자의 80% 이상과 모든 상위 참가자에 의해 사용되기 때문에 AutoML 챌린지 시리즈에서 가장 큰 우승자다. 몇 년 전 모델 선택과 하이퍼파라미터 최적화에서 가장 뜨거운 문제가 과적합이었지만, 현재 문제는 앙상블 기법을 사용함으로써 대부분 회피된 것으로 보인다. 2015/2016년 챌린지에서 변수 수에 대한 훈련 예제의 비율(P_{tr}/N)을 몇 개의 크기 순서로 다양화했다. 5개의 데이터셋은 P_{tr}/N 비율이 1보다 낮았고(도라테아, 뉴스그룹, 그리고리스, 윌리스 및 플로라), 이는 특히 과적합에 도움이 됐다. P_{tr}/N은 참가자의 중위수 성과의 가장 예측력이 좋은 변수였지만, $P_{tr}/N < 1$을 가진 데이터셋이 참가자들에게 특히 어려웠다는 증거는 없다(그림 10.5). 예측 변수의 앙상블은 점진적으로 예측 변수의 더 큰 앙성블로 커져 시간이 지남에 따라 성과를 향상

시킴으로써 "상시 학습" 문제를 간단하게 해결할 수 있는 추가적인 이점을 갖고 있다. 모든 훈련된 예측 변수는 일반적으로 앙상블에 통합된다. 예를 들어 교차 검증을 사용하는 경우 모든 폴드의 예측 변수가 앙상블에 직접 통합돼 단일 모델을 선택한 최상의 HP로 재훈련하는 계산 시간을 절약하고 더욱 강력한 솔루션을 산출할 수 있다(샘플 크기가 작기 때문에 약간 더 편향됐다). 접근법은 다양한 예측 변수의 기여도를 측정하는 방식에 따라 다르다. 일부 방법은 모든 예측 변수에 동일한 가중치를 사용한다(이것은 랜덤 포레스트와 모델 공간에서 예측 변수를 사후 확률에 따라 샘플링하는 베이지안 방법의 경우). 일부 방법은 학습의 일부로 예측 변수의 가중치를 평가한다(예를 들어 부스팅 방법의 경우). 이종 모델의 앙상블을 생성하는 간단하고 효과적인 방법 중 하나가 [16]에 의해 제안됐다. 이것은 [52]와 같은 여러 과거의 챌린지에 성공적으로 사용됐으며, 두 챌린지에 가장 강력한 참가자 중 하나인 aad_freibug 팀이 구현한 방법이다[25]. 이 방법은 모든 훈련된 모델에 걸쳐 여러 번 사이클을 수행하고 각 사이클에서 앙상블에 통합돼 앙상블의 성과를 가장 향상시키는 모델로 구성된다. 모델은 가중치 1로 투표하지만 여러 번 통합될 수 있으며, 이는 사실상 가중치를 부여한다. 이 방법을 사용하면 교차 검증된 예측이 저장된 경우 모형의 가중치를 매우 빠르게 계산할 수 있다. 더욱이 이 방법은 원하는 척도에 앙상블의 예측을 사후 적합화해 모든 척도에 대한 앙상블을 최적화할 수 있다.

- 모델 평가: 교차 검증 또는 단순 검증 모델의 예측 정확도 평가는 앙상블 방법의 모든 모델 선택에서 중요하고 필요한 구성 요소다. (아마도 사소한 추가 계산을 희생해) 모든 훈련 데이터에 대해 단 한 번의 훈련을 통해 훈련 데이터에서 평가된 기본 모델의 예측 정확도로부터 계산된 모델 선택 기준은 우리가 조직한 이전 챌린지에서의 경우와 마찬가지로 전혀 사용되지 않았다[35]. 교차 검증, 특히 k폴드 교차 검증이 널리 사용됐다. 그러나 기본 모델은 종종 모델 공간의 유망하지 않은 영역을 신속하게 제거할 수 있도록 한 번에 "저렴한 비용으로" 평가됐다. 이것은 탐색 속도를 높이기 위해 점점 더 자주 사용되는 기술이다. 또 다른 속도 향상 전략은 훈련 예제의 부분집합에 대해 훈련하고 학습 곡선을 모니터링하는 것이다. "동결" 전략 [64]은 학습 곡선을 기반으로 유망해 보이지 않는 모델의 훈련을 중단하지만, 나중에 훈련을 다시 시작할 수 있다. 예를 들어 2015/2016년 챌린

지에서 [48]에 의해 사용됐다.

- **모델 공간: 동질 대 이질** 미해결 문제는 큰 모델 공간을 탐색해야 하는지 작은 모델 공간을 탐색해야 하는지 여부다. 챌린지 대회는 우리가 이 질문에 확실한 대답을 하는 것을 허락하지 않았다. 대부분의 참가자들은 사이킷런 라이브러리에 있는 다양한 모델을 포함해 상대적으로 큰 모델 공간을 탐색하는 것을 선택했다. 그러나 가장 강력한 참가자 중 한 명(Intel 팀)은 단순히 부스트 의사 결정 트리(즉, 약한 학습자/기본 모델의 동질적인 집합으로 구성된)로 얻은 결과를 제출했다. 확실히 충분한 훈련 데이터가 주어지면 모든 것을 학습할 수 있는 범용 근사치인 하나의 머신러닝 접근법만 사용해도 충분하다. 그렇다면 왜 여러 개를 포함하는가? 그것은 수렴율의 문제다. 우리가 얼마나 빨리 학습 곡선을 오르게 하는가? 더 강력한 기본 모델을 포함하는 것이 학습 곡선을 더 빨리 오르게 하는 한 가지 방법이다. 챌린지 대회 이후 실험(그림 10.9)은 랜덤 포레스트(동질 기본 모델-의사 결정 트리의 앙상블)의 사이킷런 버전이 우승자 버전만큼 잘 수행되지 않는다는 것을 밝혀냈다. 이는 의사 결정 트리 앙상블에 기반을 둔 Intel 솔루션에 RF와 같은 의사 결정 트리의 기본 앙상블에 의해 포착되지 않는 많은 노하우가 있음을 암시한다. 우리는 미래에 이 주제에 대해 더 많은 원칙적인 연구가 수행되기를 바란다.

- **탐색 전략: 필터, 래퍼 및 임베디드 방법** (시작 도구 상자가 기반으로 하는) 사이킷런과 같은 강력한 머신러닝 도구 상자의 가용성으로 인해, 모든 래퍼 방법을 구현해 CASH(또는 "완전 모델 선택") 문제를 해결하는 유혹을 받기 쉽다. 사실 대부분의 참가자들은 그 길로 갔다. 여러 기본 분류기에 대한 임베디드 방법으로 하이퍼파라미터를 최적화하는 여러 방법이 발표됐지만 [35] 이들은 각각 이미 디버깅되고 잘 최적화된 라이브러리 버전의 방법을 사용하는 것에 비해 시간이 많이 걸리고 오류가 발생하기 쉬운 기본 방법의 구현을 변경하기를 요구한다. 따라서 실무자들은 임베디드 방법의 구현에 개발 시간을 투자하기를 꺼린다. 주목할 만한 예외는 변수의 재코딩(그룹화 또는 이산화)과 변수 선택을 포함하는 나이브 베이즈를 기반으로 하는 독립형 하이퍼파라미터 프리 솔루션을 제공하는 marc.boulle의 소프트웨어다. 온라인 부록을 참조하라.

- **다중 수준 최적화** 또 다른 흥미로운 문제는 하이퍼파라미터의 여러 수준이 계산 효율성 또는 과적합 방지 이유로 고려해야 하는지 여부다. 예를 들어 베이지안 설정에서 파라미터/하이퍼파라미터 계층과 몇 가지 사전/초-사전분포의 수준을 고려하는 것은 꽤 실현 가능하다. 그러나 실질적인 계산상의 이유로 AutoML 챌린지에서 참여자들은 하이퍼파라미터 공간의 얕은 구조를 사용하고 중첩된 교차 검증 루프를 피하는 것으로 보인다.
- **시간 관리: 탐험 대 활용 트레이드 오프** 빡빡한 시간 예산으로 탐험/활용 트레이드 오프를 모니터링하기 위한 효율적인 탐색 전략을 수립해야 한다. 전략을 비교하기 위해 매우 서로 다른 방법을 채택한 두 명의 상위 참가자 Abheshek과 aad_freiburg에 대한 학습 곡선을 온라인 부록에서 보여준다. 전자는 이전의 인간 경험에 기초한 경험적 접근법을 사용하는 반면, 후자는 메타러닝에 가장 적합하다고 예측되는 모델로 탐색을 초기화한 다음 하이퍼파라미터의 베이지안 최적화를 수행한다. Abhishek은 종종 더 나은 해결책으로 시작하는 것처럼 보이지만 덜 효과적으로 탐험한다. 대조적으로 aad_freiburg는 더 낮게 시작하지만 종종 더 나은 솔루션으로 끝난다. 탐색에서 일부 랜덤 요소는 더 나은 솔루션에 도달하는 데 유용하다.
- **전처리 및 특징 선택** 데이터셋은 부분적으로 희소성, 결측값, 범주형 변수 및 관련 없는 변수와 같은 알고리듬의 전처리 또는 특수 수정으로 다룰 수 있는 본질적인 난이도를 가지고 있었다. 그러나 상위 참가자들 사이에서는 전처리가 관심의 초점이 되지 않은 것으로 보인다. 이들은 시작 도구 상자에 제공된 간단한 경험적 접근법에 의존했다. 즉, 결측값을 중위수로 대체하고 결측 지표 변수 추가, 범주형 변수의 원핫 인코딩을 사용했다. 단순 정규화가 사용됐다. 관련 없는 변수는 참가자의 2/3에 의해 무시됐고 상위 참가자는 특성 선택을 사용하지 않았다. 앙상블을 포함하는 방법은 관련 없는 변수에 대해 본질적으로 강력한 것처럼 보인다. 팩트 시트의 자세한 내용은 온라인 부록에서 확인할 수 있다.
- **비지도학습** 최근 딥러닝 커뮤니티에 의해 자극받은 비지도학습에 대한 관심이 회복됐음에도 AutoML 챌린지 시리즈에서 비지도학습은 ICA와 PCA와 같은 고전적인 공간 차원성 감소 기술의 사용을 제외하고 널리 사용되지 않는다. 자세한 내용은 온라인 부록을 참조하라.

- **전이학습 및 메타러닝** 우리의 지식에 따르면 aad_freiburg만 그들의 하이 퍼파라미터 탐색을 초기화하는 데 있어 메타러닝에 의존했다. 이를 위해 OpenML 데이터셋을 사용했다.[16] 공개된 데이터셋의 수와 작업의 다양성 으로 인해 참가자들은 효과적인 전이학습 또는 메타러닝을 수행할 수 없 었다.

- **딥러닝** AutoML 단계에서 사용할 수 있는 계산 리소스의 유형은 GPU 트 랙을 제외하고 Deep Learning의 사용을 배제했다. 하지만 그 트랙에서 도 딥러닝 방법은 앞서 나오지 않았다. 한 가지 예외는 aad_freiburg인데, 이들은 Tweakathon에서 3, 4라운드에 딥러닝을 사용했고 그것이 알렉 시스, 타니아, 욜란다 데이터셋에 도움이 된다는 것을 발견했다.

- **작업과 척도 최적화** 네 가지 유형의 과제(회귀, 이진 분류, 다중 클래스 분류, 다 중 레이블 분류)와 여섯 가지 점수 척도(R2, ABS, BAC, AUC, F1 및 PAC)가 있 었다. 게다가 클래스의 균형과 클래스의 수는 분류 문제에 있어서 매우 다 양했다. 특정 척도를 최적화하는 방법을 설계하는 데 적당한 노력을 기울 였다. 오히려 일반 방법이 사용됐고 교차 검증 또는 앙상블 방법을 통해 출력이 타깃 척도에 사후 적합화됐다.

- **공학**^{Engineering} AutoML 챌린지 시리즈의 큰 교훈 중 하나는 대부분의 방 법이 모든 경우에 "좋은" 결과를 반환하는 것이 아니라 "어떤" 합리적인 결과를 반환한다는 것이다. 실패 이유로는 "시간 초과"와 "메모리 부족" 또 는 기타 다양한 실패(예: 수치 불안정성)이 있다. 모든 데이터셋에서 실행되 는 "기본 모델"들을 갖는 것은 아직 멀었다. 오토사이킷런의 장점 중 하나 는 실패한 모델을 무시하고 일반적으로 결과를 반환하는 모델을 적어도 하나 이상 찾는 것이다.

- **병렬 처리** 컴퓨터에는 사용 가능한 여러 개의 코어가 있으므로 원칙적으 로 참가자들은 병렬 처리를 사용할 수 있었다. 한 가지 일반적인 전략은 그러한 병렬 처리를 내부적으로 자동으로 사용하는 수치 라이브러리에 의 존하는 것이다. aad_freiburg 팀은 서로 다른 코어를 사용해 서로 다른 데이터셋에 대한 병렬 모델 탐색을 시작했다(각 라운드에는 5개의 데이터셋이 포함된다). 이러한 계산 자원의 상이한 사용은 학습 곡선에서 볼 수 있다(온 라인 부록 참조).

---

16 https://www.openml.org/

10.6 논의

스스로에게 물어본 주요 질문과 결과를 간략하게 요약했다.

1. 주어진 시간 예산이 과제를 완료하기에 충분했는가? aad_freiburg의 성공적 솔루션에 대해 시간의 함수로 학습 곡선을 그렸다(오토사이킷런, 온라인 부록 참조). 이를 통해 대부분의 데이터셋에서 성과는 여전히 주최자가 부과하는 제한 시간 이상으로 향상됐다. 데이터셋의 약 절반에 대해서는 개선 효과가 미미하지만(응용된 시간 제한이 종료됐을 때 획득한 점수의 20% 이하), 일부 데이터셋의 경우 개선 효과가 매우 컸다(원래 점수의 2배 이상). 개선은 대개 점진적으로 이루어지지만, 갑작스러운 성능 향상이 발생한다. 예를 들어 WalliS 데이터셋의 경우 챌린지 대회에서 부과된 제한 시간을 3배로 늘렸을 때 점수가 갑자기 두 배가 됐다. 오토사이킷런 패키지의 저자들이 또한 지적했듯이, 시작이 느리지만 장기적으로는 최상의 방법에 가까운 성능을 얻는다.

2. 참여자들이 다른 과제보다 훨씬 더 어려웠던 과제가 있는가? 그렇다. 참가자의 점수의 평균(중위)과 변동성(3/4분위) 측면에서 참가자의 분산이 보여주듯이 작업에는 매우 광범위한 난이도가 있었다. 매우 비선형적 작업을 특징으로 하는 합성 데이터셋인 Madeline은 많은 참가자들에게 매우 어려웠다. 솔루션을 반환하지 못한 다른 어려움에는 대규모 메모리 요구 사항(특히 희소 행렬을 전체 행렬로 변환하려는 방법의 경우)과 훈련 예제 또는 특성이 많거나 클래스나 레이블이 많은 데이터셋에 대한 짧은 시간 예산이 포함됐다.

3. 데이터셋의 메타 특성과 특정 유형의 데이터셋에 대해 특정 방법을 추천할 수 있는 유용한 통찰력을 제공하는 방법이 있는가? aad_freiburg 팀은 53개의 메타 특성(챌린지 데이터셋과 함께 제공되는 단순한 통계의 상위 집합)의 부분집합을 사용해 데이터셋 간의 유사성을 측정했다. 이를 통해 이전에 처리된 유사한 데이터셋에 대해 선택한 설정과 동일한 설정으로 탐색을 초기화함으로써 하이퍼파라미터 탐색을 더욱 효과적으로 수행할 수 있었다(메타러닝의 한 형태). 자체 분석에 따르면 메타 특성에서 예측 변수의 성능을 예측하는 것은 매우 어렵지만 어떤 "기본 방법"이 가장 잘 수행될지를 비교적 정확하게 예측할 수 있다. LDA를 사용하면 데이터셋이 어떻게 2차원으로 복구되

는지 시각화하고 데이터셋이 "선호"하는 나이브 베이즈, 선형 SGD 또는 KNN 또는 RF 간에 완전한 분리를 보여줄 수 있다. 이것은 좀 더 조사해볼 가치가 있다.

4. 하이퍼파라미터 최적화는 실제로 기본값보다 성능이 향상되는가? 수행한 비교는 네 가지 기본 예측 모델 집합(K최근접이웃, 랜덤 포레스트, 선형 SGD 및 나이브 베이즈)에 대한 기본값을 선택하는 것보다 하이퍼파라미터를 최적화하는 것이 일반적으로 유익하다는 것을 보여준다. 대부분의 경우(항상 그렇지는 않지만) 하이퍼파라미터 최적화(하이퍼옵트)는 기본값보다 더 나은 성능을 제공한다. 하이퍼옵트는 시간 또는 메모리 제한으로 인해 실패하는 경우가 있으며, 이로 인해 개선할 여지가 있다.

5. 우승자의 솔루션은 기본 사이킷런 모델과 어떻게 비교되는가? 그들은 비교했을 때 더 좋게 나온다. 예를 들어 파라미터가 최적화된 기본 모델의 결과는 일반적으로 오토사이킷런 실행만큼 좋은 결과를 얻지 못한다. 그러나 기본 HP를 사용하는 기본 모델은 때때로 오토사이킷런에 의해 조정된 동일한 모델을 능가한다.

10.7 결론

우리는 AutoML 챌린지의 여러 라운드의 결과를 분석했다.

최초의 AutoML 챌린지(2015/2016)의 설계는 여러 면에서 만족스러웠다. 특히 많은 참가자(600명 이상)를 유치하고, 통계적으로 중요한 결과를 달성했으며, 머신러닝을 자동화하기 위해 최신 기술을 발전시켰다. 이러한 노력의 결과로 공공 라이브러리가 출현했는데, 여기에는 오토사이킷런도 포함된다.

특히 상위 참가자를 분리할 수 있을 만큼 충분히 큰 테스트셋을 가지고 다양한 데이터셋을 가진 벤치마크를 설계했다. 오차의 기준은 참가자가 달성한 성과에 따라 달라지므로, 필요한 데이터셋의 크기를 예상하기 힘들다. 따라서 우리는 합리적인 추측을 한 것에 만족한다. N은 테스트 샘플의 수이고 E는 가장 작은 클래스의 오차율인 간단한 경험 규칙 "$N = 50/E$"이 가장 광범위하게 적용되고 있는 듯하다. 데이터셋이 너무 쉽거나 너무 어렵지 않도록 했다. 이는 참가자를 분리할 수 있는 것이 중요하다. 이를 계량화하기 위해 "본질적 난이도"와 "모델링 난이도"라는 개념을 도입했다. 본질적 난이도는 최상의 달성 가능한 성과의 대용물, 즉 분류 문제에 대한 베이즈 비율로 계량화할 수 있다. 모델링 난이도는 방법 간 성과의 분산으로 계량화할 수 있다. 우리의 가장 좋은 문제들은 상대적으로 낮은 "본질적 난이도"와 높은 "모델링 난이도"를 가지고 있는 것으로 생각한다. 그러나 처음 2015/2016 챌린지 중 30개 데이터셋의 다양성은 특성이자 저주였다. 다양한 상황에서 소프트웨어의 강건성을 테스트할 수 있게 해주지만, 메타러닝을 불가능하지는 않더라도 매우 어렵게 만든다. 결과적으로 메타러닝을 탐구하려면 외부 메타러닝 데이터를 사용해야 한다. 이는 AAD Freiburg 팀이 채택한 전략으로 메타 훈련을 위해 OpenML 데이터를 사용했다. 마찬가지로 각 데이터셋에 서로 다른 척도를 부가했다. 이는 작업을 더 현실적이고 어렵게 만드는 데 기여했지만 메타러닝도 더 어렵게 만들었다. 2018년 두 번째 챌린지에서는 다양한 데이터셋을 줄이고 단일 척도를 사용했다.

작업 설계와 관련해 악마가 세부 사항 안에 있다는 것을 알게 됐다. 챌린지 참가자들이 제안된 작업을 그들의 솔루션이 유사한 시나리오에 적응할 수 없을 정도로 너무 정확하게 해결을 한다. AutoML 챌린지의 경우, 챌린지의 척도가 학습 곡선 아래의 영역인지 또는 학습 곡선상의 한 지점(고정된 최대 계산 시간이 경과한 후 얻은 성과)이어야 하는지 고민했다. 결국 현실적인 이유로 두 번째 해결책을 선호하게 됐다. 일부 참가자의 학습 곡선을 검사한 후, 특히 "탐험"과 "활용"을 완화하는 전략과 관련해 두 문제가 근본적으로 다르다는 것은 매우 분명했다. 이를 통해 "고정 시간 학습(참가자는 시간 제한을 미리 알고 그 시간 끝에 제공되는 솔루션에 대해서만 판단됨)"과 "시간 학습(참가자는 언제든지 중지하고 해결책을 반환하도록 요구받음)" 사이의 차이점을 생각하게 됐다. 두 시나리오 모두 유용하다. 첫 번째 시나리오는 모델이 빠른 속도로 지속적으로 전달돼야 할 때 실용적이다. 예를 들어 마케팅 애플리케이션의 경우, 두 번째 시나리오는 계산 자원이 불안정하고 중단이 예상되는 환경에서 실용적이다(예: 신뢰할 수 없는 연결을 통해 원격으로 작업하는 사람). 이는 미래의 과제 설계에 영향을 미칠 것이다.

실행하고 있는 AutoML 과제의 두 가지 버전은 전이학습의 어려움에서 다르다. 2015/2016년 챌린지에서, 0라운드는 모든 유형의 데이터와 난이도(타깃 유형, 희소 데이터 여부, 결측 데이터, 범주형 변수, 특성보다 더 많은 예제)의 샘플을 도입했다. 그 후 각 라운드는 난이도를 높였다. 0라운드의 데이터셋은 비교적 용이했다. 그 후 각 라운드에서 참가자들의 코드는 이전 라운드보다 한 단계 더 어려운 데이터에 대해 블라인드 테스트를 받았다. 그러므로 각 라운드의 난이도는 상승했다. 2018년 챌린지에서 2개의 단계를 가졌는데, 각각은 유사한 난이도의 5개의 데이터셋을 가지고 있었고, 첫 번째 단계의 데이터셋이 각각 유사한 작업의 해당 데이터셋 하나와 일치했다. 그 결과 전이가 더 간단해졌다.

시작 도구 상자와 베이스라인 방법에 대해서는, 대다수의 참가자의 해결책의 기초가 되는 코드를 제공했다(Intel, Orange 등 자체 "내부" 패키지를 사용한 업계로부터 눈에 띄는 예외가 있었다). 따라서 소프트웨어가 채택된 접근법을 편향적으로 제공했는지 여부를 질문할 수 있다. 실제로 모든 참가자들은 시작 도구 상자에 사용된 전략과 유사하게 어떤 형태의 앙상블 학습을 사용했다. 그러나 이것은 이 문제에 대한 "자연스러운" 전략이라고 주장할 수 있다. 그러나 일반적으로, 특정 방향으로 챌린지 대회를 편향시키지 않고 참가자들에게 충분한 시작 자료를 제공하는 문제는 여전히 미묘한 문제로 남아 있다.

챌린지 프로토콜 설계의 관점에서, 팀들을 장기간 집중시키고 많은 챌린지 단계를 거치는 것이 어려움을 배웠다. 또한 1년(2015/2016) 이상 지속됐으며 여러 이벤트(해커톤 등)로 인해 중단됐던 AutoML 챌린지 전체 과정에 걸쳐 600명 이상의 많은 참가자를 확보했다. 그러나 워크숍에 의해 중단되는 연간 이벤트를 구성하는 것이 바람직할 수 있다. 워크숍은 교류 장소이기 때문에 이것은 경쟁과 협력의 균형을 맞추는 자연스러운 방법이다. 참가자들은 과학 출판물을 통해 그들이 얻는 인정에 의해 자연히 보상을 받는다. 이러한 추측을 확인하기 위해, 단지 4개월 동안 지속된 두 번째 AutoML 챌린지(2017/2018)는 거의 300명의 참가자를 끌어모았다.

챌린지 대회 설계의 중요한 새로운 점 중 하나는 코드 제출이었다. 엄격하게 유사한 조건에서 참가자의 코드를 동일한 플랫폼에서 실행하는 것은 공정성과 재현성을 향한 큰 진전일 뿐만 아니라 계산적 관점에서 솔루션의 실행 가능성을 보장하는 것이다. 우리는 수상자들에게 상품을 타기 위해 오픈 소스 자격증으로 코드를 공개하라고 요구했다. 이는 우리가 마련한 도전 과제의 "제품"으로서 여러 소프트웨어 출판물을 얻기에 충분한 인센티브였다. 두 번째 과제(AutoML 2018)에서는 도커Docker를 사용했다. 도커 이미지를 배포하면 참가자의 코드를 다운로드한 모든 사용자가 컴퓨터 환경 및 라이브러리의 불일치로 인한 설치 문제에 대한 장애 없이 쉽게 결과를 재현할 수 있었다. 그러나 하드웨어는 다를 수 있으며, 사후 평가에서 컴퓨터를 변경하면 결과에 상당한 차이가 있을 수 있다는 것을 알 수 있었다. 합리적인 가격의 클라우드 컴퓨팅이 확산됨에 따라 이 문제가 더 이상 문제가 되지 않기를 바란다.

AutoML 챌린지 시리즈는 시작 단계일 뿐이다. 몇 가지 새로운 방법이 연구 중에 있다. 예를 들어 참가자들이 시간이 지남에 따라 분포가 천천히 이동하는 데이터에 노출되는 NIPS 2018 평생 머신러닝[17]Life Long Machine Learning 챌린지를 준비하고 있다. 또한 유사한 도메인으로부터의 전이에 초점을 맞출 자동화된 머신러닝 챌린지 대회에 대해서도 고려하고 있다.

감사의 말　마이크로소프트는 이러한 과제를 해결할 수 있도록 지원했으며 애저에 상금과 클라우드 컴퓨팅 시간을 기증했다. 이 프로젝트는 TIMCO 프로젝트의 일환으로 Laboratoire d'Informatique Fondamentale(LIF, UMR CNRS 7279) of the University of Aix Marseille, France, via the LabeX Archimede program, the Laboratoire de Recheche en Informatique of Paris Sud University와 INRIA-Sacla와 함께 Paris-Saclay Center for Data Science[CDS]로부터 지원을 받았다. 추가 컴퓨터 자원은 J. 버흐만[J. Buhmann], 취리히 연방공과대학[ETH Zürich]에 의해 제공됐다. 이 작업은 스페인 프로젝트 TIN2016-74946-P(MINECO/FEDER, UE)와 CERCA 프로그램/Generalitat de Catalunya가 부분적으로 지원했다. 공개된 데이터셋은 (또는 공개적으로 사용 가능한 데이터를 사용해 포맷한) 72개의 데이터셋으로부터 공동 저자들과 다음 사람들에 의해 선택됐다. Y. 아피냐나퐁스[Y. Aphinyanaphongs], O. 샤펠[O. Chapelle], Z. 이프티카르 말히[Z. Iftikhar Malhi], V. 르메르[V. Lemaire], C.-J. 린[C.-J. Lin], M. 마다니[M. Madani], G. 스톨로비츠키[G. Stolovitzky], H.-J. 티에센[H.-J. Thiesen], I. 차마르디노스[I. Tsamardinos]. 많은 사람들이 프로토콜의 초기 설계에 대한 피드백을 제공하거나 다음과 같은 챌린지 플랫폼을 테스트했다. 이는 K. 베넷[K. Bennett], C. 카포니[C. Capponi], G. 카우리[G. Cawley], R. 카루아나[R. Caruana], G. 드로어[G. Dror], T. K. 호[T. K. Ho], B. 케글[B. Kégl], H. 라로첼[H. Larochelle], V. 르메르[V. Lemaire], C.-J. 린[C.-J. Lin], V. 폰체 로페즈[V. Ponce López], N. 마샤[N. Macia], S. 머서[S. Mercer], F. 포페스쿠[F. Popescu], D. 실버[D. Silver], S. 트레거[S. Treguer], I. 차마르디노스

---

17 인간의 뇌는 배경지식을 바탕으로 새로운 것을 배우며, 새로운 것을 배운다고 해 과거의 지식을 잊어버리지 않는다. 평생학습(Lifelong Learning)은 이러한 인간의 인지를 모방해 Catastrophic forgetting(파괴적 망각: 새로 학습됐을 때 과거를 잊어버리는 현상)과 Semantic drift(의미 변화: 새로 학습했을 때 신경망의 역할이 바뀌버리는 현상)를 해결하고자 하는 메커니즘이다. 다중작업학습(multi-tasklearning)과 온라인학습(on-line learning)을 포함하며, 평생학습은 순차적으로 들어오는 task(1, 2, ⋯, $t-1$, t)를 학습하고, t 시점에 모든 task(1, 2, ⋯, $t-1$, t)에 대해 성능이 좋은 모델을 만들고자 한다. 연속적으로 학습한다는 점에서 연속학습(Continual Learning)이라고 부르기도 한다. – 옮긴이

I. Tsamardinos를 포함한다. 플랫폼과 샘플 코드 구현에 기여한 소프트웨어 개발자는 E. 카마이클[E. Camichael], I. 샤반[I. Chaabane], I. 저드슨[I. Judson], C. 폴랭[C. Poulain], P. 량[P. Liang], A. 페샤[A. Pesah], L. 로마스코[L. Romaszko], X. 바로 쏠레[X. Baro Solé], E. 왓슨[E. Watson], F. 징르[F. Zhingri], M. 지스코프스크[M. Zyskowsk]를 포함한다. 챌린지 결과의 일부 초기 분석은 I. Chaabane, J. Lloyd, N. Macia에 의해 수행됐다. 그리고 A. Thaku는 이 논문에 실렸다. 카타리아 에겐스페르거[Katharina Egensperger], 사이드 모신 알리[Syed Mohsin Ali], 마티아스 페러는 "오토사이킷런을 이기자" 챌린지 대회를 조직하는 데 도움을 줬다. 또한 Matthias Feurer는 2015/2016년 챌린지 데이터셋에서 오토사이킷런을 시뮬레이션하는 데 기여했다.

참고문헌

1. Alamdari, A.R.S.A., Guyon, I.: Quick start guide for CLOP. Tech. rep., Graz University of Technology and Clopinet (May 2006)

2. Andrieu, C., Freitas, N.D., Doucet, A.: Sequential MCMC for Bayesian model selection. In: IEEE Signal Processing Workshop on Higher-Order Statistics. pp. 130–134 (1999)

3. Assunção, F., Lourenço, N., Machado, P., Ribeiro, B.: Denser: Deep evolutionary network structured representation. arXiv preprint arXiv:1801.01563 (2018)

4. Baker, B., Gupta, O., Naik, N., Raskar, R.: Designing neural network architectures using reinforcement learning. arXiv preprint arXiv:1611.02167 (2016)

5. Bardenet, R., Brendel, M., Kégl, B., Sebag, M.: Collaborative hyperparameter tuning. In: 30th International Conference on Machine Learning. vol. 28, pp. 199–207. JMLR Workshop and Conference Proceedings (May 2013)

6. Bengio, Y., Courville, A., Vincent, P.: Representation learning: A review and new perspectives. IEEE Transactions on Pattern Analysis and Machine Intelligence 35(8), 1798–1828 (2013)

7. Bennett, K.P., Kunapuli, G., Jing Hu, J.S.P.: Bilevel optimization and machine learning. In: Computational Intelligence: Research Frontiers, Lecture Notes in Computer Science, vol. 5050, pp. 25–47. Springer (2008)

8. Bergstra, J., Bengio, Y.: Random search for hyper-parameter optimization. Journal of Machine Learning Research 13(Feb), 281–305 (2012)

9. Bergstra, J., Yamins, D., Cox, D.D.: Making a science of model search:

Hyperparameter optimization in hundreds of dimensions for vision architectures. In: 30th International Conference on Machine Learning. vol. 28, pp. 115–123 (2013)

10. Bergstra, J.S., Bardenet, R., Bengio, Y., Kégl, B.: Algorithms for hyper-parameter optimization. In: Advances in Neural Information Processing Systems. pp. 2546–2554 (2011)

11. Blum, A.L., Langley, P.: Selection of relevant features and examples in machine learning. Artificial Intelligence 97(1–2), 273–324 (December 1997)

12. Boullé, M.: Compression-based averaging of selective naïve bayes classifiers. Journal of Machine Learning Research 8, 1659–1685 (2007), http://dl.acm.org/citation.cfm?id=1314554

13. Boullé, M.: A parameter-free classification method for large scale learning. Journal of Machine Learning Research 10, 1367–1385 (2009), https://doi.org/10.1145/1577069.1755829

14. Brazdil, P., Carrier, C.G., Soares, C., Vilalta, R.: Meta learning: Applications to data mining. Springer Science & Business Media (2008)

15. Breiman, L.: Random forests. Machine Learning 45(1), 5–32 (2001)

16. Caruana, R., Niculescu-Mizil, A., Crew, G., Ksikes, A.: Ensemble selection from libraries of models. In: 21st International Conference on Machine Learning. pp. 18–. ACM (2004)

17. Cawley, G.C., Talbot, N.L.C.: Preventing over-fitting during model selection via Bayesian lsevierure of the hyperparameters. Journal of Machine Learning Research 8, 841–861 (April 2007)

18. Colson, B., Marcotte, P., Savard, G.: An overview of bilevel programming. Annals of Operations Research 153, 235–256 (2007)

19. Dempe, S.: Foundations of bilevel programming. Kluwer Academic Publishers (2002)

20. Dietterich, T.G.: Approximate statistical test for comparing supervised classification learning algorithms. Neural Computation 10(7), 1895–1923 (1998)

21. Duda, R.O., Hart, P.E., Stork, D.G.: Pattern Classification. Wiley, 2nd edn. (2001)

22. Efron, B.: Estimating the error rate of a prediction rule: Improvement on cross-validation. Journal of the American Statistical Association 78(382), 316–331 (1983)

23. Eggensperger, K., Feurer, M., Hutter, F., Bergstra, J., Snoek, J., Hoos, H., Leyton-Brown, K.: Towards an empirical foundation for assessing lsevier optimization of hyperparameters. In: NIPS workshop on Bayesian Optimization in Theory and Practice (2013)

24. Escalante, H.J., Montes, M., Sucar, L.E.: Particle swarm model selection. Journal of Machine Learning Research 10, 405–440 (2009)

25. Feurer, M., Klein, A., Eggensperger, K., Springenberg, J., Blum, M., Hutter, F.: Efficient and robust automated machine learning. In: Proceedings of the Neural Information Processing Systems, pp. 2962–2970 (2015), https://github.com/automl/auto-sklearn

26. Feurer, M., Klein, A., Eggensperger, K., Springenberg, J., Blum, M., Hutter, F.: Methods for improving lsevier optimization for automl. In: Proceedings of the International Conference on Machine Learning 2015, Workshop on Automatic Machine Learning (2015)

27. Feurer, M., Springenberg, J., Hutter, F.: Initializing lsevier hyperparameter optimization via meta-learning. In: Proceedings of the AAAI Conference on Artificial Intelligence. pp. 1128– 1135 (2015)

28. Feurer, M., Eggensperger, K., Falkner, S., Lindauer, M., Hutter, F.: Practical automated machine learning for the automl challenge 2018. In: International Workshop on Automatic Machine Learning at ICML (2018), https://sites.google.com/site/automl2018icml/

29. Friedman, J.H.: Greedy function approximation: A gradient boosting machine. The Annals of Statistics 29(5), 1189–1232 (2001)

30. Ghahramani, Z.: Unsupervised learning. In: Advanced Lectures on Machine Learning. Lecture Notes in Computer Science, vol. 3176, pp. 72–112. Springer Berlin Heidelberg (2004)

31. Guyon, I.: Challenges in Machine Learning book series. Microtome (2011–2016), http://www.mtome.com/ublications/CiML/ciml.html

32. Guyon, I., Bennett, K., Cawley, G., Escalante, H.J., Escalera, S., Ho, T.K., Macià, N., Ray,B., Saeed, M., Statnikov, A., Viegas, E.: AutoML challenge 2015: Design and first results. In: Proc. of AutoML 2015@ICML (2015), https://drive.google.com/file/d/0BzGLkqgrqWkpzcGw4bFpBMUk/view

33. Guyon, I., Bennett, K., Cawley, G., Escalante, H.J., Escalera, S., Ho, T.K., Macià, N., Ray,B., Saeed, M., Statnikov, A., Viegas, E.: Design of the 2015 ChaLearn AutoML challenge. In: International Joint Conference on Neural Networks (2015), http://www.causality.inf.ethz.ch/AutoML/automl_ijcnn15.pdf

34. Guyon, I., Chaabane, I., Escalante, H.J., Escalera, S., Jajetic, D., Lloyd, J.R., Macía, N., Ray, B., Romaszko, L., Sebag, M., Statnikov, A., Treguer, S., Viegas, E.: A brief review of the ChaLearn AutoML challenge. In: Proc. of AutoML 2016@ICML (2016), https://docs.google.com/a/chalearn.org/viewer?a=v&pid=sites&srcid=Y2hhbGVhcm4ub3nfGF1dG9tbHxneDoyYThjZjhhNzjMz3MTg4

35. Guyon, I., Alamdari, A.R.S.A., Dror, G., Buhmann, J.: Performance prediction challenge. In: the International Joint Conference on Neural Networks. pp. 1649–1656 (2006)

36. Guyon, I., Bennett, K., Cawley, G., Escalante, H.J., Escalera, S., Ho, T.K., Ray, B., Saeed, M.,Statnikov, A., Viegas, E.: Automl challenge 2015: Design and first results (2015)

37. Guyon, I., Cawley, G., Dror, G.: Hands-On Pattern Recognition: Challenges in Machine Learning, Volume 1. Microtome Publishing, USA (2011)

38. Guyon, I., Gunn, S., Nikravesh, M., Zadeh, L. (eds.): Feature extraction, foundations and applications. Studies in Fuzziness and Soft Computing, Physica-Verlag, Springer (2006)

39. Hastie, T., Rosset, S., Tibshirani, R., Zhu, J.: The entire regularization path for the supportvector machine. Journal of Machine Learning Research 5, 1391–1415 (2004)

40. Hastie, T., Tibshirani, R., Friedman, J.: The elements of statistical learning: Data mining, inference, and prediction. Springer, 2nd edn. (2001)

41. Hutter, F., Hoos, H.H., Leyton-Brown, K.: Sequential model-based optimization for general algorithm configuration. In: Proceedings of the conference on Learning and Intelligent Optimization (LION 5) (2011)

42. Ioannidis, J.P.A.: Why most published research findings are false. PloS Medicine 2(8), e124 (August 2005)

43. Jordan, M.I.: On statistics, computation and scalability. Bernoulli 19(4), 1378–1390 (September 2013)

44. Keerthi, S.S., Sindhwani, V., Chapelle, O.: An efficient method for gradient-based adaptationof hyperparameters in SVM models. In: Advances in Neural Information Processing Systems (2007)

45. Klein, A., Falkner, S., Bartels, S., Hennig, P., Hutter, F.: Fast lsevier hyperparameter optimization on large datasets. In: Electronic Journal of Statistics. vol. 11 (2017)

46. Kohavi, R., John, G.H.: Wrappers for feature selection. Artificial Intelligence 97(1–2), 273–324 (December 1997)

47. Langford, J.: Clever methods of overfitting (2005), blog post at http://hunch. net/?p=22

48. Lloyd, J.: Freeze Thaw Ensemble Construction. https://github.com/jamesrobertlloyd/ automlphase-2 (2016)

49. Momma, M., Bennett, K.P.: A pattern search method for model selection of support vector regression. In: In Proceedings of the SIAM International

Conference on Data Mining. SIAM (2002)

50. Moore, G., Bergeron, C., Bennett, K.P.: Model selection for primal SVM. Machine Learning85(1–2), 175–208 (October 2011)

51. Moore, G.M., Bergeron, C., Bennett, K.P.: Nonsmooth bilevel programming for hyperparameter selection. In: IEEE International Conference on Data Mining Workshops. pp. 374–381 (2009)

52. Niculescu-Mizil, A., Perlich, C., Swirszcz, G., Sindhwani, V., Liu, Y., Melville, P., Wang,D., Xiao, J., Hu, J., Singh, M., et al.: Winning the kdd cup orange challenge with ensemble selection. In: Proceedings of the 2009 International Conference on KDD-Cup 2009-Volume 7. pp. 23–34. JMLR. org (2009)

53. Opper, M., Winther, O.: Gaussian processes and SVM: Mean field results and leave-one-out, pp. 43–65. MIT (10 2000), lsevierure Institute of Technology Press (MIT Press) Available on Google Books

54. Park, M.Y., Hastie, T.: L1-regularization path algorithm for generalized linear models. Journal of the Royal Statistical Society: Series B (Statistical Methodology) 69(4), 659–677 (2007)

55. Pedregosa, F., Varoquaux, G., Gramfort, A., Michel, V., Thirion, B., Grisel, O., Blondel, M., Prettenhofer, P., Weiss, R., Dubourg, V., Vanderplas, J., Passos, A., Cournapeau, D., Brucher, M., Perrot, M., Duchesnay, E.: Scikit-learn: Machine learning in Python. Journal of Machine Learning Research 12, 2825–2830 (2011)

56. Pham, H., Guan, M.Y., Zoph, B., Le, Q.V., Dean, J.: Efficient neural architecture search via parameter sharing. arXiv preprint arXiv:1802.03268 (2018)

57. Real, E., Moore, S., Selle, A., Saxena, S., Suematsu, Y.L., Le, Q., Kurakin, A.: Large-scale evolution of image classifiers. arXiv preprint arXiv:1703.01041 (2017)

58. Ricci, F., Rokach, L., Shapira, B., Kantor, P.B. (eds.): Recommender Systems Handbook. Springer (2011)

59. Schölkopf, B., Smola, A.J.: Learning with Kernels: Support Vector Machines, Regularization, Optimization, and Beyond. MIT Press (2001)

60. Snoek, J., Larochelle, H., Adams, R.P.: Practical Bayesian optimization of machine learning algorithms. In: Advances in Neural Information Processing Systems 25, pp. 2951–2959 (2012)

61. Statnikov, A., Wang, L., Aliferis, C.F.: A comprehensive comparison of random forests and support vector machines for microarray-based cancer classification. BMC Bioinformatics 9(1) (2008)

62. Sun, Q., Pfahringer, B., Mayo, M.: Full model selection in the space of data mining operators. In: Genetic and Evolutionary Computation Conference. pp. 1503–1504 (2012)

63. Swersky, K., Snoek, J., Adams, R.P.: Multi-task Bayesian optimization. In: Advances in Neural Information Processing Systems 26. pp. 2004–2012 (2013)

64. Swersky, K., Snoek, J., Adams, R.P.: Freeze-thaw lsevier optimization. arXiv preprintarXiv:1406.3896 (2014)

65. Thornton, C., Hutter, F., Hoos, H.H., Leyton-Brown, K.: Auto-weka: Automated selection and hyperparameter optimization of classification algorithms. CoRR abs/1208.3719 (2012)

66. Thornton, C., Hutter, F., Hoos, H.H., Leyton-Brown, K.: Auto-weka: Combined selection and hyperparameter optimization of classification algorithms. In: 19th ACM SIGKDD International Conference on Knowledge Discovery and Data Mining. pp. 847–855. ACM (2013)

67. Vanschoren, J., Van Rijn, J.N., Bischl, B., Torgo, L.: Openml: networked science in machine learning. ACM SIGKDD Explorations Newsletter 15(2), 49–60 (2014)

68. Vapnik, V., Chapelle, O.: Bounds on error expectation for support vector machines. Neural computation 12(9), 2013–2036 (2000)

69. Weston, J., Elisseeff, A., Baklr, G., Sinz, F.: Spider (2007), http://mloss.org/software/view/29/

70. Zoph, B., Le, Q.V.: Neural architecture search with reinforcement learning. arXiv preprintarXiv:1611.01578 (2016)

부록 I
AutoML 최신 동향[1]

이 책의 주 저자인 프랭크 허터 교수는 다음과 같은 도표를 제시하며 저술 시점 (2018년)까지의 AutoML 발전을 잘 정리하고 있다. 따라서 2021년 현 번역 시점까지의 갭이 존재하므로 부록으로 2020년까지의 AutoML의 경향을 서베이한 He, Zhao와 He(2020)의 논문을 요약, 보완 및 발췌해 독자들의 이해를 돕고자 한다. 추가로 He, Zhao와 He(2020)의 서베이 논문은 데이터 준비와 특성 공학에 대한 개요를 제공함으로써 모델 최적화와 평가의 자동화에 초점을 맞춘 이 책에 실무적으로 보완이 된다.

---

1   최신 동향에 관한 부록은 이 책의 저자인 Frank Hutter와 Joaquin Vanschoren의 강연을 참조했으며, He, zhao와 Chu(2020)의 다음 서베이 논문을 요약 발췌 및 보완했다. 관련 내용에 대한 세부 사항과 참고문헌을 위해서는 저자들의 발표 비디오와 원 논문을 참조하기 바란다.

"AutoML tutorial at NeurIPS" Frank Hutter와 Joaquin Vanschoren, 2018

"Directions in ML: "Neural architecture search: Coming of age", Frank Hutter, 2020

"AutoML: A Survey of the State-of-the-Art", Xin He, Kaiyong Zhao, Xiaowen Chu (Department of Computer Science, Hong Kong Baptist University)

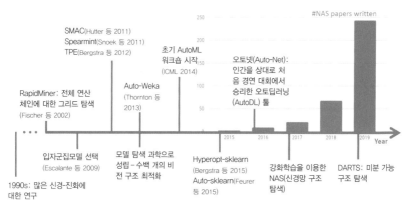

그림 1 AutoML의 발전(2018년 현재)

위 그림에서 막대의 길이는 NAS 논문 발표의 수를 나타낸다. 기하급수적으로 증가하고 있음을 알 수 있다. 자, 이제 우선 AutoML 파이프라인의 전체적인 구조를 살펴보고, 각 분야에서 어떤 발전이, 특히 2018년과 2020년 사이에 일어났는지 알아보자.

1장 AutoML 파이프라인 개요

전체적인 자동머신러닝 파이프 라인을 다음 그림에서와 같이 4개의 영역으로 표현할 수 있다.

- 데이터 준비: 데이터 수집, 데이터 정제(전처리), 데이터 증강
- 특성 공학: 특성 선택, 특성 추출, 특성 구축
- 모델 생성: 탐색 공간(전통 모델 및 신경망), **최적화 모델**(하이퍼파라미터 및 구조 최적화)
- 모델 평가: 저충실도, 조기 종료, 대리 모델, 자원 예산, 가중치 공유 및 성과 척도 선택

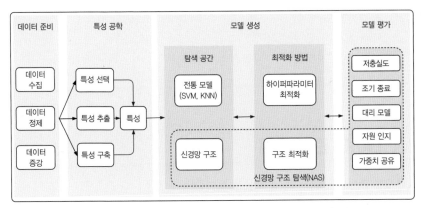

그림 2 AutoML 파이프라인: 데이터 준비, 특성 공학, 모델 생성 및 모델 추정/평가(출처: He, Zhao와 Chu(2020))

위의 그림에서 신경망 구조 탐색NAS, Neural Architecture Search를 점선으로 표시해 전통 머신러닝의 AutoML과 구분한 점을 주목하라. 이는 최신 딥러닝의 발전과 신경 망의 독특한 구조를 반영하는 것이다. NAS는 3개의 중요 요소가 있다.

- 구조의 탐색 공간
- 구조 최적화
- 모델 평가

이 중 특히 구조 최적화AO, Architecture Optimization는 순환신경망RNN이 강화학습으로 학습돼 최적의 구조를 자동적으로 발견한다. NAS가 찾은 신경망이 인간이 설계 한 신경망과 필적하는 성과를 보여줌으로써 이에 대한 연구가 활발하게 일어나 고 있다.

일반적으로 탐색 공간은

- 전체 구조entire structure
- 셀 기반 구조cell-based structure
- 계층적 구조hierarchical structure
- 네트워크 모피즘 기반network morphism based 구조로 분류하고 있다.

구조 최적화AO 방법은

- 강화학습RL
- 진화 기반 알고리듬EA

- 그래디언트 하강[GD]
- 대리 모델 기반 최적화[SMBO]
- 복합 구조 최적화[Hybrid] 방법을 포함한다.

2장 데이터 준비 단계

그림 2는 데이터 준비의 작업 흐름을 보여준다.

- 데이터 수집
- 데이터 정제
- 데이터 증강

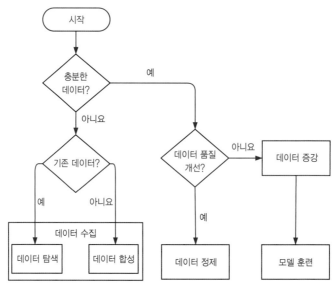

그림 3 데이터 준비의 작업 흐름도(출처: He, Zhao와 Chu, 2020)

2.1 데이터 수집

딥러닝 커뮤니티는 좋은 데이터셋이 딥러닝 연구에 있어 필수적이란 공감대를 형성하고 공개 데이터셋을 개발해왔다. MNIST를 시발점으로 CIFAR-10, CIFAR-100

및 ImageNet이 개발됐다. 다양한 데이터셋을 Kaggle(https://www.kaggle.com), 구글 데이터 서치GOODS(https://datasetsearch.research.google.com) 및 Elsevier Data Search(https://www.datasearch.elsevier.com)에서 단지 키워드를 입력함으로써 접근할 수 있다. 하지만 의료나 다른 개인적 데이터는 구하기 힘드므로 다음 2가지 유형의 방법 즉 (1) 데이터 검색 (2) 데이터 합성이 제안된다.

2.1.1 데이터 검색

웹 데이터를 검색하는 것은 당연히 합리적인 선택이지만 키워드 불일치, 부정확한 레이블링 및 레이블링 부재 그리고 클래스 불균형 등의 문제가 있는 것을 유의해야 한다.

2.1.2 데이터 합성

시뮬레이션을 통한 데이터 생성이 가장 일반적인 방법이지만, 최근 GAN을 활용해 합성 데이터를 생성하는 것이 각광받고 있다.

2.2 데이터 정제

데이터 정제에 대한 관심은 크라우드 소싱에서 자동화로 이동하고 있다. Katara[2]는 데이터 정제를 위한 전문 지식 부재를 해결하기 위한 지식 기반의 크라우드 소싱 기반 데이터 정제 시스템이다. 하지만 이런 시스템은 데이터 과학자가 어떤 데이터 정제 방법이 데이터셋에 적용되는가를 설계해야만 한다. BoostClean[3]은 정제를 부스팅boosting 문제로 취급해 이 프로세스를 자동화한다. 이는 부스팅 아이디어를 기반으로 하는데, 여기서 각각의 데이터 정제 연산은 하위 단계의 ML 모델 입력에 새로운 정제 연산을 더하고, 부스팅과 특성 선택의 결합을 통해 ML 모델의 성과를 개선하는 일련의 정제 연산을 생성한다. AlpahClean[4]은 데이터 정제를 하이퍼파라미터 최적화 문제로 변환해 더욱 자동화를 달성한다.

2 X. Chu, J. Morcos, I. F. Ilyas, M. Ouzzani, P. Papotti, N. Tang, Y. Ye, Katara: A data cleaning system powered by knowledge bases and crowdsourcing, in: Proceedings of the 2015 ACM SIGMOD International Conference on Management of Data, ACM, 2015, pp. 1247{1261.

3 S. Krishnan, M. J. Franklin, K. Goldberg, E. Wu, Boostclean: Automated error detection and repair for machine learning, arXiv preprint arXiv:1711.01299.

4 S. Krishnan, E. Wu, Alphaclean: Automatic generation of data cleaning pipelines, arXiv preprint arXiv:1904.11827.

2.3 데이터 증강

어떤 면에서 기존 데이터로부터 새로운 데이터를 생성한다는 점에서 데이터 증강DA, Data Augmentation은 데이터 수집으로도 간주할 수 있다. 그러나 DA의 초점이 규제화의 역할에 더 맞춰지면서 별도의 주제로 취급하는 것이 맞는 것 같다. 그림 4는 데이터 유형의 관점에서 DA 기법을 분류한 것인데, 최근의 관심을 반영해 자동 DA를 추가했다.

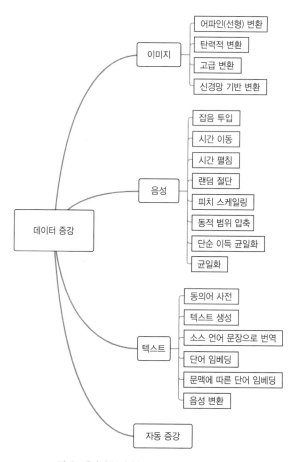

그림 4 데이터 증강 분류(출처: He, Zhao와 Chu, 2020)

이들은 여전히 사람의 손이 많이 가는 작업이며, 자동 증강$^{Auto Augment}$이 개발됐으나 그다지 효율적이지 않았다. 따라서 다양한 탐색 전략을 사용해 개선을 도모 중이다. 그래디언트 하강 기반, 베이지안 기반 최적화, 온라인 하이퍼파라미터 학습, 그리디 기반 탐색$^{greedy-based search}$과 랜덤 탐색 등을 포함한다. 최근에 탐색 프리 데이터 증강 방법인 균등 증강$^{Uniform Augment}$은 증강 공간이 점근적으로 분포 불변이라고 가정한다.

3장 특성 공학

특성 공학은 일반적으로 세 가지 주제를 가진다. (1) 특성 선택 (2) 특성 추출 (3) 특성 구축. 특성 추출과 구축은 새로운 특성 집합이 생성되는 특성 변환에 속한다. 이들을 구별하면 특성 추출은 특성의 차원을 축소하는 것이 목적이고 특성 구축은 원 특성 공간을 확대하며, 특성 선택은 관련 없는 특성을 제거하고 중요한 특성을 선택함으로써 특성의 중복성을 감소시킨다.

3.1 특성 선택

특성 선택은 다음 4개의 주요 단계를 거친다.

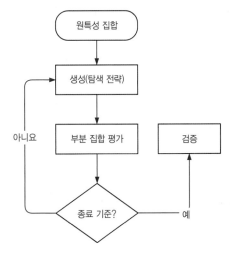

그림 5 특성 선택의 반복 절차(출처: He, Zhao와 Chu, 2020)

특성 선택의 탐색 전략은 3가지다.

- 완전 탐색
- 휴리스틱 탐색
- 랜덤 탐색

완전 탐색complete search은 완전 탐색exhaustive search과 불완전 탐색non-exhaustive search이 있는데 불완전 탐색은 또 다음 4가지로 나눠진다.

- 너비 우선 탐색Breadth-First Search
- 분기 한정 탐색Branch and Bound Search
- 빔 탐색Beam Search
- 최상 우선 탐색Best-First Search[5]

휴리스틱 탐색은 다음을 포함한다.

- 순차적 전방 탐색SFS, Sequential Forward Search
- 순차적 후방 탐색SBS, Sequential Backward Search
- 양방향 탐색BS, Bidirectional Search

SFS와 SBS에서는 각각 공집합에 특성이 더해지고 완전 집합에서 제거된다. 반면 BS는 SFS와 SBS를 모두 사용해 이 두 알고리듬이 동일한 부분집합에 도달할 때까지 탐색한다. 가장 일반적으로 사용되는 랜덤 탐색은 시뮬레이션 담금질SA과 유전 알고리듬GA이다.

부분집합의 평가 방법은 다음 3가지다.

1. 필터 방법filter method은 각각의 발산 또는 상관관계에 따라 각 특성의 점수를 매긴다.
2. 래퍼 방법wrapper method은 선택된 특성 부분집합으로 샘플 집합을 분류한다. 분류 정확도가 특성 부분집합의 품질을 측정하는 기준이다.
3. 임베딩 방법embedding method에서는 변수 선택이 학습 절차의 부분이다. 규제화, 의사 결정트리와 딥러닝은 모두 임베딩 방법이다.

---

5 모든 경로를 순서화해 깊이 우선 탐색(Depth-First Search)을 최적화한다. - 옮긴이

3.2 특성 구축

특성 구축feature construction은 모델의 강건성과 일반화 가능성을 향상시키기 위해 기본 특성 공간 또는 원시 데이터로부터 새로운 특성을 구축하는 것이다. 기본적으로 원 특성의 표현력을 증가시키기 위한 것으로 일반적으로 많이 사용되는 방법은 표준화, 정규화 및 특성 이산화다.

자동화 알고리듬은 연산 조합을 탐색하고 평가하는 프로세스를 자동화하며, 의사 결정 트리 기반 방법과 유전 알고리듬으로 대표되며, 가능한 연산을 선택하고 새로운 특성을 구축한 후 특성 선택 기법을 적용해 새로운 특성을 평가한다.

3.3 특성 추출

가장 일반적인 방법은 PCA, ICA, Isomap, 비선형 차원 축소와 선형판별분석LDA을 포함한다. 최근은 신경망의 오토인코더autoencoder가 인기를 끌고 있다.

4장 모델 생성

다음 그림은 NAS 파이프라인의 개요를 보여주는데 (1) 탐색 공간 (2) 구조 최적화 (3) 모델 평가 이 3개 분야로 나뉜다.

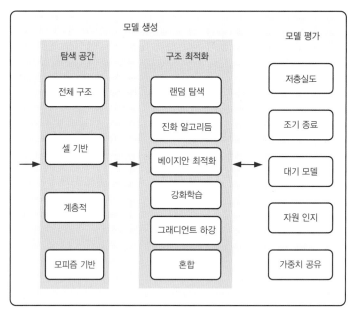

그림 6 NAS 파이프 라인 개요(출처: He, Zhao와 Chu, 2020)

위의 그림에 보인 다음 세 가지 개념을 중심으로 설명한다.

탐색 공간 탐색 공간은 신경망 구조의 설계 원리를 정의한다. 여러 시나리오는 여러 탐색 공간을 요구한다. 다음 4가지 탐색 공간을 일반적으로 사용한다. 전체 구조, 셀 기반, 계층적 그리고 모피즘morphism 기반 탐색 공간이다.

구조 최적화 방법 구조 최적화AO, Architecture Optimization 방법은 탐색을 최적화해 높은 성과를 내는 모델 구조를 효율적으로 찾도록 한다.

모델 평가 방법 모델이 생성되면 성과가 평가돼야 한다. 가장 간단한 방법은 모델을 훈련셋에서 잘 적합화하고 검증셋에서 평가하는 것이다. 이러한 방법들은 시간이 많이 들고, 자원 소모적이므로 충실도fidelity를 좀 희생하지만 프로세스를 가속화하는 더 발전된 방법이 필요하다. 따라서 평가의 효율성과 유효성을 어떻게 조절하는가 하는 것이 중요한 문제다.

우선 최적화의 대상으로 하는 구조의 탐색 공간에 대해서 알아보자.

4.1 구조의 탐색 공간

NAS의 탐색 공간은 트리 구조 또는 DAG^{Directed Acyclic Graph}(방향성 비순환 그래프)로
나타낼 수 있다. 그림 7에서 왼쪽의 그림은 트리 구조를 나타내며, 오른쪽 그림은
그래프 구조를 나타낸다.

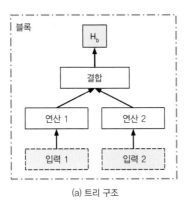

(a) 트리 구조

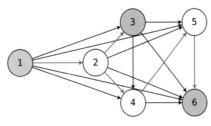

(b) 그래프는 전체 탐색 공간을 표현하는데, 빨간색은 탐색 공간의 모델을 정의한다. 모델은 컨트롤러에 의해 결정된다. 여기서 노드 1은 모델에 대한 입력이고 노드 3-6은 모델의 출력이다.

그림 7 탐색 공간의 표현: 트리 구조와 그래프 구조

예를 들어 위의 DAG는 순서를 나타내는 숫자로 표현된 노드^{node}와 이들 노드
를 연결하는 엣지^{edge}로 형성된다. 여기서 엣지는 연산을 표현하는데, 후보 연산
집합은 주로 합성곱, 풀링, 활성함수, 스킵 연결, 병합 및 더하기와 같은 기본 연
산을 포함한다. 모델의 성과를 향상시키기 위해 많은 NAS 모델은 깊이별 분리
가능 합성곱^{depth-wise separable convoultion}, 팽창된 합성곱^{dilated convolution}과 압축-재조
정^{SE, Squeeze-and-Exitation} 블록과 같은 조금 더 고급 모듈을 사용한다.

이들 연산을 어떻게 선택하고 결합하는가의 결정은 탐색 공간의 설계에 따라
다르게 된다. 즉 탐색 공간은 구조 최적화 알고리듬이 탐색하는 구조적 파라다임
을 정의한다. 일반적으로 좋은 탐색 공간은 인간의 편향을 제거하고 광범위한 모
델 구조를 수용할 수 있도록 유연해야 한다. 다음에서는 기존의 NAS 연구를 기
반으로 일반적으로 사용되는 탐색 공간을 살펴보자.

4.1.1 전체 구조 탐색

전체 구조 신경망의 공간은 가장 직관적이고 간단한 탐색 공간이다. 다음 그림 8은
전체 구조 공간의 2가지 단순한 예제를 제공한다. 여기서 미리 정의된 수의 노드
를 쌓고, 각 노드는 층을 표현하고 지정된 연산을 가진다. 가장 단순한 구조는 왼

쪽 그림이며, 오른쪽 모델은 순서를 가진 노드 간에 임의의 스킵 연결이 존재한다는 점에서 상대적으로 복잡하다. 실무에 있어서 이들 스킵 연결은 유효하다는 것이 입증됐음을 주목하라. 전체 구조는 구현하기는 쉽지만 단점도 많다. 예를 들어 모델이 깊어질수록 일반화 능력이 커지지만, 심층 네트워크를 탐색하는 것은 번거롭고 연산 비용이 크다. 더욱이 이렇게 복잡하게 생성된 구조는 전이성이 결여된다. 즉 소규모 데이터셋에서 생성된 모델은 대규모 데이터에 적합화되지 않을 수 있어 새로운 모델을 요할 수 있다. 이를 극복하기 위해 다음 절의 셀 기반 접근법이 등장한다.

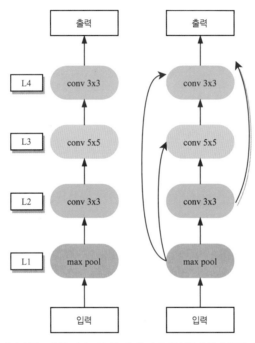

그림 8 전체 구조 신경망 구조의 두 가지 단순한 예. 각 층은 합성곱과 최대 풀링 연산과 같은 상이한 연산으로 지정된다. 엣지는 정보 흐름을 나타낸다. 오른쪽 예에서 사용된 스킵-연결 연산은 더 깊고 복잡한 신경망 구조를 탐색할 수 있도록 돕는다(출처: He, Zhao와 Chu, 2020).

4.1.2 셀 기반 구조 탐색

(1) 동기

탐색된 모델의 전이를 가능하게 하기 위해 제안된 것으로 신경망이 셀 구조가 고정된 수로 반복되는 것으로 구성된다. 이는 인간 설계의 성공한 모델이 고정 수의 모듈을 쌓는다는 관찰을 기반으로 한다. 예를 들어 기본 RestNet에 BottleNeck 모듈을 추가하는 ResNet101과 ResNet152를 들 수 있다. 이 반복되는 모듈은 모티프motif, 셀cell 또는 블록block으로 일컫는데, 여기서는 셀로 용어를 통일한다.

(2) 설계

그림 9는 2가지 유형의 셀 즉, 정규 셀normal cell과 축소 셀reduction cell로 구성된 최종적인 셀 기반 신경망을 보여준다. 정규 셀의 출력은 입력과 같은 공간 차원을 보유하고 정규 셀이 반복되는 수는 실제 수요에 의해 수작업으로 설정된다. 축소 셀은 정규 셀을 따르며, 정규 셀과 유사한 구조를 가지나, 축소 셀의 출력의 너비와 높이는 입력의 1/2이며, 채널 수는 입력 수의 2배를 가진다.

셀 기반의 구조는 더 큰 모델을 형성하기 위해 새로운 셀 구조를 찾을 필요 없이 단지 더 많은 셀을 추가하면 된다. 실험에 의해 셀 기반 모델의 전이성을 실험적으로 입증했으며, CIFAR-10 데이터셋에 대해 구축된 모델은 ImageNet에 수작업으로 설계한 SOTA 모델의 성과와 비등한 성과를 달성한다.

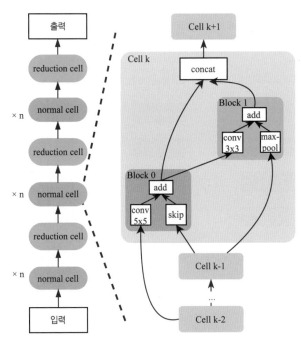

그림 9 (왼쪽) 각각 n개의 정규 셀과 1개의 축소 셀을 가진 모티프(motif) 3개로 구성된 셀 기반 모델의 예 (오른쪽) 각각 2개의 노드를 가진 2개의 블록을 포함하는 정규 셀의 예. 각 노드는 각각 상이한 연산과 입력으로 지정된다. 셀 안에 블록이 있음을 유의하라.

(3) 탐색과 평가 단계의 갭

셀 기반의 NAS 방법은 탐색과 평가의 2단계로 구성된다. 특히 가장 성과가 좋은 모델이 우선 선택되고, 평가 단계에서 모델이 처음부터 학습되거나 또는 사전학습된 모델로부터 미세 조정된다. 그러나 이 두 단계 간에 모델 깊이에는 큰 차이가 있다. 다음 그림 10에서의 왼쪽에서 보이는 바와 같이 DARTS[Differentiable ARchiTecture Search][6]의 경우 탐색 단계에서 생성된 모델은 GPU 메모리의 소비를 절감하기 위해 8개의 셀로 구성되지만, 평가 단계에서 셀은 20개로 확장된다.

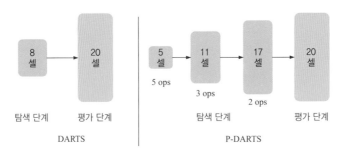

그림 10 DARTS와 P-DART의 차이. 양 방법은 모두 CIFAR-10 데이터셋에 대해 모델을 탐색과 평가를 한다. (왼쪽) DARTS에서는 셀 구조의 수가 8에서 20으로 증가한다. (오른쪽) P-DARTS에서는 셀 구조의 수가 5에서 11과 17로 증가함에 따라, 후보 연산의 수는 이에 따라 점진적으로 감소한다.

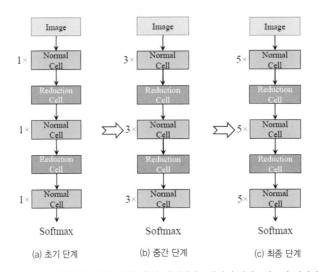

그림 11 P-DARTS의 전체적인 파이프라인. 초기 단계에서 5개의 슈퍼네트워크의 깊이가 중간 단계에서 11개 최종 단계에서 17개로 증가하는 것을 알 수 있다.

---

6 H. Liu, K. Simonyan, Y. Yang, Darts: Differentiable architecture search, arXiv preprint arXiv:1806.09055. DARTS 자체에 대한 설명은 4.2.3절 '그래디언트 하강'을 참조하라.

탐색 공간에서 얇은 신경망으로 최적의 셀 구조를 찾았지만, 이 구조가 평가 단계의 더 깊은 모델에 대해서 적합하지 않을 수 있다. 즉 단지 단순하게 셀을 추가하는 것이 모델의 성과를 해칠 수 있다. 이러한 갭을 메꾸기 위해 Chen 등 (2019)이 점진적 DARTS[P-DARTS, Progressive DARTS][7]를 제안했으며, 이는 탐색 공간을 여러 단계로 나눠 점진적으로 탐색되는 신경망의 깊이를 증가해 마지막 단계에 도달한다. 그러나 탐색 공간에서의 셀 수의 증가는 또 다른 계산 부담으로 작용할 수 있다. 따라서 P-DARTS는 연산 부담을 줄이기 위해 셀의 수가 증가함에 따라 셀 내의 후보 연산을 줄이는 탐색 공간 근사법을 사용한다. 즉 5셀에서는 5개의 후보 연산을 갖지만, 11셀에서는 3개의 후보 연산, 그리고 17셀에서는 2개로 후보 연산의 수를 줄인다(그림 10 참조). 전체적인 구조는 그림 11을 참조하라. 실험에 의하면 P-DARTS는 CIFAR-10 데이터셋에 대해 2.50%의 오차율을 보임으로써 DARTS의 2.83%를 능가한다.

4.1.3 계층적 구조 탐색

셀 기반 구조는 탐색된 모델의 전이성은 확보했지만, 대부분의 셀 방법은 2개 수준의 계층을 가지는데, 이는 연산과 셀 노드 간의 연결을 선택하는 셀 수준의 내부 계층과 전체 구조인 네트워크 수준의 외부 계층이다. 외부 계층의 역할은 이미지의 경우 해상도를 조절한다(예: 다운샘플링, 업샘플링). 그림 11에서 보는 바와 같이 고정 수의 정규 셀을 쌓을 때는 언제나 축소 셀을 추가함으로써 특성 맵의 공간 차원을 반으로 줄인다.

Liu 등(2019)[8]은 셀의 적층과 전체적 네트워크 구조의 장점을 동시에 살리기 위해 다음과 같은 네트워크 구조를 제시한다. 이와 같이 네트워크 내의 각 층의 상이한 수의 채널과 특성 맵 크기를 완전히 탐험할 수 있다.

---

7 X. Chen, L. Xie, J. Wu, Q. Tian, Progressive differentiable architecture search: Bridging the depth gap between search and evaluation, in: Proceedings of the IEEE International Conference on Computer Vision, 2019, pp. 1294{1303.

8 C. Liu, L.–C. Chen, F. Schro_, H. Adam, W. Hua, A. L. Yuille, L. Fei–Fei, Auto–deeplab: Hierarchical neural architecture search for semantic image segmentation (2019) 82{92.

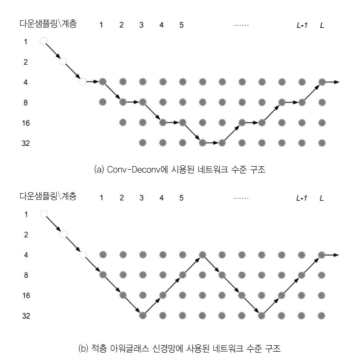

(a) Conv-Deconv에 사용된 네트워크 수준 구조

(b) 적층 아워글래스 신경망에 사용된 네트워크 수준 구조

그림 12 특성 맵의 크기와 계층 수의 관계를 나타내는 네트워크 구조(출처: Liu 등, 2019)

이 경우 여전히 블록의 수는 정해야 하므로, Liu 등(2017)[9]은 높은 수준(레벨)의 셀이 낮은 수준(레벨)의 셀을 반복적으로 병합함으로써 구조가 자동적으로 생성되는 계층적 NAS[HierNAS]를 제안했다(그림 13참조).

---

9 H. Liu, K. Simonyan, O. Vinyals, C. Fernando, K. Kavukcuoglu, Hierarchical representations for efficient architecture search, 2017.

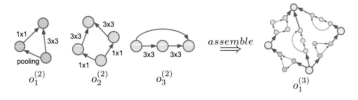

(a) 레벨 1의 기본 연산이 레벨 2의 셀로 조립된다.

(b) 레벨 2 셀들이 기본 연산으로 간주되고, 레벨 3의 셀로 조립된다.

그림 13 3개 수준 계층 구조 표현. 그림은 Lie 등(2017)에서 인용함

HierNAS와 PNAS 모두에 있어 일단 셀 구조가 정해지면 네트워크의 모든 층에서 이를 사용해야 하므로 계층의 다양성이 제약된다. 이 문제를 완화하기 위해 Tan 등(2019)[10]은 팩터화된 계층적 탐색 공간factorized hierarchical search space을 사용해, 최종 네트워크의 상이한 층에 대해서 상이한 셀 구조 소위 MBConvmobile inverted bottleneck conv라는 셀 구조를 생성하는 MnasNetMobile Neural Network Search을 제안했다. 즉 다음 그림에서처럼 동일한 셀 내의 블록은 동일한 구조를 공유하지만, 다른 셀의 블록은 다른 구조를 갖는다.

10 M. Tan, B. Chen, R. Pang, V. Vasudevan, M. Sandler, A. Howard, Q. V. Le, Mnasnet: Platform-aware neural architecture search for mobile, in: Proceedings of the IEEE Conference on Computer Vision and Pattern Recognition, 2019, pp. 2820{2828.

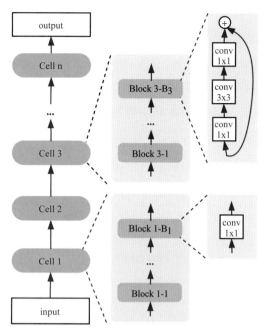

그림 14 MnasNet(2019)의 팩터화된 계층적 탐색 공간. 최종 네트워크는 상이한 셀로 구성된다. 셀은 가변적인 수로 반복되는 블록으로 구성된다. 여기서 동일한 셀 내의 블록은 동일한 구조를 공유하지만, 다른 셀의 블록은 다른 구조를 갖는다.

4.1.4 네트워크 모피즘 기반 구조 탐색

Chen 등(2016)[11]은 신경망 간의 항등 모피즘IdMorph, identity Morphism 변환을 삽입함 으로써 기존 네트워크를 기반으로 새로운 신경망을 설계하는 기법인 Net2Net 기법을 제안했다. IdMorph 변환은 함수를 보존하며 깊이와 너비의 IdMorph의 2가지 유형을 가진다. 이는 원 모델을 더 깊은 또는 더 넓은 동일한 모델로 변환 하는 것을 가능하게 한다(그림 15 참조).

---

11 T. Chen, I. Goodfellow, J. Shlens, Net2net: Accelerating learning via knowledge transfer, arXiv preprint arXiv:1511.05641.

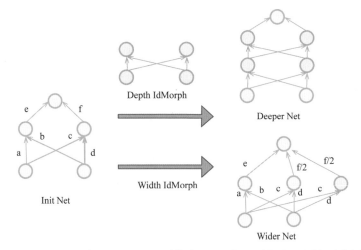

그림 15 Net2DeeperNet가 Net2WiderNet 변환. "IdMorph"는 모피즘 항등 연산을 가리킨다(출처: Chen 등, 2016)

4.2 구조 최적화 방법

탐색 공간을 정의한 후 최고의 성과를 내는 구조를 찾으며, 이 과정을 구조 최적화[AO, Architecture Optimization]라고 한다.

4.2.1 진화 알고리듬

진화 알고리듬[EA, Evolutionary Algorithm]은 생물학적 진화로부터 영감을 얻은 일반적 모집단 기반의 메타 경험적 최적화를 기반으로 한다. 모든 경우를 탐색하는 전통적 방법과 달리 진화 알고리듬은 매우 효율적이며 강건하고 그 적용 범위도 넓다.

(1) 인코딩 방법

직접과 간접 인코딩 두 가지 방법이 있다. 직접 인코딩은 표현형[phenotype][12]을 명시적으로 설정한다. 예를 들어 진화 CNN[Genetic CNN]은 네트워크 구조를 고정 길이의 이진 문자열로 만든다. 1은 두 노드가 연결된 것을 의미한다. 이진 인코딩이 쉽게 실행할 수 있지만, 계산 공간이 노드의 제곱이고 노드의 수를 미리 정해야 한다.

---

12 같은 유전자형(genotype)을 가진 낱낱의 생물체는 상이한 환경 조건에 따라서 서로 다른 표현형(phenotype)을 가질 수 있다는 아이디어를 상기하라. – 옮긴이

가변 길이의 네트워크를 표현하기 위해 DAG 인코딩은 좋은 대안으로 부가됐다.

간접 인코딩은 네트워크를 구축하는 생성 규칙을 설정해 더 간결한 표현을 허용한다. 셀 인코딩CE, Cellular Encoding은 네트워크 구조를 간접적으로 인코딩하는 시스템의 예다. CE는 간단한 그래프 문법을 기반으로 신경망 군을 레이블링된 트리 집합으로 인코딩한다. 이에 대한 자세한 내용은 F. Gruau(1993)의 "Cellular encoding as a graph grammar"를 참조하라.

(2) 4단계

전형적인 진화 알고리듬은 다음 네 단계를 밟는다. 선택, 교차, 돌연변이와 업데이트다(그림 13 참조).

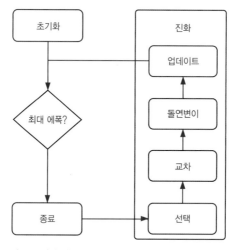

그림 16 진화 알고리듬 개요(출처: He, Zhao와 Chu, 2020)

선택 다음 단계의 교차를 위해 모든 생성된 네트워크로부터 일부 네트워크를 선택한다. 성과가 좋은 신경망은 유지하고 성과가 나쁜 신경망은 제거한다. 선택에는 3가지 전략이 있다. 첫째는 적합도 기반 선택fitness selection으로 적합도 값fitness value $P(h_i) = \frac{적합도(h_i)}{\sum_{j=1}^{N} 적합도(h_i)}$에 비례해 네트워크가 선택된다. 여기서 h_i는 i번째 네트워크를 가리킨다. 두 번째는 순위 선택rank selection으로 적합도 기반 선택과 유사하다. 절대적인 적합도 값보다는 상대적인 적합도 값에 비례하는 확률을 사용한다. 세 번째는 토너먼트 선택으로 각 반복 시행에서 k(토너먼트 크기)개의 네트워크가 랜덤하게 선택되고 성과에 따라 정렬된다. 그리고 최적의 네트워크가 확률 p로 선택된다. 차선의 네트워크는 $p_x(1-p)$의 확률로 선택되는 식으로 진행한다.

교차 선택 단계 이후 모든 2개의 네트워크를 선택해 새로운 자손 네트워크를 생성한다. 이진 인코딩에서는 네트워크는 비트의 선형 문자열로 인코딩되고, 각 비트는 유닛을 나타내며, 2개의 부모 네트워크는 한 포인트 또는 여러 포인트의 교차에서 결합된다. 셀 인코딩의 경우는 랜덤하게 선택된 하위 트리가 한 부모 트리로부터 절단돼 다른 부모 트리로부터 절단된 하위 트리를 대체한다.

돌연변이 부모의 유전 정보가 다음 세대에 상속될 때, 유전자 돌연변이가 일어난다. 포인트 돌연변이point mutation(2018)[13]가 가장 많이 사용되는 연산이며 랜덤하게 독립적으로 각 비트를 뒤집는다. 2가지 유형의 돌연변이가 있는데, 하나는 2개 층의 연결 여부이고, 다른 하나는 스킵 연결skip connection 여부다. 돌연변이는 더 새로운 구조를 탐색하게 하고 다양성을 보장한다.

업데이트 위의 스텝을 통해 많은 새로운 네트워크가 생성되지만, 계산 자원의 제약으로 일부는 제거돼야 한다. 2개의 랜덤하게 선택된 네트워크 중 성과가 나쁜 것은 모집단으로부터 즉시 제거된다. 오래된 모델이 제거되기도 하는데, $EENA$Efficient Evolution of Neural Architecture(2019)[14]는 변수 λ를 통해 모집단 수를 규제한다. 즉, 가장 성과가 나쁜 모델을 λ 확률로 제거하고 가장 오래된 것들은 $1-\lambda$ 확률로 제거한다.

4.2.2 강화학습

아래 그림은 강화학습RL, Reinforcement Learning 기반의 NAS 알고리듬을 보여준다. 에이전트는 보통 RNN인데, 각 스텝에서 탐색 공간으로부터 새로운 구조를 샘플링하는 행동 A_t를 취하고, 환경으로부터 상태 S_t의 관측치와 보상 값 R_t를 받고 샘플링 전략을 업데이트한다. 환경은 표준 신경망 훈련 절차를 사용해 에이전트에 의해 생성되는 네트워크를 훈련하고 평가한다. 이후 많은 추종자들이 정책 그래디언트PG, Policy Gradient, PPOProximal Policy Optimization 및 $MetaQNN$[15]과 같은 상이한 에이전트 정책과 신경망 인코딩을 제시했다.

13 M. Suganuma, S. Shirakawa, T. Nagao, A genetic programming approach to designing convolutional neural network architectures, in: J. Lang (Ed.), Proceedings of the Twenty-Seventh International Joint Conference on Artificial Intelligence, IJCAI 2018, July 13-19, 2018, Stockholm, Sweden, ijcai.org, 2018, pp. 5369–5373. doi:10.24963/ijcai.2018/755

14 H. Zhu, Z. An, C. Yang, K. Xu, E. Zhao, Y. Xu, Eena: Efficient evolution of neural architecture (2019), arXiv:1905.07320.

15 B. Baker, O. Gupta, N. Naik, R. Raskar, Designing neural network architectures using reinforcement learning, arXiv preprint arXiv:1611.02167

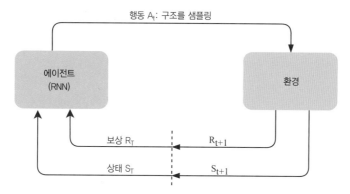

행동 A_t: 구조를 샘플링

에이전트
(RNN)

환경

보상 R_T R_{t+1}

상태 S_T S_{t+1}

그림 17 강화학습을 사용하는 NAS 개요(출처: Zoph와 Le, 2017)

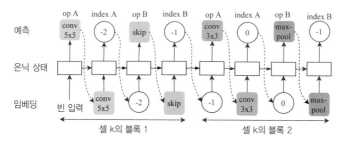

그림 18 셀 구조를 생성하는 에이전트의 예. 셀의 각 블록은 상이한 연산과 입력으로 특화된 2개의 노드로 구성된다. 인덱스 −2와 −1은 입력이 각각 전전과 이전의 셀로부터 나옴을 나타낸다(출처: Zoph와 Le, 2017)

ENAS의 CNN의 설계 예

ENAS는 강화학습을 사용한 NAS(2017)나 NASNet(2018)와 동일하게 RNN 컨트롤러를 사용하나, 트리 구조 대신 DAG를 사용하면서 가중치 공유 개념을 도입해 속도를 훨씬 향상시킨다. 다음에 설명할 DARTS의 전조를 제공하고 있다고 생각할 수 있다. DARTS는 구조에 소프트맥스를 도입해 미분 가능하도록 만들어 훨씬 효율적으로 그래디언트 하강을 사용한다.

ENAS의 CNN의 설계를 예로 들어보자.

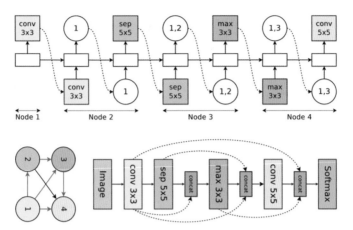

그림 19 4개의 계산 노드를 가진 탐색 공간에서의 합성곱셀 실행 예제. (상단) RNN 컨트롤러의 출력 (하단 좌측) 네트워크 구조에 상응하는 계산 DAG. 빨간 화살표는 활성화된 계산 경로를 가리킨다. (하단 우측) 완성된 네트워크. 점선 화살표는 스킵 연결을 나타낸다.

컨트롤러는 CNN$^{Convolutional\ Neural\ Network}$ 구조를 만들기 위해 컨트롤러는 탐색 공간에서 (1) 어떤 노드를 연결할 것인지 그리고 (2) 어떤 연산을 사용할 것인지 정한다. 위 그림은 CNN 구조가 생성되는 과정을 보여주고 있다. 컨트롤러에서는 다음과 같이 총 6가지의 연산이 나온다.

- 3×3 또는 5×5 합성곱 필터
- 3×3 또는 5×5 깊이별-분리 가능 합성곱 필터$^{depthwise-separable\ conv\ filters}$
- 평균 또는 최대 풀링(커널 크기는 3×3)

L층을 가진 CNN 구조를 구축한다고 할 때, 네트워크는 총 $6L \times 2L(L - 1)/2$ 개 생성된다. 원논문의 실험에서 L값을 12로 설정해서 1.6×10^{29}개의 네트워크 후보군을 가졌다.

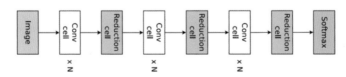

그림 20 합성곱 셀의 설계. 각각의 블록이 N개의 합성곱 셀과 1개의 축소 셀을 가지는 3개의 블록을 연결해서 최종 네트워크를 완성한다.

전체적으로 네트워크를 구성하기보다는 작은 여러 개의 모듈로 나눠서 합칠 수 있다. 앞서 나온 그림 20은 이러한 방식을 사용할 경우 합성곱 셀을 어떻게 구성하는지 보여주고 있다.

4.2.3 그래디언트 하강

위의 탐색 전략들은 신경망 구조를 이산 탐색 공간에서 샘플링한다. DARTS는 연속 미분 가능한 탐색 공간에 대한 신경망 탐색을 제안한다. 다음과 같은 소프트 맥스 함수를 사용해 이산 공간을 연속 공간으로 만든다.

$$\overline{o}_{i,j}(x) = \sum_{k=0}^{K} \frac{\exp\left(\alpha_{i,j}^{k}\right)}{\sum_{l=0}^{K} \exp\left(\alpha_{i,j}^{l}\right)} o^{k}(x)$$

여기서 $o(x)$는 입력 x에 대해 수행하는 연산을 가리키며, a는 노드 쌍 (i, j) 간의 연산 o^k에 대한 가중치를 나타낸다. K는 미리 정의된 후보 연사의 수다. 이렇게 정의하면, 구조 탐색은 신경망 구조 a와 이 신경망 구조의 가중치 θ의 결합 최적화의 문제로 변환된다. 이러한 두 유형의 파라미터는 이중 수준bilevel 최적화 방법으로 최적화될 수 있다. a와 θ는 각각 검증셋과 훈련셋에서 최적화된다. 훈련과 검증 손실은 각각 $\mathcal{L}_{train}$과 $\mathcal{L}_{val}$로 표시된다. 총 손실함수는 다음과 같이 도출될 수 있다.

$$\begin{aligned} \min_{\alpha} \quad & \mathcal{L}_{val}\left(\theta^*, \alpha\right) \\ \text{s.t.} \quad & \theta^* = \operatorname{argmin}_{\theta} \mathcal{L}_{train}(\theta, \alpha) \end{aligned}$$

다음 그림은 DARTS(Liu 등, 2019)의 개요를 보여준다. 셀은 N개의 순서 노드로 구성되고(여기서 $N = 4$), 노드 z^k(k는 0부터 시작)는 노드 z_i, $i \in \{k+1,...,N\}$와 연결된다. 각 엣지 $e_{i,j}$에서의 연산은 최초에는 후보 연산의 혼합이며 동일한 가중치를 가진다. 따라서 신경망 구조 a는 모든 자식 신경망을 포함하는 슈퍼넷이다. 탐색이 종결될 때, 최종 구조가 모든 혼합 연산에 대해 최대 가중치 연산을 보유하는 것으로 도출된다. 학습을 마친 뒤 DARTS 알고리듬은 각각의 node에서 가중치가 가장 큰 입력값 2개씩을 남기고 나머지를 전부 제거한다.

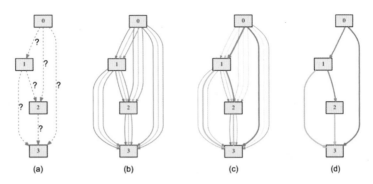

그림 21 DARTS 개요. (a) 데이터는 단지 저수준 노드에서 고수준 노드로 흐르며, 엣지의 연산은 초기에 알려져 있지 않다. (b) 각 엣지의 초기 연산은 후보 연산의 혼합이며 각각은 동일한 가중치를 가진다. (c) 각 연산의 가중치는 학습 가능하며 0과 1의 범위에 있다. 이산적 샘플링 방법에서의 가중치는 0와 1밖에 취할 수 없었다. (d) 최종 신경망 구조는 각 엣지의 최대 가중치값 연산을 보존함으로 구축된다.

문제점은 α와 θ가 고차원이므로 문제를 직접 풀기 어렵다. 따라서 문제를 직접 푸는 대신, 다음과 같은 단일 수준의 최적화$^{single\ level\ optimization}$가 제안될 수 있다.

$$\min_{\theta,\alpha} \mathcal{L}_{train}(\theta,\alpha)$$

탐색된 구조 α는 보통 훈련셋에서 과적합되므로, 다음과 같은 혼합 수준 최적화가 제안되기도 한다.

$$\min_{\alpha,\theta} [\mathcal{L}_{train}(\theta^*,\alpha) + \lambda\mathcal{L}_{val}(\theta^*,\alpha)]$$

여기서 $\lambda = 0$이면 단일 수준 최적화가 됨을 주목하라. 만약 λ가 무한대이면, 이중 수준 최적화가 된다. 실험 결과는 혼합 수준 최적화가 단일 수준의 과적합 문제를 해결할 뿐 아니라, 이중 수준 최적화의 그래디언트 오차 문제도 피하는 것을 밝혔다.

DARTS에서 서로 경쟁하는 여러 연산을 함께 최적화하는 것이 어려울 수 있다. 예를 들어 스킵 연결이 DARTS의 후반 탐색 단계에서 많이 나타나면, 네트워크가 얕아지고 성과가 나빠질 수 있다. 이러한 문제를 파하기 위해 DARTS+는 2개 이상의 스킵 연결이 정규 셀에서 나타나면 조기 종료 기준을 도입하며, P-DARTS는 연산 수준에서 드롭아웃을 실행해 훈련과 평가 동안 나타나는 스킵 연결의 비율을 조절한다.

4.2.4 대리 모델 기반 최적화

다른 종류의 최적화로 대리 모델 기반 최적화^{SMBO, Surrogate Model-Based Optimization}이

있다. 핵심은 과거의 평가 결과 기록을 반복적으로 유지하고 대리 모델을 사용해
가장 전망이 좋은 구조를 예측하는 것이다. 이런 식으로 탐색 시간을 줄이고 효율
성을 향상시킬 수 있다.

SMBO는 대리 모델과는 다르며, 베이지안 최적화(가우시안 프로세스[16], 랜덤 포
레스트[17], 트리구조 파젠 추정기^{TPE, Tree structured Parzen Estimator}[18]를 포함)와 신경망[19]으로
대별된다.

베이지안 최적화^{BO}[20,21]는 하이퍼파라미터 최적화에 있어 가장 유명한 방법이
며, 예를 들어 생성된 신경망의 검증이 가우시안 프로세스로 모델링돼 최적 신
경망을 탐색하도록 지도한다. BO 대신 신경망을 대리 모델로 사용할 수 있다.
LSTM이 대리 모델로 도출돼 가변 크기의 구조를 점진적으로 예측한다.

4.2.5 그리드와 랜덤 탐색

그리드 탐색과 랜덤 탐색은 간단한 최적화 방법이며 여러 NAS 연구[22,23,24,25]에 사
용됐다.

16 C. E. Rasmussen, Gaussian processes in machine learning, Lecture Notes in Computer Science (2003) 63{71.

17 F. Hutter, H. H. Hoos, K. Leyton-Brown, Sequential model-based optimization for general algorithm configuration, in: International conference on learning and intelligent optimization, 2011, pp. 507{523.

18 J. S. Bergstra, R. Bardenet, Y. Bengio, B. Kegl, Algorithms for hyper-parameter optimization, in: Advances in neural information processing systems, 2011, pp. 2546{2554.

19 C. Liu, B. Zoph, M. Neumann, J. Shlens, W. Hua, L.-J. Li, L. Fei-Fei, A. Yuille, J. Huang, K. Murphy, Progressive neural architecture search (2018) 19{34.

20 M. M. Ian Dewancker, S. Clark, Bayesian optimization primer. URL https://app.sigopt.com/static/pdf/ SigOpt_Bayesian_Optimization_Primer.pdf

21 B. Shahriari, K. Swersky, Z. Wang, R. P. Adams, N. De Freitas, Taking the human out of the loop: A review of bayesian optimization, Proceedings of the IEEE 104 (1) (2016) 148{175.

22 A. shar, Jain, G. D. Hager, sharpdarts: Faster and more accurate differentiable architecture search, Tech. rep.

23 Y. Geifman, R. El-Yaniv, Deep active learning with a neural architecture search, in: Advances in Neural Information Processing Systems, 2019, pp. 5974{5984.

24 L. Li, A. Talwalkar, Random search and reproducibility for neural architecture search, arXiv preprint arXiv:1902.07638.

25 H. Liu, K. Simonyan, Y. Yang, Darts: Differentiable architecture search, arXiv preprint arXiv:1806.09055.

4.2.6 혼합 최적화 방법

여러 알고리듬은 각각의 장점과 단점을 가지므로 혼합해 사용한다. 예를 들어 EA+RL, EA+GD, EA+SMBO, GD+SMBO와 같은 조합이 제시되고 있다.[26]

4.3 하이퍼파라미터 최적화

4.3.1 그리드와 랜덤 탐색

다음 그림은 그리드 탐색[GS]와 랜덤 탐색[RS]의 차이를 보여준다. GS는 탐색 공간을 일정한 간격으로 분할하고 각 포인트를 평가한 후 최고 성과 포인트를 선택한다. RS는 랜덤하게 추출한 포인트 집합으로부터 최적 포인트를 선택한다.

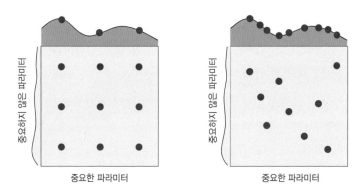

그림 22 2차원 공간 함수 $f(x, y) = g(x) + h(y) \approx g(x)$를 최적화하는 9개 시행을 하는 그리드 탐색과 랜덤 탐색의 예. $g(x)$의 파라미터(청색)는 상대적으로 중요하나, $h(y)$의 파라미터(노란색)는 중요하지 않다. 그리드 탐색에서 9개의 시행은 단지 3개의 상이한 중요한 파라미터 값을 커버하지만, 랜덤 탐색은 g의 개의 상이한 값을 탐색한다. 따라서 랜덤 탐색이 그리드 탐색보다 최적 파라미터 조합을 찾을 가능성이 더 크다.

4.3.2 베이지안 최적화

베이지안 최적화[BO, Bayesian Optimization]은 비싼 블랙박스 함수의 전역적 최적화를 위한 효율적 방법이다. BO는 하이퍼파라미터를 검증셋에서 평가되는 목적 척도에 매핑하는 확률 모델을 구축하는 대리 모델 기반의 최적화다. 이는 가능한 한 많은 파라미터를 평가하고자 하는 탐험[exploration]과 전망이 좋은 하이퍼파라미터에 큰 가중치를 배분하는 활용[exploitation]의 균형을 잡는다.

---

26 여기서 EA는 진화 알고리듬, RL은 강화학습, GD는 그래디언트 하강을 나타낸다.

INPUT: f, Θ, S, $\mathcal{M}$

$\mathcal{D} \leftarrow$ INITSAMPLES (f, Θ)

for i in $[1, 2, ..., T]$ **do**

$\quad p(y|\theta, \mathcal{D}) \leftarrow$ FITMODEL $(\mathcal{M}, \mathcal{D})$

$\quad \theta_i \leftarrow \arg \max_{\theta \in \Theta} S(\theta, p(y|\theta, \mathcal{D}))$

$\quad y_i \leftarrow f(\theta_i)$ 비용이 큰 스텝

$\quad \mathcal{D} \leftarrow \mathcal{D} \cup (\theta_i, y_i)$

end for

알고리듬 1에서 표현된 SMBO의 스텝은 초기에 평가함수 f, 탐색 공간 θ, 획득 함수 S, 확률 모델 $\mathcal{M}$과 기록 데이터셋 $\mathcal{D}$와 같은 여러 입력이 미리 정의돼야 한다. 특히 $\mathcal{D}$는 많은 샘플 쌍 (θ_i, y_i)를 기록하는 데이터셋인데, 여기서 θ_i는 샘플링된 신경망 구조이고, y_i는 샘플링된 신경망 구조의 평가 결과이다. 초기화 이후 SMBO의 스텝은 다음과 같다.

1. 첫째 스텝은 확률 모델 $\mathcal{M}$을 기록 데이터셋 $\mathcal{D}$에 적합화한다.

2. 획득함수 S가 사용돼 다음 전망 있는 신경망을 확률모델 $\mathcal{M}$으로부터 구한다.

3. 이후, 선택된 신경망 구조의 성과는 f에 의해 평가되는데, 이는 훈련셋에서의 신경망 훈련과 검증셋에서의 평가를 포함한다.

4. 기록 데이터셋 $\mathcal{D}$는 새로운 결과 쌍 (θ_i, y_i)을 추가해 업데이트한다.

위의 4 스텝은 T번 반복되는데, 일반적으로 대리 모델로 GP, RF와 TPE를 사용한다. 표 2는 오픈 소스 BO 방법을 요약한다.

표 1 오픈 소스 베이지안 최적화 라이브러리. GP, RF와 TPE는 가우시안 프로세스(Gaussian Process), 랜덤 포레스트(Random Forest), 트리 구조 파르젠 추정기(Tree-structured Parzen Estimator)를 각각 표기한다.

라이브러리	모델
Spearmint https://github.com/HIPS/Spearmint	GP
MOE https://github.com/Yelp/MOE	GP
PyBO https://github.com/mwhoman/pybo	GP
Bayesopt https://github.com/rmcantin/bayesopt	GP

라이브러리	모델
SkGP https://scikit-optimize.github.io	GP
GPyOpt http://sheeldml.github.io/GPyOpt	GP
SMAC https://github.com/automl/SMAC3	RF
Hyperopt http://hyperopt.github.io/hyperopt	TPE
BOHB https://github.com/automl/HpBandSter	TPE

GP가 가장 인기 있는 방법이긴 하지만, 큰 공간 및 데이터를 다룰 때는 RF를 사용하기도 한다. 이외에 Falkner와 Klein 등(2018)[27]은 BO 기반의 Hyperband^BOHB 알고리듬을 제안하며 이는 TPE 기반의 BO와 Hyperband의 장점을 결합해 표준 BO보다 훨씬 우월한 성과를 보여준다.

4.3.3 그래디언트 기반 최적화

HPO의 또 하나의 그룹은 그래디언트 기반 최적화^GO이다. 블랙박스 HPO법과는 달리, GO 방법은 그래디언트 정보를 사용해 하이퍼파라미터를 최적화해 HPO의 효율성을 개선했다. Maclaurin 등(2015)[28]은 메모리 테이프 방식을 이용해 수천 개의 하이퍼파라미터를 그래디언트 정보를 통해 효율적으로 취급했으며, 이때의 연산 부담을 줄이기 위해 Pedragosa(2016)[29]는 근사 정보를 사용했다. Chandra 등(2019)[30]은 그래디언트 얼티미트 최적화기^Gradient Ultimate Optimizer를 제안해 일반적인 하이퍼파라미터(예: 학습률)뿐 아니라 최적화 방법의 하이퍼파라미터(예: 아담 최적화 방법의 모멘트 계수)까지 최적화했다.

27 S. Falkner, A. Klein, F. Hutter, Bohb: Robust and efficient hyperparameter optimization at scale, arXiv preprint arXiv:1807.01774.

28 D. Maclaurin, D. Duvenaud, R. Adams, Gradient-based hyperparameter optimization through reversible learning, in: International Conference on Machine Learning, 2015, pp. 2113{2122.

29 F. Pedregosa, Hyperparameter optimization with approximate gradient, arXiv preprint arXiv:1602.02355.

30 K. Chandra, E. Meijer, S. Andow, E. Arroyo-Fang, I. Dea, J. George, M. Grueter, B. Hosmer, S. Stumpos, A. Tempest, et al., Gradient descent: The ultimate optimizer, arXiv preprint arXiv:1909.13371.

5장 모델 평가

일단 새로운 신경망이 생성되면, 모델의 성과가 평가돼야 하는데 이는 상당한 계산 자원을 요한다. NasNet(Zoph 등, 2018)[31]의 경우 800 GPU를 28일 사용했다. 이를 완화하기 위해 여러 알고리듬이 제안됐는데, 대표적인 알고리듬이 저충실도 Low Fidelity, 가중치 공유Weight Sharing, 대리 모델Surrogate model, 조기 종료Early stopping, 자원 인지Resource-aware 등이 있다. 특히 신경망 구조 탐색에 있어 중요한 개념 중 하나다.

5.1 저충실도[32]

저충실도는 충실도를 낮추면서 효율성을 올린다. 훈련셋의 크기를 줄일 수도 있고, 모델의 크기(예: 층별 필터의 수)를 줄일 수도 있다. FABOLASFast BO for Large Datasets[33]는 모델 평가의 속도를 올리기 위해 훈련셋의 부분집합에서 모델을 훈련한다.

저충실도 예제 MNIST에 대한 SVM 적용 - 데이터의 부분집합 사용

어떻게 저충실도 방법을 수행하는가를 예제를 들어보자. SVM을 MNIST 데이터셋의 부분집합에 대해 400개 설정의 그리드를 평가하는데, MNIST는 $N = 50,000$ 데이터포인트를 가지며, 상대적인 부분집합 크기 sizes $s \in \{1/512,$ $1/256, 1/128, ..., 1/4, 1/2, 1\}$를 평가한다. 아래 그림은 즉 $s = 1/128, 1/16,$ $1/4, 1$에 대해 C와 γ에 대한 검증 손실을 시각화하는 데, 단지 데이터셋의 $1/128$로도 충분히 대표적이며 합리적인 설정을 찾을 수 있음을 알 수 있다.

---

31 B. Zoph, V. Vasudevan, J. Shlens, Q. V. Le, Learning transferable architectures for scalable image recognition, in: Proceedings of the IEEE conference on computer vision and pattern recognition, 2018, pp. 8697{8710.

32 본문에서는 다중 충실도(multi fidelity)로 표현하고 있으나, 자원을 덜 쓴다는 의미에서 저충실도(low fidelity)가 더 적합한 용어로 보인다. - 옮긴이

33 A. Klein, S. Falkner, S. Bartels, P. Hennig, F. Hutter, Fast Bayesian optimization of machine learning hyperparameters on large datasets, arXiv preprint arXiv:1605.07079.

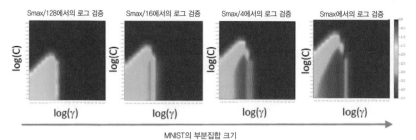

그림 23 충실도에 따른 성과 비교

따라서 작은 부분집합에 대한 많은 저렴한 평가와 대규모 데이터셋에 대한 소수의 비싼 평가 사이의 트레이드 오프가 존재하며 비싼 블랙박스 함수에 대한 베이지안 최적화보다 10배에서 1,000배까지 속도를 개선할 수 있다고 알려져 있다.

Zela 등(2018)[34]은 짧은 훈련 시간의 성과가 긴 훈련 시간의 성과를 보여준다고 할 수 없으므로, 다음 절의 하이퍼밴드[hyperband]를 사용해 시간 예산을 점진적으로 증가시키면서 최적의 선택을 추구한다.

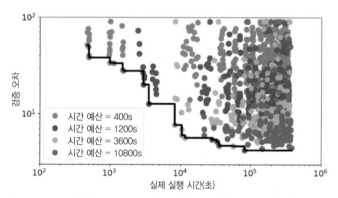

그림 24 전체 탐색 절차 동안 상이한 시간 예산에서 평가된 각 설정의 검증 오차. 상이한 색상 포인트는 각 탐색에 대한 상이한 시간 예산을 가진다. 예를 들어 회색 포인트의 시간 예산은 400초다. 3600s(오렌지색 포인트)의 시간 예산을 가진 신경망이 10,800초(빨간색 포인트)의 시간 예산을 가진 신경망과 유사한 성과를 보인다. 하지만 400초의 성과가 10,800초의 성과를 나타내지는 않는다. 실제 실행 시간의 함수로 최고의 성과를 내는 설정은 검은 선으로 보여주고 있다(출처: Zela 등, 2018).

34 A. Zela, A. Klein, S. Falkner, F. Hutter, Towards automated deep learning: Efficient joint neural architecture and hyperparameter search, arXiv preprint arXiv:1807.06906.

연속 반감법과 하이퍼밴드, BOHB

1. 연속 반감법

저충실도 방법은 여러 가지가 있으나 코딩하기 쉽지는 않으며 고차원과 조건부 공간을 가진다면 적절한 커널을 선택해야 하며, 이것이 최적의 접근법이 아닐 수 있다. 더 간단한 접근법이 더 적합할 수 있다. 예를 들어 가장 저렴한 충실도로 저렴한 설정에 대해 랜덤 설정을 샘플링하는 것이다. 그중 최적 부분을 취하고 다음 예산으로 넘어가 거기서 최적 부분을 선택해 최대 예산까지 이동해 나가면서 최적 부분을 선택하는 것으로 이를 연속 반감법^{SH, Successive Halving}이라 부른다.

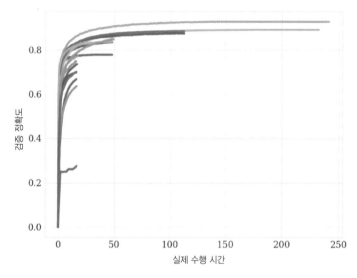

그림 25 연속 반감법의 실제 수행 시간 대비 검증 정확도(출처: Jamieson과 Talwalker, 2016)[35]

위 그림은 상이한 충실도(수행 시간)에 대한 연속 반감의 시각화다. 최초의 수행 시간에 대해 여러 하이퍼파라미터를 평가하고 최고 성과 하이퍼파라미터를 취하고 이를 다음 충실도로 넘어가 실행하고 최고 성과 하이퍼파라미터를 취하는 식으로 계속 진행한다. 일반적으로 인간은 이러한 프로세스를 계속하지 않을 것이며, 중간에 종료할 것이다. 그러나 만약 어떤 학습 곡선이 처음에 저조하다가 이후에 계속 상승해 최고 성과를 준다면, 연속 반감법은 무한한 연산 자원이 있어도 최적을 발견하지 못할 것이다.

---

35 Jamieson, K., Talwalkar, A.: Non-stochastic best arm identification and hyperparameter optimization. In: Gretton and Robert, pp. 240 – 248

2. 하이퍼밴드

하이퍼밴드Hyperband는 이러한 문제를 해결한다. 즉 얼마나 많은 하이퍼파라미터를 평가할 것인가와 한 파라미터에 할당하는 예산(시간)의 트레이드 오프를 고려한다. 즉 하이퍼밴드는 가장 낮은 충실도로 가장 공격적으로 연속적 반감법을 반복 시행하는 것으로 시작해서, 이후 점진적으로 덜 공격적인 방법으로 연속적 반감법을 반복 시행하는 것이다. 이는 주어진 연산 예산을 다양한 충실도에 실행함으로써, 실제로 최고의 설정을 발견할 것이다.

다음 그림에서 처음(상단 좌측)에선 작은 수행 시간으로 많은 설정을 시도하고, 이후 점진적으로 (상단 우측 → 하단 좌측 → 하단 우측) 수행 시간을 늘리면서 최적의 설정을 찾는다.

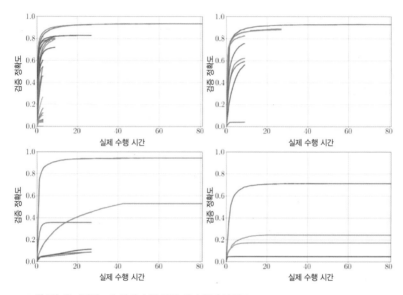

그림 26 하이퍼밴드의 실제 수행 시간 대비 검증 정확도(출처: Jamieson과 Talwalker, 2016)

3. 하이퍼밴드의 장점

하이퍼밴드는 많은 이점을 가진다. 다중 충실도로 인해 저차원과 고차원 공간 모두에 대해서 강건한 성과를 가진다. 구현하기 쉬우며 확장성이 있으며 병렬화도 가능하다. 그러나 하이퍼밴드는 랜덤 탐색에 기반을 두고 있어, 베이지안 최적화와 같이 어떤 하이퍼파라미터가 잘 작동했고 어디서 잘 작동했는지에 대한 지식을 사용하지 않는다. 따라서 베이지안 최적화와 결합해서 두 세계의 최적을 얻는다. 이것이 그 유명한 BOHB(밥으로 발음한다)이다. BOHB는 설정을 선택하기 위해 베이지안을 사용하며, 예산을 배분하기 위해서는 HB를 사용한다. AutoML의 많은 저자들(특히 이 책의 저자들)이 특별한 대안이 없는 경우 BOHB의 사용을 권장한다.

5.2 가중치 공유

NASNet[36]에서 일단 신경망이 평가되면, 그 신경망을 버린다. 반면 가중치 공유는 이전에 학습한 모델의 가중치를 공유한다. ENAS[Efficient NAS][37]는 훈련된 자손 네트워크의 가중치를 재훈련 없이 사용하는 식으로 자손 네트워크 간의 파라미터를 공유해 NASNet보다 1,000배 빠른 구조 설계를 달성한다. 이후에 등장한 DARTS는 4.2.3절에서 언급했듯이 소프트맥스를 도입해 미분 가능성을 회복하고, 그에 따라 그래디언트를 사용할 수 있어 더욱 속도가 빠르게 된다. 간단한 원리이지만, 가장 유망한 분야로 다양하게 적용이 확장되고 있다(예를 들어 7.8.1절 신규 데이터 학습의 메타러닝의 MetaNAS 참조). 그 중요성을 강조한 블로그로 Khodak과 Li(2021)의 "최적화의 관점에서 신경망 구조 탐색을 위한 가중치 공유의 방어"(2021)와 그들의 원 논문 Liam Li 등(2021)[38]을 참조하길 바란다.

5.3 대리 모델

대리 모델[surrogate model] 방법은 블랙박스 함수를 근사하는 또 하나의 강력한 도구이다. PNAS[Progressive NAS][39]는 탐색 방법을 제어하기 위해 대리 모델을 도입한다. ENAS가 매우 효율적인 것으로 알려져 있지만, PNAS에 의해 평가되는 모델의 수가 ENAS에 의해 평가되는 것의 5배 이상이면서, 총 계산 속도의 관점에서 8배 빠르므로 PNAS가 더 효율적이라 할 수 있다. 물론 최적화 공간이 너무 크고 계량화하기 힘들고, 각 설정의 평가 비용이 매우 크면 대리 모델 기반 방법을 적용하

36 B. Zoph, Q. V. Le, Neural architecture search with reinforcement learning, arXiv preprint arXiv:1611.01578.

37 H. Pham, M. Y. Guan, B. Zoph, Q. V. Le, J. Dean, Efficient neural architecture search via parameter sharing, arXiv preprint arXiv:1802.03268.

38 Liam Li, Mikhail Khodak , Maria-Florina Balcan, and Ameet Talwalkar, "GEOMETRY-AWARE GRADIENT ALGORITHMS FOR NEURAL ARCHITECTURE SEARCH", 20201

39 C. Liu, B. Zoph, M. Neumann, J. Shlens, W. Hua, L.-J. Li, L. Fei-Fei, A. Yuille, J. Huang, K. Murphy, Progressive neural architecture search (2018) 19{34.

기 어렵다는 점은 유의해야 한다.

5.4 조기 종료

조기 종료는 고전적 ML의 과적합을 막기 위해 처음 도입됐다. 검증셋에 대한 성과가 나쁘다고 예측되는 평가를 종료하는 것으로 모델 평가를 가속화할 수 있다. Domhan 등(2015)[40]은 문헌으로부터 선택된 여러 학습 곡선의 가중 조합으로 네트워크의 성과를 예측하는 학습 곡선 모델을 제안했다.

5.5 자원 제약 고려

초기의 NAS 연구들[41]은 관련 자원 소비(예: GPU 수와 요구 시간)와 관련 없이 더 높은 성과(예: 정확도)를 달성하는 신경망 구조를 탐색하는 데 초점을 맞췄다. 따라서 이후의 연구들은 주어진 예산 제약하에 최대의 성과가 나도록 자원을 경제적으로 사용하는 알고리듬을 검토했다. 이들 알고리듬은 파라미터의 크기, 연산의 수 및 부동소수점 연산의 수^{FLOPS} 등의 연산 비용의 유형에 따라 다르다.

---

40 T. Domhan, J. T. Springenberg, F. Hutter, Speeding up automatic hyperparameter optimization of deep neural networks by extrapolation of learning curves, in: Twenty-Fourth International Joint Conference on Artificial Intelligence, 2015.

41 강화학습을 이용한 NAS(B. Zoph, Q. V. Le, Neural architecture search with reinforcement learning, arXiv preprint arXiv:1611.01578.), NASNet(B. Zoph, V. Vasudevan, J. Shlens, Q. V. Le, Learning transferable architectures for scalable image recognition, in: Proceedings of the IEEE conference on computer vision and pattern recognition, 2018, pp. 8697{8710) 및 진화 알고리듬을 이용한 NAS(E. Real, A. Aggarwal, Y. Huang, Q. V. Le, Regularized evolution for image classifier architecture search, in: Proceedings of the aaai conference on artificial intelligence, Vol. 33, 2019, pp. 4780-4789) 등을 들 수 있다. 이들은 모두 SOTA 성과를 달성하고 있지만, 엄청나게 커다란 연산 자원을 사용하고 있다.

6장 NAS 성과 요약

6.1 NAS 성과 비교

표 2 CIFAR-10에 대한 여러 NAS 알고리듬의 성과. "AO"열은 구조 최적화(Architecture Optimization) 방법을 가리킨다. 대시 선(-)은 해당 정보가 원 논문에서 제공되고 있지 않다는 것을 의미한다. "c/o"는 컷아웃(Cutout)의 사용을 가리킨다. RL, EA, GD, RS, SMBO는 각각 강화학습, 진화 알고리듬, 그래디언트 하강, 랜덤 탐색, 대리 모델 기반 최적화를 가리킨다.

참고 논문	발표 학회지	파라미터 수(백만)	Top-1 정확도(%)	GPU 일	GPU 수	AO (구조 최적화)
ResNet-110	ECCV16	1.7	93.57	-	-	수작업 설계
PyramidNet	CVPR17	26	96.69	-	-	
DenseNet	CVPR17	25.6	96.54	-	-	
GeNet#2 (G-50)	ICCV17	-	92.9	17	-	EA
Large-scale ensemble	ICML17	40.4	95.6	2,500	250	
Hierarchical-EAS	ICLR18	15.7	96.25	300	200	
CGP-ResSet	IJCAI18	6.4	94.02	27.4	2	
AmoebaNet-B (N=6, F=128)+c/o	AAAI19	34.9	97.87	3,150	450 K40	
AmoebaNet-B (N=6, F=36)+c/o	AAAI19	2.8	97.45	3,150	450 K40	
Lemonade	ICLR19	3.4	97.6	56	8 Titan	
EENA	ICCV19	8.47	97.44	0.65	1 Titan Xp	
EENA (more channels)	ICCV19	54.14	97.79	0.65	1 Titan Xp	
NASv3	ICLR17	7.1	95.53	22,400	800 K40	RL
NASv3+more filters	ICLR17	37.4	96.35	22,400	800 K40	
MetaQNN	ICLR17	-	93.08	100	10	
NASNet-A (7 @ 2304)+c/o	CVPR18	87.6	97.60	2,000	500 P100	
NASNet-A (6 @ 768)+c/o	CVPR18	3.3	97.35	2,000	500 P100	
Block-QNN-Connection more filter	CVPR18	33.3	97.65	96	32 1080Ti	
Block-QNN-Depthwise, N=3	CVPR18	3.3	97.42	96	32 1080Ti	
ENAS+macro	ICML18	38.0	96.13	0.32	1	
ENAS+micro+c/o	ICML18	4.6	97.11	0.45	1	
Path-level EAS	ICML18	5.7	97.01	200	-	
Path-level EAS+c/o	ICML18	5.7	97.51	200	-	
ProxylessNAS-RL+c/o	ICLR19	5.8	97.70	-	-	
FPNAS	ICCV19	5.76	96.99	-	-	
DARTS(first order)+c/o	ICLR19	3.3	97.00	1.5	4 1080Ti	GD
DARTS(second order)+c/o	ICLR19	3.3	97.23	4	4 1080Ti	
sharpDARTS	ArXiv19	3.6	98.07	0.8	1 2080Ti	
P-DARTS+c/o	ICCV19	3.4	97.50	0.3	-	
P-DARTS(large)+c/o	ICCV19	10.5	97.75	0.3	-	
SETN	ICCV19	4.6	97.31	1.8	-	
GDAS+c/o	CVPR19	2.5	97.18	0.17	1	
SNAS+moderate constraint+c/o	ICLR19	2.8	97.15	1.5	1	
BayesNAS	ICML19	3.4	97.59	0.1	1	
ProxylessNAS-GD+c/o	ICLR19	5.7	97.92	-	-	
PC-DARTS+c/o	CVPR20	3.6	97.43	0.1	1 1080Ti	
MiLeNAS	CVPR20	3.87	97.66	0.3	-	
SGAS	CVPR20	3.8	97.61	0.25	1 1080Ti	
GDAS-NSAS	CVPR20	3.54	97.27	0.4	-	
NASBOT	NeurIPS18	-	91.31	1.7	-	SMBO
PNAS	ECCV18	3.2	96.59	225	-	
EPNAS	BMVC18	6.6	96.29	1.8	1	
GHN	ICLR19	5.7	97.16	0.84	-	
NAO+random+c/o	NeurIPS18	10.6	97.52	200	200 V100	RS
SMASH	ICLR18	16	95.97	1.5	-	
Hierarchical-random	ICLR18	15.7	96.09	8	200	
RandomNAS	UAI19	4.3	97.15	2.7	-	
DARTS - random+c/o	ICLR19	3.2	96.71	4	1	
RandomNAS-NSAS	CVPR20	3.08	97.36	0.7	-	
NAO+weight sharing+c/o	NeurIPS18	2.5	97.07	0.3	1 V100	GD+SMBO
RENASNet+c/o	CVPR19	3.5	91.12	1.5	4	EA+RL
CARS	CVPR20	3.6	97.38	0.4	-	EA+GD

표 3 이미지넷(ImageNet)에 대한 여러 NAS 알고리듬의 성과. "AO" 열은 구조 최적화(Architecture Optimization) 방법을 가리킨다. 대시 선(-)은 해당 정보가 원 논문에서 제공되고 있지 않다는 것을 의미한다. "c/o"는 컷아웃(Cutout)의 사용을 가리킨다. RL, EA, GD, RS, SMBO는 각각 강화학습, 진화 알고리듬, 그래디언트 하강, 랜덤 탐색, 대리 모델 기반 최적화를 가리킨다.

참고 논문	발표 학회지	파라미터 수(백만)	Top-1/5 정확도(%)	GPU 일	GPU 수	AO (구조 최적화)
ResNet-152	CVPR16	230	70.62/95.51	-	-	수작업 설계
PyramidNet	CVPR17	116.4	70.8/95.3	-	-	
SENet-154	CVPR17	-	71.32/95.53	-	-	
DenseNet-201	CVPR17	76.35	78.54/94.46	-	-	
MobileNetV2	CVPR18	6.9	74.7/-	-	-	
GeNet#2	ICCV17	-	72.13/90.26	17	-	EA
AmoebaNet-C(N=4,F=50)	AAAI19	6.4	75.7/92.4	3,150	450 K40	
Hierarchical-EAS	ICLR18	-	79.7/94.8	300	200	
AmoebaNet-C(N=6,F=228)	AAAI19	155.3	83.1/96.3	3,150	450 K40	
GreedyNAS	CVPR20	6.5	77.1/93.3	1	-	
NASNet-A(4@1056)	ICLR17	5.3	74.0/91.6	2,000	500 P100	RL
NASNet-A(6@4032)	ICLR17	88.9	82.7/96.2	2,000	500 P100	
Block-QNN	CVPR18	91	81.0/95.42	96	32 1080Ti	
Path-level EAS	ICML18	-	74.6/91.9	8.3	-	
ProxylessNAS(GPU)	ICLR19	-	75.1/92.5	8.3	-	
ProxylessNAS-RL(mobile)	ICLR19	-	74.6/92.2	8.3	-	
MnasNet	CVPR19	5.2	76.7/93.3	1,666	-	
EfficientNet-B0	ICML19	5.3	77.3/93.5	-	-	
EfficientNet-B7	ICML19	66	84.4/97.1	-	-	
FPNAS	ICCV19	3.41	73.3/-	0.8	-	
DARTS (searched on CIFAR-10)	ICLR19	4.7	73.3/81.3	4	-	GD
sharpDARTS	Arxiv19	4.9	74.9/92.2	0.8	-	
P-DARTS	ICCV19	4.9	75.6/92.6	0.3	-	
SETN	ICCV19	5.4	74.3/92.0	1.8	-	
GDAS	CVPR19	4.4	72.5/90.9	0.17	1	
SNAS	ICLR19	4.3	72.7/90.8	1.5	-	
ProxylessNAS-G	ICLR19	-	74.2/91.7	-	-	
BayesNAS	ICML19	3.9	73.5/91.1	0.2	1	
FBNet	CVPR19	5.5	74.9/-	216	-	
OFA	ICLR20	7.7	77.3/-	-	-	
AtomNAS	ICLR20	5.9	77.6/93.6	-	-	
MiLeNAS	CVPR20	4.9	75.3/92.4	0.3	-	
DSNAS	CVPR20	-	74.4/91.54	17.5	4 Titan X	
SGAS	CVPR20	5.4	75.9/92.7	0.25	1 1080Ti	
PC-DARTS	CVPR20	5.3	75.8/92.7	3.8	8 V100	
DenseNAS	CVPR20	-	75.3/-	2.7	-	
FBNetV2-L1	CVPR20	-	77.2/-	25	8 V100	
PNAS-5(N=3,F=54)	ECCV18	5.1	74.2/91.9	225	-	SMBO
PNAS-5(N=4,F=216)	ECCV18	86.1	82.9/96.2	225	-	
GHN	ICLR19	6.1	73.0/91.3	0.84	-	
SemiNAS	CVPR20	6.32	76.5/93.2	4	-	
Hierarchical-random	ICLR18	-	79.6/94.7	8.3	200	RS
OFA-random	CVPR20	7.7	73.8/-	-	-	
RENASNet	CVPR19	5.36	75.7/92.6	-	-	EA+RL
Evo-NAS	Arxiv20	-	75.43/-	740	-	EA+RL
CARS	CVPR20	5.1	75.2/92.5	0.4	-	EA+GD

위에서 GPU 일 = GPU 수 × 탐색에 사용된 실제 일수다. 위의 표로부터 EA와 RL 기반의 초기 NAS 연구가 자원 소비에 관여하지 않고 고성과에 초점을 맞추고 있음을 알 수 있다. 예를 들면 아메바넷^AmoebaNet(Real 등, 2019)[42]은 CIFAR-10과 이미지넷 모두에서 탁월한 성과를 달성했지만, 탐색에 450 GPU을 사용해 3,150

---

42 E. Real, A. Aggarwal, Y. Huang, Q. V. Le, Regularized evolution for image classifier architecture search, in: Proceedings of the aaai conference on artificial intelligence, Vol. 33, 2019, pp. 4780{4789.

GPU일이 걸렸다. 후속 NAS 연구는 탐색 모델의 고성과를 보장하면서 효율성을 개선하는 데 노력을 들였다. ENAS(Pahm 등, 2018)[43]는 파라미터 공유 전략을 제안한 최초의 RL 기반 NAS이며, GPU를 1개만 사용하면서 1일 이하로 탐색 시간을 줄였다. 또한 그래디언트 기반 구조 최적화 방법은 탐색을 위한 연산자원을 급격히 줄이고, SOTA 결과를 달성했다. 후속 연구들이 이 방향으로 최적의 개선을 이끌고 있다. 그런데 랜덤 탐색 기반 방법 또한 유사한 결과를 내고 있다는 것이 흥미롭다. Talwalker 등(2019)[44]은 가중치 공유를 사용하는 랜덤 탐색은 심지어 강력한 ENAS와 DARTS를 능가할 수 있다는 것을 보였다.

6.1.1 켄달 타우 척도

랜덤 탐색이 더 정교한 DARTS나 ENAS와 필적하는 성과를 낸다면 도대체 NAS의 필요성이 무엇인가 하는 의문이 생긴다. 이러한 의문에 대해 어떤 연구자들은 다른 척도를 사용하고자 한다. 대부분의 NAS 방법은 두 단계로 구성된다. (1) 훈련셋에 대해 최고 성과를 내는 구조의 탐색 (2) 그다음 이를 더 깊은 구조를 확대하고 검증셋에서 이를 평가한다. 그러나 보통 두 단계 간에는 커다란 갭이 존재한다. 훈련셋에서 최고의 결과를 달성한 구조가 반드시 검증셋에서 최고의 결고를 내지는 않는다. 따라서 많은 연구가 켄달 타우Kendal tau 척도를 사용해 탐색과 평가 단계 간의 모델 성과의 상관관계를 측정해 이러한 갭을 메우고자 한다.

6.1.2 NAS 벤치 데이터셋

비록 표 3과 4가 상이한 NAS 방법들 간의 분명한 차이를 보이지만 결과가 상이한 설정에서 얻어졌으므로, 비교가 공정하지 않을 수 있다. NAS Bench-101[45]은 이러한 맥락에서 결과의 재현성 문제를 극복하기 위해 개발됐다. 이후 NAS Bench-201[46]은 상이한 탐색 공간과 여러 데이터셋에 대한 결과 및 더 많은 진단 정보를 가진다. 유사하게 자연어 처리NLP 작업에 대한 NAS Bench-NLP[47]도

43 H. Pham, M. Y. Guan, B. Zoph, Q. V. Le, J. Dean, Efficient neural architecture search via parameter sharing, arXiv preprint arXiv:1802.03268.

44 L. Li, A. Talwalkar, Random search and reproducibility for neural architecture search, arXiv preprint arXiv:1902.07638.

45 C. Ying, A. Klein, E. Real, E. Christiansen, K. Murphy, F. Hutter, NAS-Bench-101: Towards Reproducible Neural Architecture Search, arXiv e-prints.

46 X. Dong, Y. Yang, Nas-bench-201: Extending the scope of reproducible neural architecture search, in: International Conference on Learning Representations, 2020.

47 N. Klyuchnikov, I. Tro_mov, E. Artemova, M. Salnikov, M. Fedorov, E. Burnaev, Nas-bench-nlp: Neural architecture search benchmark for natural language processing (2020). arXiv: 2006.07116.

등장한다. 이들 데이터셋은 NAS 연구자들이 단지 그들이 제안한 구조 최적화 알고리듬에만 집중할 수 있도록 하며, 선택된 구조에 대한 반복된 훈련을 피하게 해 NAS 커뮤니티 발전에 크게 공헌하고 있다.

6.2 1단계 대 2단계

NAS는 다음 그림에서 보듯이 1단계와 2단계의 유형을 가진다.

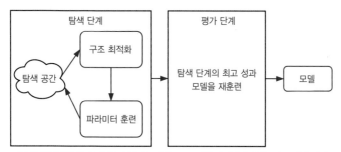

(a) 탐색 단계와 평가 단계로 구성된 2단계 NAS. 탐색 단계에서의 최고의 모델이 평가 단계로 전달된다.

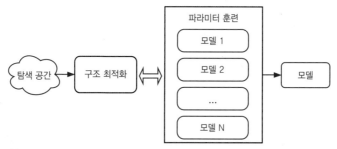

(b) 1단계 NAS는 추가 재훈련 또는 미세 조정 없이 성과 좋은 모델을 직접 배치한다. 양방향 화살표는 구조 최적화와 파라미터 훈련의 프로세스가 동시에 실행됨을 나타낸다.

그림 27 2단계와 1단계 NAS 흐름의 예시(출처: He, Zhao와 Chu, 2020)

2단계 NAS 탐색 단계와 평가 단계로 구성된다. 대부분의 NAS 방법(예: ENAS와 DARTS)은 탐색 단계에서 많은 수의 후보 구조를 샘플링해 훈련하고나서 가장 성과가 좋은 것을 선택해 평가 단계에서 재훈련한다.

1단계 NAS 구조 최적화와 파라미터 훈련을 동시에 실행함으로써 추가 재훈련 없이 잘 설계되고 잘 훈련된 신경망 구조를 산출한다. 최근의 많은 NAS 연구가 이 방향으로 진행되고 있다(예: Cai 등(2019)[48]의 progress shrinkage 알고리듬).

6.3 원샷/가중치 공유

원샷 모델 ≠ 1단계

모델 대부분의 1단계 NAS 모델이 원샷 모델을 기반으로 하고 있지만 반드시 원샷 모델이 1단계 모델은 아니다. 원샷 모델의 판단은 가중치를 공유하는가 여부다.

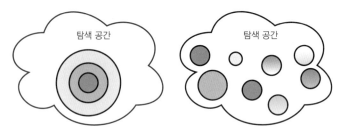

그림 29 (좌측) 원샷 모델(one-shot model) (우측) 비원샷 모델. 각 원은 다른 모델을 가리키며, 원의 크기는 모델의 크기를 나타낸다. 중앙의 원들이 서로 가중치를 공유하므로 원샷 모델을 표현한다(출처: He, Zhao와 Chu, 2020).

원샷 모델은 구조 최적화와 가중치 훈련을 어떻게 다루는가에 따라 결합 최적화coupled optimization과 분리 최적화decoupled optimization 두 가지 범주로 나뉜다.

- **결합 최적화**는 구조와 가중치를 결합된 방식으로 최적화한다. 예를 들어 ENAS는 LSTM을 사용해 새로운 구조를 이산적으로 샘플링하고 그다음 몇 개의 훈련 데이터 배치를 이용해 이 구조의 가중치를 최적화한다. 위의 스텝을 여러 번 반복한 후, 구조와 그 구조의 성과들을 기록한다. 마지막으로 최고의 성과를 내는 구조를 선택하고 재훈련한다. DARTS도 유사한 가중치 공유 전략을 사용하지만, 다만 구조가 연속형으로 파라미터화된다. 슈퍼넷supernet은 모든 후보 연산을 포함하며 각각은 학습 가능한 파라미터를 가진다. 최고의 구조가 분포로부터 직접 도출될 수 있다. 그러나 DARTS는 슈퍼넷 가중치와 구조 분포를 직접 최적화하므로 방대한 GPU 메모리 소비를 초래한다.

---

48 H. Cai, C. Gan, S. Han, Once for all: Train one network and specialize it for efficient deployment, arXiv preprint arXiv:1908.09791.

- 분리 최적화는 원샷 모델의 문제를 구조와 가중치 최적화를 2개의 순차적 단계로 분리함으로써 해결한다. 즉 (1) 슈퍼넷의 훈련 (2) 훈련된 슈퍼넷을 상이한 구조의 성과를 예측하는 추정기로 사용한 가장 유망한 구조의 선택의 2단계로 분리한다.

슈퍼넷 훈련 단계에서 슈퍼넷의 가중치는 구조와 매우 결합돼 있으므로, 정규적인 신경망처럼 직접 훈련할 수 없다. 이렇듯 구조와 결합된 슈퍼넷의 가중치 공유는 오히려 개별 구조의 성과를 저해하고, 후보 구조의 성과 순위에 부정적인 영향을 미친다. 따라서 가중치 결합을 줄이기 위해, 많은 원샷 NAS 모델은 슈퍼넷으로부터 한 구조를 균등 분포에 따라 랜덤하게 샘플링하고 단지 이 샘플링된 구조의 가중치만 활성화되고 최적화되는 랜덤 샘플링 정책을 제안한다. 이러한 RandomNAS[49]는 매우 경쟁력 있는 베이스라인임을 입증했다. SMASH[50]는 랜덤하게 샘플링된 구조에 대한 가중치를 생성하는 보조 하이퍼네트워크를 제안한다. Bender(2018)[51]는 가중치 결합 문제를 해결하기 위해 경로 드롭아웃path dropout을 제안한다.

두 번째 단계는 훈련된 슈퍼넷으로부터 가장 유망한 구조를 선택하는 방법에 관한 것이다. SMASH와 경로 드롭아웃 모두 슈퍼넷으로부터 랜덤하게 한 세트의 구조를 선택하고 이들을 성과에 따라 순위를 매긴다. SMASH는 선택된 구조들에 하이퍼네트워크에 의해 생성된 가중차가 할당되므로, 검증 성과를 각 구조에 대한 훈련실행 한 번으로 구할 수 있다. 그 외에 유망한 구조를 찾기 위해 KL 발산을 사용하기도 하고, 진화 알고리듬을 사용하기도 한다.

SMASH를 좀 더 단순화한 하이퍼네트워크를 통한 확률적 하이퍼파라미터 최적화가 Lorraine 등(2018)[52]에 의해 제안됐다. 하이퍼파라미터 최적화는 중첩된 최적화를 필요로 한다. 내부 최적화는 하이퍼파라미터 λ가 주어졌을 때 훈련 손실 $\mathcal{L}_{train}$을 최소화하는 파라미터 w를 구한다. 외부 최적화는 검증 손실 $\mathcal{L}_{valid}$를 줄이는 λ를 선택한다.

49 L. Li, A. Talwalkar, Random search and reproducibility for neural architecture search, arXiv preprint arXiv:1902.07638.

50 A. Brock, T. Lim, J. M. Ritchie, N. Weston, Smash: one-shot model architecture search through hypernetworks, arXiv preprint arXiv:1708.05344.

51 G. Bender, Understanding and simplifying one-shot architecture search.

52 J. Lorraine and D. Duvenaud, "Stochastic Hyperparameter Optimization through Hypernetowrks", arXiv preprint arXiv:1802.09419, 2018

$$\underset{\lambda}{\text{argmin}} \underset{\text{Valid}}{\mathcal{L}} \left(\underset{w}{\text{argmin}} \underset{\text{Train}}{\mathcal{L}} (w, \lambda) \right)$$

표준적 머신러닝 관행은 그리드 탐색이나 랜덤 탐색과 같은 하이퍼파라미터의 그래디언트를 사용하지 않는 최적화로 위의 식을 푼다. 각 하이퍼파라미터 집합은 가중치를 재초기화해 모델을 끝까지 훈련시켜 평가된다. 모델을 처음부터 다시 실행하는 것은 특히 하이퍼파라미터가 조금 변하는 경우 낭비다. 최적 파라미터 w가 하이퍼파라미터 λ의 결정적 함수라는 것을 주목한다.

$$w^*(\lambda) = \underset{w}{\text{argmin}} \underset{\text{Train}}{\mathcal{L}} (w, \lambda)$$

따라서 Lorraine 등(2018) 함수를 학습하는 것을 제안한다. 이에 따르면 하이퍼파라미터를 입력으로 취하고, 근사적으로 최적인 가중치 집합을 출력하는 신경망을 훈련한다(검증셋에서 최적 λ를 구하고 다시 훈련셋에서 최적화하는 과정을 줄인다).

이 공식은 두 가지 주요 장점이 있다. 첫째, 어떠한 특별한 모델을 끝까지 훈련하지 않고 SGD를 이용해 하이퍼네트워크가 수렴하도록 훈련시킬 수 있다. 둘째, 하이퍼네트워크를 통해 미분함으로써 SGD를 기반으로 하는 하이퍼파라미터를 최적화할 수 있다.

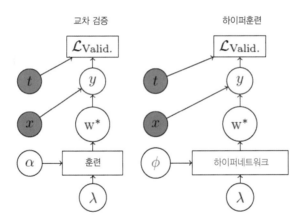

그림 30 (좌측) α가 최적화 파라미터이고, λ가 훈련손실 하이퍼파라미터일 때의 교차 검증에 대한 전형적인 계산 그래프. 전체 훈련 절차에 걸쳐 미분하는 것은 매우 비용이 크다. (우측) 검증 손실 $\mathcal{L}_{valid}$를 하이퍼파라미터 λ에 대해 최적화하는 제안된 계산 그래프. x, t와 y를 사용해 데이터포인트, 레이블 및 예측을 각각 표시한다.

하이퍼훈련hyper-training 방법은 SMASH와 연관이 있으나, SMASH는 가중치를 모델 구조의 함수로 근사해 이산 모델 구조에 대해 그래디언트를 사용하지 않는 탐색을 수행한다. 다양한 모델 구조의 성과를 효율적으로 추정하는 데 초점을 맞추고 있다. 반면 하이퍼훈련은 모델의 연속 공간을 효율적으로 탐색하는 데 초점을 맞춘다. 더군다나 하이퍼네트워크와 하이퍼파라미터를 결합해 최적화하는 알고리듬을 공식화한다. 파라미터와 하이퍼파라미터의 결합 최적화는 다양한 설정의 최적 가중치를 근사적으로 학습하기 위해서는 슈퍼넷이 매우 커야 하는 SMASH의 약점을 극복한다. 결합 최적화에서 하이퍼네트워크는 단지 현재 하이퍼파라미터의 주변에 대해서 최적 가중치를 근사적으로 모델링하면 되므로 심지어 선형 하이퍼네트워크를 사용할 수 있게 한다.

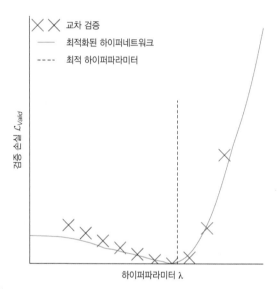

그림 31 교차 검증에 추정된 신경망의 검증 손실(x)과 하이퍼네트워크에 의해 계산된 검증 손실(직선). 교차 검증은 매번 처음부터 최적화를 해야 하는 반면, 하이퍼네트워크는 검증 손실을 저렴하게 평가할 수 있다. 최적화된 하이퍼네트워크로 최적에 거의 접근함을 알 수 있다.

6.4 하이퍼파라미터와 구조의 결합 최적화

대부분의 NAS 방법은 전체 탐색 단계 동안 훈련 관련 하이퍼파라미터의 설정을 동일하게 고정한다. 탐색 후 최고의 성과를 내는 구조의 하이퍼파라미터가 더욱 최적화된다. 그러나 이러한 체계는 최적이 아닌 결과를 가질 수 있는데, 상이한 구조에 적합한 하이퍼파라미터가 상이할 수 있으므로 모델의 순위에 편향을 가져다줄 수 있기 때문이다. 따라서 하이퍼파라미터와 구조의 결합 최적화HAO, Hyperparameter and

Architecture Optimization[53,54,55,56]이 유려한 해로 등장한다. 예를 들어 ENAS는 NAS를 하이퍼파라미터 최적화 문제로 상정하고, NAS와 하이퍼파라미터의 탐색 공간을 결합하고, 효율적인 HPO 방법인 BOHB[57]이 구조와 하이퍼파라미터를 결합해서 최적하도록 적용된다. Dong 등(2020)[58]에서는 미분 가능한 방법인 AutoHAS^Auto hyperparameter and architecture search를 제안하는데 이는 구조(예: 신경망 층수)와 하이퍼파라미터(예: 학습률)의 모든 후보 선택을 통합하는 NAS와 HPO의 탐색 공간의 카티션 곱을 구축한다. 문제는 구조 공간은 대개 범주형(계층수)인데, 하이퍼파라미터는 범주형(최적화모델의 선택)과 연속형(학습률)이 혼재한다. 이러한 문제를 풀기 위해 AutoHAS는 연속 파라미터를 여러 범주형 기저의 선형 결합으로 이산화한다. 예를 들어 학습률 기저가 {0.1, 0.2, 0.3}이라 하면, 최종 학습률은 $l_r = w_1 \times 0.1 + w_2 \times 0.2 + w_3 \times 0.3$으로 정의된다.

이해를 돕기 위해 AutoHAS의 개요를 다음에 보인다.

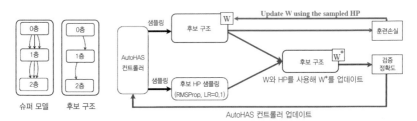

그림 32 AutoHAS의 개요 (좌측) 각 후보 구조의 가중치는 각 후보가 슈퍼모델의 부분모델이므로 슈퍼 모델과 공유된다. (우측) 탐색 동안, AutoHAS는 슈퍼모델의 공유된 가중치 W의 최적화와 컨트롤러의 업데이트를 교대로 수행한다. 이는 또한 샘플링된 후보 하이퍼파라미터(HP)를 사용해 샘플링된 후보 구조를 최적화함으로써 임시 가중치 W*를 생성한다. 이 W*가 사용돼 보상으로 사용하는 검증 정확도를 계산해 AutoHAS가 더 나은 후보를 선택할 수 있도록 업데이트된다. 마지막으로 컨트롤러가 업데이트된 후 원 W에 영향을 주지 않도록 W*는 버려진다(출처: Dong 등, 2020).

53 A. Zela, A. Klein, S. Falkner, F. Hutter, Towards automated deep learning: Efficient joint neural architecture and hyperparameter search, arXiv preprint arXiv:1807.06906.

54 A. Klein, F. Hutter, Tabular benchmarks for joint architecture and hyperparameter optimization, arXiv preprint arXiv:1905.04970.

55 X. Dong, M. Tan, A. W. Yu, D. Peng, B. Gabrys, Q. V. Le, Autohas: Differentiable hyper-parameter and architecture search (2020), arXiv:2006.03656.

56 X. Dai, A. Wan, P. Zhang, B. Wu, Z. He, Z. Wei, K. Chen, Y. Tian, M. Yu, P. Vajda, et al., Fbnetv3: Joint architecture recipe search using neural acquisition function, arXiv preprint arXiv:2006.02049.

57 S. Falkner, A. Klein, F. Hutter, Bohb: Robust and efficient hyperparameter optimization at scale, arXiv preprint arXiv:1807.01774.

58 X. Dong, M. Tan, A. W. Yu, D. Peng, B. Gabrys, Q. V. Le, Autohas: Differentiable hyper-parameter and architecture search (2020), arXiv:2006.03656.

7장 해결해야 할 문제와 미래 연구 방향

7.1 유연한 탐색 공간

AutoML-Zero(2020)[59]는 매우 단순한 수학적 연산(cos, sin, 평균, 표준편차)를 탐색 공간의 기본 연산으로 사용해 인간 편향을 줄이고자 한다. 이는 진화 알고리듬을 사용해 복잡한 머신러닝 알고리듬을 발견한다. AutoML-Zero는 이들 기본적연산을 기반으로 2층 신경망을 성공적으로 설계한다. 이렇게 발견된 신경망이 인간이 설계한 신경망이나 NAS 설계의 신경망에 비해 훨씬 단순하지만, 실험 결과는 최소한의 인간 설계로 새로운 모델 설계 패러다임을 발견할 잠재력을 보이고있다.

7.2 다양한 분야에의 NAS 적용

컴퓨터 비전, 자연어 처리를 비롯해 네트워크 압축, 연합학습, 손실함수 탐색, 활성함수 탐색, 이미지 캡션, 텍스트에서 음성으로의 변환[TTS, Text to Speech], 추천 시스템 등 다양한 분야에 NAS를 적용시키고자 하는 노력이 진행되고 있다. 하지만다음 그림에서 보면 아직 NLP 분야에서 자동화가 인간 전문가에 비해 성과가 못미치는 것을 알 수 있다.

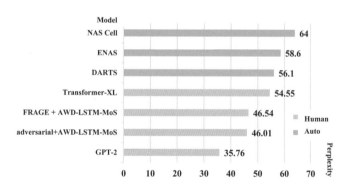

그림 33 PTB(PennTreeBank) 데이터셋에 대한 SOTA 모델. 혼돈도(perplexity)가 낮을수록 성과가좋은 것이다. 녹색 바는 자동 생성 모델을 가리키고, 노란 바는 인간 전문가가 설계한 모델을 나타낸다.

---

59 E. Real, C. Liang, D. R. So, Q. V. Le, Automl-zero: Evolving machine learning algorithms from scratch (2020), arXiv:2003.03384.

7.3 해석성

AutoML이 인간보다 더 효율적으로 유망한 설정을 발견하더라도, 왜 그러한 설정의 성과가 더 좋은지에 대한 과학적 근거가 부족할 수 있다. 따라서 AutoML의 수학적 해석성을 증가시키는 것이 미래 연구의 중요한 방향이다.

7.4 재현성

ML의 큰 문제가 재현성이듯 AutoML도 예외 없이 재현성의 문제를 겪는다. 특히 NAS는 구현에서 많은 파라미터들이 여전히 인간 전문가들에 의해 설정되며, 논문의 저자들이 세부 사항을 밝히지 않는 경우가 많다. NAS-Bench류의 데이터셋은 NAS 연구자들이 모델 평가에 너무 많은 시간을 소비하지 않고, 최적화 알고리듬 설계에 초점을 맞추도록 돕는다.

7.5 강건성

실제 세계 상황에서 데이터는 잡음을 가지며 (잘못된 레이블링과 틀린 정보 등), 심지어 적대적 공격으로 의도적으로 변경되기도 한다. 딥러닝 모델이 적대적 데이터에 쉽게 속듯이 NAS도 예외는 아니다. 이에 따라 최근에 특히 적대적 공격에 대한 NAS의 강건성을 올리는 연구들이 등장하고 있다.

7.6 하이퍼파라미터와 구조 최적화의 결합

이전 절에서 봤듯이 하이퍼파라미터 최적화^{HPO}와 구조 최적화^{AO}는 많이 중복되므로, 하이퍼파라미터와 구조를 결합해서 최적화하는 것이 가능하다. HAO$^{Hyperparameter\ and\ Architecture\ Optimization}$는 연구할 가치가 있는 분야다.

7.7 완전한 AutoML 파이프라인

이미 많은 AutoML 파이프라인 라이브러리가 제안됐지만, 대부분은 AutoML 파이프라인의 일부 부분에만 초점을 맞추고 있다(그림 1). 예를 들어 TPOT[60],

---

60 G. Squillero, P. Burelli, Applications of Evolutionary Computation: 19th European Conference, EvoApplications 2016, Porto, Portugal, March 30{April 1, 2016, Proceedings, Vol. 9597, Springer, 2016.

Auto-WEKA[61] 및 Auto-Sklearn[62]은 분류 및 회귀 파이프라인을 구축하기 위해 skit-learn 위에 구축되지만 기존 ML 모델(예: SVM 및 KNN)만 탐색한다. TPOT 는 신경망(Pytorch 백엔드 사용)을 포함하지만, 다층 퍼셉트론만 지원한다.

그 외에 오토케라스Auto-Keras[63]는 케라스를 기반으로 개발된 오픈 소스 라이브 러리다. 딥러닝 모델 탐색에 더욱 집중하고 멀티모달 및 멀티태스킹을 지원한다.

NNI(Microsoft, 2020)[64]는 AutoML의 좀 더 강력한 툴킷으로, AutoML의 내장 기능에는 자동 특성 공학, 하이퍼파라미터 최적화 및 신경망 구조 탐색이 포함돼 있다. 또한 NNI의 NAS 모듈은 Pytorch와 Tensoflow를 모두 지원하며 NAS 연 구자와 개발자에게 매우 우호적인 많은 SOTA NAS 방법을 재현한다. 또한 NNI 는 완전한 파이프라인을 달성하는 데 한 걸음 더 가까운 sickit-learn의 특성도 통합한다.

마찬가지로, Vega(Huawei-Noah, 2020)[65]도 AutoML 알고리듬 툴로, 데이터 증 강, HPO, NAS, 모델 압축 및 완전 훈련과 같은 고도로 분리된 함수 집합을 망라 하는 완전한 파이프라인을 구성한다. 한마디로 사용하기 쉽고 완벽한 AutoML 파이프라인 시스템을 설계하는 것은 유망한 연구 방향이다.

7.8 평생 학습

고품질 AutoML 시스템은 평생학습Lifelong learning 기능을 갖춰야 한다. 즉, (1) 새 로운 데이터를 효율적으로 학습할 수 있고 (2) 오래된 지식을 기억해야 한다.

7.8.1 신규 데이터 학습

첫째, 시스템은 새로운 과제를 해결하기 위해 사전 지식을 재사용할 수 있어야 한 다(즉, 학습하는 법을 학습해야 한다). 예를 들어 어린이는 호랑이, 토끼 및 코끼리의

61 C. Thornton, F. Hutter, H. H. Hoos, K. Leyton-Brown, Autoweka: Combined selection and hyperparameter optimization of classification algorithms, in: Proceedings of the 19th ACM SIGKDD international conference on Knowledge discovery and data mining, ACM, 2013, pp. 847–855.

62 M. Feurer, A. Klein, K. Eggensperger, J. Springenberg, M. Blum, F. Hutter, Efficient and robust automated machine learning, in: C. Cortes, N. D. Lawrence, D. D. Lee, M. Sugiyama, R. Garnett (Eds.), Advances in Neural Information Processing Systems 28, Curran Associates, Inc., 2015, pp. 2962–2970.

63 H. Jin, Q. Song, X. Hu, Auto-keras: An efficient neural architecture search system, in: Proceedings of the 25th ACM SIGKDD International Conference on Knowledge Discovery & Data Mining, ACM, 2019, pp. 1946{1956.

64 NNI(Neural Network Intelligence), 2020, URL https://github.com/microsoft/nni

65 Vega, 2020, URL https://github.com/huawei-noah/vega

여러 사진을 보고 빠르게 식별할 수 있지만, 현재 DL 모델은 많은 데이터에 대해 훈련돼야만 이미지를 올바르게 식별할 수 있다. 이 영역의 주요 주제는 메타러닝 meta-learning으로, 이전 경험을 활용해 새로운 작업에 대한 모델을 설계하는 것을 목표로 한다.

메타러닝

기존 NAS 방법은 대부분 단일 작업에 대해 성능이 뛰어난 구조를 탐색할 수 있다. 그러나 새로운 작업의 경우 새로운 구조를 탐색해야 한다. 이전 구조는 더 이상 최적화되지 않을 수 있기 때문이다. 이 문제를 해결하기 위해 여러 연구에서 메타학습과 NAS를 결합했다. Lian 등(2019)[66]은 몇 개의 그래디언트 스텝을 통해 쉽고 빠르게 새로운 작업에 적응할 수 있는 메타 구조를 생성하기 위한 새로운 메타러닝 기반 전이 가능 NAS[T-NAS] 방법을 제안한다. 새로운 데이터를 학습하는 데 있어 또 하나의 문제는 새로운 작업에 대한 데이터 수가 제한된 소수 예제 학습few-shot learning이다. 예를 들어 Auto-Meta(Kim 등, 2018)[67]와 CAS[continual architecture search](Pasunuru 등, 2019)[68]는 NAS를 소수 예제 학습에 적용해 이러한 문제를 극복하고. 가장 유망한 구조를 찾고 여러 개의 소수 예제 학습 작업에 대해서 작동하도록 최적화한다. 이전의 연구들이 구조가 확정된 후 메타 재훈련을 필요로 하며 이는 큰 연산 부담을 초래한다. 하지만 Elsken 등(2020)[69]은 메타 재훈련을 필요로 하지 않는 작업별 구조를 더욱 효율적으로 생성할 수 있는 MetaNAS라는 그래디언트 기반 메타러닝 NAS 방법을 제안한다.

66 D. Lian, Y. Zheng, Y. Xu, Y. Lu, L. Lin, P. Zhao, J. Huang, S. Gao, Towards fast adaptation of neural architectures with meta learning, in: International Conference on Learning Representations, 2019.

67 J. Kim, S. Lee, S. Kim, M. Cha, J. K. Lee, Y. Choi, Y. Choi, D.-Y. Cho, J. Kim, Auto-meta: Automated gradient based meta learner search, arXiv preprint arXiv:1806.06927.

68 R. Pasunuru, M. Bansal, Continual and multi-task architecture search, arXiv preprint arXiv:1906.05226.

69 T. Elsken, B. Staffler, J. H. Metzen, F. Hutter, Meta-learning of neural architectures for few-shot learning, in: Proceedings of the IEEE/CVF Conference on Computer Vision and Pattern Recognition, 2020, pp. 12365{12375.

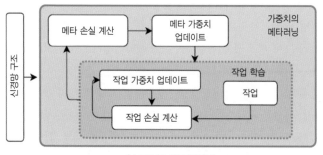

(a) 고정 구조의 메타러닝

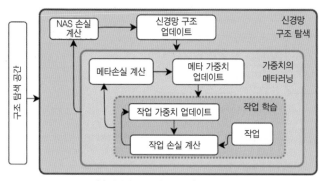

(b) 메타러닝에 적용된 NAS(신경망 구조 탐색)

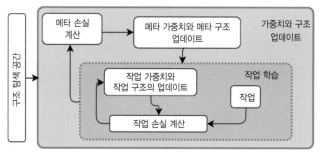

(c) 신경망 구조의 메타러닝

그림 34 MetaNAS와 관련 연구. 회색은 작업 학습을 나타내며, 파란색은 메타학습을 나타내며, 오렌지색은 NAS 요소를 나타낸다. (상단) MAML 또는 REPTILE과 같은 고정 구조의 그래디언트 메타러닝 (중앙) NAS를 AutoMeta와 같은 메타러닝에 적용 (하단) 구조와 가중치를 결합한 메타러닝을 제안하는 MetaNAS. 구조가 작업 학습 동안 적응되므로, MetaNAS는 작업 특화된 구조를 학습할 수 있다.

위 그림에서 보듯이 모델 독립적, 그래디언트 메타러닝 방법은 자연스럽게 DARTS와 같은 그래디언트 기반 NAS와 결합될 수 있다. 예를 들어 구조의 선택에 대해서 소프트맥스를 사용하는 DARTS에서는 가중치와 구조의 업데이트를 동시에 할 수 있다. 따라서 이를 적용하면 단지 (주어진 고정 구조의) 가중치뿐만 아니라 메타러닝 구조 그 자체의 메타러닝이 가능하다. MetaNAS는 메타 구조를 작업 의존적 구조에 빠르게 적용할 수 있는 메타러닝 알고리듬으로 작업에 대한 구조 최적화는 적은 수의 레이블링된 데이터포인트로 그리고 적은 스텝 수의 작업 최적화로 수행될 수 있다. 표준적인 메타 훈련은 수백 개의 작업에 대한 작업 의존적 구조로 이용할 때 수백 번의 메타 재훈련을 요구하므로 퓨샷 학습 설정에서 구현 불가능한 반면, MetaNAS는 DARTS를 확장해 가중치를 공유함으로써 작업 의존 구조가 다시 메타 훈련될 필요 없도록 했다.

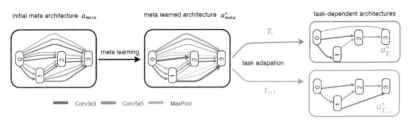

그림 35 MetaNAS의 각 단계에의 구조 예시. (좌측) 원핫 모델을 초기화 (중앙) 메타학습된 구조 (우측) 메타 구조를 기반으로 각각의 작업에 적용된 구조. 엣지의 색상(적, 청, 녹)은 상이한 연산(예: 각각 Conv3x2, Conv5x5와 최대 풀링) 엣지 선의 너비는 구조 가중치의 크기를 나타낸다(즉 큰 너비의 엣지가 큰 α값을 나타낸다).

비지도학습

메타러닝 기반 NAS 방법은 자기지도학습[70]을 통해 레이블링된 데이터에 더 초점을 맞추지만, 경우에 따라서는 일부 데이터에만 레이블이 있거나 아예 모든 데이터에 레이블이 없을 수도 있다. Liu 등(2020)[71]은 좀 더 일반적인 문제 설정, 즉 비지도 NAS[UnNAS]을 제안해 NAS에 레이블이 필요한지 알아본다. 이들은 레이블 없이 탐색된 구조가 레이블을 이용해 탐색된 구조와 경쟁적이라는 것을 실험에서 증명한다. 따라서 결과는 레이블이 NAS에 필요하지 않으며, 정확히 무엇이 NAS에 영향을 미치는지를 다시 생각하게 한다.

---

70 자기지도학습은 비지도학습의 한 형태다. "비지도학습"이라는 용어는 일반적으로 "인간이 붙인 레이블 없이"를 강조하는 반면 "자기지도학습"이라는 용어는 "데이터에서 레이블을 생성하는 것"을 강조한다. – 옮긴이

71 C. Liu, P. Dollar, K. He, R. Girshick, A. Yuille, S. Xie, Are labels necessary for neural architecture search? (2020). arXiv: 2003.12056.

7.8.2 과거 지식의 기억

또한 AutoML 시스템은 이전 데이터의 지식을 잊지 않고 새로운 데이터를 지속적으로 획득하고 학습할 수 있어야 한다. 그러나 새로운 데이터셋을 사용해 사전 학습된 모델을 훈련하면 이전 데이터셋에 대한 모델의 성능이 크게 저하된다. 증분학습 Incremental Learning은 이 문제를 완화할 수 있다. 예를 들어 Li와 Hoiem(2018)[72]은 원래 능력을 보존하면서 새로운 데이터만을 사용해 모델을 훈련시키는 LwF[Learning without Forgetting] 방법을 제안한다. 또한 Rebuffi 등(2017)[73]의 iCaRL[incremenal classifier and representation learning]은 LwF를 기반으로 더욱 발전된 것으로, 사전 훈련을 위해 이전 데이터의 작은 부분만을 사용하고 나서, 점진적으로 모델을 훈련하는 데 사용되는 새로운 데이터 클래스의 비율을 높인다.

8장 추가 정보 - NAS의 분류

마지막으로 NAS의 경우 다음 그림의 세 분야를 통해 기존 기법 및 새로운 아이디어를 분류할 수 있다(Ameet Talwalker, Directions in ML: Algorithmic foundations of neural architecture search, 2020). 즉 최근에 나온 많은 NAS 알고리듬들은 큰 그림에서 이들 3개 분야의 조합으로 생각할 수 있다. 다음 그림과 같이 각 분야에서의 발전을 추가해서 최신 NAS 기법들을 분석해보자(아래로 내려갈수록 비용이 많이 든다).

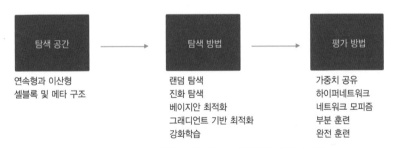

그림 36 NAS의 3개 분야: 탐색 공간, 탐색 방법과 평가 방법

---

72 Z. Li, D. Hoiem, Learning without forgetting, IEEE transactions on pattern analysis and machine intelligence 40 (12) (2018) 2935{2947.

73 S.-A. Rebuffi, A. Kolesnikov, G. Sperl, C. H. Lampert, icarl: Incremental classifier and representation learning, in: Proceedings of the IEEE Conference on Computer Vision and Pattern Recognition, 2017, pp. 2001{2010.

위의 그림에서 Talwalker 교수는 네트워크 모피즘을 탐색 공간이 아니라, 평가 방법으로 분류했다는 점이 He, Zhao와 Chu(2020)와 다르지만, 나머지는 거의 동일하다. 이를 기반으로 오토케라스, 아메바넷, ENAS 및 DARTS를 다음 표와 같이 각 분야의 차이로 분류할 수 있다.

표 5 여러 NAS기법의 탐색 공간, 탐색 방법 및 평가 방법에 따른 분류 예시

	탐색 공간	탐색 방법	평가 방법
오토케라스(2019)	셀 블록/메타 구조	베이지안 최적화	네트워크 모피즘
아메바넷(2019)	셀 블록/메타 구조	진화 탐색	완전 탐색
ENAS(2018)	셀 블록/메타 구조	강화학습	가중치 공유
DARTS(2019)	셀 블록/메타 구조	그래디언트 기반	가중치 공유

위의 표를 보면 셀 블록 및 메타 구조가 대세로 자리를 잡았고, 각 방법이 탐색 방법에 의해 구별이 되며, 최근 들어 가중치 공유의 중요성이 강조되고 있음을 알 수 있다. 이렇듯 기존 방법 및 새로운 아이디어를 이러한 식으로 분류를 하면 이해하기도 쉽고, 새로운 방향에 대한 지표도 파악할 수 있을 것이다.

부록 II
메타러닝과 AutoML[1]

1. 메타러닝이란 무엇인가?

일반적인 머신러닝 학습과 비교할 때 메타러닝은 동일한 스텝을 밟으나 학습 대상이 다르다. 메타러닝의 학습 대상은 학습기를 생성하는 학습 알고리듬이며, 훈련 예제로부터 학습 알고리듬을 습득한다. 이 학습 알고리듬은 새로운 데이터가 들어올 때 적절한 분류기를 선택하는 알고리듬이라고 할 수 있다. 실제로 테스트 예제에 대해 적절한 분류기를 선택해 결과를 산출하고, 그 결과에 대한 평가를 통해 우리의 분류기 선택 알고리듬을 평가하고 수정한다. 결국 메타러닝의 목적은 이 학습 알고리듬을 잘 학습할 수 있는가 하는 것이다.

---

1 본 부록은 설명을 위해 대만국립대학교의 Hyung Yi Lee 교수의 유튜브 https://www.youtube.com/watch?v=EkAqYbpCYAc에 나오는 그림을 발췌하고 참조했으나, 반드시 동일한 내용의 설명은 아니며 옮긴이의 의견이 반영돼 있음을 밝힌다. 원 내용에 관심 있는 독자들은 유튜브를 참조하기를 바란다. – 옮긴이

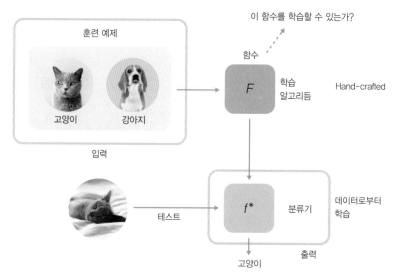

그림 1 메타러닝의 학습 알고리듬

메타러닝을 좀 더 잘 이해하기 위해 메타러닝에서 사용한 훈련 데이터 세트와 머신러닝에서 사용하는 데이터 세트를 구분할 필요가 있다.

머신러닝에서는 하나의 작업에 대해 학습을 수행하지만, 메타러닝에서는 다음 그림과 같이 여러 작업으로 구성된 훈련용 작업 데이터 세트를 가진다. 훈련용 작업 세트 내의 각 작업은 훈련 세트와 테스트 세트를 갖는데 용어의 혼란을 피하기 위해 각 작업의 훈련 세트는 이 데이터 세트를 기반으로 작업(분류, 예측, 비교 등)을 수행한다는 의미에서 서포트 세트support set라 하고 테스트 세트는 이 데이터 세트에 대해 질문을 한다는 의미에서 쿼리 세트query set라고도 한다(주로 비교 comparison 작업의 경우 사용하는 용어다).

342

머신러닝: 하나의 작업

고양이   강아지

훈련

메타러닝: 여러 작업으로 구성된 훈련용 작업 데이터 세트

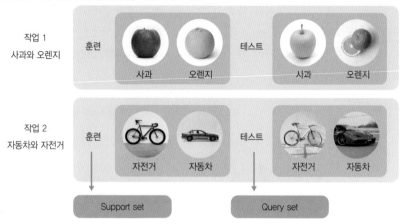

작업 1
사과와 오렌지

훈련   사과   오렌지   테스트   사과   오렌지

작업 2
자동차와 자전거

훈련   자전거   자동차   테스트   자전거   자동차

Support set   Query set

그림 2 메타러닝과 머신러닝에서의 훈련 데이터 세트 차이

메타러닝의 첫 번째 단계는 훈련용 작업 데이터세트로부터 학습 알고리듬을 학습하는 것이다. 다음 그림에서 알 수 있듯이 메타러닝에서는 훈련 데이터 세트는 여러 훈련 작업^{training task}으로 이뤄진다. 따라서 여기서 학습 알고리듬 F_{ϕ^*}는 이들 훈련 작업들에 걸쳐 수행되며, 따라서 이를 작업 간 훈련^{across-task training}이라고 한다. ϕ^*는 학습 알고리듬 F의 파라미터(즉 머신러닝의 하이퍼파라미터에 해당하는 부분)이다.

메타러닝

훈련용
작업

작업1

훈련   사과   오렌지   테스트   사과   오렌지

작업 2

훈련   자전거   자동차   테스트   자전거   자동차

F_{ϕ^*} 학습 알고리듬   작업 간 훈련

그림 3 여러 훈련 작업과 작업 간 훈련(across-task training)

메타러닝의 두 번째 단계는 테스트용 작업에 대해 첫 번째 단계에서 학습된 학습 알고리듬을 적용하는 것이다. 테스트용 작업을 받으면 훈련용 작업에서 학습된 "학습 알고리듬" 사용해 테스트용 작업 내의 훈련 데이터 세트로부터 내부 학습이 되고(여기서의 학습은 θ의 학습이다), 학습된 파라미터 θ로 테스트용 작업의 테스트 데이터 세트에 대해 테스트를 수행한다. 이때 테스트용 작업 내의 훈련을 작업 내 훈련within-task training이라 하고, 테스트용 작업 내의 훈련을 작업 내 테스트within-task-testing이라 한다. 그리고 이러한 일련의 과정을 에피소드episode라 한다. 또한 메타러닝의 테스트가 여러 작업에 대해 수행될 때 이를 작업 간 테스트across-task testing이라 한다.

메타러닝

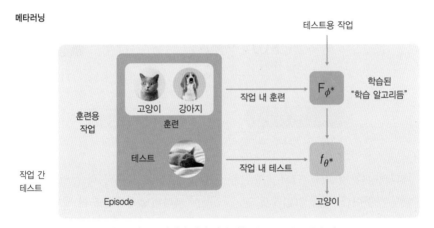

그림 4 테스트 작업과 작업 내 훈련(within-task training)

그러면 학습 알고리듬은 어떻게 학습하는가? 훈련용 작업에서 특정 작업에 대해 테스트 예제들에 대한 손실(예를 들어 예측과 실제의 차이의 척도)의 합을 훈련용 작업 내의 작업들에 대해 합을 구해 이를 최종 손실함수로 하고 이를 최소화하는 학습 알고리듬의 파라미터(즉 하이퍼파라미터) ϕ를 구하는 것이다. 특정 작업 내에서 학습되는 파라미터인 θ와 구별해야 한다는 점을 특히 주의하라.

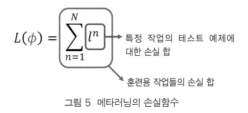

그림 5 메타러닝의 손실함수

이를 종합해보면 한 훈련용 작업에 대해 다음 그림을 그릴 수 있다.

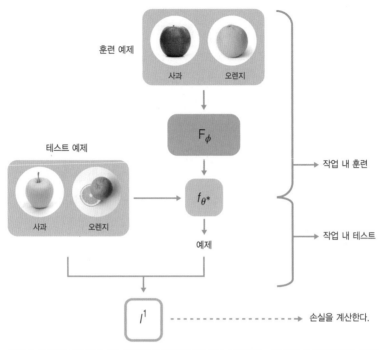

그림 6 메타러닝의 학습 예: 초기화를 메타러닝의 학습 대상(또는 하이퍼파라미터)으로 설정한다.

위의 그림에서 l^1을 구하는 것을 내부 루프inner loop라 할 수 있으며, 이들 작업 내 훈련과 테스트를 여러 작업에 걸쳐 수행해 작업 내 손실 l들의 합을 작업 간에 대해서 구하는 작업 간 훈련across-task training을 외부 루프outer loop라 한다. 결국 최종적으로 위의 l의 합들인 $L(\phi) = \sum_{n=1}^{N} l^n$를 최소화해서 ϕ를 구한다.

2. 학습 알고리듬의 무엇을 학습하는가: 그래디언트 기반 메타러닝을 중심으로

부록에서는 본문에 메타러닝에 관한 내용이 많이 나오는데 최근 가장 중심이 되는 그래디언트gradient 기반의 메타러닝을 살펴본다.

더 자세한 내용을 위해서는 다음 세 논문을 참고하기를 바란다.

1. MAML: Chelsea Finn, Peter Abbeel, Sergey Levine, "Model Agnostic Meta-Learning for Fast Adaptation of Deep Netowrks", ICML 2017
2. Reptile: Alex Nichol, Joshua Ashima, John Schulman, On First-Order Meta-Learning Algorithms, arXiv, 2018
3. iMAML: Meta-Learning with Implicit Gradients Aravind Rajeswaran, Chelsea Finn, Sham Kakade, Sergey Levine, arXiv 2019

그래디언트 기반 메타러닝의 기본 구조를 생각해보자. 여기서 문제는 우리의 신경망을 가장 효율적으로 학습하게 하는 초기 가중치 벡터 θ_0를 찾아내는 것이다. 훈련 데이터에서 그래디언트를 계산해 업데이트해서 최종적으로 최적 또는 최적에 가까운 가중치 θ^*를 찾아낸다. 여기서 학습 알고리듬은 정확히 그래디언트 하강gradient descent이라 할 수 있으며, 훈련 데이터가 입력이 되면 업데이트된 θ를 출력한다.

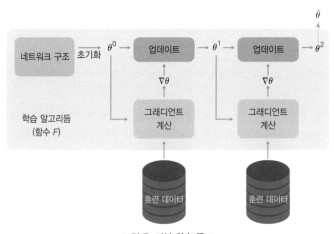

그림 7 기본 학습 구조

자, 이제 초기 θ_0를 하이퍼파라미터 ϕ라 설정하자. 이제 하나의 작업이 아니라 여러 작업을 수행하며, 이들의 학습을 통해 새로운 작업이 들어와도 곧 적응할 수 있도록 신경망을 훈련시키고자 한다.

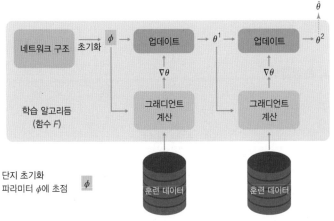

그림 8 초기화 파라미터에 대한 메타러닝 구조의 예시

이 문제를 MAML은 다음과 같이 해결한다. 두 단계를 생각하자. 첫째, 주어진 ϕ_0를 기반으로 여러 작업으로 구성된 훈련 데이터셋으로부터 학습을 해 θ_n, $n = 1, ..., N$을 구한다. 둘째, 이를 테스트셋에 적용해 오차를 구하고 이들 오차의 합으로 다음과 같이 손실함수를 구하고 이를 이용해 ϕ_0를 업데이트한다.

MAML의 손실함수

$$L(\phi) = \sum_{n=1}^{N} l^n(\hat{\theta}^n)$$

여기서

$\hat{\theta}^n$는 작업 n으로부터 학습된 모델 파라미터이며, $\hat{\theta}^n$는 ϕ에 의존한다.

$l^n(\hat{\theta}^n)$는 작업 n의 테스트 세트에 대한 손실이다.

어떻게 $L(\theta)$를 최소화하는가? 그래디언트 하강을 이용한다.

식 1 MAML의 기본 업데이트

$$\phi \leftarrow \phi - \eta \nabla_\phi L(\phi)$$

사전학습과의 비교

이 시점에서 전이학습transfer learning에서 많이 사용되는 사전학습pre-training과 어떻게 다른지 구별하는 것이 중요하다. 이 경우는 ϕ를 기반으로 각 작업별로 가중치

θ를 학습하는 것이 아니라, 훈련 작업들에 대해 발생하는 오차의 합을 줄이도록 ϕ 자체를 직접 업데이트한다.

사전학습의 손실함수

식 2 사전학습의 손실함수

$$L(\phi) = \sum_{n=1}^{N} l^n(\phi)$$

이를 구별하기 위해 다음 그림에서 우선 MAML의 경우 두 개에 대한 작업 손실함수를 고려하자.

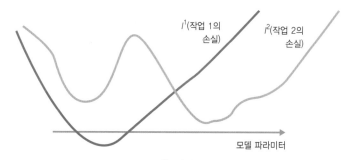

그림 9 MAML의 경우 손실함수는 $L(\phi) = \sum_{n=1}^{N} l^n(\hat{\theta}^n)$이며, 두 개의 손실함수를 고려하자.

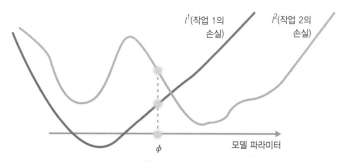

그림 10 MAML의 경우 손실함수는 $L(\phi) = \sum_{n=1}^{N} l^n(\hat{\theta}^n)$이며, 두 작업에 대한 손실함수의 초기화를 보인다.

자, 이제 MAML을 이용해 최적 ϕ을 구했다고 하자. 새로운 작업 1이 들어오면 MAML은 작업 1의 손실을 최소화하는 θ^1로 이동한다.

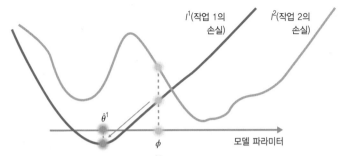

그림 11 MAML의 경우 손실함수는 $L(\phi) = \sum_{n=1}^{N} l^n(\hat{\theta}^n)$이며, 첫 번째 작업에 대한 손실함수의 초기화 파라미터 업데이트를 보이고 있다.

작업 2가 들어오면 다음과 같이 작업 2의 손실을 최소화하는 θ^2으로 이동한다.

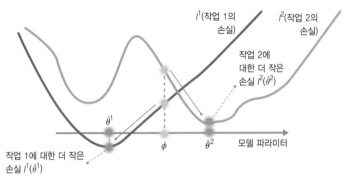

그림 12 MAML의 경우 손실함수는 $L(\phi) = \sum_{n=1}^{N} l^n(\hat{\theta}^n)$이며, 두 번째 작업에 대한 손실함수의 초기화 파라미터 업데이트를 보이고 있다.

이렇게 새로운 작업이 들어오면 새로운 작업의 손실이 최소화하는 방향으로 가중치 θ를 업데이트한다.

자, 이제 사전학습의 경우를 보자. 훈련 작업이 첫 번째 작업으로 구성돼 있다고 가정하자. 그러면 이 첫 번째 작업의 손실의 합이 최소화되는 ϕ로 시작한다.

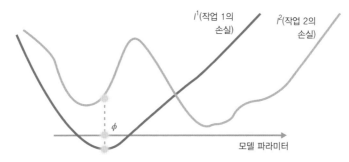

그림 13 사전학습의 경우 손실함수는 $L(\phi) = \sum_{n=1}^{N} l^n(\phi)$이며, 두 작업에 대한 손실함수의 초기화 파라미터. ϕ는 작업 1의 손실 l^1을 최소화하는 초기화 파라미터다.

자, 이때 작업 2가 들어오면 좌측의 국지적 최소점으로 θ^2를 업데이트할 것이다. MAML에서 오른쪽의 글로벌 최소점을 찾아가는 것과 비교된다는 것을 주목하라.

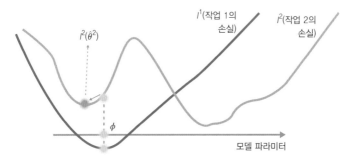

그림 14 사전학습의 경우 손실함수는 $L(\phi) = \sum_{n=1}^{N} l^n(\phi)$이며, 두 번째 작업에 대한 손실함수의 초기화 파라미터 업데이트를 보이고 있다. 주어진 사전학습 초기화 파라미터하에서 작업 2의 손실을 최소화한다.

결국 차이점은 MAML에서는 개별 작업별 훈련 후에 좋은 성과를 달성하는 ϕ를 찾는 반면 사전학습에서는 이름이 가리키듯이 개별 작업별 훈련 없이 전체 손실을 최소화하는 ϕ를 찾는다는 것이다.

이제 종합적으로 MAML과 사전학습을 비교하면 다음과 같다.

다시 부연하면, 사전학습의 경우는 여러 작업에 걸친 최적 ϕ를 사전학습 동안 구하며, 이때 구해진 ϕ를 초기 파라미터로 새로운 작업에 대해 훈련을 하는데, 훈련의 성과 평가에 따른 추가적인 ϕ의 업데이트는 하지 않는다.

MAML의 구현에 있어서의 특징

MAML의 장점은 빠르다는 것이며, 이를 구현하기 위해 크게 2가지 방법 (1) 1스텝 업데이트와 (2) 1계 미분 근사^{FOMAML, First order MAML}가 사용되는 데, 이에 대해서 알아보자.

(1) 1스텝 업데이트

모델 파라미터 θ를 업데이트하는 것을 여러 스텝이 아니라 1스텝으로 모델을 훈련한다는 것이다. 우리의 원 모델(그래디언트 하강)을 보면 그래디언트 하강의 방법 그 자체가 파라미터를 업데이트하기 위해 여러 번의 스텝을 거치는 것과 동일하게 θ를 업데이트하기 위해 여러 번의 스텝을 걸친다. MAML의 저자들은 모델 파라미터 θ를 업데이트할 때, 한 스텝으로도 충분히 좋은 결과를 얻는 것을 밝혔다. 따라서 원 모델의 그림이 다음 그림과 같이 축소됨을 알 수 있다.

(A) 원 모델(여러 스텝 MAML 모델)

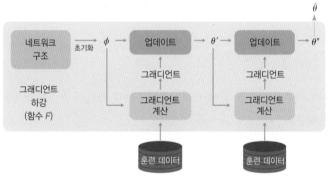

(B) 1스텝 MAML 모델

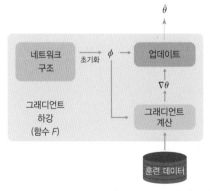

그림 15 MAML의 작동 원리 개요

따라서 $\hat{\theta} = \phi - \varepsilon \nabla_\phi l(\phi)$로 표시할 수 있다. 머신러닝에서는 한 작업에 대해 파라미터를 구해야 하므로 많은 업데이트가 필요하지만, 일반적으로 여러 작업에 대해서 학습을 수행하는 메타러닝에서는 각 작업에 대해서는 한 번의 업데이트를 하더라도 실제로 우리의 목적인 ϕ를 구하는 데는 충분한 정보를 얻을 수 있다는 점에서 타당하다. 즉 $L(\phi) = \sum_{n=1}^{N} l^n(\hat{\theta}^n)$을 상기하라. 여기서 N은 작업의 수이며, 여러 스텝 대신 여러 작업에 대한 학습으로 정보를 얻는다고 생각할 수 있다. 또한 메타러닝이 특히 유효하다고 알려진 소수 예제 작업에 있어서 작은 예제에 대해 너무 많은 스텝의 업데이트는 과적합을 유발할 수 있으므로, 1스텝 접근법은 더욱 타당하다고 할 수 있다.

(2) 1계 미분 근사 MAML(FOMAML)

이제 ϕ의 업데이트 $\phi \leftarrow \phi - \eta \nabla_\phi L(\phi)$를 살펴보자. 이는 θ의 업데이트와 달리 여전히 여러 스텝의 업데이트가 요구된다.

$L(\phi) = \sum_{n=1}^{N} l^n(\hat{\theta}^n)$에서 $L(\phi)$의 그래디언트를 전개해보면 결국 다음과 같이 각 작업의 손실의 ϕ에 대한 그래디언트로 표시할 수 있다.

$$\nabla_\phi L(\phi) = \nabla_\phi \sum_{n=1}^{N} l^n(\hat{\theta}^n) = \sum_{n=1}^{N} \nabla_\phi l^n(\hat{\theta}^n)$$

마지막 식의 미분은 다음과 같이 표현할수 있다. 각 작업의 손실은 초기화 파라미터 ϕ의 각 성분의 미분으로 표시될 수 있다.

$$\nabla_\phi l(\hat{\theta}^n) = \begin{bmatrix} \partial l(\hat{\theta})/\partial \phi_1 \\ \partial l(\hat{\theta})/\partial \phi_2 \\ \vdots \\ \partial l(\hat{\theta})/\partial \phi_i \\ \vdots \end{bmatrix}$$

이의 미분은 체인 법칙을 사용해 다음과 같이 분해할 수 있다.

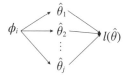

최종적으로 다음과 같이 표현할 수 있다.

$$\frac{\partial l(\hat{\theta})}{\partial \phi_1} = \sum_j \frac{\partial l(\hat{\theta})}{\partial \hat{\theta}_j} \frac{\partial \hat{\theta}_j}{\partial \phi_i}$$

여기서 우변의 두 번째 미분을 보자.

$$\frac{\partial l(\hat{\theta})}{\partial \phi_i} = \sum_j \frac{\partial l(\hat{\theta})}{\partial \hat{\theta}_j} \frac{\partial \hat{\theta}_j}{\partial \phi_i}$$

여기서

$$\hat{\theta}_j = \phi_j - \varepsilon \frac{\partial l(\phi)}{\partial \phi_j}$$

이므로, 미분을 취하면 다음과 같은 결과를 얻을 수 있다.

$$i \neq j$$

$$\frac{\partial \hat{\theta}_j}{\partial \phi_i} = -\varepsilon \frac{\partial l(\phi)}{\partial \phi_i \partial \phi_j}$$

$$i = j$$

$$\frac{\partial \hat{\theta}_j}{\partial \phi_i} = 1 - \varepsilon \frac{\partial l(\phi)}{\partial \phi_i \partial \phi_j}$$

여기서 2계 미분은 0이라 근사하면 다음을 얻는다.

$$i \neq j$$

$$\frac{\partial \hat{\theta}_j}{\partial \phi_i} = -\varepsilon \frac{\partial l(\phi)}{\partial \phi_i \partial \phi_j} \approx 0$$

$$i = j$$

$$\frac{\partial \hat{\theta}_j}{\partial \phi_i} = 1 - \varepsilon \frac{\partial l(\phi)}{\partial \phi_i \partial \phi_j} \approx 1$$

이를 1계 미분 근사 MAML[FOMAML]이라 하며 상당히 단순화됐음을 알 수 있다.

$$\phi \leftarrow \phi - \eta \nabla_\phi L(\phi)$$

$$L(\phi) = \sum_{n=1}^{N} l^n(\hat{\theta}^n)$$

$$\hat{\theta} = \phi - \varepsilon \nabla_\phi l(\phi)$$

$$\nabla_\phi L(\phi) = \nabla_\phi \sum_{n=1}^{N} l^n(\hat{\theta}^n) = \sum_{n=1}^{N} \underbrace{\nabla_\phi l^n(\hat{\theta}^n)}_{\hat{\theta}^n}$$

$$\frac{\partial l(\hat{\theta})}{\partial \phi_i} = \sum_j \frac{\partial l(\hat{\theta})}{\partial \hat{\theta}_j}\frac{\partial \hat{\theta}_j}{\partial \phi_i} \approx \frac{\partial l(\hat{\theta})}{\partial \hat{\theta}_i}$$

$$\nabla_\phi l(\hat{\theta}^n) = \begin{bmatrix} \partial l(\hat{\theta})/\partial \phi_1 \\ \partial l(\hat{\theta})/\partial \phi_2 \\ \vdots \\ \partial l(\hat{\theta})/\partial \phi_i \\ \vdots \end{bmatrix} = \begin{bmatrix} \partial l(\hat{\theta})/\partial \hat{\theta}_1 \\ \partial l(\hat{\theta})/\partial \hat{\theta}_2 \\ \vdots \\ \partial l(\hat{\theta})/\partial \hat{\theta}_i \\ \vdots \end{bmatrix} = \nabla_{\hat{\theta}} l(\hat{\theta})$$

$$(\text{최종적으로}) \Rightarrow \nabla_\phi L(\phi) = \sum_{n=1}^{N} \nabla_{\hat{\theta}} l(\hat{\theta})$$

그림 16 FOMAML의 전체적 정리

실제 구현

이제 다른 각도에서 실제로 어떤 식으로 구현되는지 다른 각도에서 살펴보자.

MAML

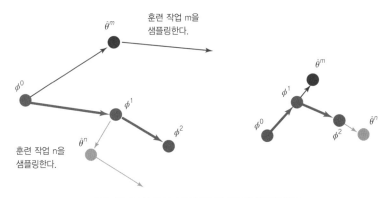

그림 17 MAML의 실제 구현 및 사전학습과의 비교

(FO)MAML의 경우는 ϕ의 업데이트는 θ의 업데이트와 동일한 방향으로 움직인다. 위의 그림(MAML)에서 작업 m이 들어오고 θ^m이 업데이트(1단계)되는 방향으로 ϕ_0가 업데이트(2단계)돼 ϕ_1이 된다. ($\nabla_\phi L(\phi) = \sum_{n=1}^{N} \nabla_{\hat{\theta}} l(\hat{\theta})$를 상기하라. 이 경우는 $N = 1$인 경우이다.) 거기서 또 다른 작업 n이 들어오면, θ^n이 업데이트되는 방향과

동일한 방향으로 ϕ^1이 업데이트돼 ϕ^2가 됨을 알 수 있다. ϕ^0에서 θ^m이 훈련세트에서 θ가 업데이트되는 과정이고, θ^m에서의 화살표는 테스트세트에서의 손실을 나타내며 이를 ϕ^0에서 ϕ^1으로의 화살표 방향으로 반영한다.

참고로 사전학습의 경우 (아래 그림) 사전학습된 모델에서 주어진 ϕ를 기반으로 θ가 업데이트되며 ϕ는 업데이트는 θ와 동일한 방향으로 이뤄진다. r

렙타일

이 시점에서 MAML이후에 나온 렙타일reptile을 살펴보면 도움이 될 것이다. 렙타일(Nichol, Achiam과 Shulman, 2018)은 매우 간단한 메타러닝 알고리듬으로 모델이 없어도 되고model-agnostic, 그래디언트 하강에 기반을 두고 있다는 점에서 MAML과 공통점이 많다. 렙타일은 작업을 샘플링하고, 여러 그래디언트 하강 스텝을 통해 훈련을 하고 이를 바탕으로 새로운 초기 가중치를 구한다. 우리의 경로 그림을 통해 렙타일을 살펴보자. 렙타일은 θ를 훈련세트에서 업데이트시키고 그 방향으로 ϕ를 업데이트한다.

(A) 작업 m이 들어온 경우

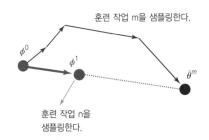 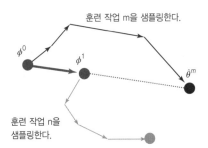

(B) 이후에 작업 n이 들어온 경우

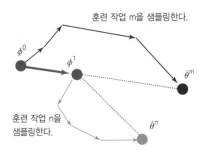 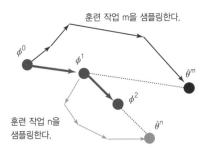

그림 18 렙타일(Reptile)의 구현

렙타일은 실제로 테스트 세트의 업데이트를 고려하지 하지 않으므로 만약 θ의 업데이트가 한 번만 일어난다면 이는 사전학습과 같아질 것이다. 이에 대한 이해를 더 돕기 위해 다음 비교를 참고하기를 바란다. 여기서 보면 렙타일은 실제로 MAML과 사전학습의 절충안으로도 해석할 수 있다.

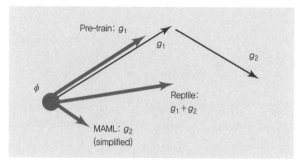

그림 19 MAML, 사전학습과 Reptile의 비교

$g_1 + g_2$로 표시되는 렙타일의 성과가 상당히 우수한 것으로 알려져 있다(렙타일 논문 참고).

자 이제 우리의 기본 구조에 MAML과 Reptile을 표시하고, 기본 구조를 좀 더 확장해보기로 한다.

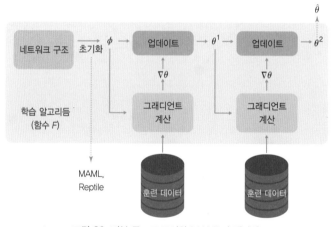

그림 20 기본 구조로 표시한 MAML과 렙타일

3. 기본 구조의 확장

3.1 업데이트하는 법을 업데이트

초깃값을 넘어서 동일하게 업데이트하는 법$^{\text{How to update}}$과 더 나아가 네트워크 구조$^{\text{Network structure}}$를 강화학습 또는 진화 알고리듬 등을 통해 학습한다.

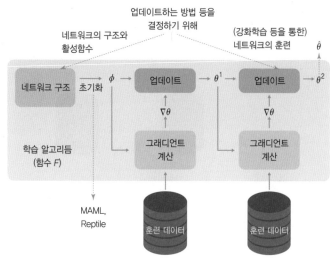

그림 21 네트워크 구조의 업데이트 – 강화학습 또는 진화 알고리듬 사용

3.2 최적화 방법의 탐색

우선 업데이트하는 방법 즉 최적화하는 방법을 어떻게 탐색할 수 있는지 살펴보자.

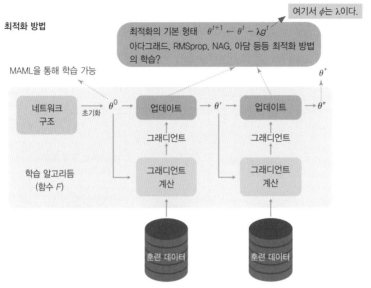

그림 22 최적화 방법의 업데이트

우리가 신경망을 돌릴 때, 초기 가중치뿐만 아니라 어떤 최적화를 선택해야 하는 문제를 항상 당면하게 된다. 메타러닝을 통해 좀 더 나아가 앞의 그림에서 θ의 업데이트를 위한 파라미터, 예를 들어 앞의 그림에서 λ를 하이퍼파라미터 ϕ로 간주하고 최적화하는 방법(예: Adagrad, RMSProp, Adam 등)을 학습할 수 있다. 이에 대해서는 본문에도 소개된 Marchin Adrychowicz 등의 "Learning to learn by gradient descent by gradient descent"(NIPS, 2016)를 참조하기를 바란다.

3.3 NAS와 하이퍼파라미터 탐색과의 결합

다음에 생각할 수 있는 것이 본문에서 다룬 것과 같이 네트워크 구조와 함께 하이퍼파라미터를 결합해서 찾는 것으로 발전할 수 있다. 즉 학습 알고리듬을 찾는 신경망 구조를 탐색하고(왼쪽), 테스트셋에서의 손실을 통해 하이퍼파라미터를 업데이트하는 네트워크를 구축하도록(오른쪽) 우리의 그래디언트 하강을 더욱 확장시킬 수 있을 것이다.

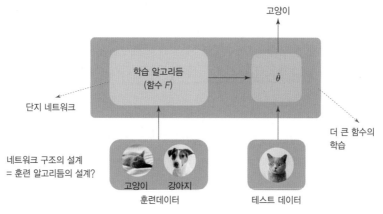

그림 23 메타러닝과 NAS

이는 바로 우리가 이 책에서 다룬 NAS^Network Architecture Search이며 우리의 그림
의 관점에서 다시 한 번 살펴보도록 한다.

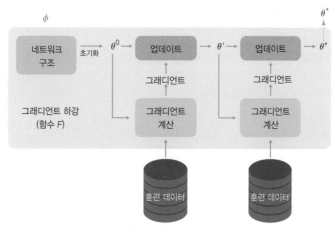

그림 24 메타러닝과 NAS

기본 구조에서는 Network 구조가 있다고 가정하고 그래디언트 하강을 사용해 ϕ
를 업데이트했다. 이제 좀 더 구체적으로 RL 등을 사용해 네트워크를 훈련해 구
조와 활성함수 등을 결정한다.

즉, 식으로 표현하면 다음과 같으며 여기서 ϕ는 Network 구조를 나타낸다.

$$\hat{\phi} = \underset{\phi}{argmin}\ L(\phi)$$

그런데 여기서 $L(\phi)$가 미분 가능하지 않다면 최적화를 위해 어떻게 $\nabla_\phi L(\phi)$를 구할 수 있을까? 즉 일반적으로 네트워크 구조는 이산적인데 어떻게 ϕ를 찾을까? 본문에서 살펴본 바와 같이 RL과 GA를 주로 사용하는데 여기서 RL을 메타러닝의 맥락에서 다시 한 번 살펴보자.

3.4 메타러닝 프레임워크에서의 NAS

네트워크 구조는 이산적이므로 강화학습과 진화 알고리듬이 사용돼왔다.[2]

- Barret Zoph et al., "Neural Archtecture Search with Reinforcement learning", ICLR 2015
- Barret Zoph et al., "Learning Transferable Architecture for Scalable Image Recognition", CVPR 2018
- Hieu Pahm et al., "Efficient Neural Archtecture Search via Parameter Sharing", ICML, 218

관련 진화 알고리듬의 대표적인 문헌은 다음과 같다.

- Esteban Real et al., "Large-Scale Evolution of Image Classifier", ICML 2017.
- Esteban Real et al., "Regularized Evolution for Image Classifer Architectue Search", AAAI, 2019
- Hanxio Liu et al., "Hierarchical Representations for Efficient Architecture Search", ICLR, 2018

이 프레임워크에서 에이전트는 네트워크 구조를 결정하기 위해 일련의 행동을 사용하는데, ϕ가 에이전트의 정책을 결정하기 위한 파라미터이며, 음의 손실함수 즉 $-L(\phi)$가 극대화해야 하는 보상이다. 다음 그림에서 에이전트의 정책은 RNN으로 구현한다. 다음 그림에서 보면 상단은 RNN 하단은 CNN인데 우선 하단은 주어진 작업을 수행하기 위한 신경망의 학습(우리의 용어로 작업 내 훈련 즉 within-task training)을 나타내고 있고, 상단은 이러한 신경망이 여러 작업에 적응할 수 있도록 하는 하이퍼네트워크의 학습(우리의 용어로 작업 간 훈련 즉 across-task training)을

---

2 본문에서 이미 거론됐으나, 독자들의 편의를 위해 다시 기술한다.

보여주고 있다. RNN에서 구한 CNN 네트워크 구조로 주어진 훈련세트로부터 훈련을 하고(하단) 다시 RNN은 각각의 작업의 테스트세트로부터 얻게 된 손실함수들을 합한 값을 최소화하는 네트워크 구조를 구한다(상단).

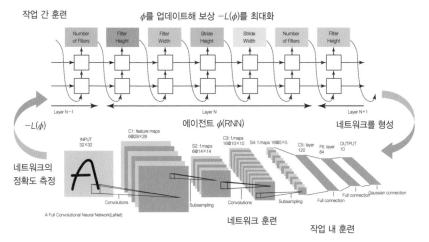

그림 25 메타러닝 프레임워크에서의 네트워크 구조의 탐색(출처: - Barret Zoph et al, "Neural Archtecture Search with Reinforcement learning", ICLR 2015)

3.5 메타러닝 관점에서의 DARTS

본문에서 언급한 바와 같이 이산적인 네트워크를 미분 가능한 함수로 변화하도록 DARTS는 네트워크의 구조 연산을 연속함수로 만들어 ϕ를 구한다. 기본적으로 구조의 선택을 소프트맥스를 통해 연속화하는 동시에 이들 파라미터를 공유한다(자세한 내용은 본문을 참조하기를 바란다). DARTS는 메터러닝과의 결합을 용이하게 만든다고 할 수 있다.

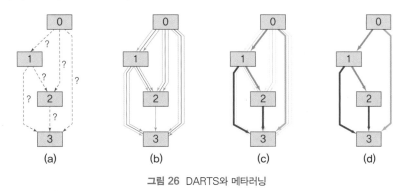

그림 26 DARTS와 메타러닝

4. 결론

부록 II에서는 메타러닝의 최신 모델인 MAML을 중심으로 살펴봤다. 메타러닝은 그 자체로도 많은 가능성을 제시하고 있지만, 자동머신의 관점에서 기존의 여러 기법과의 결합을 통해 새로운 영역을 개척하고 있다. 향후 많은 연구가 지속될 유망한 분야라 할 수 있다.

찾아보기

AutoML 창시자가 알려주는
자동머신러닝

발 행 | 2022년 1월 3일

편저자 | 프랭크 허터 · 라스 코토프 · 호아킨 반쇼렌
옮긴이 | 이 기 홍

펴낸이 | 권 성 준
편집장 | 황 영 주
편 집 | 조 유 나
디자인 | 윤 서 빈

에이콘출판주식회사
서울특별시 양천구 국회대로 287 (목동)
전화 02-2653-7600, 팩스 02-2653-0433
www.acornpub.co.kr / editor@acornpub.co.kr